国家社会科学基金项目最终成果（编号：BIA130066）

DAXUESHENG CHUANGYE YIXIANG
JIQI XINGWEI ZHUANHUA YANJIU

大学生创业意向及其行为转化研究

刘　志　著

人 民 出 版 社

目　录

序

杨晓慧

《大学生创业意向及其行为转化研究》是东北师范大学思想政治教育研究中心刘志教授的最新著作，也是其承担的国家社科基金项目“大学生创业意向的结构、生成及行为转化研究”的最终成果。全书围绕大学生创业意向及其行为转化的内在机理和教育路径，运用教育学、心理学等多学科研究方法，深入探讨了大学生创业意向的维度结构、影响因素和现状特征，创业意向行为转化的本质内涵、要素构成、发展阶段和内在机理，以及创业教育助推大学生创业意向行为转化的接受规律、国际经验和基本理论等问题，从理论与实践、定性与定量、国际与国内等维度创造性地提出并描绘了大学生创业意向及其行为转化问题，探索构建了“以大学生为主体、以创业意向为核心、以行为转化为枢纽、以教育引导为途径”的“主体性创业教育范式”，准确契合了我国高校创业教育的发展趋势，并为之提供了一个意蕴丰富的全新视野和理论生长点。

一

创业教育在我国是伴随改革开放形成发展起来的新兴教育类型。创业教育发端于20世纪80年代末①，最初只是教育学领域的一场改革试验，是陶行知生活教育和创造教育思想的现代发展，其目的在于为适应改革开放新形势，探索一种与家庭教育、学校教育、社会教育融为一体的新型教育模式，并不具有明确而强烈的经济发展诉求。进入90年代，伴随社会主义市场经济体制改革与高等教育办学模式、大学生就业方式的深刻变化，一些高校开始自发组织各种创业大赛，并尝试在专业课程体系中开设创新和创业课程。

2002年高等教育毛入学率首次达到15%，标志着我国正式进入高等教育大众化阶段，“就业难”开始成为高校办学普遍面临的重大问题。此后10年间，国家高度重视大学生创业教育工作，及时更新“创新创业教育”理念，赋予创业教育以更加丰富的时代内涵；积极开展高校创业教育试点工作和建设创业教育类人才培养模式试验区，探索形成诸多富有代表性和推广价值的实践模式和有益经验；制定出台一系列专项政策，对高校创业教育目标、原则、内容、方法、组织领导等方面进行了整体规划和顶层设计，推动高校创业教育的科学化、制度化和规范化；建立高校创业教育国家级指导委员会，用以统筹指导全国高校创业教育，同时构建高教司、科技司、学生司、就业指导中心多部门联动机制，形成创业教育实施、创业基地建设、创业政策支持、创业实践服务“四位一体、整体推进”的创业教育工作格局。

党的十八大之后，党和国家立足经济社会发展新常态，从实施创新驱动发展战略、促进经济提质增效升级的高度，明确将“大众创业、万众创新”与增加公共产品、公共服务共同作为新时期驱动我国经济发展转型的“双引擎”，强调要在全社会厚植创新创业文化。在此背景下，2015年国务院颁发了《关于深化高等学校创新创业教育改革的实施意见》，明

---

① 参见王占仁：《中国创业教育的演进历程与发展趋势研究》，《华中师范大学学报》（教育科学版）2016年第2期。

确了深化高等学校创新创业教育改革的指导思想、基本原则、总体目标，提出了9项改革任务、30条具体举措。至此，高校创业教育上升为国家战略，成为助推“大众创业、万众创新”的重要载体和实现经济转型升级的重要引擎。

回顾历史，我国高校创业教育虽然起步较晚，但发展迅速，在政策支撑、教育理念、教学体系、课程设置、实践载体等方面都有了显著进展。同时，伴随国家政策导向从“以创促就”向“大众创业、万众创新”的发展延伸，高校创业教育已不再是国家政策交给高校的“应急任务”，也不是解决大学生就业难问题的“权宜之计”，而是成为探寻高等教育改革方向、培养大批创新型人才、更好服务创新型国家建设的战略选择。

二

当前我国经济社会发展进入新常态，高校创业教育面临着经济上“三期叠加”之难，文化上多元主导之争，社会上公平正义之求以及高等教育做大做强、争创世界一流之急的多重挑战，承担着助推“大众创业、万众创新”的重要任务。这就要求高校创业教育进一步明确使命担当，找准发展方向，不断提高服务创新型人才培养和创新型国家建设的能力和水平。

加快形成一体化的运行格局。目前全社会创新创业的氛围刚刚形成，高校创业教育在校内资源整合以及校际之间、校企之间协作共享等方面仍处于探索阶段，各省有关扶持高校开展创业教育的平台建设和政策支持仍在逐步进行，高校创业教育尚未在行业内和区域内形成资源互补和良性互动的一体化运行格局。事实上，高校创业教育是一项牵涉国家政策、高校办学、学生成长、经济发展、社会运行等诸多方面的复杂的系统工程，迫切需要建立健全一体化的运行机制，通过综合施策、协同推进、统合发展，确保创业教育纵向融入高校教育教学与学生成长全过程，横向统合就业与创业、专业教育与创业教育、人才培养与市场需要、学生创业与家庭承受力等要素之间的关联与平衡，实现纵向贯穿、横向协同、内外互通。

建立健全专业化的育人体系。当前创业教育学科尚未建立，相关理论研究也多聚焦于具体操作问题而缺乏学科化的理论自觉和系统建构，甚至在创业教育内在本质、价值取向、知识结构等基本问题上也尚未达成共识。理论研究上的不足深刻影响了创业教育专业化育人体系的建设，其中师资队伍匮乏、教学方法陈旧、教育特色不突出、教材建设滞后等问题尤为值得注意。事实上，独特的事业必须要有专业的支撑。创业教育是一项独特的教育事业，拥有区别一般知识教育、技能教育和价值观教育的独特社会预期、知识谱系和教育规律，内在需要一整套专业化的育人体系。当务之急是要做好两方面工作：其一，加强高校创业教育理论研究，尤其是创业教育知识结构、能力素养以及教学规律、接受规律等问题的研究，争取在创业教育基本原理、方法体系、国际比较等方面形成重点问题域和广泛学术共识，为专业化育人体系提供理论支撑；其二，加快高校创业教育学科建设，针对学科定位、学科边界、学科属性、学科体系等问题进行重点攻关，着力做好学科平台建设、队伍建设、课程体系建设、教材体系建设，为专业化育人体系提供资源保障。

探索完善科学化的推进机制。长期以来我国高校创业教育一直受到国家的高度关注和大力支持，其形成发展的每个重大历史节点基本上都是通过国家发布文件、召开会议、实行重点支持等政策手段完成的。高校创业教育正是由于始终瞄准国家政策发展方向，顺应国家政策总体规划，获得了自身发展所需的大量人力资源、制度资源和物力资源，并在较短时间内就彰显出应有的社会价值。可以说，以往我国高校创业教育走过的是一条政策推动下的快速发展之路。然而面向未来，我们应在保持现有政策优势的基础上，按照高等教育建设发展的客观规律，着力创新发展理念、整合发展资源，不断提高高校创业教育发展的质量。一方面，在发展动力上，兼顾外部支持与自主发展。探索构建“高校为主、多方参与”的支持系统，综合调动和运用政府、企业和社会多方力量，并根据不同创业教育项目的要求合理配置资源比例，确保高校切实成为“创业型人才培养实施者、智力型资本激发引导者、新创型企业资源融合者”①。同时，要积极探索高校创业教育发展规律，着力通过人才培养、科学研究、学科建设、教育文化等要素建设，提高自主发展能力。另一方面，在推进方向上，兼顾外延拓展与内涵提升。对我国高校创业教育来说，当前和今后较长时期里，都仍然需要进一步加强平台搭建、资金投入、人力支撑等外延性发展，合理扩大高校创业教育的体量和规模，为其长远发展和有效发挥作用提供坚强保障。同时，高校创业教育也应不断提升发展内涵，着力推进特色发展、协调发展、可持续发展，统筹兼顾高校、区域、行业的实际和需求，探索打造校本特色、区域特色、行业特色“三位一体、分综有序”的创业教育发展模式；妥善处理理论研究与实践探索、专业教育与创业教育、广谱覆盖与重点突破、知识增量与社会效益的相互关系，确保高校创业教育能够成为助推经济发展、民生改善以及高校教学科研、学生健康成长的有效途径。

三

马克思说：“一切划时代的体系的真正的内容都是由于产生这些体系的那个时期的需要而形成起来的。”② 对高校创业教育来说，实践上的飞速发展，呼唤高质量的理论研究为之提供科学合理的解释和指导。

近些年，我国高校创业教育理论研究逐年升温。据不完全统计

① 张昊民等：《麻省理工学院创业教育生态系统成功要素及其启示》，《创新与创业教育》2012 年第 2 期。

② 《马克思恩格斯全集》第 3 卷，人民出版社 1974 年版，第 544 页。

（CNKI），以 1989 年胡晓风发表第一篇创业教育论文为起点，其后 10 年间累计发表的创业教育论文仅有 107 篇，而且其中有 7 年时间每年论文发表数量都不足 10 篇。时至今日情况已经大为改观，2011 年以来我国每年发表的创新创业教育论文近 3000 篇，2015 年达到 3529 篇。这表明创业教育正日渐成为我国哲学社会科学领域重要的理论增长点之一。整体来看，目前我国高校创业教育研究主要有三种类型：一是“政策阐释型”，即对国家有关大学生就业、创业、创新教育的政策文献及主要论述进行综合性归纳梳理或规范性阐释解读，主要旨趣在于挖掘政策的内在合理性及其对现实问题的针对性，然后基于这种阐释对不同层次、不同领域、不同阶段创业教育的具体内涵、基本问题进行理论探索。二是“经验梳理型”，即针对局部地区或高校在大学生就业、创业、创新教育等方面的经验进行梳理归纳，或针对某一经验问题展开调查研究并形成相应结论，主要旨趣在于总结发现高校创业教育实践的经验和问题，然后基于这种发现对高校创业教育提出意见建议。三是“理论嫁接型”，即将国外就业、创业、创新教育理论或其他相关学科理论（如管理学、教育学、心理学、经济学等）嫁接至高校创业教育研究，其主要旨趣在于从多维视角切入高校创业教育研究，以求得对相关问题的理论解答。这三种类型在实践中并非泾渭分明，而是相互交织、彼此叠构，从不同维度共同推动了我国创业教育研究的深入发展。

然而，着眼于新时期高校创业教育的发展方向和任务使命，相关理论研究仍有很大提升空间，存在诸多值得注意的问题。笔者曾将之概括为“四多四少”，即“多单一学科研究、少科际整合，多经验总结、少理论提升，多认识判断、少实证分析，多国外理论嫁接、少本土理论创新”①。之所以会产生这些问题，固然与我国创业教育实践基础薄弱、学术沉淀不

① 杨晓慧：《我国高校创业教育与创新型人才培养研究》，《中国高教研究》2015 年第 1 期。

足紧密相关，但是从深层次来看也与我们的理论旨趣、运思逻辑、研究方法不无关联。其一，在理论旨趣上，过于把创业教育视为服务经济发展、助力学生就业、缓解高校就业难、提高学生培养质量的手段和途径，而对其所蕴含的人本性价值和意义重视挖掘不够。其二，在运思逻辑上，简单地将创业教育视为创业知识、创业技能的单向灌输活动，致力于探索教育活动的构成要件、教育过程的展开环节、教育目标的达成途径、教育资源的整合策略等问题，而对创业教育内容的特殊性及其主体接受的可能性缺乏必要的深入探索。其三，在研究方法上，错误地将创业教育研究叙事当做实践经验的直观描绘与政策文献的转述归纳，简单照搬国外已有解释框架或教育学、管理学、心理学、创业学等相关学科的理论范式，或根据国内部分高校创业教育的局部经验进行归纳，缺乏深入的学理思考、凝练的理论表达以及科学细致的研究设计和数据分析，更遑论必要的本土创造和实践检验。这种“工具化的理论旨趣”、“单向度的运思逻辑”和“简单化的研究方法”，极大地影响和制约着我国高校创业教育研究的发展。

面向未来，高校创业教育研究应在葆有服务经济社会发展、解决大学生就业难等现实性价值取向的同时，更加自觉地彰显服务学生健康成长和全面发展的人本性价值。这是高校创业教育研究回归教育本质、提升理论境界的关键所在。同时，创业教育作为一种特殊的教育活动，是施教和受教的联结与统一，以往那种“单向度的运思逻辑”实质上割裂了施教与受教的有机联系，新的更为合理的运思逻辑应该是“教”与“学”双向互动式的，特别是要研究挖掘大学生在创业教育中的主体地位和能动作用，探索大学生接收习得创业知识、形成创业能力、采取创业行为等一系列深层次心理活动规律。这是高校创业教育研究完善问题领域、提高研究质量的重要方面。此外，在研究方法上应对经验研究和文献分析、实证调研与理论推演等同视之，不可厚此薄彼，既要防止热衷理论推演无视现实问题的抽象论倾向，又要避免以“管不管用”、“可不可验证”为由拒斥必要的深层次理论思考。这是高校创业教育研究丰富理论内涵、提升科学水平的必然要求。

四

《大学生创业意向及其行为转化研究》正是这样一部着眼世界创业教育前沿动态、契合我国高校创业教育发展趋势的学术专著，深切表达了作者长期研究探索大学生就业创业教育问题的责任自觉、问题意识和创新精神，基本实现了理论旨趣、运思逻辑、研究方法的系统性突破。作者刘志教授原是发展与教育心理学博士，后从事马克思主义理论学科博士后研究，并有着近20年在第一线从事大学生就业、创业教育研究与实践的宝贵经历。多学科的知识背景和勤于思考的工作习惯，使他能够“化问题为课题、变经验为理论”，将来自第一线的丰富体验和独到感悟贯穿于理论研究之中，能够敏锐发掘大学生就业、创业教育的关键问题，撰写形成丰富的理论成果。2014 年至 2016 年，受东北师范大学思想政治教育研究中心委派，刘志教授作为国家公派访问学者赴美国哈佛大学教育学院开展了为期两年的访学研究。其间，他锁定“大学生创业意向”这个世界创业教育的热点问题和哈佛大学这一世界创业教育发源地与理论研究和教育实践的制高点，收集整理了大量第一手国外创业教育研究与实践前沿文献，并访问了许多世界创业教育领域的名家大师。然后将国外最新动态与国内创业教育发展实际相结合，以大学生创业意向为中介，条分缕析、淬炼提升，最终创作形成了这样一部既有理论深度又有实践温度，既有中国立场又有世界眼光，既有深入细致的学理剖析又有翔实精当的数据支撑的学术专著。

全书紧紧围绕大学生创业意向这个核心命题，按照“本土研究与国际比较相结合”、“理论推演与实证调查相结合”、“质性访谈与量化测评相结合”的研究思路，从现有研究成果梳理到未来发展展望，从理论假设到量化分析，从中国经验到世界眼光，从静态结构透视到动态过程把握，从主体接受机理到外部教育策略，全面系统地论述了大学生创业意向的维度结构、现状特征、影响因素、行为转化、作用机理、教育进路等一系列重要问题，成功构建起了“以大学生为主体、以创业意向为核心、以行为转化为枢纽、以教育引导为途径”的“主体性创业教育范式”。这一范式对深化推动我国高校创业教育理论和实践具有重要的突破和创新意义。

第一，丰富了高校创业教育研究的理论视角。如前所述，创业教育是施教和受教的统一。长期以来我国创业教育研究“施教向度”上着力很多，主要围绕政策支持、教育平台、教学体系等宏观问题来展开，而对创业教育“受教向度”关注不够。例如，对于“人们何以能够创业”问题，以往的研究侧重对创业条件、资源、环境等外在因素的分析，而对创业意愿、创业能力、创业行为以及这些因素得以形成的心理规律及其相互间转化联系的心理机制，缺乏必要而细致的了解。当然本书绝不是创业教育“受教向度”的通观研究，但它所开启的基于创业意向而展开的微观心理学分析，无疑可以完善我国创业教育研究视角，并为创业教育“受教向度”研究和实践提供重要的致思进路。

第二，拓展了高校创业教育理论和实践的问题域。创业教育归根结底是试图影响人的创业行为的教育。它至少包括三个方面内容：一是“是否创业”，涉及主观意愿和价值判断；二是“能否创业”，涉及主客观条件；三是“如何创业”，涉及实践操作方法。三者紧密相关，但不能相互替代。我们现有的高校创业教育理论和实践更多侧重“能否创业”的主观素质培养、客观条件营造，以及“如何创业”的实践操作方法的传授，而对“是否创业”问题整体上关照不够。此外，即使有的研究涉及“创业意向”这个主观意愿问题，但大多只是停留在对这种意愿内涵结构、影响因素的研究，而对其怎样实现从“是否创业”（意向）到“如何创业”（行为）则缺乏必要的探索。针对这些问题，本书不仅通过翔实系统的实证调研揭示了大学生创业意向的构成、特征及影响因素，而且深入分析了创业意向行为转化的内在机理、实现要件、整体过程和教育路径，由此所产生的一系列新问题、新论断有力地丰富和拓展了我国高校创业教育理论和实践的问题域。

第三，独立开发形成了富有借鉴和推广意义的研究工具。本书自主开发符合心理测量学要求的大学生创业意向调查问卷（CSEIQ），是目前国内最新的专门针对我国大学生群体的创业意向测量工具，为我国大学生创业意向的测量和内涵研究奠定了基础。本书借助自主开发大学生创业意向调查问卷（CSEIQ）专门对大学生的创业意向维度结构进行研究，并创造性地构建我国大学生创业意向的维度结构模型，为更加科学、准确地理解大学生创业意向的内涵奠定理论基础。

此外，本书对自 1984 年以来 7 大世界创业领袖期刊（ERD、JEE、ETP、FER、JBV、JSBE、JSBM）中与创业教育有关的文章进行的系统梳理，对全国 10 个以上省市、近 20 所高等学校的 5000 名以上大学生样本开展的创业意向现状调查及其结果，以及对美国哈佛大学 70 年创业教育的历史经验和现行做法的深入研究和系统梳理，也为我国高校创业教育理论和实践提供了丰富的可资借鉴的数据和资料支撑。

希望这些新观点、新论断、新发现能够切实助推高校创业教育理论发展和实践难题的破解。当然，尽管世界范围内的创业意向研究已有 30 多年，但是在我国其理论研究和实践探索时间还比较短，还有诸多问题亟待进一步深入探讨。我们显然不能期望通过一本著作来解决所有问题。因此，在此希望本书能够引起学界对这一领域的关注，能够得到广大专家学者的指正，以示对年轻学者探索精神的支持和鼓励！

是为序。

导 论

创业意向（Entrepreneurial intention）是“潜在创业者对从事创业活动与否的一种主观态度，是人们具有类似于创业者特质的程度以及人们对创业的态度、能力的一般描述”①。党的十七大提出“提高自主创新能力，建设创新型国家”和“促进以创业带动就业”的发展战略。同时指出，大学生是最具创新、创业潜力的群体之一。在此背景下，切实加强大学生创业研究，深入了解大学生创业行为的特点及发生、发展规律，进而切实提高大学生创业教育的针对性、实效性成为迫在眉睫的任务。然而，创业是一个有意识和有计划的行为②，意向是计划行为唯一最佳预测指标，因而创业意向是创业行为的最好预测指标，是了解创业行为的中心点③。创业意向研究理应成为大学生创业研究的最佳切入点。

首先，创业意向是大学生创业行为研究的最佳切入点。有效开展大学生创业行为研究、深入了解大学生创业行为的特点及发生、发展规律是大学生创业研究的重点，因而是否准确把握研究的切入点是成败的关键所在。以往创业研究主要关注人格特质、环境因素和人口学变量对创业活动的影响。然而，这些因素都不能较好地解释和预测创业过程。在长期的研

---

① Norris F. Krueger, Michael D. Reilly & Alan L. Carsrud, Competing Models of Entrepreneurial Intentions, *Journal of Business Venturing*15, 2000, pp. 411-432.

② 参见 Bird Barbara, Implementing Entrepreneurial Ideas: The Case for Intention, *Academy of Management Review*, 13, 1988, pp. 442-453。

③ 参见 Norris F. Krueger, The Cognitive Infrastructure of Opportunity Emergence, *Entrepreneurship Theory and Practice*, 2000 (Spring), pp. 5-23。

究探索中，学术界逐渐认识到，创业是一个有意识和有计划的行为①，意向是采取某种行为的必要前提，意向是计划行为（planned behaviors）唯一最佳预测指标②。在创业过程中创业意向作为一个心理过程处于中间位置，个体的和环境的变量通过创业意向影响创业行为。创业机会或商机的存在并不会直接导致创业行为，因为创业行为的背后是“创业意向”，而并非所有人都具有此种意向。③ 舒克（Shook）等把创业过程归纳为“形成创业意向→搜寻和发现机会→作出创业决策→开发创业机会”，并且进一步阐明了创业意向在创业过程中的作用：无论是对于新创企业还是既有企业，企业家的创业意向在企业利用商业机会进行扩张、实现技术进步和创造财富的过程中都起到了重要的作用。可见，创业意向是创业行为的最好预测指标，是了解创业行为的中心点。

其次，创业意向研究已经成为全世界创业研究的新焦点。20 世纪 70 年代以来，社会各界对有关创业行为与创业者的研究表现出强烈的兴趣，同时创业心理学研究视角的相关概念经过一系列的研究，被证实具有良好构想效度，由此，创业心理研究成为创业研究的热点之一。但是早期创业心理研究主要关注创业者的人格特质。关于创业或小企业建立的研究集中在创业者个人特质是否影响创业过程，成就动机、内在控制源、风险承担倾向、问题解决能力等特质都被认为可能影响个体创业过程。④ 后来，研究者逐渐发现创业者之间的差异要远远大于创业者与非创业者之间的差

① 参见 Bird Barbara，Implementing Entrepreneurial Ideas：The Case for Intention，*Academy of Management Review*，13，1988，pp. 442-453。

② 参见 Norris F. Krueger，Alan L. Carsurd，A Entrepreneurship Intentions：Applying the Theory of Planned Behavior，*Entrepreneurship & Regional Development*，5，1993，pp. 315-330。

③ 参见 Edmund R. Thompson，Individual Entrepreneurial Intent：Construct Clarification and Development of an Internationally Reliable Metric，*Entrepreneurship Theory and Practice*，33，2009，pp. 669-694。

④ 参见 Raab Gerhard，Stedham Yvonne，Neuner Michael，Entrepreneurial Poten-tial：An Exploratory Study of Business Students in the U. S. and Germany，*Journal of Business and Management*，2，2005。

异，仅仅研究个体特质并不能区分创业者与非创业者，也不能明确对创业过程的影响作用的大小，因为任何一个特质都不会和结果变量（如决定成为一个创业者）有强烈的联系。① 之后，研究者开始脱离单一特质范畴，研究创业过程，并重视个体认知的影响作用。② 研究者或者深化创业心理过程（包括动机、人格、认知、意向、态度等），或者从更整合的角度探讨创业心理模型，而非仅仅关注创业者的人格差异。其中，创业认知研究方面比较著名的研究成果主要是沙恩和文卡塔拉曼（Shane & Venkataraman）提出的以"创业机会的识别、开发与利用"为主线的创业过程的研究主张。③ 而在潜在创业者的研究视角下，创业倾向、创业意向研究则逐渐成了研究的重点和热点话题。

最后，加强大学生创业意向研究是我国经济社会发展的现实需要。鼓励大学生创业以及推进高校创业教育是当今全世界的共识。受过良好教育的、有着创新思想的新一代青年将凭借高科技手段，利用网络平台，逐渐成为创业的主体和推动经济发展的主力。因此，高校如何开展创业教育，培养大学生的创业精神，是创业型经济发展的必然要求。在我国，党的十七大提出"提高自主创新能力，建设创新型国家"和"促进以创业带动就业"的发展战略。指出，大学生是最具创新、创业潜力的群体之一。

① 参见 Rauch Andreas，Frese Michael，Psychological Approaches to Entrepreneurial Success：A General Model and an Overview of Findings，*Iaternational Review of Industrial and Organizational Psychology*，6，2000。

② 参见 Michael H. Morris，Pamela S. Lewis，Sexton D. Lowe，Reconceptualizing Entrepreneurship：An Input-Output Perspective，*Advanced Management Journal*，1994（1）；Begley T. M，Boyd D. P.，Psychological Characteristics Associated with Performence in Entrepreneurial Firms and Smaller Businesses，*Journal of Business Venturing*，1987（2）；Beugelsdijk S.，Noorderhaven N. Entrepreneurial Attitude and Economic Growth：A Cross-section of 54 Regions，*The Annals of Regional Science*，2004（2）；Levengurg N. M. Lane P. M. Schwarz TV，Interdisciplinary Dimensions in Entrepreneurship，*Journal Of Education For Business*，2006（5）。

③ 参见 Shane，S.，& Venkataraman，S.，The promise of Entrepreneurship as a Field of Research，*Academy of Management Review*，25，2000。

在高等学校开展创新创业教育，积极鼓励高校学生自主创业，是教育系统深入学习实践科学发展观，服务于创新型国家建设的重大战略举措；是深化高等教育教学改革，培养学生创新精神和实践能力的重要途径；是落实以创业带动就业，促进高校毕业生充分就业的重要措施。然而，国内关于创业意向的研究仍处于方兴未艾阶段，“创业还比较集中在描述现象和行为，对个体的创业倾向即潜在的创业者的研究还处于刚刚起步状态”①。虽然已经取得了一定的研究成果，但“直接针对大学生创业意向的研究较少，已有的研究重点在人格特质上，忽略认知因素的影响。即使有些研究开始考查其他变量对创业意向的影响，但对各个变量之间的影响关系还是存在较多不清晰的地方”②。在此背景下，大力加强大学生创业意向研究成为迫在眉睫的任务。

然而，通过对创业意向研究成果的整理与分析，我们看到，国内外尤其是国内创业意向依旧是一个较新的研究领域。尽管学者们在创业意向的概念界定、影响因素分析等方面开展了积极的研究，但仍然存在一定问题，很多研究仍给人以意犹未尽的感觉，研究的结论需要进一步推敲和深化。我们认为，以下几方面研究亟待加强。

首先，创业意向的概念与内涵需要进一步深入探究。准确界定创业意向的内涵是研究创业意向的前提。但当前无论国内还是国外，创业意向至今都没有一个统一的概念。术语使用不统一，创业意向、创业倾向、创业导向、创业兴趣、创业意愿等多个词语混合运用；概念内涵不统一，研究者们大多根据自己的理解对创业意向进行定义，对创业意向的维度结构没有清晰、完整、统一的规定。在国外，“拥有一个公司的意向”（the intention to own a business/ to start a firm/to create a venture）、“自我雇佣意向”（the intention to be self-employed）经常与“创业意向”交叉混合出

① 范巍、王重鸣：《个体创业倾向与个性特征及背景因素的关系研究》，《人类功效学》2005年第3期。

② 叶映华：《大学生创业意向影响因素研究》，《教育研究》2009年第4期。

现。在国内，则是前文已经提到的“创业意向”、“创业倾向”、“创业意愿”的问题，尽管都对应着英文“Entrepreneurial Intention”，使用时的意思也基本相同，但是其翻译出的中文却有着较大差异。这种状况严重制约了创业意向研究成果的比较、验证和深化拓展，亟须改进。

其次，创业意向测量的科学性需要进一步提高。现状调查是创业意向研究的重要内容。但目前由于对创业意向维度结构的研究尚未成熟，创业意向没有清晰的操作性定义，因此即使已有部分研究者开发出创业意向的测量工具，测量的指标项目和统计分析方法也都各不相同，进而导致了测量结果的不一致，造成比较、验证、综合或扩展的障碍。为此，一是要加强中国背景下创业意向问卷的编制研究，开发适合中国国情的研究工具；二是要完善创业意向测量的统计方法，除合理运用描述性统计、回归分析等传统、成熟的统计方法外，力争减少共同方法偏差，适当运用等级回归方程、结构方程等高级统计分析方法，进一步提高统计分析的信效度；三是要扩大测量样本数量，拓宽样本分布区域，从而进一步提高测量的生态效度，规避由样本选取限制造成的系统干扰。

再次，创业意向的影响因素研究需要进一步完善。创业意向影响因素的研究是了解创业意向生成机理和干预方法的基础。创业意向的产生、发展、外化是主客观条件相统一的结果。当前对创业意向影响因素的研究虽然取得了很多成果，对性别、创业政策、家庭背景等多个因素都有所涉及。但是，一方面现在的研究较多地集中在性别、教育背景、人格特质、自我效能感这几个方面，而对教育制度、创业政策、社会网络以及非理性因素（如直觉和偏差）的专门化探讨却不够深入和全面。另一方面，目前对创业意向影响因素的研究更多地是通过量化建模手段来开展，这固然有利于对创业意向影响因素的系统、总体把握，但也容易流于抽象和概括化，并且由于目前对到底有哪些因素会影响到创业意向的形成与发展远未形成真正的共识和成熟理论，因此需要以更加开放的态度，采取质性研究的手段，更加全面、深入地挖掘创业意向的影响因素，并且通过深度访谈更加详细、具体、真实地了解各因素对创业意向的影响情况。

最后，研究对象需要更加准确、精细定位。随着研究的深化，创业意向研究需要就研究对象进行细分和界定。“现在我国的创业群体或潜在创业群体，除了大学生以外，还包括众多不同职业背景、受教育背景和年龄的不同阶层人士。如何分别对不同群体进行有针对性的研究，并在理论和实证研究的基础上进行相应的政策研究，这无疑是未来创业意向研究的一个重要方向，并且对于改善我国创业氛围、促进个体创业具有十分重要的现实意义。”① 我国幅员辽阔、民族众多，不同区域、民族的群体存在文化差异，这都将导致创业意向的不同。以大学生为例，由于多为全日制学生，他们的社会资本、经济资本都非常有限，影响他们创业意向的实则主要是学校教育、创业政策、人格特质、家庭环境等，所以在今后有关大学生创业意向影响要素的探讨中应加强对上述几个要素尤其是学校教育和创业政策方面的研究，并着力从这两个最贴近大学生、最行之有效的维度挖掘提高大学生创业意向的策略。

在我国提出“建设创新型国家”和“促进以创业带动就业”的背景下，加强作为最具创业潜质的大学生的创业意向研究成为迫在眉睫的任务。本书将创业行为的预测指标——创业意向作为研究的切入点，从而深入了解大学生创业行为的特点及发生、发展规律，进而切实提高大学生创业教育的针对性、实效性。我们采取“本土研究与国际比较相结合”、“理论推演与实证调查相结合”、“质性访谈与量化测评相结合”的研究思路。在整理借鉴国内外现有研究成果的基础上，厘清创业意向、创业意向结构、创业意向生成和创业意向行为转化四个核心概念，梳理国内外在创业意向方面的研究成果，阐明创业意向结构及创业意向产生、发展的过程和机理，着重探索创业意向与创业行为的关系、实现转化的条件以及促进转化的策略，进而为我国大学生创业教育的针对性和实效性提供了理论和

---

① 马占杰：《国外创业意向研究前沿探析》，《外国经济与管理》2010 年第 4 期。

实践支撑。全书共分为八章，每章具体内容如下：

第一章：大学生创业意向的研究基础。对国内外创业意向概念、维度结构、测量、影响因素、现状调查等方面研究成果进行梳理，为后续创业意向相关研究的展开奠定基础。首先，对国内外创业意向基本内涵相关成果进行梳理。它包括两方面内容，一方面是国内外学者对创业意向概念的界定，从1988年美国学者贝尔德最早提出创业意向概念开始一直到2012年我国学者姜海燕等人提出的创业倾向概念；另一方面是创业意向维度结构的研究，对阿杰恩（Icek Ajzen）的创业意向TPB模型、克鲁格（Kruger）等人的创业意向简易与修订模型以及我国近年来出现的创业倾向结构模型进行了整理与分析。其次，对创业意向现状调查相关研究成果进行梳理。对目前国内七种主要的创业意向相关测量方法和几次调查实践进行介绍，指出由于创业意向的研究刚刚起步，研究者对创业意向概念、维度结构的界定以及调查工具的选择尚未达成一致，导致研究结论也不完全一致，无法进行有效的比较与鉴别。最后，从背景变量、环境变量、个性变量、综合变量方面对创业意向的影响因素进行了梳理。背景变量主要包括性别、学历、专业背景、个人经历、文化特质、所学知识、家庭背景、地域、年级、个人网络意愿、社会网络十一个方面，环境变量包括创业环境、创业政策以及创业教育制度三个方面，个性变量的研究主要集中个体人格特质、自我效能感、创业态度三个方面。同时，还有学者指出创业素质、创业环境、创业实践对创业意向的综合影响。

第二章：大学生创业意向的维度结构。通过探索性与验证性分析探知中国大学生创业意向的维度结构模型。第一步，编制《大学生创业意向问卷》初试问卷。研究初期，初步编制了《大学生创业意向访谈提纲》（试用版），并随机选取东北师范大学20名本科生进行了预访谈，在此基础上对访谈提纲进行修订，形成最终的《大学生创业意向访谈提纲》（见附录1）。随后，对黑龙江大学、吉林大学、东北师范大学、吉林农业大学、吉林财经大学、大连理工大学、大连交通大学、辽宁师范大学的91

名本科生和研究生进行了半结构化访谈。访谈结束后，经过具体的编码分析后我们得到中国背景下大学生创业意向的结构主要有：行为倾向、希求性和可行性三个一级维度，其中希求性又包括物质性、控制感、成就感、创新性四个二级维度，可行性包括能力、个性维度、经验维度、资源维度四个二级维度。根据这一结果，初步拟定了80个题项，其中行为倾向17个项目、希求性25个项目、可行性38个项目。之后对问卷题项进行专家评议，根据评议结果对其中的部分题项进行了修改、合并和删减，编制出70个题项的初试问卷。第二步，形成大学生创业意向调查正式问卷。选取东北师范大学、吉林大学400名本科生进行初试，并使用统计软件SPSS20.0对初试结果进行描述性统计、相关分析和探索性因素分析。经过上述分析，形成正式的《大学生创业意向调查问卷》，问卷包括希求性、行为倾向和可行性三个分问卷。其中创业行为倾向分问卷包括5个题项；创业希求性分问卷包括14个题项，其中物质性3题、控制感3题、成就感3题、创新性5题；创业可行性分问卷包括14个题项，其中能力维度4题、个性维度3题、经验维度3题、资源维度4题。第三步，对正式问卷进行信效度检验。选取东北师范大学、吉林大学、吉林财经大学、长春大学600名大学生进行测试，根据结果对正式问卷进行信效度检验。检验结果表明本研究编制的《大学生创业意向调查问卷》(College Students' Entrepreneurial Intention Questionnaire，以下简称CSEIQ）信效度都较高，完全适合作为我国大学生创业意向的测评工具。第四步，确立大学生创业意向维度结构。以第三步调查数据为基础，对创业意向维度结构进行验证性因素分析，得出中国背景下大学生创业意向包括创业行为倾向、创业希求性和创业可行性三个维度。其中创业希求性包括物质性、控制感、成就感、创新性四个二级维度，创业可行性包括能力、个性、经验、资源四个二级维度。

第三章：大学生创业意向的影响因素。通过质性访谈与分析探究影响创业意向生成、发展的诸因素。本部分自编了内容全面丰富的大学生创业意向影响因素访谈提纲，运用随机抽样与目的性选样相结合的方式选取黑龙江大学、东北师范大学、吉林农业大学、大连交通大学四所高校 100 名大学生（每校 20 人，包含本科生和研究生）作为研究被试对象的同时，从上述四所高校已经开展创业实践活动的学生中选取了 20 人（每校 5 人，包含本科生和研究生）作为访谈对象，从而确保访谈对象中各种不同创业意向水平的大学生都能有所涉及，以确保研究结果的科学性。通过数据分析总结出大学生创业意向的四大方面共 17 项影响因素。其中，一是个人因素方面，包括人格特质、专业类型、理想与目标、成长历程、就业形势、创业认知和创业时机七项；二是家庭因素方面，包括家庭经济状况、家人支持、父母教养方式、父母职业类型四项；三是学校因素方面，包括学校的创业教育、创业环境、创业帮扶三项；四是社会因素方面，包括创业榜样和范例、社会创业舆论、社会创业支持三项。本研究相对于以往研究取得三方面突破。第一，在验证以往研究提到的大学生创业意向影响因素的同时，探索、获取新的创业意向影响因素，为后续量化研究的进一步展开奠定基础，有利于推动大学生创业意向影响因素体系的健全和完善；第二，对大学生创业意向影响因素的具体内涵及其对创业意向的具体影响机制进行了解，弥补以往创业意向影响因素研究仅限于形成抽象概念、缺乏具体形象描述的不足；第三，对创业意向强、弱两类大学生群体都进行创业意向影响因素的探究，以弥补以往研究中只关注高创业意向水平个体创业意向影响因素的不足。

第四章：大学生创业意向的现状特征。采用自主开发的《大学生创业意向调查问卷》，通过全国大样本抽样调查掌握我国大学生创业意向的最新状况与特征。首先，论述了通过掌握大学生创业意向现状特征促进大学生创业意向转化的重要性。其次，阐述了大学生创业意向现状特征研究的方法，即通过自主开发适合中国实际的大学生创业意向测量工具《大学生创业意向调查问卷》，借助自身资源优势，遵循经济而有效的原则，采用多级整群抽样（cluster sampling）的方法实施测量。调查样本实现全国范围覆盖，样本取自全国12个省市的18所高等学校，包括985高校、211高校、其他高校（省属重点院校、地方一般院校），大一、大二、大三、大四、大五五个年级。选取的样本基本涵盖了当前中国大学生的全部群体，对中国大学生创业意向类型特征具有较好的代表性。本研究共发放大学生创业意向调查问卷5320份，收回问卷5037份，问卷回收率94.68%，剔除数据缺失值超过5%或有明显反应偏向的无效问卷，最后得到有效问卷4384份，有效率87.04%。最后，通过数据统计与分析，发现当前我国大学生创业意向总体上处于中等水平的结论，并且呈现出鲜明的特征：大学生创业意向存在明显的性别差异，男大学生的创业意向水平明显高于女大学生；独生子女大学生与非独生子女大学生的创业意向水平存在显著差异，独生子女的创业意向水平明显高于非独生子女；有家人从商的大学生创业意向水平与无家人从商的大学生存在显著差异，前者明显高于后者；有创业经历大学生的创业意向水平与无创业经历大学生的创业意向水平存在显著差异，前者明显高于后者；接受不同程度创业教育的大学生其创业意向水平明显不同，接受过丰富创业教育的大学生其创业意向水平明显高于其他群体；不同年级大学生的创业意向水平存在差异，大四学生的创业意向最强；不同专业大学生的创业意向水平不同，农学专业学生的创业意向最强，医学军事专业学生的创业意向最弱；不同生源地大学生的创业意向水平存在显著差异；不同类型高校大学生的创业意向水平存在差异，985高校学生的创业意向最强，211高校学生的创业意向最弱；高校所处地区不同，学生的创业意向水平也存在差异。

第五章：大学生创业意向行为转化的基本原理。研究创业意向行为转化的本质内涵、过程机理与助推手段。首先，从马克思主义认识论、计划行为理论、态度改变理论、心理场理论、认知——行为理论、执行意向理论论述了创业意向与创业行为之间的内在关联。创业意向行为转化是大学生自我价值的追求活动、主客观因素共同作用以及创业态度外化的表现。其次，通过对大学生创业意向行为转化的过程进行分析，正确认识了大学生创业意向行为转化的基本要素，包括创业意向、创业行为、个人特质、环境氛围和机遇；厘清了要素之间的相互作用方式；明晰了创业意向行为转化的发展阶段包括前决策阶段、前行动阶段、行动阶段、后行动阶段；准确把握了大学生创业意向行为转化的基本规律，即创业意向行为转化具有渐进性与突变性并存、稳定性与反复性同在、主动性与联动性统一的特征。最后，论述了创业教育助推大学生创业意向行为转化的独特优势，从家庭支持的不稳定性、资源条件支撑的不可控性、社会舆论环境的不稳定性反面论证创业教育在引导对大学生创业意向行为的转化上具有较为稳定的影响力。创业教育作为一种新的教育手段，已经成为我国高等教育的重要组成部分，它主要培养大学生的创业意识和创业能力。具有两点重要优势：帮助大学生形成对创业的理性认识，为大学生创业营造有力的创业氛围。

第六章：创业教育助推大学生创业意向行为转化的接受机理。围绕大学生创业教育接受的内涵、系统构成和运行机理展开论述。首先，论述了创业教育接受问题的缘起、研究的定位。其次，从解释大学生创业教育和接受两个概念出发从不同理论层面阐释了大学生创业教育接受的内涵，并揭露了大学生创业教育接受的本质属性，即接受内容的整合性、接受过程的整合性和理论支撑的整合性的统一。在此基础上，本章构建了独特的大学生创业教育接受机制，即大学生创业教育接受系统结构，其中包括接受主体、接受客体、传授主体、接受介体和接受环体五方面基本要素，这些要素既呈现出作为一般意义接受要素的基本特点，又具备作为大学生创业教育接受这一特定接受活动基本要素的异质性。最后，论述了大学生创业教育接受的运行机理。系统分析了其中包含的内循环系统和外循环系统，以及转化机制、修正机制、固化机制三种基本运行机制。

第七章：创业教育助推大学生创业意向行为转化的国际经验。对哈佛大学创业教育 70 年的历史经验和现行做法进行研究和梳理。首先，介绍了哈佛大学创业教育的运行模式。通过对哈佛创新实验室、哈佛商学院创业教育系统、全校性专业融合课程三大平台的介绍呈现哈佛大学创业教育的体系构成，在此基础上进一步揭示哈佛大学创业教育基本模式和内在本质，即“三足鼎立、并驾齐驱”的基本格局、“衔接互动、合力育人”的内在机理、高校创业教育传统模式的新超越。在总结哈佛模式的基础上论述了哈佛大学创业教育运行模式的经验与启示。包括以“需求导向、分群类教”为旨归、以“因地制宜、差异化选择”为原则、以强大的创业基本理论体系为支撑。其次，通过梳理哈佛大学创业教育课程建设的历史，总结哈佛大学创业教育课程建设的走向和特征，即在内容上从单一课程走向完备体系、在受众上从局部学院走向贯穿全校、在教学上始终坚持实践导向、在趋势上起落间螺旋上升。在此基础上，提炼出哈佛大学创业教育课程教学的基本模式，即案例教学模式、“做中学”模式的结合。最后，从比赛流程、评分标准、裁判设置方面梳理了哈佛大学商学院创业大赛的历史发展，总结了我国创业大赛可汲取的经验，即“育人为本”的办赛指导思想、强大的办赛支持与援助和突出的行动取向的结合。

第八章：创业教育助推大学生创业意向行为转化的基本理论。围绕“是什么”、“教什么”、“怎么教”等核心问题进行创业教育原理分析，探索构建高校创业教育的基本理论体系。首先，分别从三个不同层面和四种不同视角对创业和创业教育的本质内涵进行了界定，即创业的内涵需要从宏观经济发展、组织机构和个体行为三个不同层面来理解，理解创业教育有四种不同视角，即了解创业者的教育、认识创业过程的教育、培养创业认知的教育、训练创业方式的教育，在此基础上，对创业与创业教育的关联进行了分析。其次，在梳理国内外关于创业教育内容理论研究成果以及对比中美两国创业教育内容的基础上，根据理论与实践相结合、独立性与系统性相结合、普适性与层次性相结合、稳定性与开放性相结合等原则，参照哈佛大学创业教育内容金字塔模型构建起由创业意向、创业基础、创业训练、创业实践、创业发展五大模块内容构成的我国高校创业教育内容体系，并对体系内部的各个要素以及要素间的相互关系进行了论述。最后，在梳理借鉴国内外创业教育模式的基础上，结合我国实际构建起了创业教育过程模型，包括创业教育环境、创业教育主体、创业教育内容、创业教育方法、创业教育载体、创业教育模式、创业教育基础和创业教育目标八方面构成要素，并对创业教育过程模型内部的各个要素以及要素间的关系进行了论证。

第一章

大学生创业意向的研究基础

创业是一个有意识和有计划的行为①，意向是计划行为（planned behaviors）唯一最佳预测指标②，因而创业意向是创业行为的最好预测指标，是了解创业行为的中心点③。自1988年美国学者贝尔德（Bird）最早提出“创业意向”的概念以来，“创业意向”日渐成为国外创业研究的新焦点之一。同时，随着创新型国家建设战略的有效推进，我国学者对创业意向尤其是大学生创业意向研究给予积极关注，取得了可喜的进展④。现将国内外创业意向研究的主要成果梳理如下，作为本研究的基础。

---

① 参见 Bird Barbara，Implementing Entrepreneurial Ideas：The Case for Intention，*Academy of Management Review*，13，1988，pp. 442-453。

② 参见 Norris F. Krueger，Alan L. Carsurd，A Entrepreneurship Intentions：Applying the Theory of Planned Behavior，*Entrepreneurship&Regional Development*，5，1993，pp. 315-330。

③ 参见 Norris F. Krueger，The Cognitive Infrastructure of Opportunity Emergence，*Entrepreneurship Theory and Practice*，2000（Spring），pp. 5-23。

④ 据笔者通过“中国学术期刊网络出版总库”、“中国博士学位论文全文数据库”、“中国优秀硕士学位论文全文数据库”检索，截至2012年2月，国内学者共发表创业意向相关论文90篇，其中题名含“创业意向”论文58篇，含“创业倾向”论文32篇。发表时间均在2004年及以后，又以2009年以来最为集中，每年均在15篇以上；论文类型方面，以期刊论文为主，占近75%；硕士论文其次，约占20%；博士论文仅有4篇。研究成果的这一现状正反映了我国创业意向研究实践的方兴未艾的特征。

第一节　创业意向的基本内涵

对基本内涵的理解是创业意向研究的前提和基础。截至目前，学界对创业意向基本内涵的研究集中在创业意向的概念界定和创业意向维度结构的研究两个方面。

一、创业意向的概念界定

“创业意向”一词源于英文 Entrepreneurial Intention（简称 EI），由于对 Intention 的理解和译法存在差异，国内学者虽然多数称其“创业意向”，但也有部分学者将其译为“创业倾向”或“创业意愿”。为此，本书在对创业意向研究基础进行梳理的过程中也将创业倾向、创业意愿的相关研究成果包括在内。

（一）国外学者对创业意向概念的界定

在西方学者中贝尔德最早提出“创业意向”的概念。1988 年贝尔德指出，创业和战略性管理是两种不同类型的行为，并将创业意向定义为“指引创业者追求某一目标，而投入大量注意力、精力和行动的一种心理状态”，在它形成的过程中，个人背景（个人的履历、品格和能力）和社会背景（个体所处的社会、政策和经济背景）会相互作用，而个人或社会因素都必须通过形成意向来影响创业行为。此外，贝尔德还认为创业意向是指引新生企业的运营形式和方向的决策思维，它作为一个观察关系、资源和变化的窗口而存在，既是理性的、分析性的、因果性的思考过程的结果，也是知觉的、整体性的思考结果，受到理性分析思维和直觉整体思维的影响。[①] 其后，在1994年，博伊德（Boyd）和沃兹科斯（Vozikis）拓展了贝尔德的理论，他们在创业意向的产生因素中引入了自我效能感这一变量，用其解释创业意向如何由思想转变为行动，并认为创业自我效能感会影响创业意向的产生，对个体的创业行为能起到重要的中介作用，这为后来研究创业者特质对创业意向的影响打下了基础。[②] 克鲁格（Krueger）等人认为，作为潜在创业者对从事创业活动与否的一种主观态度，创业意向是创业者的创业前提，潜在的创业者（Potential Entrepreneurs）只有具有了一定程度的创业意向才可能从事创业活动。因此，创业意向是创业行为最好的预测指标，是对人们具有类似于创业者特质的程度以及对创业的态度、能力的一般描述，是企业在寻求发展或者组织寻求革新的原动力。[③] 无独有偶，汤普森（Thompson）也提出了相似的概念，认为创业意向是“个体打算创办新企业的一种信念，并且将来的某个时间会自觉地将此信念付诸实施”。而个体如果要产生创业意向，便需要同时具有创建新企业的可能性、本人认可这种可能性，而“将来某个时候”则并不确定，或者很快发生、或者不会发生，所以，创业意向是潜在创业者成为真正创业者的必要非充分条件，它的实现会受到很多因素的制约。[④] 此外，还有学者从创业可能性的层面描述了创业意

① 参见Barbara Bird，Implemeting Entrepreneurial Ideas：The Case for Intention，*Academy of Management Review*，13，1988。

② 参见Nancy G. Boyd，George S，Vozikis，The Influence of Self-Efficacy on the Development of Entrepreneurial Intentions and Actions，*Entrepreneurship*：*Theory and Practice*，18，1994，pp. 63-77。

③ 参见Norris F. Krueger，Alan L. Carsurd，A Entrepreneurship Intentions：Applying the Theory of planned behavior，*Entrepreneurship&Regional Development*，5，1993，pp. 315-330。

④ 参见Edmund R. Thompson，Individual Entrepreneurial Intent：Construct Clarification and Development of an Internationally Reliable Metric，*Entrepreneurship Theory and Practice*，33，2009，pp. 669-694。

向，如菲利普·潘（Phillip H. Phan）等人[①]和克里斯汀（Christian Luthje）等人[②]虽然选择了不同的研究样本和研究内容，但都将创业意向定义为学生选择自主创业的可能性。

（二）国内学者对创业意向的概念界定

贺丹沿用了菲利普·潘给出的创业倾向概念，认为大学生的创业倾向是指大学生选择自主创业的可能性，并指出创业倾向的衡量指标为创业可能和创业准备。[③] 牛志江[④]、金启慧[⑤]、姜海燕、余如英[⑥]等人也持有相同的观点，指出创业倾向是创业的内生原动力，其高低水平体现出个人倾向于创业的程度。在相同环境下，创业倾向高表明个人趋向创业的程度高，与其他发展途径相比更愿意选择创业。与之相对，大学生创业倾向是指大学生未来选择创业的可能性，而创业倾向作为一种个性心理活动，受到个体内外因素的影响。王天力指出，创业倾向就是对创业的趋向程度，创业倾向高表明主体在同等条件下，更加趋向于选择自主创业；创业倾向低则说明主体在同一条件下，更加不趋向于自主创业。也可以说，创业倾向是衡量主体对创业取向的接受水平，即主体通过建立对创业的理解、认识、观点、看法、态度，最终形成对创业的选择性接受程度。这一接受过程很显然要受到内部和外部信息的影响，需要对信息进行有效的加工才能

---

① 参见 Phillip H. Phan，Poh Kam Wong，Clement K. Wang，Antecedents to Entrepreneurship among University Students in Singapore：Belief，Attitudes and Background，*Journal of Entreprising Culture*，10（2），2002，pp. 151-174。

② 参见 Christian Luthje，Nikolaus franke，Public Education：Its Effect on Entrepreneurial Characteristics，*Journal of small Business and Entrepreneurship*，6，2003。

③ 参见贺丹：《大学生创业倾向的影响因素分析》，浙江大学硕士学位论文，2006 年。

④ 参见牛志江：《认知视角下创业意向影响机制——以机会识别为中介变量的实证研究》，浙江大学硕士学位论文，2009 年。

⑤ 参见金启慧：《高职学生创业倾向影响因素研究——以秦皇岛高职院校为例》，吉林大学硕士学位论文，2010 年。

⑥ 参见姜海燕、余如英：《地方高校大学生创业倾向影响因素研究》，《教育发展研究》2012 年第 1 期。

形成。因而，创业倾向的形成过程也是主体对创业内外部相关信息要素的处理和决策过程。此外，创业倾向建立在创业者对创业的概念认识、创业者的创业能力和品质、创业准备和创业机会等多方面的基础之上，所以创业倾向也是这些方面的综合体现。创业倾向是从事创业的个性心理倾向和内在驱动力的总和，兼有个体的和社会的特征。创业倾向支配着创业者对创业活动的态度和行为，是创业活动的重要组成部分。创业倾向在一定情况和条件下会转变为创业行动，其转化过程受一定的社会环境影响和制约。在社会环境一定的情况下，创业倾向的高低影响和决定着实际创业活动的开展。具体到大学生群体，大学生创业倾向则可定义为大学生在可预见的将来创业的可能性，即大学生对创业的趋向度，它的形成过程也就是大学生通过建立对创业的理性认知，最终形成对创业的趋向性的过程。① 熊正安结合意识的概念，认为创业意识是“创业者思维活动的产物，是创业者成功的心理活动能动性的集中体现，是创业者源于自己的生理动机（如解决自己的吃饭问题、工作问题）和心理动机（如成就事业，实现自我价值，得到社会承认等）出发，对所见、所闻、所知、所了解的客观事物的感觉、知觉，通过判断、推理等对已有的感性材料经过大脑加工，从而形成的创业设想，是创业者内在的强烈需要和创业行为的强大驱动力”②。丁明磊借用克鲁格等人的观点，认为个体在创业前首先需要产生一定的创业意向，只有先期具备了创业意向才可被视为真正从事创业活动的潜在创业者，因此，创业意向应被解释为个体是否从事创业活动的一种主观态度，是对人们具有创业者特质的程度以及对创业的态度、能力的一般描述，是对创业行为最好的预测指标。③ 与此相似，龚丽、谢丽芸套用

---

① 参见王天力：《吉林省民办高校大学生创业倾向影响因素研究》，吉林大学硕士学位论文，2009年。

② 熊正安：《创业意识若干理论问题探析》，《武汉商业服务学报》2007年第9期。

③ 参见丁明磊：《创业自我效能及其与创业意向关系研究》，河北工业大学博士学位论文，2008年。

巴戈齐（Bagozzi）等人的观点，认为“创业意愿是实施创业行为的一个先决因素，是个体因素和社会因素指向创业行为的中介变量，是创业者对于是否从事创业活动的一种主观态度，创业意愿的高低决定了创业行动的可能性，创业意愿高的个体更容易从事创业行为”①。吴忠宁、汪保安②、陈巍③、王建红④也将创业意向定义为潜在创业者对是否从事创业活动的主观态度，并提出它是最好的创业行为预测指标，代表着创业潜在主体选择创业的可能性，是创业的内生原动力。其中，王建红特别提出了创业意向和创业准备的联系在于，具有创业意向的个体会设立更强的创业目标，而由于目标的导向作用会做好更充分的创业准备。⑤ 简丹丹等人⑥、王莹⑦通过对前人文献的整合，认为创业意向作为一个心理过程，在创业进程中处于中间位置，个体的和环境的变量通过创业意向影响创业行为，而创业意向则是潜在创业者对创办新企业或实施创业行为的一种多方面的主观心理准备状态及其程度，反映了一个人将创业作为自己人生规划的意愿和偏好，主要包括潜在创业者对自身素质（包括创业知识和创业潜能）的评估以及对外在因素（包括创业合作伙伴的可靠性、创业资金的充足性、市场的需求性以及社会支持情况）的主观评估情况。黄四枚认为，创业态度是情感的表达形式，是人们对创业的看法和喜好程度，个体对某

---

① 龚丽、谢丽芸：《大学生创业心理特征及对策研究》，《青年探索》2009年第3期。

② 参见吴忠宁、汪保安：《全国大学生创业意识的调查和研究》，《教育与职业》2009年第17期。

③ 参见陈巍：《创业者个体因素对创业倾向的影响：感知环境宽松性的中介作用》，吉林大学博士学位论文，2010年。

④ 参见王建红：《海外归国人员创业自我效能及其与创业意向关系研究——基于上海海归的实证》，华东师范大学硕士学位论文，2011年。

⑤ 参见王建红：《海外归国人员创业自我效能及其与创业意向关系研究——基于上海海归的实证》，华东师范大学硕士学位论文，2011年。

⑥ 参见简丹丹、段锦云：《创业意向的构思测量、影响因素及理论模型》，《心理科学进展》2010年第18期。

⑦ 参见王莹：《大学生社会网络对创业意向的影响研究——基于创业效能感的中介效应》，浙江大学硕士学位论文，2011年。

事物的态度对个体参与某事物的动机产生关键影响作用，因此创业态度是影响创业行为倾向的关键因素之一。与之相对，创业行为倾向是指创业实践活动中的人作出创业行为的倾向，是对人起动力作用的个性心理倾向，代表创业潜在主体选择创业的可能性，是创业的内生原动力。①

二、创业意向的维度结构

创业意向的维度结构涉及创业意向概念的界定与测量工具的开发，因此维度结构的分析是创业意向研究的前提和基础。就创业意向维度结构而言，虽然目前国内外对创业意向维度结构的研究已经取得一定成果，但对创业意向的维度结构尚未形成统一的认识，因此本书就创业意向的维度结构做了国内外不同场域、不同调查对象、不同研究出发点的创业意向模型考察。

（一）阿杰恩等人的创业意向模型

TPB 模型（见图 1-1）由阿杰恩提出。该理论认为：朝向行为的态

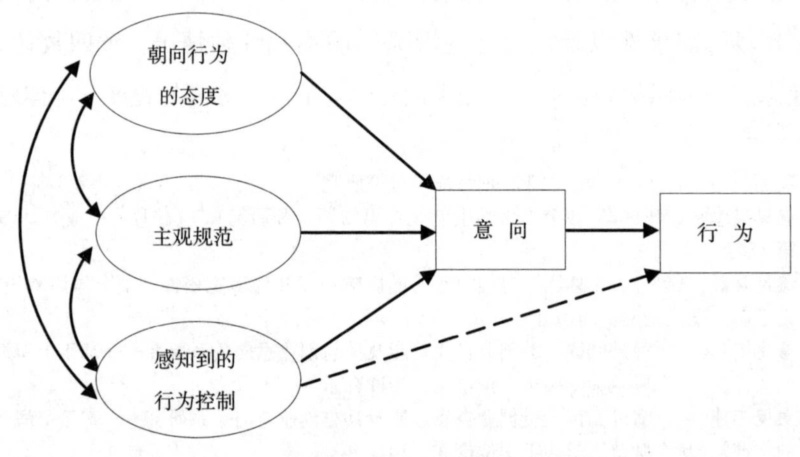

图 1-1 创业意向的 TPB 模型（阿杰恩等）

① 参见黄四枚：《高校大学生创业倾向影响因素实证研究——以长沙市为例》，中南大学硕士学位论文，2000 年。

度、感知到的社会规范和感知到的行为控制通常有非常精确的行为意向，进而这些意向又可以和感知到的行为控制一起在相当大的程度上解释行为的变化。①

（二）克鲁格等人的创业意向模型

1994年，克鲁格等人提出了创业意向的简单模型（见图1-2），该模型提出了潜在创业者如何从具备察觉到的希求性、察觉到的可行性发展到产生创业意向的过程，并综合了其他影响要素。2004年，克鲁格等人对此模型又进行了修正（见图1-3），进一步细化了察觉到的希求性、察觉到的可行性两个维度，并将外来因素囊括其中。在修正后的模型中，察觉到的希求性和察觉到的可行性成为了中介变量。前者分为个人希求性、觉察到的社会规范，后者分为觉察到的自我效能、觉察到的集体功效，而外来因素通过察觉到的希求性和察觉到的可行性影响创业意向，一些突发因素在模型中起到修正作用。②

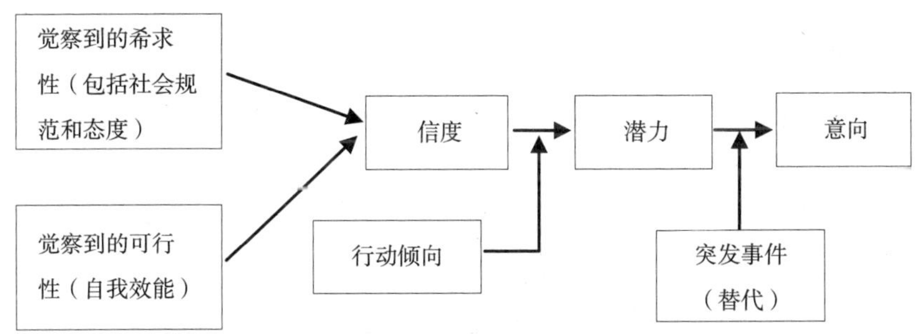

图1-2　创业意向的简单模型（克鲁格等，1994）

① 参见Icek Ajzen, The Theory of Planned Behavior, *Organizational Behavior and Human Decision Processes*, 1991（50）。

② 参见Norris F. Krueger, Deborah V. Brazeal, Entrepreneurial Potential and Potential Entrepreneurs, *Entrepreneurship Theory and Praetice*, 1994（Spring）, pp. 91-104。

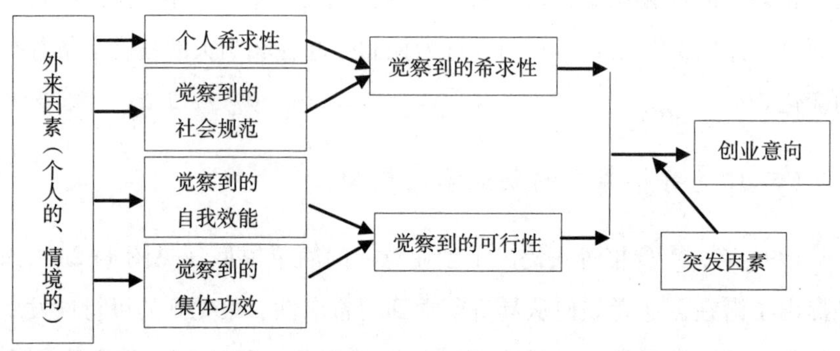

图 1-3 创业意向的修正模型（克鲁格等，2004）

（三）菲利普·潘等人的创业意向模型

菲利普·潘等人将新加坡学生作为调查对象，提出了创业倾向的理论模型（见图 1-4）。该模型包括个人背景、创业态度、创业信念、创业倾向四个方面。①

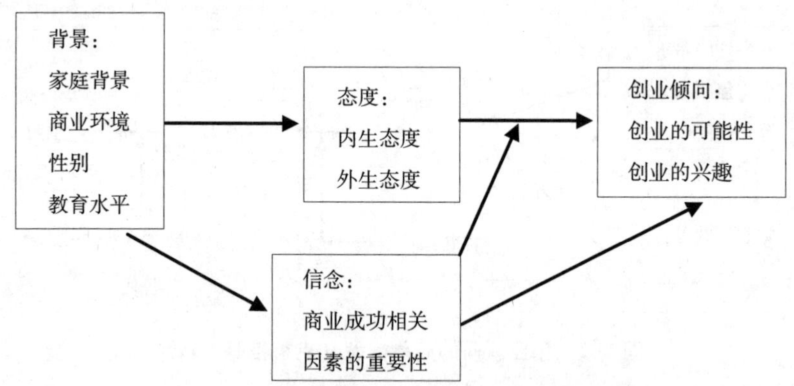

图 1-4 菲利普·潘等人的创业倾向理论模型

---

① 参见 Phillip H. Phan，Poh Kam Wong，Clement K. Wang，Antecedents to Entrepreneurship among University Students in Singapore：Beliefs，Attitudes and Backgroun，*Journal of Entreprising Culture*，10（2），2002，pp. 151–174。

（四）范巍、王重鸣的创业倾向模型

国内学者范巍、王重鸣早在2004年，便从性特征、环境认知和背景因素等几个方面构建起了创业倾向的影响因素模型图。① （见图1-5）

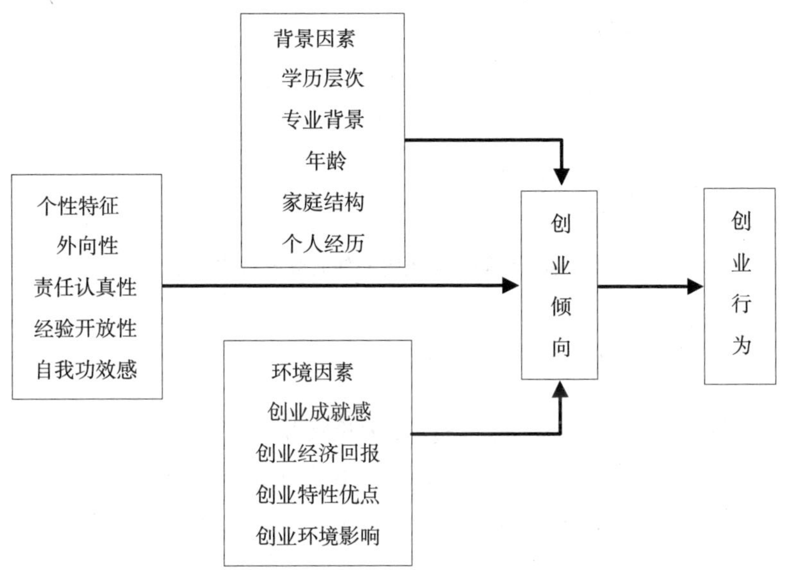

图1-5　范巍、王重鸣的创业倾向影响因素模型

2006年二人又对创业倾向的研究进行了深化，提出了创业倾向的结构图（见图1-6）。他们认为，在中国背景下个体的创业意向的维度结构主要包括创业希求性和创业可行性。其中，创业希求性包括创新导向、成就导向和自我尊重，创业可行性包括个人控制和责任意识。而个人控制对创业可行性以及创新导向对创业希求性的结构方程参数分别达到了0.82和0.80，这说明个人控制维度和创新导向维度对个体创业意向的影响很大。与此同时，从描述统计看，创业意向的五个维度得分都高于平均数。但是从建模结果来看，责任意识的结构方程参数只有0.3，说明责任意识维度

① 参见范巍、王重鸣：《创业倾向影响因素研究》，《心理科学》2004年第27期。

对个体创业意向的影响程度要低于其他四个维度。①

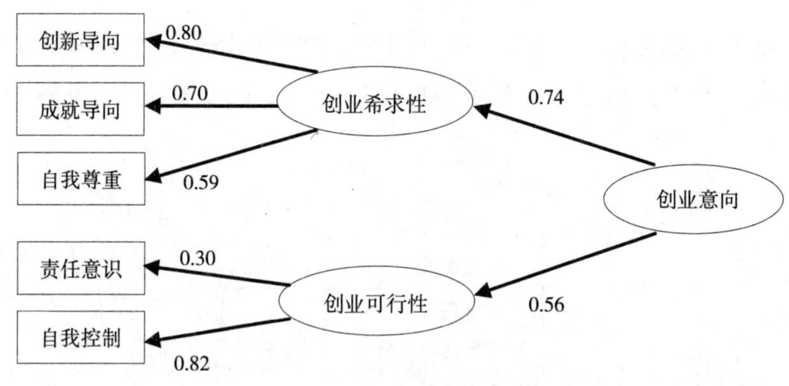

图 1-6　范巍、王重鸣的创业倾向结构模型

（五）贺丹的创业倾向模型

贺丹在其硕士论文中综合以往的理论模型，结合中国大学生的实际，提出了一个综合反映影响学生创业倾向各因素的概念模型（见图 1-7），其中包括个人背景、个人特质、创业态度以及创业环境四大方面，并通过独立样本 T 检验和结构方程模型等统计方法对所该模型进行了验证和分析，从而较为全面地揭示了不同因素如何作用和多大程度上作用于大学生创业倾向。在该模型结构中，个人背景方面主要包括结构图左上角的家庭背景、学历水平、创业教育、创业型团体参与程度、实习经历五个维度。个人特质则主要包括结构图左下角的企业家特质、学生特质以及它们各自进一步细化的维度。二者都需要首先作用于创业态度而后才能对创业倾向产生影响。创业态度分为内生态度（个人的一些想法、需求）和外生态度（侧重于外部环境的因素），它可以直接作用于创业倾向。创业环境主要包括结构图右下角的社会网络、大学环境和宏观环境，它既可以通过创

① 参见范巍、王重鸣：《创业意向维度结构的验证性因素分析》，《人类工效学》2006 年第 12 期。

业态度产生对创业倾向的影响，也可以直接作用于创业倾向。结构图中的各数值表明了不同因素的路径系数。①

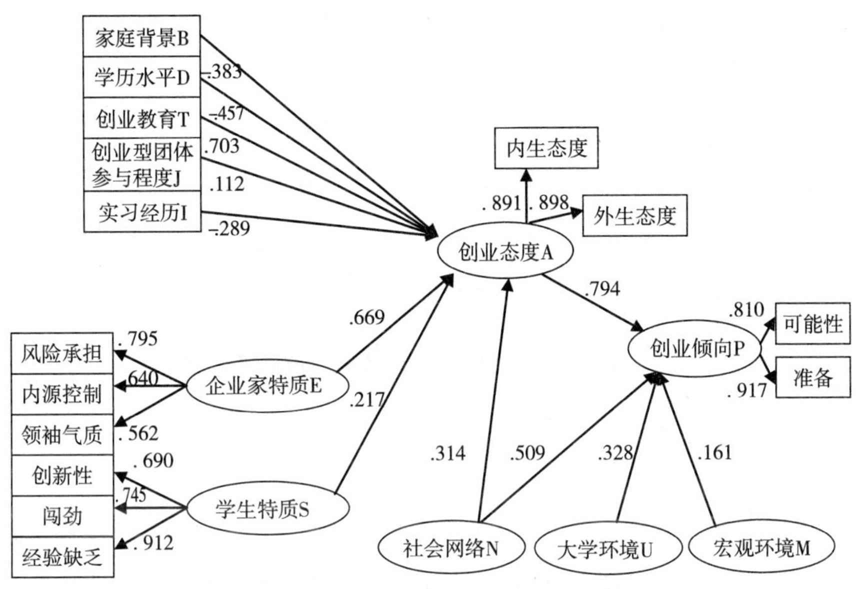

图 1-7　贺丹的创业倾向影响因素模型

（六）叶映华的创业意向模型

叶映华在《大学生创业意向影响因素研究》一文中将大学生创业概述为："大学生在传统就业渠道外寻求自我发展机会的行为。"在梳理已有文献和对 32 名大学生进行访谈的基础上，叶映华提出了"大学生创业意向影响因素模型"（见图 1-8）。模型的理论假设为：（1）创业人格特质、创业先前知识、创业社会资源、创业认知影响大学生创业意向；（2）创业认知包括创业环境认知和创业自我认知，对创业意向起影响作用的是大学生创业自我认知；（3）大学生创业自我认知是人格特质、社会资源

① 参见贺丹：《大学生创业倾向的影响因素分析》，浙江大学硕士学位论文，2006 年。

和先前知识影响创业意向的中介变量。①

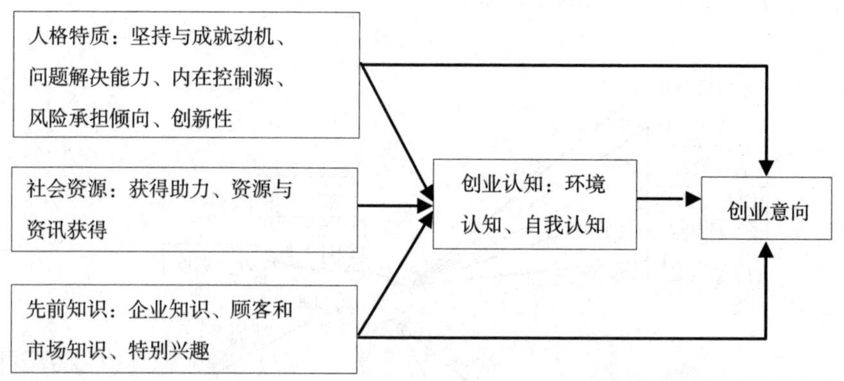

图 1-8　叶映华的大学生创业意向影响因素模型

（七）王天力的创业倾向模型

王天力在其硕士论文中就创业倾向提出了两个模型。第一个是创业倾向影响因素模型（见图 1-9），他选取了创业者的创业素质、创业环境和

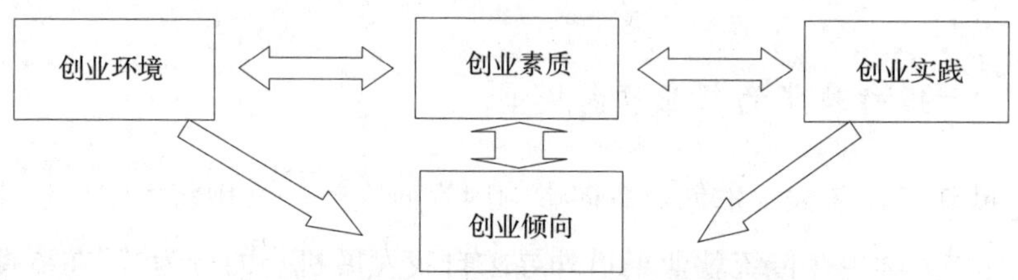

图 1-9　王天力的创业倾向影响因素模型

创业实践作为创业倾向的影响因素。其中，创业素质和创业实践是相互作用与反作用的关系，创业素质依存于创业环境，创业环境对创业素质和创业实践起到推动或阻碍的作用。第二个是创业倾向影响因素关系模型（见图 1-10），其中，创业素质要依存并适应所在的创业环境，并在创业

① 参见叶映华：《大学生创业意向影响因素研究》，《教育研究》2009 年第 4 期。

环境中发挥作用，创业环境影响和决定创业素质的发挥和创业实践的进行程度；创业素质融于创业环境并发挥的程度、创业环境促进创业素质形成和创造创业实践的机会程度，以及创业素质在创业实践中发挥的程度决定了他们之间相互交汇的部分，即创业倾向的高低。①

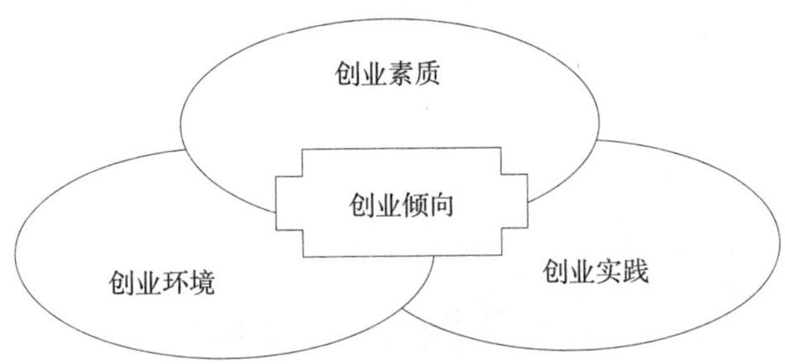

图 1-10　王天力的创业倾向影响因素关系模型

（八）王莹的创业倾向模型

王莹构建了“社会网络—创业效能感—创业意向”的关系模型图（见图 1-11），描述了社会网络如何通过创业效能感影响个体的创业意向。在该模型中，创业意向的主要影响因子为创业者具有的社会网络、创业效能感和创业体验。就社会网络方面而言，王莹基于蒂奇（Tichy）、怀特恩（Wheten）和达文（Davern）等学者的研究，将个体的社会网络划分为网络规模、网络中心度、网络关系强度和网络异质性四个主要特征。其中，网络规模与网络中心度属于社会网络的结构特征，网络关系强度和网络异质性属于社会网络的关系特征，并认为个体所属的社会网络构成了其获取信息和资源的主要来源和渠道，其网络特征也将对个体对于自己识别机会和承担不确定性的能力的认知产生重要影响。就创业效能感方面而言，王莹基于陈（Chen）、德诺布尔（De Noble）和吉尔（Jill）等人的研究，结

① 参见王天力：《吉林省民办高校大学生创业倾向影响因素研究》，吉林大学硕士学位论文，2009 年。

合创业所需的核心技能，将创业效能感划分为机会识别效能感与风险容忍效能感，并认为个体对其获取信息与识别机会以及承担风险与克服困难的能力的认知，会对其创业意向产生显著的影响。就创业体验而言，则是针对王莹所研究的大学生群体而产生的特殊影响因素，她认为具有创业体验会给大学生的社会网络和创业效能感带来显著变化。①

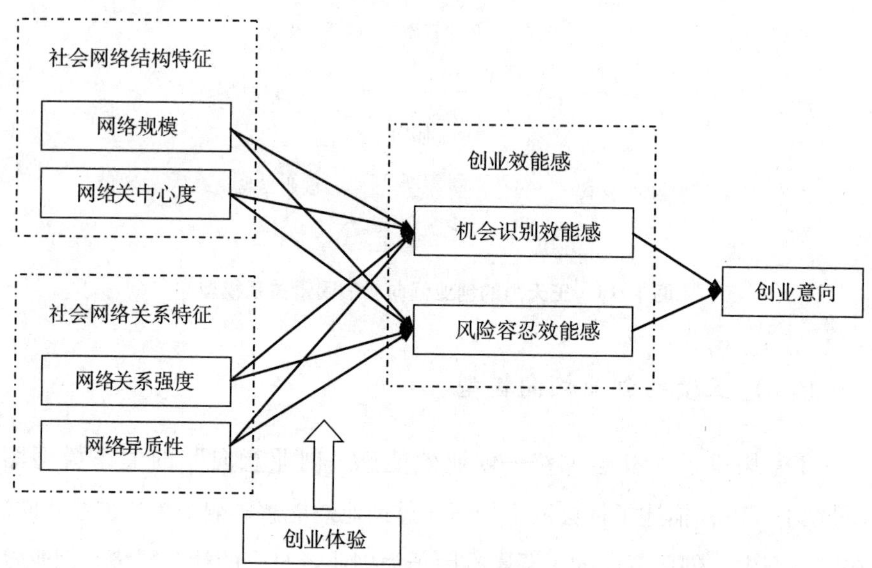

图 1-11 王莹的“社会网络—创业效能感—创业意向”的关系模型

（九）王建红的创业意向模型

王建红以中国文化为背景，以上海海外归国人员为样本，以个体资源及特质因素、环境劝导因素作为创业自我效能的前导因素，以创业自我效能感作为中介变量，探讨了海归创业自我效能对创业意向的影响，并提出了“创业自我效能感—创业意向”的作用机制模型。（见图 1-12）其中，个体资源状况指个体自身所拥有的资源状况，包括性别、年龄、学历、专

① 参见王莹：《大学生社会网络对创业意向的影响研究——基于创业效能感的中介效应》，浙江大学硕士学位论文，2011 年。

业、创业经历、工作经历、家庭背景、创业教育状况等；个人特质包括自主性、适应性、创新性、成就动机及风险偏好五个维度；环境劝导因素包括个体资源环境和行业（或社会）资源环境，前者主要为个人周边的环境支持等微观层面，后者主要是政府政策、税收、行业、社会支持等宏观方面。①

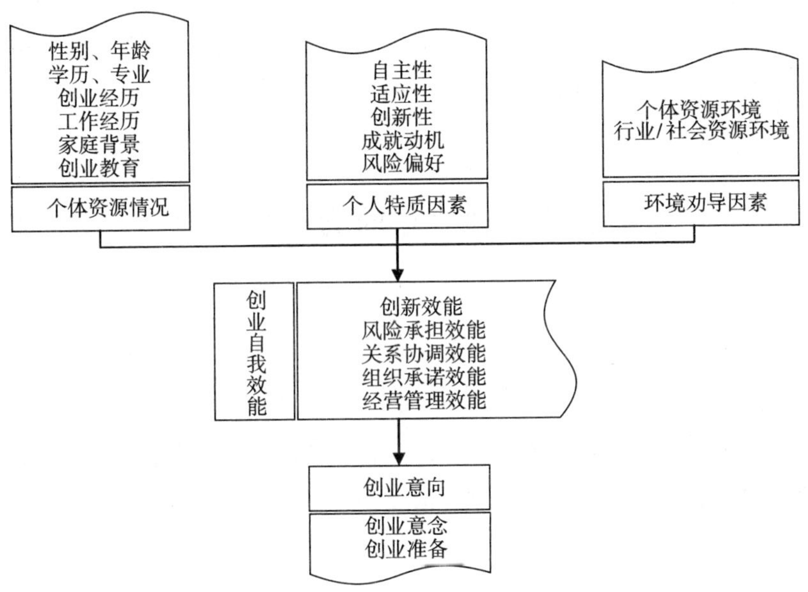

图 1–12　王建红的“创业自我效能感—创业意向”的作用机制模型

此外，李海垒在其研究中引入了高尔威泽（Gollwitzer）和布兰特施泰特（Brandstätter）在 1997 年提出的“目标意向”（Goal Intention）和“执行意向”（Implementation Intention）两个概念，指出目标意向的形式是“我想实现某一状态”，它仅仅是实现目标的先决条件。与之相对，执行意向是在目标意向影响下形成的，其形式是“当情境 Z 出现的时候，

① 参见王建红：《海外归国人员创业自我效能及其与创业意向关系研究——基于上海海归的实证》，华东师范大学硕士学位论文，2011 年。

我打算做 Y”，它作为实现目标的中介因素，使目标意向的状态从高抽象水平降到低水平，并将特定的目标导向行为与情境相联系，从而机会与目标导向的行为联系了起来。基于上述理论，李海垒主张一个完整的创业意向概念应包括创业目标意向和创业执行意向两个方面。① 吕龙光则认为，作为在创业实践活动中对创业者起动力作用的个性意识倾向，创业意识与意识一样，可被分为感性意识和理性意识。其中，理性意识是指大学生在形成创业意识后，经过调查研究并综合自身的素质而进行的创业行为的意识；感性意识则是指大学生只有创业的愿望，但并未将之付出行动。②

第二节　创业意向的现状调查

探析创业意向的基本概念、探索创业意向的维度结构的最终目标是要对大学生的创业意向进行深度测量，即通过大学生创业意向的现状调查，以此掌握大学生创业意向的现状，从而在日后更好地、有针对性地对大学生进行创业教育，促进大学生创业活动的开展以及创业成功率的提升。

一、创业意向的测量工具

创业意向能够有效测量大学生创业行为的推进和创业活动的开展，因此建立大学生创业意向的测量工具以考察大学生创业意向的实际情况是大学生创业实践活动继续向前推进的重要前提。本书着重从创业意向结构的测量工具、创业意向与个体变量的测量工具，以及创业意向与其他变量的测量工具三个维度进行探索。

---

① 参见李海垒：《大学生创业意向及其与社会文化、人格的关系》，山东师范大学博士学位论文，2009 年。

② 参见吕龙光：《当代大学生创业意识问题研究》，长春理工大学硕士学位论文，2010 年。

（一）创业意向结构的测量工具

李志、李雪峰等在《当代大学生创业意识问卷的初步编制》中详细介绍了他们编制的“大学生创业意识问卷”，该问卷包括5个因素，共21个项目：（1）创业情感意识，包含6个项目，主要涉及“创业是快乐的，创业令人兴奋，创业带来乐趣”等内容，反映了大学生的创业激情；（2）创业需要和动机意识，包含4个项目，主要涉及“创业激发自我潜能，实现自我价值，创业可以开拓就业领域，增加自己阅历”等内容，反映了大学生的创业动机；（3）创业价值意识，包含4个项目，主要涉及“创业能造福他人，是为人类进步做贡献的一种途径，是解决大学生就业难的有效措施，是改善自身生活质量与品质的有效方式”等内容，反映了大学生对创业所带来价值的认同；（4）创业风险意识，包含3个项目，主要涉及“创业存在技术、管理等风险，存在不确定因素，存在机会环境等风险”等内容，反映了大学生对创业风险的意识；（5）创业素质意识，包含4个项目，主要涉及“创业需要勇气、决心和耐心，需要保持激情，需要灵活运用知识，需要得到家人和朋友的支持与鼓励”等内容，反映了大学生对创业心理品质和创业支持的意识。

（二）创业意向与个体变量的测量工具

1. 创业意向与创业者个体特征的测量工具

陈巍设计的量表包括背景资料、创业者个体特征、感知环境宽松性和创业倾向四部分。背景资料包括姓名、年龄、籍贯、性别、入学时间、所在学院、所学专业、接受创业教育情况等，共11题。创业者个体特征主要测量创业者的成就需求、内控制源、风险承担性和模糊容忍度，共计40题条目，其中成就需求部分根据余安邦、杨国枢在1987年形成的成就需求量表设计，内控制源部分根据汉娜·利文森（Hanna Levenson）1981年的量表设计，风险承担性部分则沿用杜梅明2005年精简后的CDQ

（Choice Dilemma Questionnaire）量表，模糊容忍度部分根据布特纳（Budner）在1982年形成的量表设计。感知环境宽松性部分选取的测量维度有竞争者、行业前景、人才环境、融资环境、技术环境、个人网络以及政策法规。而创业倾向部分则主要包括关于创业意愿的度量和关于创业可行性的度量，根据托马斯·博格里（Thomas M. Begley）等人在2005年形成的量表设计。①

2. **前瞻性人格与创业意向的测量工具**

李慧采用的问卷分为四个部分，分别是背景资料、创业学习量表、创业意向量表、前瞻性人格量表。第一部分是背景资料，主要包括性别、年龄、学历、专业、家人中是否有人创业等信息。第二部分是创业学习量表，采用陈静2009年所编制的大学生创业学习量表，包括创业意识学习、创业知识学习、创业技能学习及学习的自我调控4个维度，共19个项目，使用5点记分法。第三部分是创业意向量表，采用王重鸣的创业意向问卷，共包括5个维度、38个项目，使用6点记分法。第四部分是前瞻性人格量表，采用由贝特曼（Bateman）等人在1994年编制的自陈式前瞻性人格量表，共17个项目，采用7点评分。②

3. **创业意向与自我效能感的测量工具**

汤明设计的《创业自我效能感与创业意向调查问卷》主要针对创业的自我效能感与创业意识间的相互关系。问卷的内容由五个部分构成：第一部分是个人资源情况被调查对象的基本情况；第二部分是个人因素的指标体系，主要参照了钱永红在2005年设计的量表，包括成就动机、自主性、自信独立、领袖特质、精力充沛、勇于面对困难等维度；第三部分是环境因素的指标体系，主要包括社会环境和大学环境，社会环境主要是指

---

① 参见陈巍：《创业者个体因素对创业倾向的影响：感知环境宽松性的中介作用》，吉林大学博士学位论文，2010年。

② 参见李慧：《大学生前瞻性人格、创业意向与创业学习的关系研究》，河南大学硕士学位论文，2010年。

政府政策环境、市场环境等，大学环境则包括支持大学生创业的相关政策、校园创业文化氛围、就业形式、大学师长的创业经历对自身创业的鼓励等维度；第四部分是创业自我效能感指标体系，主要参照了卢卡斯（Lucas）等人开发的量表，下设包含创新效能、风险承担、机会识别、关系协调和组织承诺5个子量表；第五部分是创业意向指标体系，主要以创业意向的强度、方向、持续性作为衡量指标。问卷各选项均采用里克特（Likert）五尺度计分。① 王建红在参考国内外学者较为成熟的量表的基础上，设计出针对海外归国人员的《创业自我效能与创业意向调查问卷》，主要包括背景信息、个人特质、环境劝导因素、创业自我效能以及创业意向五个部分：第一，基本信息部分共12个题目，主要为被调查者的相关背景信息，包括性别、年龄、学历、专业、归国时间、在国外所待时间、工作经历、创业经历、家庭经济状况以及接受创业教育状况等；第二，个人特质量表共17个题目，选取自主性、创新性、成就动机、风险偏好及适应性等7个维度来衡量海归人员特质；第三，社会劝导因素量表共10个题目，采纳行业（或社会）资源环境与个体资源环境两个维度；第四，创业自我效能量表共24个题目，涉及对经营管理、创新能力、风险承担、关系协调以及组织承诺效能五个维度的调查，并设置了部分反向测试项；第五，创业意向量表共9个题目，该部分参考了汤普森2009年开发的创业意向量表，主要从被调查者是否有成为企业家、将企业做大等愿景以及是否为创业做相关准备等方面来进行测量。整个量表除基本信息部分外均采用里克特5点计分法。②

（三）创业意向与创业认知的测量工具

牛志江指出，研究创业意向不仅要测量创业者主观的判断，还需要从

① 参见汤明：《创业自我效能感与创业意向关系研究》，中南大学硕士学位论文，2009年。

② 参见王建红：《海外归国人员创业自我效能及其与创业意向关系研究——基于上海海归的实证》，华东师范大学硕士学位论文，2011年。

客观层面来反映其主观意愿程度，只有通过主客观的判断反馈才能更好地保证研究结论的稳定性和有效性。牛志江设计出《创业认知与创业意向的调查问卷》，包括五个部分。第一部分是个体背景信息调查，涵盖施测对象的性别、年龄区间分布、教育背景、家庭背景、职业及职位等；第二部分是个体创业认知测量，涵盖创业机会原型和创业认知偏差两部分，前者分为内容丰富度、清晰度和聚焦度三个维度、共计 15 个题项，后者分为创业效能感、控制错觉两个维度、共计 11 个题项；第三、第四部分分别是针对机会识别和区域创业政策的测量，前者共计 8 个题项，后者共计 7 个题项；第五部分是创业意向的测量，通过借鉴菲利普·潘对大学生创业意向测量，并引用马克罗（Macro van Gelderen）于 2006 年编制的创业意向量表，从创业者的主观判断和其客观准备两个维度，以潜在创业者的兴趣、考虑、自由职业偏好、受限制情境下的职业偏好、行为期望、创业规划、熟悉创业流程等多方面综合测量创业意向。①

（四）创业意向与社会网络的测量工具

王莹采用的调查问卷主要分为四个部分，即个人基本信息、创业意向测量、创业效能感测量、社会网络特征测量，变量测量部分多数题项采用的是里克特-7 级量表进行测度，从 1 到 7 所代表的含义是从很弱、很低、不同意过渡到很强、很高、非常同意，其中 4 表示中立。王莹指出，目前学者们对如何测量创业意向尚未达成共识，曾经被使用过的测量方法包括绝对分类测量法和自我分类测量法，但是，个体的创业意向是一个程度而非简单的是否判断问题，且其强度往往因人而异，所以，评估创业意向应该使用连续测量法而非分类测量法。基于上述认识，王莹采用了汤普森在 2009 年设计出的“个体创业意向量表”，主要包括“我毕业后计划开办新

① 参见牛志江：《认知视角下创业意向影响机制——以机会识别为中介变量的实证研究》，浙江大学硕士学位论文，2009 年。

公司”、“我从未寻找过创业机会”、“我正在为开办公司而存钱”、“我从未主动阅读过有关如何开办公司的书籍”、“我不知道如何创办公司”、“我愿意花时间去学习创业相关的知识”这6道题目。①

（五）创业意向与创业态度的测量工具

冉晓丽采用的量表以测量创业态度和创业意向的相关性为目的，共分为五个部分：背景资料、创业意向量表、希求性知觉量表、可行性知觉量表、创业态度量表。背景资料方面，主要涉及的信息有性别、专业、文化程度、有无工作经验、父母亲是否是创业者、家庭经济条件。创业意向量表部分，采用佩尔·大卫德森（Per Davidsson）在2001年设计的量表，包含4个项目，其中1个反向计分题，使用里克特七级量表自陈回答。希求性知觉量表部分，同样采用佩尔·大卫德森设计的创业可行性和创业希求性量表，其中希求性知觉有4个项目，可行性知觉有5个项目，可行性知觉量表包含2个反向计分题。创业态度量表方面，冉晓丽修订了佩尔·大卫德森的创业态度量表，该部分总共包括4个维度，其中成就动机4个项目，1个反向计分题；自主性8个项目，3个反向计分题；创业回报9个项目，8个反向计分题；追求变化4个项目，2个反向计分题。②

（六）创业意向的多因素测量工具

贺丹编制了《学生创业倾向调查问卷》。该问卷主要着眼于测量不同因素之间的影响关系及其对学生创业倾向的影响大小，问卷的内容主要由六个部分构成，除第一部分外，统一采取里克特5点计分法：第一，被调查对象的基本情况，这一部分包括被调查人的专业、学院、学号等基本信

① 参见王莹：《大学生社会网络对创业意向的影响研究——基于创业效能感的中介效应》，浙江大学硕士学位论文，2011年。

② 参见冉晓丽：《大学生创业态度和创业意向的关系研究》，河南大学硕士学位论文，2010年。

息；第二，个人背景的指标体系，主要包括性别、年龄、学历、专业、创业教育程度、实习经历、海外交流经历、经管知识、家庭情况、创业类社团或组织的活动、创业大赛的经历等指标对创业倾向影响的测评；第三，个人特质的指标体系，主要包括承担风险性、冒险性、自信独立、领袖特质、果断干练、主动性、创新性、社会经历、成熟度等指标对创业意向倾向的测评；第四，创业态度的指标体系，主要包括对挑战的享受性、个人成就感的强烈程度、独立的欲望、对社会认可度的追求、对财富的追求、对社会的贡献等指标对创业倾向影响的测评；第五，环境影响的指标体系，主要包括对就业形势、政府政策、学校措施、家人或朋友创业经历、家庭或朋友支持等指标对创业倾向影响的测评；第六，创业倾向的指标体系，主要包括继续创业的可能性（针对已创业者）、未来创业的可能性（针对未创业者）、创业规划、对创业详细流程的了解程度等信息。① 金启慧采用的问卷《秦皇岛高职学生创业倾向调查问卷》共分为五个部分，包括：个人基本情况、个人特质、创业态度、创业环境以及创业倾向。问卷除个人基本情况外的其他变量采用里克特5点计分法进行衡量。在个人基本情况部分，包括反映学生自然状况的度量指标，如专业、生源地、性别、年级和家庭情况5个指标，以及反映学生参与实践和接受创业教育的6个指标，如参加“挑战杯”经历、学习创业课程、社会实践、接受创业指导等。个人特质部分共12题，它们来自吴启运等人在2008年编制的题项，并根据秦皇岛高职学生做了一定的修改。创业态度部分来自菲利普·潘在2002年针对新加坡学生设计出的9道题目。创业环境部分（共9题）和创业倾向（共6题）则借鉴了蒋雁在2008年对温州在校大学生的研究中所采用的量表。②

① 参见贺丹：《大学生创业倾向的影响因素分析》，浙江大学硕士学位论文，2006年。

② 参见金启慧：《高职学生创业倾向影响因素研究——以秦皇岛高职院校为例》，吉林大学硕士学位论文，2010年。

（七）创业意向与性别的测量

钱永红在其研究中主要采用了两种测量工具，第一种是创业意向影响因素问卷，第二种是创业意向问卷。前者的主体结构为：宏观因素，包含经济形势（4 个项目）、政策扶持（4 个项目）、社会文化（4 个项目）和社会规范（5 个项目）；个人特质，包含追求变化（4 个项目）、追求卓越（6 个项目）、利益追逐（6 个项目）、成就动机（4 个项目）和自主性（9 个项目）；个人资源，包含创业回馈（10 个项目）、资源获得（6 个项目）和未来就业（2 个项目）。后者则直接采用彼得·戴维森（Peter Davison）在 2001 设计出的创业意向量表。①

（八）大学生网上创业倾向的综合测量

杨芹英编制了《大学生网上创业倾向调查问卷》。问卷主要包括被调查对象的基本信息、被调查对象的个人背景指标体系、个人特质的指标体系、环境影响的指标体系、网上创业倾向的指标体系五个部分。其中，个人背景的指标体系方面主要选取了性别、年龄、学历、专业、网上创业教育程度、对网络的了解、网上创业的兴趣、网上创业实习经历、网上创业实践、经管知识、家庭经济情况、网上创业类社团或组织活动、网上创业大赛经历、家乡所在地等维度；个人特质的指标体系主要选取了承担风险性、冒险性、自信独立、领袖特质、果断干练、主动性、与时性、创新性、精力充沛、勇于面对困难、缺乏经验、缺乏社会经历、成熟度等维度；网上创业环境影响的指标体系主要选取了政府有高新科技园区、网络基础设施环境、政府的政策或贷款支持、网上企业发展情况、网上创业资本市场、当前的就业形势、学校对学生网上创业支持程度、校园创业文化

① 参见钱永红：《女性创业意向与创业行为及其影响因素研究》，浙江大学博士学位论文，2007 年。

氛围、父母、亲戚以及朋友的创业经历影响程度、网上创业成功人士的影响程度等维度；网上创业倾向的指标体系主要选取了现在是否拥有自己的企业、企业类型、继续网上创业的可能性；如果现在没有创业但有未来网上创业的可能性、网上创业规划、对网上创业详细流程的了解程度等维度。①

二、我国大学生创业意向的现状调查

虽然由于创业意向的研究刚刚起步，研究者对创业意向概念、维度结构的界定以及调查工具的选择尚未达成一致，导致研究结论也不完全一致，但国内学者在创业意向现状调查方面也取得一些成果。在对全国21所高校、60多个本科专业的4734位大学生的创业意识进行问卷调查的基础上，吴忠宁等指出，受调查大学生中，有创业意向的比例占到76.64%，这体现出了当代大学生对创业的积极心态。② 任国友采用美国创业协会设计的《创业素质调查问卷》选取206名大学生进行调查，表明选择愿意尝试创业的比例达86.9%。③ 2006年，来自潍坊的调查显示，98%的大学生“有创业的想法”，广东有87%的大学生对创业“感兴趣”。④ 王国宇等调查了中南大学、湖南大学、湖南师范大学、湖南商学院等6所大学的近30个专业的973名大学生，结果显示，虽然近52.6%的学生认为自己具备了创业素质，但63.6%的大学生仍选择先“就业”，

① 参见杨芹英：《GZ大学学生网上创业倾向的影响因素分析》，电子科技大学硕士学位论文，2009年。

② 参见吴忠宁、汪保安：《全国大学生创业意识的调查和研究》，《教育与职业》2009年第17期。

③ 参见任国友：《大学生创业素质的调查与研究》，《中国劳动关系学院学报》2006年第5期。

④ 参见广东青年干部学院大学生创业研究课题组：《大学生创业能力研究报告》，《广东青年干部学院学报》2006年第1期。

只有近2.6%的学生选择在毕业后“自主创业”。①严建雯、叶贤采用自编的大学生创业意向问卷分别对2975名大学生进行问卷调查。结果显示：(1) 大学生具有中等创业意向水平。(2) 大学生创业意向及其两个维度（创业行为倾向和创业可能性）在性别、年级、专业、学历和父母职业上存在显著差异：男生的创业意向及其两维度都显著高于女生创业意向；大二学生的创业意向及其两维度显著高于其他年级；理工科学生的创业意向及其两维度都显著高于文科大学生；父母职业为企业家、私营主或个体户的大学生其创业意向及其两维度都显著高于父母在行政事业单位（机关单位、教育等）的大学生。②叶映华的调查表明，大一年级学生在创业意向各因素上得分显著高于其他年级学生，大四年级学生在各因素上得分显著低于其他年级学生；接受过创业课程的学生在各因素上得分显著高于未接受过创业课程的学生；有过创业经历的学生在各因素上得分显著高于没有创业经历的学生。③范巍、王重鸣调查指出，MBA学历的个体创业倾向要高于其他学历的个体。经管专业的个体创业倾向要高于其他专业的个体。25岁以下以及25岁到30岁的创业倾向要显著高于30岁以上的。④叶贤对浙江省杭州、宁波、温州等地共5所高校的本科大学生的创业意向进行了调查，指出浙江省大学生的创业意向处于中等水平，其中高创业意向者人数略高于低创业意向者；尽管在创业兴趣上低于美国学生，但中国浙江省大学生的创业意向总体水平可能与美国大学生的创业意向没有差异。同时，当前大学生在创业行为倾向上都没有认真考虑和思考的少。⑤

① 参见肖红伟等：《地方高校大学生创业能力现状调查及其培养策略》，《宜春学院学报》（社会科学版）2007年第2期。

② 参见严建雯、叶贤：《大学生创业意向的现状调查》，《心理科学》2009年第6期。

③ 参见叶映华：《大学生创业意向影响因素研究》，《教育研究》2009年第4期。

④ 参见范巍、王重鸣：《创业意向维度结构的验证性因素分析》，《人类工效学》2006年第1期。

⑤ 参见叶贤：《大学生创业意向现状及其影响因素研究——基于个体心理视角》，宁波大学硕士学位论文，2010年。

吴忠宁、汪保安指出，导致当前大学生具有积极创业心态的因素主要是传媒影响（27.38%）、朋友影响（27.26%）、家庭影响（22.18%），三者之和达到了76.82%。上述三个因素之所以占到如此大的比重，首先在于媒体对创业传奇人物和创业神话的过分渲染与炒作，引发大学生在对创业成功抱有极大幻想的同时，却对创业困难估计不足；其次，同辈群体间拥有较多共同语言，交流与沟通比较流畅，容易产生创业冲动，也容易成为创业的合作伙伴；再次，家庭对大学生创业意向的影响是潜移默化的，影响和支持也比较稳定有力。在调查中作者还发现，大学生创业意向来源受“学校影响”的仅占9.41%，最高只占20.33%（仅一所高校），其他均在12.2%以下，最低只占3.8%，低于平均比例9.41%的高校有15所，说明对大学生的创业教育还未引起大多数高校的足够重视，创业教育开展的情况也不尽如人意，还有很大的发展空间。[①] 龚丽、谢丽芸发现，尽管有着较强的创业兴趣，但多数大学生毕业即创业的意愿不强，导致这一现象的原因主要是自身不足、资金与人际关系不足、个性不符与志趣不在于创业、信心不足等。另外，在创业动机方面，第一，受经济、理想和个人发展等多种因素驱动，大学生体现出了创业动机多元性；第二，获取经济回报是首要的驱动力；第三，自我实现与兴趣是大学生创业的重要内驱力。而在创业行为的制约因素方面，无创业意向的大学生和有创业意向的大学生体现出较为明显的差别，对前者而言，资金是实施创业活动的第一要素，良好的创业机遇被视为重要因素，个人阅历和能力是创业的必备主观因素；就后者而言，资金匮乏为最大的客观因素，社会经验不足是创业的最大障碍，缺乏创意和创业方向是第三大因素。[②] 虽然体现出较高的创业意向，但多数大学生对当前创业尚且处于一个模糊状态，对其到何时实施并不明确，由此对自身长期创业可能性的判断要高于近期创业可能性。

---

① 参见吴忠宁、汪保安：《全国大学生创业意识的调查和研究》，《教育与职业》2009年第17期。

② 参见龚丽、谢丽芸：《大学生创业心理特征及对策研究》，《青年探索》2009年第3期。

同时，对创业行为倾向都有思考的大学生比例也不高，大部分大学生是对其中的一项或者几项有过考虑或打算，表现出对创业个别方面的考虑和了解。根据上述状况，有必要进一步提高和促进大学生的创业意向水平和创业态度，高校和地方政府部门有必要从多个层面推进和引导大学生创业，提高整体创业意识。①

第三节 创业意向的影响因素

通过查阅大量国内外文献资料发现，对大学生创业意向的影响因素探析是当前创业意向研究领域的重点和热点，且已取得了相当数量的研究成果。它们或在一文中尽可能全面地挖掘大学生创业意向的影响因子，分析其所占权重，或从性别、人格特质、自我效能感、创业政策等一个或几个角度切入，分析该因素与创业意向的相关性程度以及该因素如何作用于大学生的创业意向。

一、背景变量方面

背景变量主要包括性别、学历、专业背景、个人经历、文化特质、所学知识、家庭背景、地域、年级、个人网络意愿、社会网络 11 个方面。

（一）性别

范巍、王重鸣在《创业倾向影响因素研究》中分析了个体的个性特征以及环境、背景等因素对其创业倾向的影响，他们发现在背景变量方

① 参见叶贤：《大学生创业意向现状及其影响因素研究——基于个体心理视角》，宁波大学硕士学位论文，2010 年。

面，不同性别的个体在创业倾向上无显著差异（创业倾向平均分男性为4.198，女性为4.201）。[①] 冉晓丽也指出，不同性别的大学生在创业意向上无显著差异。[②] 与之相对，很多学者在其研究中都发现男生的创业意向和实际创业的可能性都高于女生。贺丹通过对408名浙江大学不同背景学生的问卷调查，认为性别对创业态度和创业倾向具有显著影响，男性学生的创业态度强于女性。[③] 在性别差异的比较上，叶映华认为男生在成就动机、问题解决、风险承担、企业知识、自我认知和创业意向因素上高于女生。[④] 李海垒尽管将创业意向分为创业目标意向和创业执行意向，但他的研究也同样发现，创业目标意向和创业执行意向之间的差异随着性别的不同而不同，男大学生的创业目标意向和创业执行意向显著高于女大学生。[⑤] 黄四枚、陈美君、叶贤，姜海燕、余如英，乐国安、张艺、陈浩、周广亚对大学生创业倾向的研究也支持了这一观点。

（二）学历

学历是影响创业意向的重要因素。范巍、王重鸣指出不同学历层次的学生在创业倾向上存在着一定的差异。[⑥] 贺丹细化了这一研究结论，认为个人的学历水平与其创业态度呈现负相关。[⑦] 李海垒也在研究中发现，专科大学生的创业目标意向和创业执行意向均显著高于本科大学生。当然，还有部分学者提出了不同观点，认为学历与创业意向呈现正相关，如蒋雁

① 参见范巍、王重鸣：《创业倾向影响因素研究》，《心理科学》2004年第27期。

② 参见冉晓丽：《创业意向及其与创业知识的关系初探》，《安阳工学院学报》2012年第11期。

③ 参见贺丹：《大学生创业倾向的影响因素分析》，浙江大学硕士学位论文，2006年。

④ 参见叶映华：《大学生创业意向影响因素研究》，《教育研究》2009年第4期。

⑤ 参见李海垒：《大学生创业意向及其与社会文化、人格的关系》，山东师范大学博士学位论文，2009年。

⑥ 参见范巍、王重鸣：《创业倾向影响因素研究》，《心理科学》2004年第27期。

⑦ 参见贺丹：《大学生创业倾向的影响因素分析》，浙江大学硕士学位论文，2006年。

便指出，大学生的学历正向影响其创业态度①。

（三）专业背景

尽管有学者指出不同专业的大学生在创业意向上无显著差异，但更多的学者还是认为大学生的专业背景对其创业意向会产生影响。范巍、王重鸣在 2005 年做的一项研究中发现，MBA 学历的个体创业倾向要高于其他学历的个体，经管专业的个体创业倾向要高于其他专业的个体。② 李海垒指出，创业目标意向和创业执行意向之间的差异随着学校类型的不同而不同，专科大学生的创业目标意向和创业执行意向均显著高于本科大学生，医学类大学生的创业目标意向最低，文学类和经管类大学生的创业目标意向不存在显著差异，理工类大学生的创业目标意向最高。同时，叶映华认为，综合性大学的学生在创业意向多个影响因素得分上高于其他高校，师范类大学学生得分低于其他高校；③ 叶贤也发现理工科学生的创业意向可能性和创业意向行为倾向都显著高于文科大学生。贺丹却认为，尽管理工类学生的创业态度明显强于经管类学生，但两者的创业意向实则无明显差异。此外，还有学者指出技工类学生创业意向明显高于其他专业的大学生。

（四）个人经历

贺丹指出，在个人经历方面，尽管创业竞赛经历对学生创业态度的影响并不显著，但对形成积极的创业倾向具有显著促进作用，而个人实习经历与其创业态度成负相关，个人的创业教育经历、参与创业团体的经历与

---

① 参见蒋雁：《大学生创业倾向影响因素的结构方程构建与实证研究——以温州在校大学生为例》，浙江工商大学硕士学位论文，2008 年。

② 参见范巍、王重鸣：《个体创业倾向与个性特征及背景因素的关系研究》，《人类工效学》2005 年第 11 期。

③ 参见叶映华：《大学生创业意向影响因素研究》，《教育研究》2009 年第 4 期。

其创业态度成正相关，海外经历和经管知识与创业态度的关系并不显著。① 蒋雁指出，大学生的创业教育、实习经历、管理知识正向影响其创业态度。② 叶映华认为，接受过创业课程的学生在创新性、获得助力、资源与资讯获得、企业知识、市场顾客知识、特别兴趣、环境认知等创业意向各因素上得分高于没有接受过创业课程的学生，而那些从未接受过创业教育类教育的个体在创业倾向上的得分显著低于接受过创业教育的个体，没有参加过创业班级培训的个体在创业倾向上也低于参加班级培训的个体。③ 陈巍发现，创业者的创业教育对创业倾向和对创业者感知环境宽松性有显著的积极影响。④ 乐国安等人也得出了相似的结论，发现参与创业模拟训练和创业大赛经历均对大学生的创业意向有显著影响。⑤ 而彭正霞则认为，创业经历对大学生创业意向的影响是间接的，它通过其他中介因素对大学生的创业意向有间接的显著积极影响。此外，乐国安、张艺、陈浩发现在大学生认知中影响创业成功的因素主要由客观背景资源、主观能力经验和外部宏观环境三个因子组成，其中主观能力经验的作用排在首位。而在校期间的学业成绩和有无担任学生干部的经历也会对大学生的创业意向产生影响，就前者而言，大学生的创业意向与其在学业上的表现无关，而获得奖学金次数较少（一次或没有）的大学生的创业意向要高于获得奖学金次数较多（三次或三次以上）的大学生；就后者而言，担任过学生干部的大学生的创业意向显著高于未担任过学生干部的大学生，而

---

① 参见贺丹：《大学生创业倾向的影响因素分析》，浙江大学硕士学位论文，2006 年。

② 参见蒋雁：《大学生创业倾向影响因素的结构方程构建与实证研究——以温州在校大学生为例》，浙江工商大学硕士学位论文，2008 年。

③ 参见姜海燕、余如英：《地方高校大学生创业倾向影响因素研究》，《教育发展研究》2012 年第 1 期。

④ 参见陈巍：《创业者个体因素对创业倾向的影响：感知环境宽松性的中介作用》，吉林大学博士学位论文，2010 年。

⑤ 参见乐国安、张艺等：《当代大学生创业意向影响因素研究》，《心理学探新》2012 年第 32 期。

大学生是否辅修学位对其创业意向没有影响。① 姜海燕、余如英在对230名浙江省地方高校大学生的调查中发现：其一，有帮别人经营的个体、具有自主经营经验的个体的创业态度、创业倾向要显著高于没有帮别人经营的个体，而在年级、是否独生子女变量上的差异没有达到显著性水平；其二，大学生创业倾向在是否受过系统创业教育和培训班变量上的差异显著，从未有过创业教育类教育的个体在创业倾向上的得分显著低于接受过创业教育的个体，没有参加过创业班级培训的个体在创业倾向上也低于参加班级培训的个体。②

（五）文化特质

姜红玲等人尽管没有对创业意向的影响因素做出直接分析，但他们对高科技企业创业特质以及中西方创业特质差异的分析却与对创业意向的研究息息相关，向我们展现了中国人所特有的创业特质。通过对90家高科技企业的分层次访谈和问卷调查，他们发现研究对象的创业特质主要集中在创新性、自主性、稳健性和合作性4个纬度。同时，较之西方常用的包括成就动机、控制源、独立性、积极性、创新性和冒险性在内的6个维度的创业特质，他们发现中西方创业特质的纬度结构既存在共性，又存在较大差异：首先，中西方的创业特质都存在创新性和内控性的纬度；其次，由于中国文化比较推崇中庸思想，反对冒进，调查对象的稳健性创业特质较为突出；再次，由于中国文化较为重视以和为贵，该研究中并未发现竞争的积极性维度的存在；最后，由于西方在早期教育中注重团队精神的养成，因此合作性成为人们普遍具有的“共性”而未成为创业特质的一个维度，但在中国文化背景下，人与人在合作性方面存在较大的差别，从而

---

① 参见乐国安、张艺等：《当代大学生创业意向影响因素研究》，《心理学探新》2012年第32期。

② 参见姜海燕、余如英：《地方高校大学生创业倾向影响因素研究》，《教育发展研究》2012年第1期。

合作性成为区分不同个体创业特质的一个维度。①

（六）所学知识

汪姣在其研究中特别提到鲍姆（Baum）、洛克（Locke）和史密斯（Smith）在2001年得出的一个研究结论，即在其他条件（比如人格特质、动机等）相似的情况下，创业者掌握的知识越全面，创业就越能够取得成功。此外，她指出阿迪希维利（Ardichvili）、卡多佐（Cardozo）和雷（Ray）也曾于2003年提出，在创业的不同阶段，创业知识都是重要的组成部分，创业知识有助于创业者对创业机会的发现和识别。因此，汪姣认为，掌握创业知识对创业意向有显著影响，而且创业知识对创业意向的影响因其不同类型而有不同。②

（七）家庭背景

很多学者关注到家庭背景对大学生创业意向的影响。首先，就家庭条件而言，贺丹指出，家庭背景的优越程度与学生的创业态度成呈现负相关，家庭条件越优越，学生的创业意向越低。③ 但蒋雁在其研究中却提出了相反的结论，即家庭实力正向影响大学生的创业态度。④ 相似的观点还有杨芹英指出，父母积累的原始资金对其网上创业倾向的增强起着重要的助推作用。⑤ 家庭背景对大学生创业意向的构成影响的因素还表现为父母是否有过创业经历。叶贤认为，不同父母职业的大学生其创业意向存在显

---

① 参见姜红玲、王重鸣等：《基于因子分析的创业特质探索研究》，《心理科学》2009年第29期。

② 参见汪姣：《创业意向及其与创业知识的关系初探》，《科技信息》2010年第3期。

③ 参见贺丹：《大学生创业倾向的影响因素分析》，浙江大学硕士学位论文，2006年。

④ 参见蒋雁：《大学生创业倾向影响因素的结构方程构建与实证研究——以温州在校大学生为例》，浙江工商大学硕士学位论文，2008年。

⑤ 参见杨芹英：《GZ大学学生网上创业倾向的影响因素分析》，电子科技大学硕士学位论文，2009年。

著差异，父母职业为企业家、私营主或个体户的大学生其创业意向及其两维度都显著高于父母在行政事业单位的大学生。[①] 具体表现为父母拥有自己企业的学生在自我认知、创业意向、风险承担倾向、获得助力、资源与资讯获得、企业知识、市场顾客知识各因素上得分，高于父母不拥有自己企业的学生。[②] 陈美君、李慧也发现父母创办过企业的大学生其创业意向明显高于其他大学生。但冉晓丽在其研究中却指出，创业意向在大学生父母亲是否是创业者上无显著差异。在其他家庭背景要素方面，范巍、王重鸣认为家庭结构会影响到学生的创业倾向（如独生子女的创业倾向低于非独生子女）[③]；而周广亚经过调查发现，大学生的目的性职业价值观存在显著的生源差异，家庭所在地对其创业意向会有影响，具体表现为农村学生的创业意向高于城镇学生[④]。

（八）地域

学生所在的地域对大学生的创业意向也有可能产生影响。乐国安、张艺、陈浩指出，在地域方面，大学生的创业意向在一定程度上受当地创业环境的影响，南北方大学生创业意向不存在显著差异。但西部大学生创业意向高于东部大学生。[⑤]

（九）年级

严建雯、叶贤研究了大学生的创业意向和所在年级间的关系，指出不

---

① 参见叶贤：《大学生创业意向现状及其影响因素研究——基于个体心理视角》，宁波大学硕士学位论文，2010 年。

② 参见叶映华：《大学生创业意向影响因素研究》，《教育研究》2009 年第 4 期。

③ 参见范巍、王重鸣：《创业倾向影响因素研究》，《心理科学》2004 年第 27 期。

④ 参见周广亚：《主动性人格和职业价值观对大学生创业意向的影响》，《石家庄学院学报》2012 年第 14 期。

⑤ 参见乐国安、张艺等：《当代大学生创业意向影响因素研究》，《心理学探新》2012 年第 32 期。

同年级大学生的创业行为倾向与创业可能性存在显著差异。其中，大二学生的创业行为倾向和创业可能性显著高于其他三个年级，大一年级的创业可能性高于大三、大四学生，而大三、大四年级的创业行为倾向高于大一年级。① 叶映华则发现了创业意向与年级间的反向关系，她指出，在年级差异比较上，大一学生在创业意向多个影响因素得分上高于其他年级学生，大四学生在多个因素上的得分均低于其他三个年级。② 此外，姜海燕、余如英更是发现，不同年级大学生的创业倾向并没有达到显著性水平。不同年龄段学生的创业意向也有所差别，如陈美君发现 20 岁以下及 20—25 岁大学生的创业意向明显高于其他年龄段。此外，她还发现工作经验在 1 年之内的大学生创业意向显著高于其他有工作经验的大学生。叶映华在年级差异比较上，大一学生在创业意向多个影响因素得分上高于其他年级学生，而大四学生在多个因素上的得分均低于其他三个年级。③

（十）个人网络意愿

具体到网络创业，个人网络意愿和网络应用对创业意向也具有正影响，但是网络技能与创业意向却存在负相关关系。其原因在于有创业意向的人，当他们了解到个人网络对他们将来创业的影响后，会在日常的交流中拓展个人网络的宽度和广度，加强网络利用，促进其创业。个人网络技能较低者，在工作中与他人的互动过程中会产生不满，因此他们想通过创业来摆脱工作中的困境和不满。相反，对于个人网络技能高的人，由于他们能很好地处理与他人的关系，工作中能够获得满足和快乐，因而创业意向较低。④

---

① 参见严建雯、叶贤：《大学生创业意向的现状调查》，《心理科学》2009 年第 6 期。

② 参见叶映华：《大学生创业意向影响因素研究》，《教育研究》2009 年第 4 期。

③ 参见叶映华：《大学生创业意向影响因素研究》，《教育研究》2009 年第 4 期。

④ 参见葛宝山、王侃：《个人特质与个人网络对创业意向的影响——基于网店创业者的调查》，《管理学报》2010 年第 7 期。

（十一）社会网络

还有学者对大学生所拥有社会网络对其创业意向的影响进行了专门性研究。王莹研究了大学生所处的社会网络何以实现对创业意向的影响，主要研究结论为：第一，创业机会识别效能感和风险容忍效能感均对创业意向有显著的正向影响，说明大学生对自身的机会识别能力与风险容忍限度的感知信心越强，其创业意向也就越强；第二，具有大规模、强关系和高异质性的社会网络的学生有更强的创业效能感，高中心度的网络只能提高学生的风险容忍效能感，对机会识别效能感无影响；第三，高创业体验的学生，其网络关系强度对创业效能感影响程度更高，而创业体验对社会网络特征其他三个维度与创业效能感之间关系的调节作用则不显著；第四，创业机会识别效能感与风险容忍效能感在网络规模与网络异质性影响创业意向的关系中起到部分中介作用，而风险容忍效能感在网络中心度与创业意向的影响关系中起到完全中介作用，这表明个体的网络规模和网络异质性对创业意向的影响是通过影响创业效能感来实现的，个体的网络中心度对创业意向的正向作用则是通过对风险容忍效能感的提升来实现的。①

二、环境变量方面

创业环境是决定创业意向的外驱力，政府政策、金融支持、创业教育和培训、外部商业环境、市场开放程度、有形基础设施、文化及社会规范等创业环境要素对创业意向都有一定的影响。

（一）创业环境影响

大学生创业环境（宏观环境、大学环境、个人的社会资本、网上创

① 参见王莹：《大学生社会网络对创业意向的影响研究——基于创业效能感的中介效应》，浙江大学硕士学位论文，2011年。

业成功人士事迹）对其创业倾向有显著影响。良好的区域创业政策可以显著提高个体的机会识别水平和人们的创业意向，同时区域创业政策会对个体创业效能感与机会识别产生负向调节作用。① 创业氛围则以大学生创业态度、主观规范和创业自我效能为中介，对大学生的创业意向产生间接的显著积极影响。而个体因素和社会环境境因素在解释大学生的创业意向时，个体因素较社会环境因素具有更大的解释能力。个体因素与社会环境因素之间存在一定程度的相互作用。②

（二）创业政策

良好的区域创业政策可以显著提高个体的机会识别水平和人们的创业意向，同时区域创业政策对个体创业效能感与机会识别产生负向调节作用。③ 还有学者在研究创业政策与创业意向相互关系的同时引入其他变量。此外，陈云从心理影响层面将创业政策划分为三个要素：政策影响、政策感知和政策获取，在此基础上，引入创业合意性和可行性感知作为中介变量，以分析创业政策、创业合意性和可行性感知、创业意向的关系。通过对杭州市部分高校大学生的调查，陈云对数据进行了相关分析、中介效应分析等方式的统计分析。其中，差异性分析发现，在创业意向上存在显著差异的性别、学历和家庭创业情况在政策影响、政策感知和政策获悉上都不存在显著差异，专业在创业意向和政策影响存在显著差异，创业教育程度在创业意向、政策感知和政策获悉上存在显著差异。相关分析发现，政策影响只与创业可行性感知显著相关，与创业意向、创业合意性相关性都不显著，同时，创业政策感知、创业政策获悉与创业意向存在显著

---

① 参见牛志江：《认知视角下创业意向影响机制——以机会识别为中介变量的实证研究》，浙江大学硕士学位论文，2009 年。

② 参见彭正霞、陆根书等：《个体和社会环境因素对大学生创业意向的影响》，《高等工程教育研究》2012 年第 4 期。

③ 参见牛志江：《认知视角下创业意向影响机制——以机会识别为中介变量的实证研究》，浙江大学硕士学位论文，2009 年。

正相关，又与创业可行性感知及合意性感知显著正相关，说明创业政策感知、创业政策获悉与创业意向之间存在间接的影响关系。中介效应分析发现，政策感知和政策获取部分通过创业合意性和可行性感知影响创业意向，政策感知完全通过创业可行性感知影响创业意向，政策获悉大部分通过创业可行性影响创业意向，所以，政府在设计创业政策时，可以考虑从提升创业者的创业合意性和创业可行性角度出发，通过营造创业文化，提升创业对潜在创业大学生的吸引力，通过创业教育提升潜在创业。①

（三）教育制度

机会型创业是指个体在有较好的就业选择的情形下，为实现某种目标（如实现自我价值、追求理想等），寻求并把握市场机会而自愿创业的行为。② 教育制度不仅通过“自主学习”体系深刻影响着个体的“责任感”和“自我实现需要”等个性特质的形成，也通过“创业教育”和“实践教育”体系直接影响到“机会型创业意识”。调查显示，首先，“自我实现需要”与“创业责任感”等个体特质因素对大学生“机会型创业意向”存在显著影响。其次，教育制度设计对决定大学生“机会型创业意向”的个体特质的形成产生深刻的影响。再次，教育制度设计对大学生“机会型创业意向”存在明确的、直接的影响。最后，“自我实现需要”对“创业责任感”存在显著的影响。③

三、个性变量方面

关于个性变量，已有的研究主要集中在个人人格特质、自我效能感、

① 参见陈云：《创业政策对大学生创业意向影响关系研究——以杭州市为例》，杭州电子科技大学硕士学位论文，2012 年。

② 参见郭必裕：《大学生机会型创业的比较优势》，《黑龙江高教研究》2010 年第 11 期。

③ 参见李爱国、徐刚：《教育制度设计对大学生机会型创业意向的影响——来自重庆的实证研究》，《复旦教育论坛》2012 年第 10 期。

创业态度这三个方面。

（一）个人人格特质

学者们就创业意向和人格特质间的关系已展开普遍而深入的讨论。范巍、王重鸣认为，在个性变量方面，创业者的经验开放性和外向性、责任认真性与个体创业倾向有显著差异，创业者控制源、兼容性和稳定性与个体创业倾向不存在显著差异，因此，具有高外向性、责任认真性、经验开放性和自我功效感的个体具有较高的创业倾向。① 2005 年范巍、王重鸣又采用由裁减后创业倾向量表及“大五”（big five）人格量表构成的问卷对杭州高校的四年级本科生、二年级硕士生、二年级博士生、二年级 MBA 及毕业工作 3 年内的毕业生进行了调查，除了进一步验证 2004 年得出的结论外，还发现创业者的控制源与创业倾向不存在显著差异，其原因在于我国现在处于市场经济的转轨时期，完整的市场体系尚在培育中，市场法规的不健全，公司经营的不确定，因此对创业者来说，他们的成功失败很难掌握在自己手中。陈美君引入了主动性人格的概念，认为主动性人格（包括积极性、坚韧性和变革性）对创业意向具有显著的正向预测作用，这是因为主动性倾向高的个体具有更高的目标感和控制感，并且完成任务的效能感相对较高，这会间接影响到个体的创业意向。② 郭鹏以吉林省青年创业者为分析样本进行了创业倾向影响因子的实证研究，调查结果表明：创业者特质中成就需求、风险承担性和模糊容忍度与创业能力和创业倾向显著相关，而内控制源与创业能力和创业倾向显著性没有通过；创业能力对创业者特质各因素对创业倾向影响的中介作用中，在成就需求对创业倾向影响中起完全中介作用，在风险承担性和模糊容忍度对创业倾向影

---

① 参见范巍、王重鸣：《创业倾向影响因素研究》，《心理科学》2004 年第 27 期。

② 参见陈美君：《主动性人格与大学生创业意向的关系研究》，暨南大学硕士学位论文，2009 年。

响中起部分中介，而在内控制源对创业倾向影响中中介作用不成立。[①] 王娇玲、闻雯等人将个人潜在的创业特质分为亲和力、冒险性、风险承担力、创新能力、内在控制力、毅力、独立性、责任感、社会经历、创业效能感等，认为冒险性和风险承担力是是否会创业的关键，而亲和力、创新能力、内在可控制力、毅力、独立性是能否创好业的关键。[②] 此外，成就动机也是影响创业意向的重要因素，如葛宝山、王侃曾以网络创业者为例指出，个人特质中的创新性、个人导向成就动机和社会导向成就动机三个特质对网络创业者的创业意向具有显著的影响。陈巍也认为，除风险承担和内控制源之外，创业者特质中的成就需求对创业倾向有显著的积极影响。[③] 钱永红在研究性格特质对创业意向影响的显著性时，还加入了性别这一背景变量。她发现，对男性而言，风险承担和价值取向对个体创业意向的路径系数达到显著，即个体对创业风险的好恶很大程度上影响着个体对创业的态度，对风险越是采取规避的态度，个体选择创业的可能性就越小。对女性而言，成就动机、追求卓越和价值取向对个体创业意向的路径系数达到显著性水平，即女性的创业意向更多受到个体对成就和自我价值追求的影响，它们的产生更多是由于受到自我实现和人生目标追求的驱动。男女在个体特质水平的差异，显示出女性的创业意向更多是理想驱动的，而男性的创业意向则更为理性，因为男性的创业意向主要受到个体对创业风险的承担意愿的影响，同时，男性将创业视为一种获得财富的手段。针对存在于男女创业意向间的差别，钱永红认为，由于女性的创业意向更多受到个体的成就动机和追求卓越的个人特质驱动，为了能够有效提升女性创业意向，应该加强宣传，鼓励那些更加追求个人成就和“希望

---

① 参见郭鹏：《创业者特质对创业倾向的影响——以吉林省青年创业者为例》，吉林大学硕士学位论文，2011 年。

② 参见王娇玲、闻雯等：《个人特质与大学生创业倾向关系研究》，《出国与就业》（就业版）2011 年第 18 期。

③ 参见陈巍：《创业者个体因素对创业倾向的影响：感知环境宽松性的中介作用》，吉林大学博士学位论文，2010 年。

能够成就一番事业”的女性，从而更有效地刺激女性创业者的动机。① 还有学者将人格特质对创业意向的影响与性别、生源所在地、学校类型等学生的背景变量结合起来研究。如李海垒指出，大学生的创业目标意向得分显著高于创业执行意向，在此之后，李海垒探讨了人格特质与创业意向的关系，指出：第一，开放性、责任心、外向性和神经质能显著正向预测创业目标意向，责任心和神经质能显著正向预测创业执行意向，宜人性显著负向预测创业执行意向；第二，对男生来讲，宜人性显著负向预测创业执行意向，而对女生来讲，宜人性不能显著预测创业执行意向；第三，对农村大学生来讲，外向性显著正向预测创业执行意向，宜人性显著负向预测创业执行意向，但对城市大学生来讲，外向性和宜人性不能显著预测创业执行意向；第四，对本科大学生来讲，神经质和责任心能显著正向预测创业执行意向，但宜人性不能显著预测创业执行意向，对专科大学生来讲，神经质和责任心不能显著预测创业执行意向，但宜人性能显著负向预测创业执行意向。② 李慧对前瞻性人格对大学生创业学习的预测作用、创业意向在前瞻性人格和创业学习之间的中介作用进行了研究，发现：第一，前瞻性人格、创业意向和创业学习在人口统计学变量（性别、年龄、学历、专业及是否有家人创业）方面存在差异，具体表现为创业学习、前瞻性人格和创业意向在年龄上有显著差异，创业意识学习和创业知识学习在是否有家人创业的学生身上有显著差异，创业意向在专业上有显著差异，创业意识学习、创业知识学习和创业技能学习和创业学习在专业和年龄上有显著差异；第二，前瞻性人格对创业意向有预测作用，其中，完美倾向性、机遇识别力、意志坚定性与创业意向之间具有显著正相关；第三，前瞻性人格、创业意向对创业学习具有预测作用；第四，完美倾向性、机遇

① 参见钱永红：《个人特质对男女创业意向影响的比较研究》，《技术经济》2007 年第 26 期。

② 参见李海垒：《大学生创业意向及其与社会文化、人格的关系》，山东师范大学博士学位论文，2009 年。

识别力、意志坚定性分别部分通过创业意向对创业学习产生影响，创业意向在二者之间通过部分中介作用促进大学生创业学习。① 周广亚使用主动性人格量表、职业价值观量表和创业意向问卷对河南部分大学生进行调查指出：大学生主动性人格不存在显著的性别差异，但存在生源差异，农村学生的主动性人格要稍高于城镇学生；大学生的手段性职业价值观（包括轻松稳定、兴趣性格、规范道德、薪酬声望、职业发展、福利待遇）存在显著的性别差异，女生高于男生；大学生的目的性职业价值观（包括家庭维护、地位追求、成就实现、社会促进）存在显著的生源差异，农村高于城镇；大学生的创业意向存在显著的性别差异，女性显著低于男性，城市学生低于农村学生。此外，相关分析表明，大学生创业意向与主动性人格相关显著，与职业价值观中的目的性职业价值观相关显著，但与手段性职业价值观不存在显著相关。分层回归分析表明，主动性人格、目的性职业价值观是大学生创业意向的有效预测因素。②

（二）自我效能感

1. 创业自我效能感的概念、内部结构

丁明磊认为，创业自我效能由创业管理、管理领导与创业坚持三个维度构成，其中，创业管理自我效能指的是应对创业过程各种复杂性任务能力的信心；创业领导自我效能指的是应对创业过程中的各类创新与变革能力的信息；而创业坚持，则是创业者对创业目标和愿景，以及其自身的深层假设与信仰的坚持信心。通过实证研究发现，创业自我效能对创业意向具有显著的正向作用，但分解来看，只有创业管理自我效能对创业意向有显著正向影响，而创业领导自我效能对创业意向作用接近显著负影响的临

① 参见李慧：《大学生前瞻性人格、创业意向与创业学习的关系研究》，河南大学硕士学位论文，2010 年。

② 参见周广亚：《主动性人格和职业价值观对大学生创业意向的影响》，《石家庄学院学报》2012 年第 14 期。

界值，创业坚持自我效能对创业意向的影响不显著。另外，创业管理自我效能通过行为控制知觉的部分中介作用于创业意向，而创业领导与创业坚持自我效能主要通过行为控制知觉的完全中介作用对创业意向产生影响。① 汤明指出，创业自我效能感在中国文化背景下是一个多维结构，它由创新效能感、风险容忍效能感、机会识别效能感、关系效能感以及组织承诺效能感等共同构成，而创业意向则是指个体选择自主创业的可能性，其维度结构主要包括创业强度、创业方向与创业持续性。张敏对创业意向结构得出的结论和汤明基本一致，大学生创业自我效能感的内容结构是由六个因子所构成，包括创新效能感、机会识别效能感、关系协调效能感、风险承担效能感、承诺效能感和创业学习效能感。

2. 创业自我效能感的影响因素

通过调查，汤明发现：第一，男学生的创业自我效能感明显高于女学生；第二，家庭经济状况在中等偏下至中等偏上条件下的学生创业自我效能感相对最强，贫寒家庭与非常富裕家庭的学生创业自我效能感较低；第三，不同专业背景的学生创业自我效能感存在差异，经管类学生创业自我效能感比其他专业的学生高；第四，创业教育对增强学生创业自我效能感具有显著的促进作用；第五，创业自我效能感整体上与创业意向呈显著正相关，它会影响创业意向的强度、方向和持续性；第六，个体与环境因素是影响创业自我效能感的前因变量；第七，创业自我效能感在个人特质、外部环境与创业意向之间发挥中介作用。② 王建红研究了“海归”群体在创业自我效能和创业意向上体现出的特殊性：第一，在性别方面，男女海归在创业自我效能方面并无显著差异；第二，在家庭经济条件方面，海归群体的家庭经济条件与其创业自我效能正相关；第三，海归与非海归具有水平相当的创业自我效能，但海归以较低的创业自我效能水平即可触发其

① 参见丁明磊：《创业自我效能及其与创业意向关系研究》，河北工业大学博士学位论文，2008 年。

② 参见汤明：《创业自我效能感与创业意向关系研究》，中南大学硕士学位论文，2009 年。

较高的创业意向；第四，海归群体的创业自我效能感整体上与创业意向显著正相关；第五，海归创业自我效能感对创业意向的影响主要表现在创业信心和创业准备程度上；第六，个人特质的四个维度，即成就动机、适应性、风险偏好、创新性均与创业自我效能感显著正相关；第七，个人资源环境与行业或社会环境都与海归创业自我效能显著正相关。①

3. **创业效能感的中介作用**

汪姣经研究发现：其一，创业自我效能感在创业教育与创业目标意向、创业教育与创业执行意向之间均起部分中介作用；其二，与男生相比，女生的创业自我效能感与创业目标意向之间的关系更强，性别对创业自我效能感与创业执行意向之间的关系不存在调节作用，创业自我效能感对于男生和女生的创业执行意向的影响没有差异；其三，创业自我效能感是有调节的中介变量，创业自我效能感在创业教育与创业目标意向之间的部分中介作用受性别的调节。② 另外，王建红指出，创业自我效能对于个人特质与创业意向具有部分中介作用，创业自我效能对与环境劝导因素与创业意向间具有完全中介作用。③ 除上述研究，张敏以河南大学、洛阳师范学院、三门峡职业技术学院等学校大学生为样本，研究了情绪智力和创业意向、创业自我效能感间的关系，发现：大学生情绪智力对创业自我效能感有显著的正向预测作用；大学生创业自我效能感对创业意向有显著的正向预测作用；大学生创业自我效能感在大学生情绪智力和大学生创业意向之间起着完全中介作用。④

---

① 参见王建红：《海外归国人员创业自我效能及其与创业意向关系研究——基于上海海归的实证》，华东师范大学硕士学位论文，2011 年。

② 参见汪姣：《大学生创业教育与创业意向的关系：创业自我效能感的中介作用》，山东师范大学硕士学位论文，2012 年。

③ 参见王建红：《海外归国人员创业自我效能及其与创业意向关系研究——基于上海海归的实证》，华东师范大学硕士学位论文，2011 年。

④ 参见张敏：《大学生情绪智力、自我效能感与创业意向的关系研究》，河南大学硕士学位论文，2011 年。

4. 自我效能感和其他变量间的关系

牛志江在其研究中探究了个体创业机会原型、创业效能感和控制错觉对机会识别的影响机制以及机会识别在创业意向影响过程中的中介作用，以期澄清个体创业意向的关键影响因素及内部作用机制。研究发现：第一，创业机会原型是个体在周围环境中发现并识别富有意义的创业模式所依赖的关键认知内容；第二，创业机会特征与机会识别存在紧密联系；第三，创业机会原型可以显著提高个体机会识别水平，而机会原型聚焦一定程度上影响个体对机会的合意性知觉，并可以直接影响个体的创业意向；第四，创业者在创业决策过程中所表现的创业效能感和控制错觉等独特认知方式以及认知方式之间的交互作用对机会识别过程都产生非常显著正向影响，并通过识别机会进一步影响个体的创业意向；第五，良好的区域创业政策可以显著提高个体的机会识别水平和人们的创业意向，同时区域创业政策对个体创业效能感与机会识别产生负向调节作用。①

（三）创业态度

1. 创业态度的重要性

很多学者认为，创业意向作为个性心理活动，是动态的、不断变化的，必然受到内部和外部包括个人背景、个人特质、主观态度以及创业环境等各种因素的影响。因而，个体对事物的态度对个体参与该事件的可能性产生了关键影响作用，态度与行为倾向之间有必然的联系，是影响大学生创业行为倾向的关键因素。② 有学者发现了创业态度和创业意向间的正相关性，指出：大学生创业态度与创业意向之间存在显著正相关，即个体所具有的创业态度越强，其创业意向水平就越强。同时，创业意向与创业

---

① 参见牛志江：《认知视角下创业意向影响机制——以机会识别为中介变量的实证研究》，浙江大学硕士学位论文，2009 年。

② 参见黄四枚：《高校大学生创业倾向影响因素实证研究——以长沙市为例》，中南大学硕士学位论文，2009 年。

态度的成就动机、创业回报维度之间存在显著正相关，因此，成就动机维度能够显著正向预测创业意向，创业回报维度能够显著正向预测创业意向。[①] 还有学者将创业态度作为影响创业意向的最主要变量，指出那些具有风险接受性（或冒险性）领袖气质、积极性以及创新性等企业家一般特质的学生的创业态度比较强，而创业态度与创业倾向的影响成正相关。

2. **创业态度对创业意向的作用机制**

叶贤发现，个体心理（包括大学生对校园环境的感知、人格特质、创业自我效能感、创业态度）与大学生创业意向显著相关，其中，大学生对校园环境的感知、人格特质分别通过直接和间接作用（创业自我效能、创业态度）影响大学生的创业意向，创业自我效能感通过创业态度间接作用于创业意向。[②] 陈美君指出，创业态度与创业效能感均在主动性人格与创业意向之间起部分中介作用，主动性倾向强的个体，在成就动机方面需求强烈，创业态度也就比较高，从而创业意向也比较高。[③] 金启慧在其研究中指出，个人基本情况、个人特质、创业态度、创业环境是影响高职大学生创业倾向的主要因素。高职学生的个人基本情况和个人特质通过对创业态度的影响来间接影响高职学生的创业倾向，而创业倾向的发展形成则是创业态度和创业环境共同作用的结果。创业态度是高职学生创业倾向的内在影响因素，是创业倾向逐渐变化形成的根据，创业环境是创业倾向的外部影响因素，是创业倾向逐渐形成的条件，二者通过对高职学生的内外影响才能促进他们的创业倾向更加趋向于创业行为。[④]

---

① 参见冉晓丽：《创业意向及其与创业知识的关系初探》，《安阳工学院学报》2012 年第 11 期。

② 参见叶贤：《大学生创业意向现状及其影响因素研究——基于个体心理视角》，宁波大学硕士学位论文，2010 年。

③ 参见陈美君：《主动性人格与大学生创业意向的关系研究》，暨南大学硕士学位论文，2009 年。

④ 参见金启慧：《高职学生创业倾向影响因素研究——以秦皇岛高职院校为例》，吉林大学硕士学位论文，2010 年。

3. 创业态度的受限因素

创业态度本身也会受到其他因素的影响。黄四枚发现：第一，从家庭、个人情况来看，父母职业、学生的生源地、个人经历、专业、性别与我国大学生的创业态度正相关；第二，从学校来讲，学校的鼓励、学校创业文化氛围、学校创业指导、学校创业实践等因素与大学生的创业态度呈正相关，来自创业教育模式多样化、创业氛围良好、重视程度较高的学校的学生创业态度要好；第三，同辈群体、大众传媒、社会资源等社会因素与大学生的创业态度显著相关。① 金启慧指出大学生的家庭背景、面临的创业环境会对大学生的创业态度有着比较明显的影响，具体言之：第一，个人基本情况中的生源地类型和家庭经济情况，以及在个人特质中高职学生的控制力、主动性、精力、社会经历四项指标对高职学生的创业态度具有较高的影响力；第二，创业态度中的取得个人成就、实现个人独立、积累金钱和财富三项，以及创业环境中的政府为大学生创业提供咨询服务、大学生创业有多种融资渠道可供选择、创业会得到家人的支持三项指标对高职学生的创业态度具有较高的影响力；第三，创业环境中政府为大学生创业提供咨询服务、大学生创业有多种融资渠道可供选择、创业会得到家人的支持，这三项指标对高职学生的创业态度具有较高的影响力。②

4. 结合创业态度的多变量研究

冉晓丽发现，不同性别的大学生在希求性知觉、创业态度的成就动机和自主性两个维度上存在显著差异；不同学历的大学生在创业意向、希求性知觉、可行性知觉、对成就的态度和对创业回报的态度上存在显著差异；在有无工作经验变量上，大学生在创业意向、希求性知觉、创业态度

---

① 参见黄四枚：《高校大学生创业倾向影响因素实证研究——以长沙市为例》，中南大学硕士学位论文，2009 年。

② 参见金启慧：《高职学生创业倾向影响因素研究——以秦皇岛高职院校为例》，吉林大学硕士学位论文，2010 年。

的创业回报、自主性维度上差异显著；不同专业和父母是否是创业者的大学生在创业意向、希求性知觉、可行性知觉、创业态度上不存在显著差异。此外，创业态度的成就动机、创业回报、自主性三个维度和创业意向之间呈正相关，并且成就动机、创业回报对创业意向具有显著的预测作用。希求性知觉在创业态度的成就动机维度与创业意向之间起完全中介作用，而可行性知觉在创业态度的创业回报维度与创业意向之间起部分中介作用。①

四、创业素质、创业环境、创业实践对创业意向的综合影响

王天力指出，影响高校大学生创业倾向的因素主要来自三个要素和变量，即创业素质、创业环境和创业实践。其中，创业素质不仅是创业倾向形成的决定性因素，也是决定创业倾向和形成创业行为的内在关键因素。创业环境是创业倾向形成的必要条件，对创业者的创业素质发挥起到推动或阻碍的作用。创业实践是创业素质形成和发展的重要媒介，是创业理论知识转化为创业能力的载体，是创业实施的根本途径。创业倾向影响因素之间共同作用，产生并影响创业倾向的形成。创业者的创业素质、创业环境与创业实践三者之间是相互作用和相互依存的，其中，创业素质和创业实践是作用和反作用的关系，创业者以创业的各种素质进行创业实践，又在创业实践中不断发展和提升，形成更高的创业所需具备的素质；创业素质必须在一定的创业环境下发挥，但又同时不断适应和变革环境；创业实践也需要一定的创业环境包括教育环境的配套才能真正开展起来，而创业环境尤其是创业教育环境又可以在不断的创业实践中得以完善。因此，较高的创业倾向取决于这三个主要因素的共同合力所产生的影响。此外，创

① 参见冉晓丽：《大学生创业态度和创业意向的关系研究》，河南大学硕士学位论文，2010年。

业者以自身的创业素质在一定的创业环境下，很好地适应环境，并不断地进行创业实践，将创业知识和创业精神转化为创业能力的过程是产生和形成创业倾向的关键路径。①

① 参见王天力：《吉林省民办高校大学生创业倾向影响因素研究》，吉林大学硕士学位论文，2009 年。

第二章

大学生创业意向的维度结构

大学生创业意向维度结构的研究，是了解大学生创业意向内涵、掌握大学生创业意向现状与特点、分析大学生创业意向生成与发展规律的前提与基础。

第一节　研究目标与理论准备

一、研究目标

本研究拟在自编信度、效度符合心理测量学要求和适合中国大学生实际的大学生创业意向调查问卷（College Students' Entrepreneurial Intention Questionnaire，简称 CSEIQ）的基础上，通过实证调查和数理分析验证和构建中国大学生创业意向维度结构模型。

二、理论构想

通过前期的相关文献梳理我们发现，虽然目前国内外对创业意向的维度结构尚未形成完全统一的认识，但是一般都认为创业意向包含行为倾向、希求性和可行性三个基本维度，其中希求性和可行性又可以细分为创新需求、成就动机、控制感等二级维度。为此，本研究在综合以往研究成果的基础上，提出大学生创业意向维度结构模型的理论假设，即大学生创业意向包括行为倾向、希求性和可行性三个一级维度。在此基础上，本研究将通过开放式访谈，进一步探究希求性和可行性的二级维度，并通过问卷调查和运用结构方程建模等高级统计分析方法来研究中国背景下大学生创业意向的细化维度结构，从而为我国大学生创业研究提供理论依据与实践指导。

三、大学生创业意向调查问卷的题项来源

研究初期，本人初步编制了《大学生创业意向访谈提纲》（试用版），并随机选取东北师范大学 20 名本科生进行预访谈，在此基础上对访谈提纲进行修订，形成最终的《大学生创业意向访谈提纲》（见附录 1）。随后，对黑龙江大学、吉林大学、东北师范大学、吉林农业大学、吉林财经大学、大连理工大学、大连交通大学、辽宁师范大学的 91 名本科生和研究生进行了半结构化访谈。访谈结束后，经过具体的编码分析后我们得到中国背景下大学生创业意向的结构主要有：行为倾向、希求性和可行性三个一级维度，其中希求性又包括物质性、控制感、成就感、创新性四个二级维度，可行性包括能力、个性维度、经验维度、资源维度四个二级维度。根据这一结果，初步拟定了 80 个题项，其中行为倾向 17 个项目、希求性 25 个项目、可行性 38 个项目。之后请东北师范大学心理学院张向葵教授、盖笑松教授，东北师范大学大学生就业创业教育研究所王占仁教授，吉林大学管理学院李军凯副教授对问卷题项进行专家评议，根据评议结果对其中的部分题项进行了修改、合并和删减，编制出 70 个题项的初试问卷。

第二节　创业意向问卷开发及维度构思的探索性研究

一、被试

本研究在东北师范大学、吉林大学发放问卷400份，收回有效问卷322份。其中，男生187人、女生135人；大一92人、大二79人、大三74人、大四77人。

二、工具

个体背景信息问卷包括：性别，年龄，年级，专业类型，是否独生子女，是否有创业经历，家庭所在省、市，学校所在城市，家人是否有从商经历，接受创业教育情况。创业意向问卷初步拟定了70个题项的初试问卷，包括希求性、行为倾向和可行性三个分问卷。其中希求性分问卷共28个题目，包括物质性（6个题目）、控制感（5个题目）、成就感（10个题目）和创新性（7个题目）四个维度；行为倾向分问卷共14个题目；可行性分问卷共28个题目，包括能力（8个题目）、个性（9个题目）、经验（5个题目）和资源（6个题目）四个维度。问卷所有题项采用Likert五点量表测量，并按“1=完全不符合、2=不太符合、3=有点符合、4=很符合、5=完全符合”的强度排列。

三、数据分析与结果

本研究使用统计软件SPSS20.0进行描述性统计、相关分析和探索性因素分析。

（一）总体分布检验与项目分析

为保证用于进一步分析研究的问卷具有良好的信度和效度，需要对问卷的所有题目进行细致的项目分析，并以此作为筛选和修改题目的依据。项目分析有质的分析和量的分析两种形式，质的分析如内容效度的检验等，量的分析如鉴别力检验等。测量题目的峰度和偏度分布。峰度（Kurtosis）是描述某变量取值分布形态陡缓程度的统计量；偏度（skewness）是描述某变量取值分布对称性的统计量。两者均是与正态分布相比较而言的，峰度系数为零，说明其峰度分布与正态分布相同；偏度系数为零，说明其偏度分布与正态分布相同。由于本次取样数量有限，难以完全达到正态分布的要求，所以对峰度系数和偏度系数与 0 之间的差距小于 1 的题目予以保留，而对峰度或偏度系数大于 1 或小于-1 的七项题目（t3，t6，t17，t18，t33，m8，m10，m13）做进一步检查、分析与修改。比如，m8 的表述为“我已经开始着手组建创业团队”，由于现实中大学生在这方面的情况是要么已经开始着手组建创业团队，要么没有开始着手组建，实际答案更接近于“是或否”的两极，所以学生在选择时，无法对中间状态作出判断，其回答结果的分析和检验必然出现峰值异常的现象，这将影响整个量表的效度。因此，对存在此类相似问题的七个题项予以修改。

表 2-1 创业意向问卷题目总体分布检验与项目分析结果（n=322）

题目	N	M	SD	偏度	峰度	与总分相关
t1	322	4. 57	1. 353	-. 671	-. 348	. 336**
t2	322	4. 43	1. 340	-. 401	-. 895	. 319**
t3	322	3. 94	1. 416	-. 022	-1. 056	. 515**
t4	322	4. 00	1. 352	-. 244	-. 672	. 244**
t5	322	3. 53	1. 255	. 312	-. 736	. 189**

续表

题目	N	M	SD	偏度	峰度	与总分相关
t6	322	4. 94	1. 227	−1. 123	. 533	. 235**
t7	322	3. 38	1. 352	. 458	−. 561	. 282**
t8	322	2. 59	1. 224	. 791	. 064	. 384**
t9	322	4. 26	1. 263	−. 316	−. 689	. 286**
t10	322	4. 00	1. 416	−. 248	−. 799	. 427**
t11	322	3. 62	1. 384	. 104	−. 917	. 317**
t12	322	4. 63	1. 232	−. 782	. 160	. 299**
t13	322	4. 35	1. 225	−. 622	. 069	. 308**
t14	322	3. 10	1. 320	. 579	−. 536	. 310**
t15	322	4. 56	1. 257	−. 705	−. 113	. 407**
t16	322	4. 77	1. 156	−. 730	−. 328	. 323**
t17	322	4. 94	1. 105	−1. 017	. 724	. 301**
t18	322	4. 09	1. 381	−. 166	−1. 028	. 177**
t19	322	3. 27	1. 332	. 256	−. 621	. 330**
t20	322	4. 64	1. 111	−. 669	−. 012	. 375**
t21	322	4. 69	1. 123	−. 577	−. 484	. 310**
t22	322	4. 56	1. 138	−. 657	. 189	. 316**
t23	322	4. 93	1. 021	−. 747	−. 225	. 354**
t24	322	4. 47	1. 147	−. 309	−. 592	. 488**
t25	322	4. 53	1. 351	−. 723	−. 306	. 358**
t26	322	3. 25	1. 546	. 376	−. 945	. 425**
t27	322	4. 74	1. 153	−. 943	. 681	. 358**
t28	322	4. 18	1. 251	−. 205	−. 594	. 404**
t29	322	4. 79	1. 229	−. 946	. 373	. 350**
t30	322	4. 77	1. 079	−. 806	. 490	. 310**
t31	322	4. 10	1. 187	−. 029	−. 704	. 315**

续表

题目	N	M	SD	偏度	峰度	与总分相关
t32	322	4.73	1.052	-.484	-.424	.389**
t33	322	5.00	1.051	-1.030	.761	.288**
m1	322	4.28	1.501	-.797	-.353	.294**
m2	322	2.83	1.347	.683	-.266	.481**
m3	322	2.23	1.161	.975	.580	.547**
m4	322	2.38	1.267	.635	-.384	.533**
m5	322	2.63	1.195	.432	-.419	.579**
m6	322	2.65	1.178	.419	-.453	.639**
m7	322	2.53	1.272	.619	-.353	.541**
m8	322	2.19	1.204	1.153	1.049	.553**
m9	322	2.30	1.156	.808	.258	.538**
m10	322	2.03	1.171	1.197	.897	.527**
m11	322	2.78	1.373	.516	-.441	.581**
m12	322	2.67	1.261	.390	-.648	.612**
m13	322	2.23	1.186	1.119	1.138	.549**
m14	322	2.58	1.406	.633	-.554	.611**
m15	322	2.51	1.296	.673	-.337	.599**
m16	322	2.94	1.192	.418	-.137	.459**
m17	322	3.08	1.196	.477	-.154	.567**
m18	322	2.85	1.111	.465	.086	.581**
m19	322	2.35	1.243	.923	.423	.550**
m20	322	2.73	1.233	.424	-.339	.618**
m21	322	3.00	1.175	.154	-.421	.460**
m22	322	2.23	1.295	.970	.227	.462**
m23	322	2.90	1.287	.174	-.670	.519**
m24	322	2.70	1.160	.257	-.638	.585**

续表

题目	N	M	SD	偏度	峰度	与总分相关
m25	322	2. 37	1. 151	. 898	. 638	. 567**
m26	322	2. 66	1. 218	. 759	. 388	. 588**
m27	322	3. 06	1. 243	. 157	-. 412	. 425**
m28	322	3. 10	1. 212	. 241	-. 145	. 568**
m29	322	2. 93	1. 250	. 319	-. 536	. 450**
m30	322	2. 68	1. 163	. 479	-. 234	. 579**
m31	322	2. 88	1. 165	. 329	-. 318	. 525**
m32	322	2. 81	1. 165	. 475	. 027	. 556**
m33	322	2. 67	1. 268	. 517	-. 378	. 472**
m34	322	2. 76	1. 231	. 461	-. 347	. 540**
m35	322	2. 48	1. 089	. 624	. 050	. 615**
m36	322	2. 19	1. 163	. 799	-. 027	. 553**
m37	322	2. 78	1. 247	. 402	-. 476	. 649**

为检验创业意向问卷题目的区分度，对各项题目与创业意向问卷总分的相关和高分组与低分组之间的比较进行分析，所有 70 项题目与创业意向问卷总分之间的相关都显著。（见表 2　1）首先，将创业意向问卷分成 3 个分问卷，即希求性问卷、行为倾向问卷和可行性问卷。然后，根据分问卷总分的高低对其进行排列，取得分最高的 27%和得分最低的 27%分别作为高分组和低分组，在方差齐性检验的前提下，采用独立样本 t 检验考查高、低两组在分问卷对应题目上的差异。将区分度在 0. 4 以下，且题目与维度总分相关在 0. 6 以下的题目删除。

综合以上对创业意向问卷的平均数、标准差、峰度、偏度、与总分的相关和高分组与低分组的比较等分析结果，将创业意向问卷中的 22 个题目剔除，剩余 48 个题目。其中希求性分问卷 20 个题目，包括物质性、控制感、成就感和创新性四个维度；行为倾向分问卷 10 个项目；可行性分问卷18个题目，包括能力、个性、经验和资源四个维度。

（二）创业意向问卷的探索性因素分析

为保证构思具有稳固的效度基础，对剩余的48个创意向题目进行探索性因素分析。在进行探索性因素分析时，按照创业意向的三个维度分成三部分进行。为了保证样本数据适合进行探索性因素分析，必须确保用于因素分析的各个题目之间具有足够的相关性，因为如果题目之间正交，那么它们之间就不会存在共同因素，也就没有必要进行因素分析了。常用的两个表征变量之间相关程度的指标是KMO样本充分性和Bartlett.s球形检验。KMO检验用于探查变量间的偏相关性，取值范围在0—1之间。如果各变量间存在内在联系，则KMO值接近1，进行因素分析效果较好，一般认为当KMO值大于0.9时因素分析效果最佳。Bartlett球形检验用于检验偏相关矩阵是否是单位矩阵，即各变量是否各自独立，如果结论不拒绝该假设，则认为不能接受；只有该值达到显著水平，才认为可以进行探索性因素分析。根据以下标准确定因素的数目：（1）因素的特征值（eigenvalue）>1（Kaisar，1960）；（2）因子提取符合Cattlell（1966）所倡导的特征图形（碎石图）的陡阶检验（screen test）；（3）因素在理论上具有可解释性，抽出的因素在旋转前至少能够解释3%的变异；（4）每一个因素至少包括3个项目。问卷题项筛选主要参照以下标准：（1）因素负荷（factor loading）：题项的因素负荷显示该项目与其公因素的相关程度，负荷值大，说明该题项与抽取的公因子关系越密切；负荷太小，说明该题项与抽取的公因子关系不大，即该因素代表的心理属性无法通过该题项测出。据此删除因素负荷<0.3的题项。（2）标准差：标准差太低表明观测变量中被试的反应趋同，说明该项目对个体的反应差异鉴别力较低。因此，删除标准差<1.0的题项。（3）共同度：在保证某特定公因子上负荷值的前提下，项目的共同度反映题项对该公因子的贡献，事实上它是各题项效度系数的估计值。据此，本研究删除共同度<0.3的题项。（4）交叉

负荷：在两个或两个以上因素上存在明显的交叉负荷（cross loading），说明该题项有多级化倾向，应予删除。

1. **希求性分问卷的探索性因素分析**

在项目分析后，原希求性问卷剩余20个题目。对初测数据作KMO检验（Kaiser-Meyer-Olkin measure of sampling）和Bartlett球形检验（Bartlett's Test of Sphericity，BTS）以考察对问卷进行因素分析的适切性。检验结果表明，KMO=0.919，说明样本大小适合进行因素分析；Bartlett球形检验 $\chi^2=2034.78$，df=190，P<0.0001，说明变量之间存在相关，有共享因素的可能性，适合进行因素分析。用主成分分析法（Principal Components Analysis，PCA）抽取公共因素，求得初始负荷矩阵，再用正交旋转法（varimax rotation）求出旋转后的因素负荷矩阵。（见图2-1、表2-2）参照前述标准，共删除6个题项，最终保留14个题项。

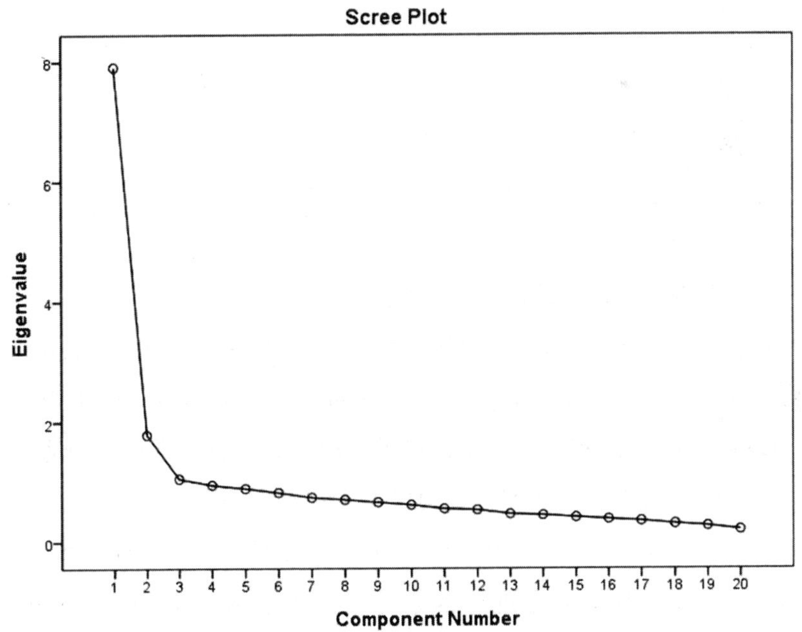

图2-1　希求性问卷的探索性因素分析碎石图

表 2-2 希求性问卷探索性因素负荷

	Component		
	1	2	3
t30	.810		
t33	.766		
t25	.753		
t27	.746		
t29	.635	.432	
t21	.627	.301	
t17	.502	.391	
t6	.450	.416	
t13	.363		
t15		.715	
t1		.676	
t9		.664	
t12	.342	.592	
t23	.471	.555	
t3		.550	
t16	.401	.525	
t31			.817
t28			.766
t11			.754
t32	.401	.391	.421

2. 行为倾向分问卷的探索性因素分析

在项目分析后，原行为倾向问卷剩余 10 个题目。对初测数据作 KMO 检验（Kaiser-Meyer-Olkin measure of sampling）和 Bartlett 球形检验（Bartlett's Test of Sphericity，BTS）以考察对问卷进行因素分析的适切性。检验结果表明，KMO = 0.908，说明样本大小适合进行因素分析；Bartlett 球形检验 $\chi^2 = 1018.97$，df = 36，P<0.0001，说明变量之间存在相关，有共享因素的可能性，适合进行因素分析。用主成分分析法（Principal Components Analysis，PCA）抽取公共因素，求得初始负荷矩阵，再用正交旋转法（varimax rotation）求出旋转后的因素负荷矩阵。（见图 2-2、表

2-3）参照前述标准，共删除5个题项，最终保留5个题项。

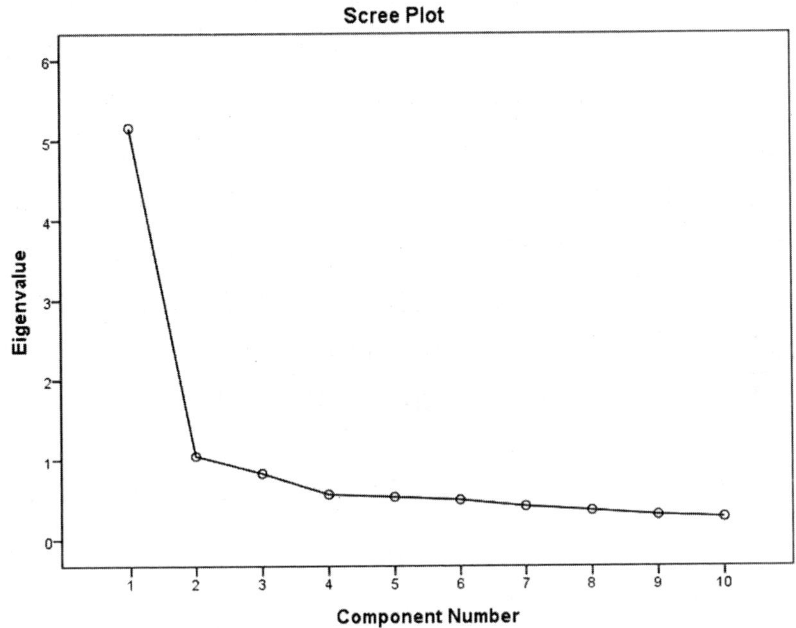

图 2-2　行为倾向问卷的探索性因素分析碎石图

表 2-3　行为倾向问卷探索性因素负荷

	Component	
	1	2
m8	.852	
m13	.828	
m3	.754	
m4	.719	
m9	.658	
m12	.641	.401
m14	.588	.500
m11	.548	.466
m1		.878
m2	.423	.657

3. 可行性分问卷的探索性因素分析

在项目分析后，原行为倾向问卷剩余 18 个题目。对初测数据作 KMO 检验（Kaiser-Meyer-Olkin measure of sampling）和 Bartlett 球形检验（Bartlett's Test of Sphericity，BTS）以考察对问卷进行因素分析的适切性。检验结果表明，KMO = 0.908，说明样本大小适合进行因素分析；Bartlett 球形检验 $\chi^2 = 1018.97$，df = 36，$P<0.0001$，说明变量之间存在相关，有共享因素的可能性，适合进行因素分析。用主成分分析法（Principal Components Analysis，PCA）抽取公共因素，求得初始负荷矩阵，再用正交旋转法（varimax rotation）求出旋转后的因素负荷矩阵。（见图 2-3、表 2-4）参照前述标准，共删除 4 个题项，最终保留 14 个题项。

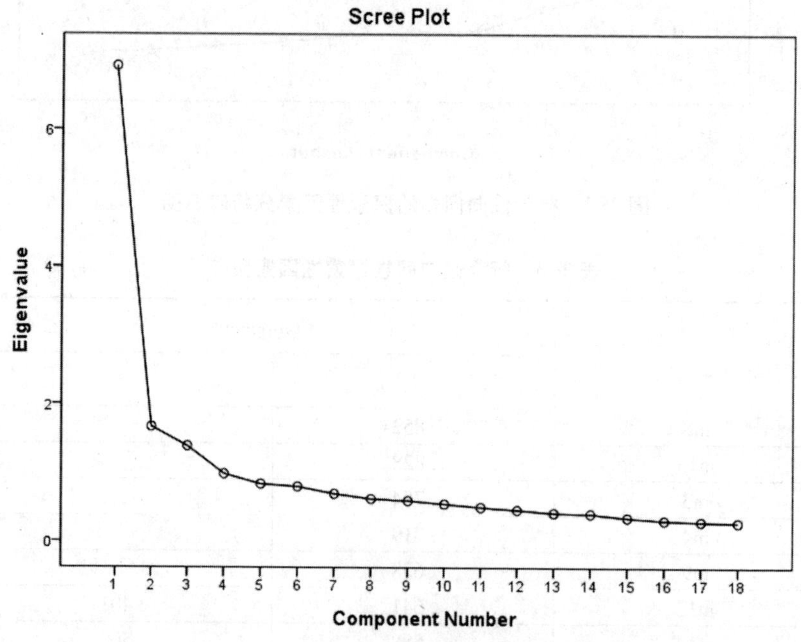

图 2-3　可行性问卷的探索性因素分析碎石图

表 2-4　可行性问卷探索性因素负荷

	Component		
	1	2	3
m36	. 734		
m22	. 734		
m20	. 655	. 429	
m19	. 626		. 396
m27	. 626	. 309	
m28	. 587	. 473	
m34	. 574	. 337	
m23	. 558	. 472	
m29	. 557		
m31	. 531	. 504	
m37	. 493	. 487	
m16		. 815	
m17		. 796	
m18	. 308	. 734	
m21	. 374	. 642	
t26			. 748
t19			. 628
t14			. 616

经过上述三个方面的探索性因素分析，我们完成了大学生创业意向问卷的初步构建。问卷包括希求性、行为倾向和可行性 3 个分问卷，共计 33 个题目。其中希求性分问卷 14 个题目，包括物质性（3 个题目）、控制感（3 个题目）、成就感（3 个题目）和创新性（5 个题目）四个维度；行为倾向分问卷 5 个项目；可行性分问卷 14 个题目，包括能力（4 个题目）、个性（3 个题目）、经验（3 个题目）和资源（4 个题目）四个维度。

第三节　创业意向问卷的信效度验证

根据心理学研究的一般规范，在发展理论的过程中，需要先通过探索性分析建立模型，再用验证性分析去检验模型（Anderson & Gerbin, 1988）。采用交叉证实（cross-validity）程序以保证量表所测量特质的确定性、稳定性和可靠性（黄希庭、余华，2002）。遵循这一思路，本研究此处对量表进行验证性因素分析，考察量表是否具有清晰的结构，总量表与分量表理论模型与数据拟合是否良好。

一、被试

本研究在东北师范大学、吉林大学、吉林财经大学、长春大学发放问卷600份，收回有效问卷537份。其中，男生308人、女生229人；大一142人、大二126人、大三133人、大四136人。

二、工具

个体背景信息问卷包括：性别，年龄，年级，专业类型，是否独生子女，是否有创业经历，家庭所在省、市，学校所在城市，家人是否有从商经历，接受创业教育情况。此前，经过探索性因素分析，初步拟定了包含33个题目的大学生创业意向问卷。该问卷包括希求性、行为倾向和可行性3个分问卷，其中希求性分问卷14个题目，包括物质性（3个题目）、控制感（3个题目）、成就感（3个题目）和创新性（5个题目）四个维度；行为倾向分问卷5个项目；可行性分问卷14个题目，包括能力（4个题目）、个性（3个题目）、经验（3个题目）和资源

（4 个题目）四个维度。问卷所有题项采用 Likert 五点量表测量，按照“1＝完全不符合、2＝不太符合、3＝有点符合、4＝很符合、5＝完全符合”的强度排列。

三、数据分析与结果

使用统计软件 SPSS20.0 进行描述性统计，使用 AMOS20.0 进行验证性因素分析。由于探索性因素分析在分析过程中需要做出许多主观判断，如决定因素提取数量、坐标轴旋转方法、项目的取舍等，所以属于数据驱动的研究范式；而验证性因素分析首先必须对研究问题提出一个有依据的理论构思，然后通过大样本数据的拟合情况判定这一构思是否能得到现实情况的支持，因而更多是属于理论驱动的研究范式。所以，探索性因素分析适用于探索未知的构思结构，而验证性因素分析则适用于为假设模型提供有意义的检验和拟合指标。验证性因素分析比探索性因素分析更加强调研究的理论基础，它通过具体的限制使理论和测量相互融合。因此，为了进一步确证探索性因素分析中所得到的模型，需要基于更大样本的数据，用验证性因素分析进行模型的拟合与验证。

（一）希求性问卷的验证性因素分析

为检验希求性这一概念到底是一个一阶概念模型还是二阶概念模型，研究使用验证性因素分析对两个模型分别进行拟合，而后比较二者的拟合效果，考察哪个模型更能拟合样本数据，从而更容易被接受，为此进行了两个概念模型的构思。（见图 2-4、图 2-5）

采用 Amos20.0 结构方程建模软件，对一阶模型和二阶模型进行构思验证，考察拟合结果（见表 2-5）和各题目的因素负荷（见图 2-6、图 2-7）。

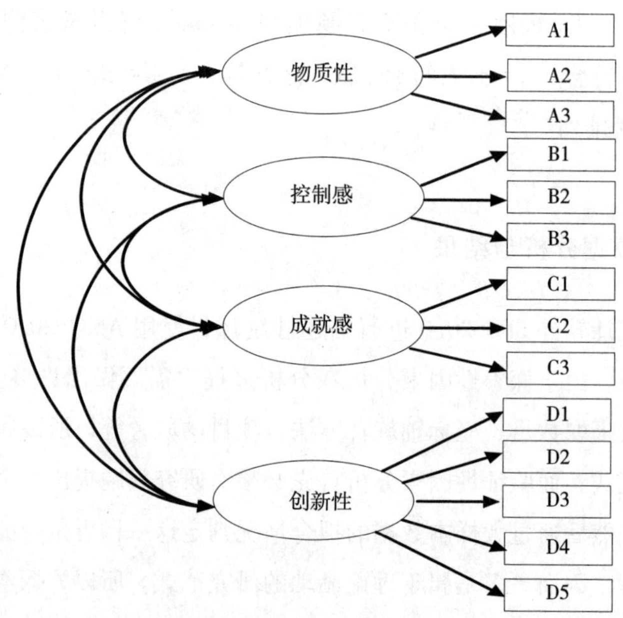

图 2-4　希求性的一阶概念模型

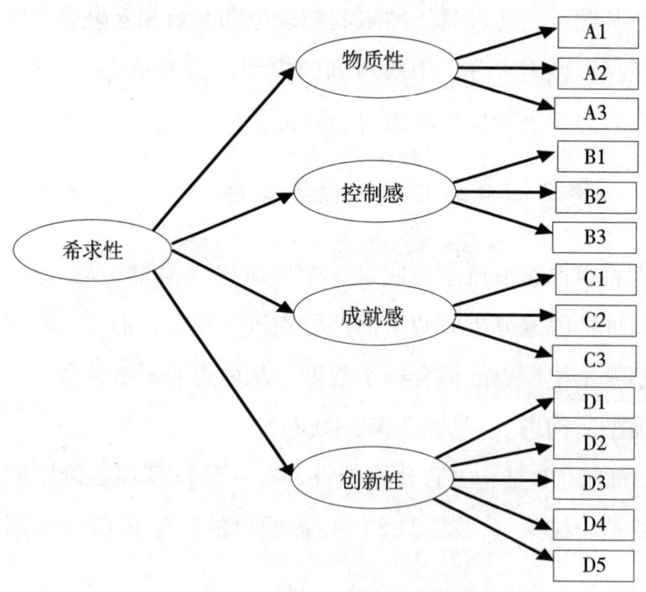

图 2-5　希求性的二阶概念模型

表 2-5　希求性概念模型的验证性因素分析拟合结果

模型	χ^2	df	χ^2/df	RMSEA	TLI	NFI	CFI	IFI
一阶模型	157.414	71	2.217	0.083	0.797	0.753	0.842	0.848
二阶模型	168.959	73	2.315	0.086	0.781	0.735	0.824	0.83

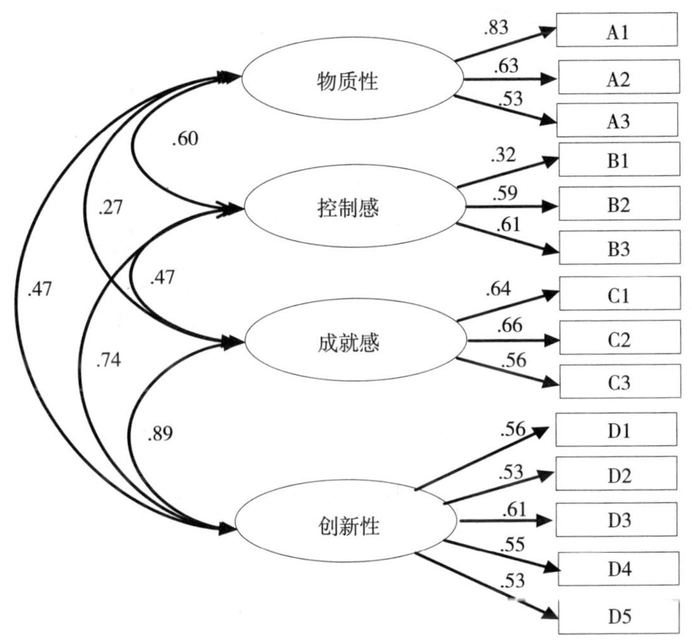

图 2-6　希求性的验证性因素分析：一阶概念模型

要检验结构方程的模型是否与数据拟合，需要对再生协方差矩阵（E）和样本协方差矩阵（S）的差异进行比较，也就是说要检查模型的 χ^2/df 值和各种拟合指数。其中，χ^2 是大多数拟合指数的基础，χ^2 越大说明 E 和 S 的差异越大，也即意味着实证数据与模型的拟合程度越低。当然 χ^2 的大小与样本容量相关联。当样本数量不够大时，如果 χ^2 值也比较小，则容易造成模型拟合情况很好的假象，所以模型检验需要参考其他拟合指数来进行综合评价。温忠麟等（2004）认为，较好的拟合指数应满足三个标准：不受样本容量的影响；惩罚参数多的复杂模型；对误设的模

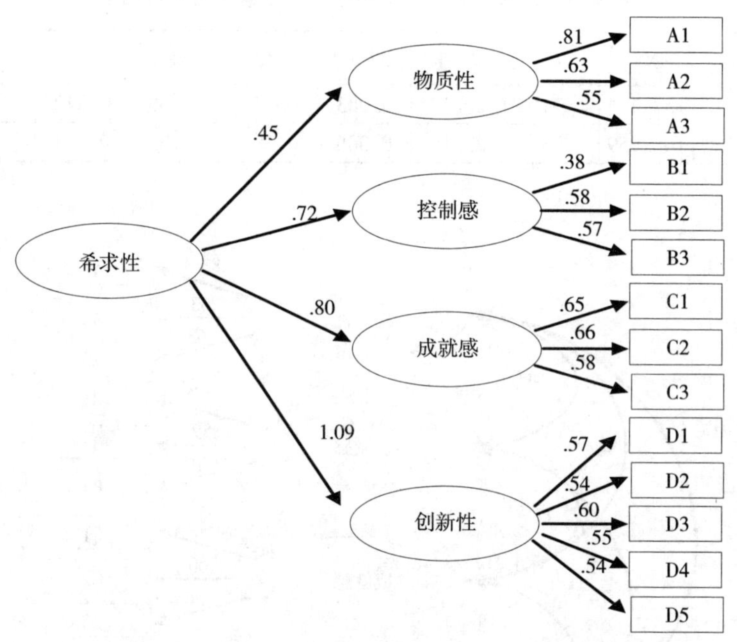

图 2-7 希求性的验证性因素分析：二阶概念模型

型非常敏感。根据目前心理学统计分析的一般规范，我们选择 χ^2/df、RMSEA、TLI、NFI、CFI 和 IFI 等拟合指数。目前，学界的基本共识是，χ^2/df 小于 2 为理想结果，小于 5 为可以接受，RMSEA（近似误差均方根）低于 0.1 的时候表示模型能够较好地拟和数据；低于 0.08 表示模型摹本可以接受；低于 0.05 表示模型能够非常好地拟和数据；小于 0.01 表示能相当好地拟和数据。其他拟合指数都是越接近 1 越好，而相对指数的数值在 0.90 以上的模型拟合情况较好。其中，NFI（Normal Fit Index）表示模型能够解释总体数据变异的程度，一般情况下，只要 NFI 能够大于 0.90，就可以认为模型可以接受；CFI（相对拟合指数）有点接近 NFI，只是说 CFI 可以针对样本的大小做出自动的调节。通过拟合指数的比较，我们可以发现一阶模型和二阶模型的各项拟合指标均比较接近，除 χ^2/df 外，其余各项指标相差均不足 0.021。χ^2/df 均在 2.0—5.0 之间；近似误差指数

RMSEA 虽然不是很小，但也小于 0.1，说明已经属于较好的拟合。综合创业意向的概念和数据分析结果，本研究中希求性概念采用二阶模型。

（二）行为倾向问卷的验证性因素分析

为检验行为倾向一阶的概念模型，研究使用验证性因素分析对模型分别进行拟合，考察模型是否能拟合样本数据，为此首先进行了概念模型的构思。（见图 2-8）

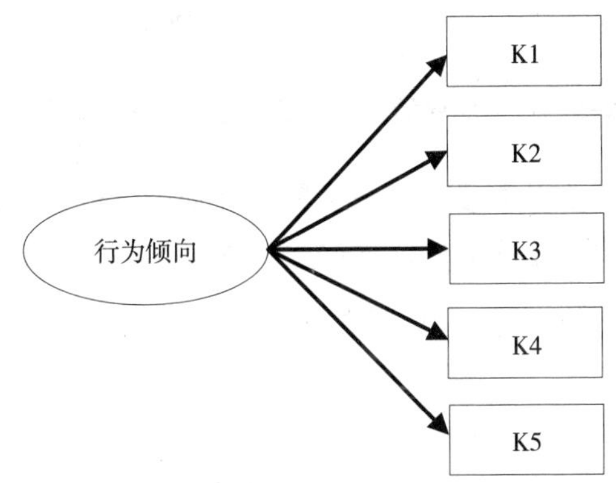

图 2-8　行为倾向的概念模型

采用 Amos20.0 结构方程建模软件对模型进行构思验证。（见表 2-6）

表 2-6　行为倾向概念模型的验证性因素分析拟合结果

模型	χ^2	df	χ^2/df	RMSEA	TLI	NFI	CFI	IFI
行为倾向模型	11.841	5	2.368	0.088	0.96	0.967	0.980	0.980

通过拟合指数的比较，模型拟合指数良好，各题目的因素负荷在 0.6 以上，模型拟合良好（见图 2-9）。

（三）可行性问卷的验证性因素分析

为检验可行性这一概念到底是一个一阶的概念模型还是二阶概念模

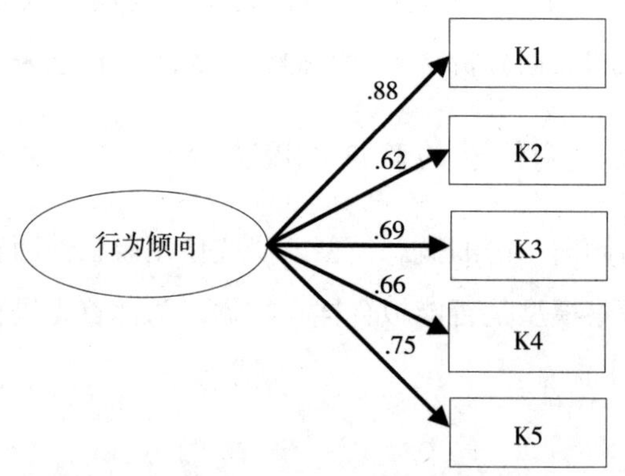

图 2-9　行为倾向的验证性因素分析：一阶概念模型

型，研究使用验证性因素分析对两个模型分别进行拟合，而后比较二者的拟合效果，考察哪个模型更能拟合样本数据，从而更容易被接受。为此进行了两个概念模型的构思。（见图 2-10、图 2-11）。

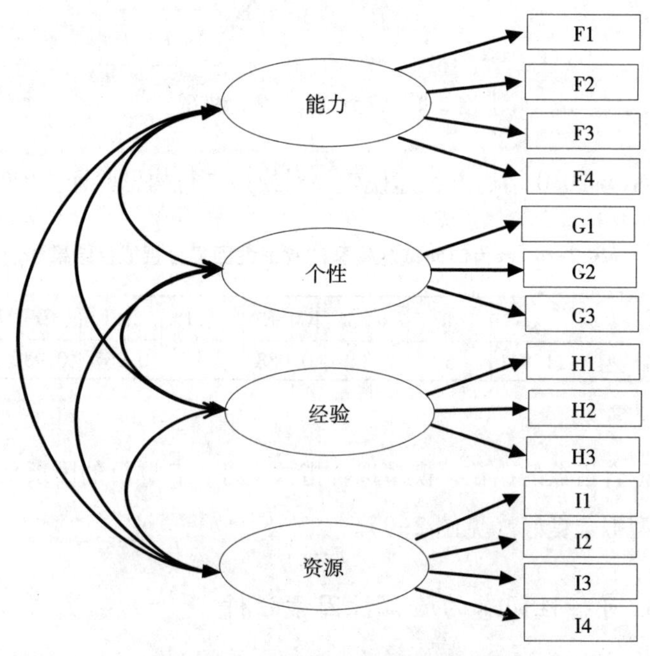

图 2-10　可行性的一阶概念模型

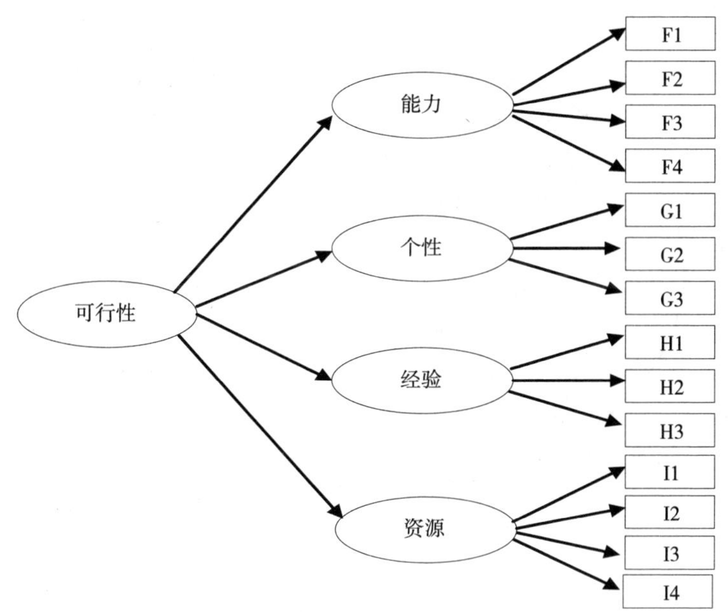

图 2-11　可行性的二阶概念模型

采用 Amos20.0 结构方程建模软件对一阶模型和二阶模型进行构思验证，拟合结果（见表 2-7）和各题目因素负荷（见图 2-12、图 2-13）如下：

表 2-7　可行性概念模型的验证性因素分析拟合结果

模型	χ^2	df	χ^2/df	RMSEA	TLI	NFI	CFI	IFI
一阶模型	127.184	71	1.791	0.067	0.933	0.891	0.948	0.949
二阶模型	139.710	73	1.914	0.072	0.922	0.880	0.938	0.939

通过上述拟合指数的比较，可以发现一阶模型和二阶模型的各项拟合指标均比较接近，除 χ^2/df 外，其余各项指标相差均不足 0.02。χ^2/df 均在 2.0—5.0 之间；近似误差指数 RMSEA 虽然不是很小，但也小于 0.08，已经属于较好的拟合。综合创业意向的概念和数据分析结果，本研究中可

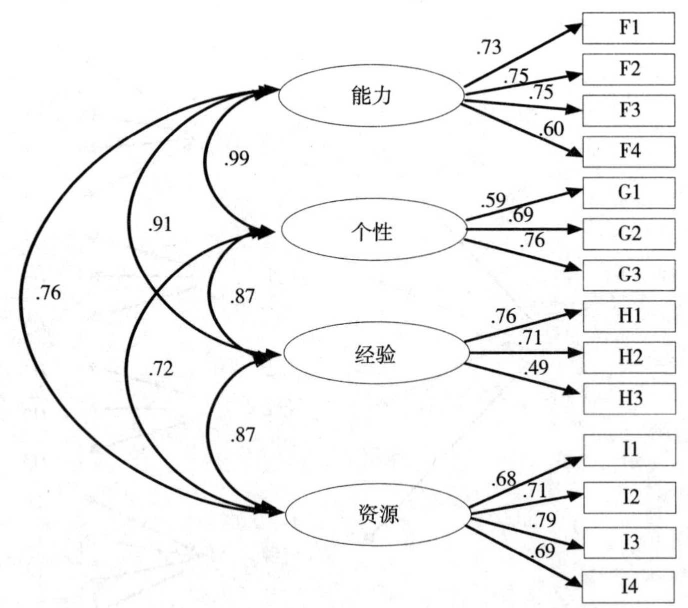

图 2-12 可行性的验证性因素分析：一阶概念模型

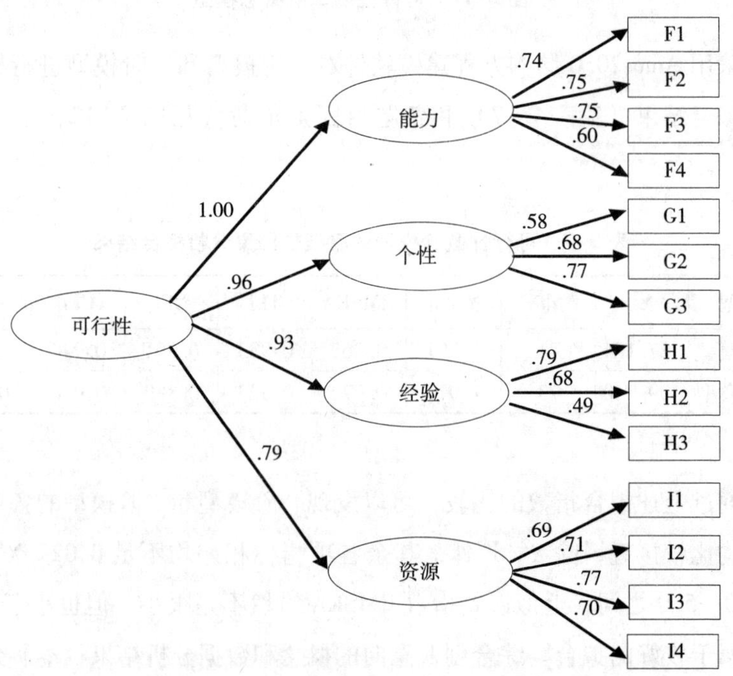

图 2-13 可行性的验证性因素分析：二阶概念模型

行性维度采用二阶概念模型。

（四）创业意向问卷的验证性因素分析

为检验创业意向这一概念到底是一个一阶的概念模型还是二阶概念模型，研究使用验证性因素分析对两个模型分别进行拟合，而后比较二者的拟合效果，考察哪个模型更能拟合样本数据，从而更容易被接受。为此进行了两个概念模型的构思。（见图 2-14、图 2-15）

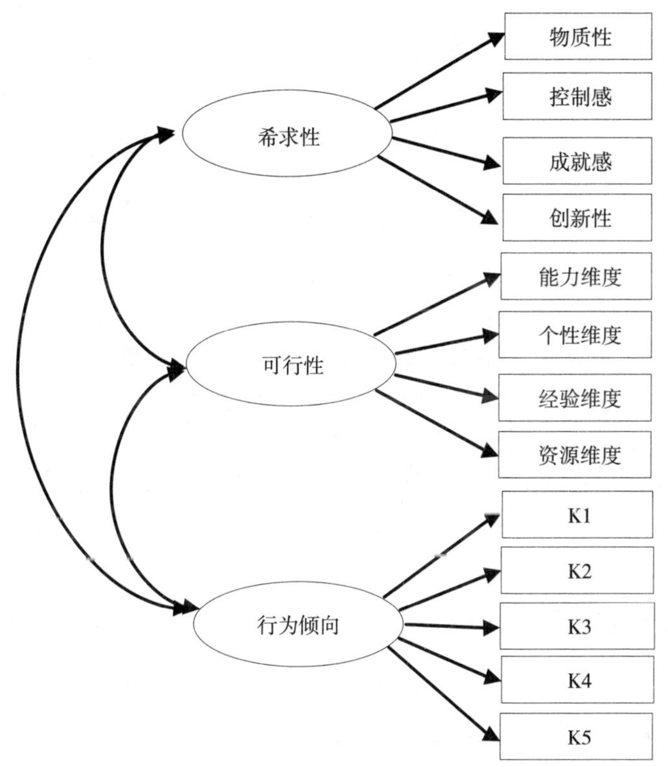

图 2-14　创业意向的一阶概念模型

采用 Amos20.0 结构方程建模软件对一阶模型和二阶模型进行构思验证，拟合结果（见表 2-8）和各题目因素负荷（见图 2-16、图 2-17）如下：

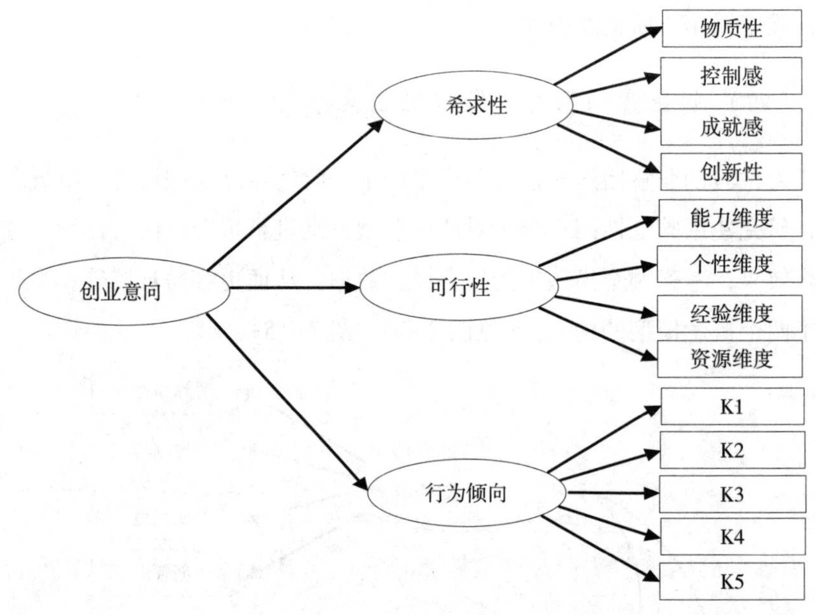

图 2-15　创业意向的二阶概念模型

表 2-8　创业意向概念模型的验证性因素分析拟合结果

模型	χ^2	Df	χ^2/df	RMSEA	TLI	NFI	CFI	IFI
一阶模型	145. 186	62	2. 342	0. 116	0. 865	0. 829	0. 892	0. 894
二阶模型	145. 186	62	2. 342	0. 116	0. 865	0. 829	0. 892	0. 894

通过上述拟合指数的比较，我们可以发现一阶模型和二阶模型的各项拟合指标均比较近似，两个模型拟合没有差别。综合创业意向的概念和数据分析结果，本研究中创业意向概念采用二阶概念模型。

（五）创业意向问卷的信度分析

分析表明，本研究编制的大学生创业意向初试问卷整体克隆巴赫系数（Cronbach's alpha）是 0. 915，希求性分问卷克隆巴赫系数（Cronbach's alpha）是 0. 812，行为倾向分问卷克隆巴赫系数（Cronbach's alpha）是 0. 844，可行

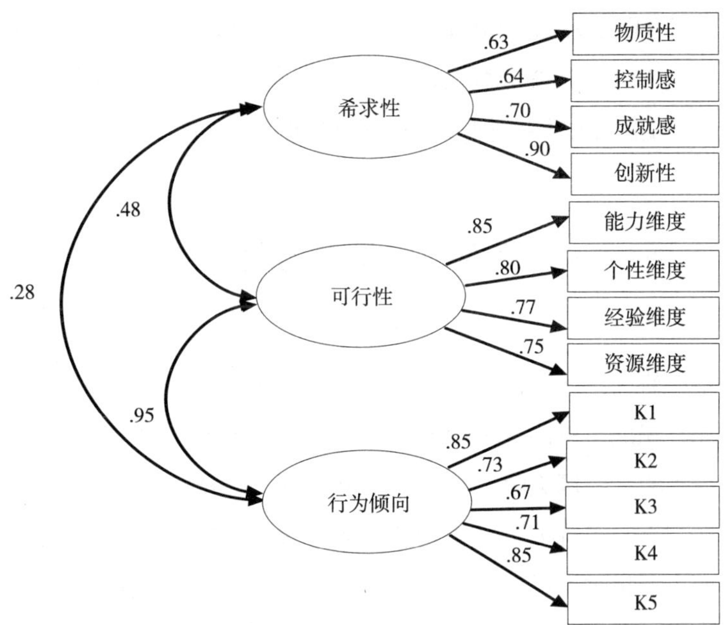

图 2-16　创业意向的验证性因素分析：一阶概念模型

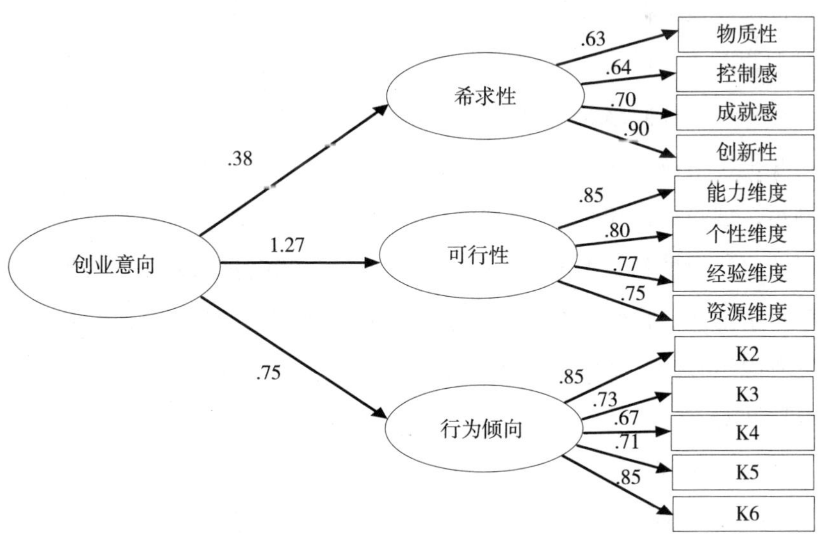

图 2-17　创业意向的验证性因素分析：二阶概念模型

性分问卷克隆巴赫系数（Cronbach's alpha）是 0.910。一般认为信度系数在 0.65—0.7 是最小可接受的范围，0.7 以上相当好，0.8 以上非常好。由此可见，本研究编制的大学生创业意向初试问卷具有较高的信度。

第四节　结果与讨论

在本次研究中，我们取得了两方面的成果。

首先，完成了中国背景下大学生创业意向维度结构的探索与构建。我们的研究表明，我国大学生创业意向包含创业希求性、创业可行性和创业行为倾向三个一级维度，其中创业希求性包括物质性、控制感、成就感、创新性四个二级维度；创业可行性包括能力、个性、经验、资源四个二级维度。（见图 2-18）本研究构建的大学生创业意向维度结构模型中成就感、创新性、控制感在前人的研究中提到过，而物质性、能力、个性、经验、资源等维度在前人研究中尚未从这样的角度来定义，这也是本研究的主要创新所在。在研究过程中，尤其是在研究之初的半结构化访谈过程中，有一点让我们感受非常深刻，那就是大学生创业希求性的物质性维度，几乎每个被试在谈到想创业的原因时都提及创业给人带来的物质需求的满足，这一点是和我们的经验常识十分吻合的，而在以往的研究中却未见提及。我们推测是不是有两种可能：一是被试担心说自己想创业是因为它能带来金钱、物质的回报而招来别人的"鄙视"，从而故意隐瞒；二是研究者因担心研究结论中出现"金钱、物质"的维度让人感觉"不崇高"而有所回避。

其次，本研究完成了大学生创业意向调查问卷（College Students' Entrepreneurial Intention Questionnaire，简称 CSEIQ）（见附件 3）的编制。该问卷包括创业行为倾向、希求性、可行性 3 个分问卷，由 33 个题目组成。创业希求性分问卷包括 14 个题项，其中物质性 3 题、控制感 3 题、成就

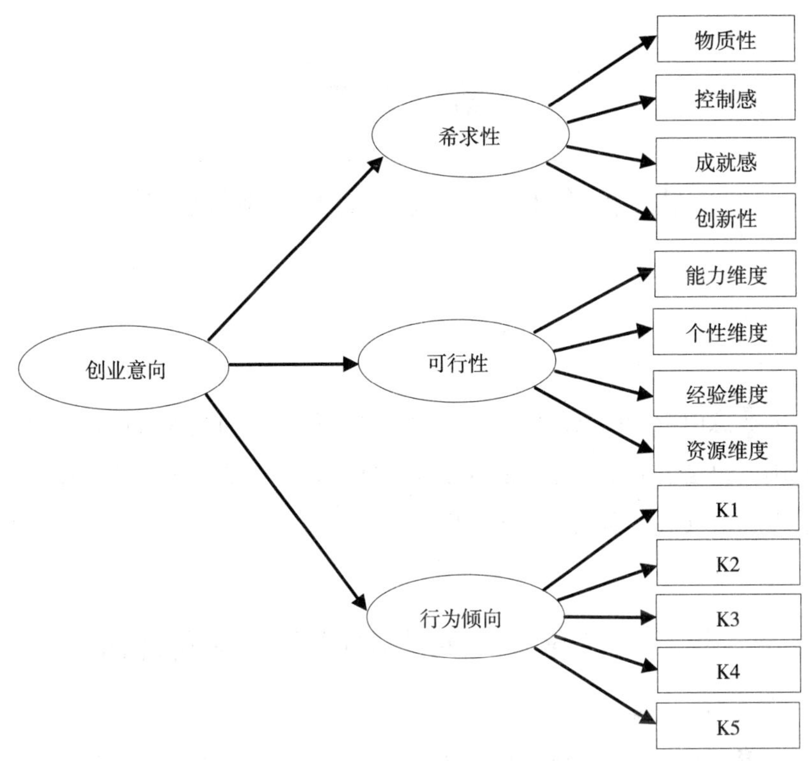

图 2-18　大学生创业意向维度结构模型

感 3 题、创新性 5 题；创业可行性分问卷包括 14 个题项，其中能力维度 4 题、个性维度 3 题、经验维度 3 题、资源维度 4 题；创业行为倾向分问卷包括 5 个题项。对问卷各项统计指标的考察表明，问卷的信度和效度均达到了心理测量学的要求，完全适合作为我国大学生创业意向的测评工具。虽然如本书第一章中所述，目前已经有学者开展了创业意向的测量研究，也取得一定的研究进展，但是像本研究这样严格按照心理测量学的研究规范进行创业意向测量工具的开发尚属首次。大学生创业意向调查问卷（CSEIQ）的成功开发为掌握我国大学生创业意向的水平，分析大学生创业意向的特点及其影响因素奠定了坚实的基础，也为科学创业意向测量工具的开发做了有益的尝试。

第 三 章

大学生创业意向的影响因素

创业意向影响因素的研究是了解大学生创业意向生成机理和干预方法的基础，也是创业学理论发展与创业实践工作推进的客观需要。这也是本书设专题对其进行研究的基本动因。

第一节 创业意向影响因素的研究目标

基于创业意向影响因素研究的重要性，目前学界在此方面已经取得了一定的研究成果，但是仍然亟待加强与深化。一方面，现有研究较多地集中在性别、教育政策、人格特质、自我效能感这几个方面，而对教育制度、创业政策、社会网络以及非理性因素的讨论不够深入和全面；另一方面，目前对创业意向影响因素的研究更多地通过量化建模手段来开展，这固然有利于对创业意向影响因素的系统、总体把握，但容易流于抽象和概括化，需要以质性研究的手段对其影响因素维度进行更加开放的探索，对每个维度的影响机制进行更加深入的挖掘。概言之，本研究就是试图通过对大学生创业意向影响因素的质性分析取得三方面突破。第一，在验证以往研究提到的大学生创业意向影响因素的同时，探索、获取新的创业意向影响因素，为后续量化研究的进一步展开奠定基础，从而推动大学生创业意向影响因素体系的健全和完善；第二，对大学生创业意向影响因素的具体内涵及其对创业意向的具体影响机制进行了解，弥补以往创业意向影响因素研究仅限于形成抽象概念，缺乏具体形象描述的不足；第三，对创业意向强、弱两类大学生群体都进行创业意向影响因素的探究，以弥补以往研究中只关注高创业意向水平个体创业意向影响因素的不足。

第二节　创业意向影响因素的研究过程

一、被试选择

由于本研究涉及创业意向强、弱两类大学生群体，而研究和实践均已表明，创业意向不是一个"有或无"的等级变量，而是强度从弱到强渐次提高的连续变量，因此本研究在确定访谈对象时采取了随机抽样与"目的性选样"① 相结合的取样方式。即在随机选取黑龙江大学、东北师范大学、吉林农业大学、大连交通大学四所高校100名大学生（每校20人，包含本科生和研究生）作为研究被试的同时，从上述四所高校已经开展创业实践活动的学生中选取了20人（每校5人，包含本科生和研究生）作为被试，这样可以确保访谈对象中各种不同创业意向水平的大学生都能有所涉及，从而保证研究结果的科学性。

二、研究工具

自编大学生创业意向影响因素访谈提纲，内容包括：访谈对象的职业生涯规划，如果提到创业，则追问：打算怎么创业？什么时候明确打算创

---

① 参见［美］伊凡希雅·莱昂斯、阿德里安·考利：《心理学质性资料的分析》，毕重增译，重庆大学出版社2010年版，第54页。

业的想法？什么原因让你打算创业？如果没有提到创业，则从三种不同情况分别展开追问。一是“不想创业”，需要追问：为什么不想创业？什么情况下会想创业？二是“想过创业，但是不能创业”，需要追问：什么因素让你想过创业？什么原因让你感觉不能创业？什么情况下自己会打算创业？三是“根本没想过创业”，需要追问：为什么没想过创业？身边有想创业的同学或朋友吗？你认为他们想创业的原因是什么？（见附件3）

三、访谈实施

由于本人在东北师范大学从事学生工作，这为本研究的取样带来便利。本校随机抽样的20名被试由4位来自不同学院的辅导员老师各自在所带学生中随机抽取5人组成，5名目的性选样被试来自参加东北师范大学2012年大学生创业计划大赛的选手；另外三所高校的被试由本人商请各自学校的就业工作部门协助随机抽取20人和从已经开展创业实践的学生中选取5人组成。访谈前，访谈员均事先通过电话与访谈对象取得联系并约定好时间。访谈分别在四所高校的学生就业指导服务中心小型会议室进行，每位被试的访谈时间为1小时左右。

四、数据分析

本研究数据分析的过程主要分为四个步骤：第一步，整理访谈资料，通过录音以及现场速记稿完善访谈资料形成原始资料；第二步，阅读原始资料，理解资料本身具有的意义；第三步，根据本研究的问题对访谈资料进行编码和录入，从原始资料中摘取研究所需信息；第四步，运用类属分析①的方式进一步整理摘录的信息，概括出影响大学生创业意向的因素，

① 参见陈向明：《质的研究方法与社会科学研究》，教育科学出版社2000年版，第290页。

并分析各维因素对创业意向的影响机制。

第三节　创业意向影响因素的研究结果

通过对访谈资料的编码分析，总结出大学生创业意向的四大方面共17项影响因素。一是个人因素方面，包括人格特质、专业类型、理想与目标、成长历程、就业形势、创业认知和创业时机七项；二是家庭因素方面，包括家庭经济状况、家人支持、父母教养方式、父母职业类型四项；三是学校因素方面，包括学校的创业教育、创业环境、创业帮扶三项；四是社会因素方面，包括创业榜样和范例、社会创业舆论、社会创业支持三项。在总体分析大学生创业意向影响因素项目的同时，本研究还就各影响因素的具体内涵和影响机制进行了创新性探析与阐释，具体如下。

一、个人因素

（一）人格特质

人格特质是目前学界相对共识的大学生创业意向关键影响因素，但是具体人格特质中的什么成分会影响个体的创业意向，学界远未形成一致的看法。通过分析文献发现，学界对人格特质的界定多达十余项，如吴启运、丁思红等人选取了包括冒险性、风险承担力、威信、亲和力、创新性、控制力、精力、干练、独立性、经验、成熟度、社会经历在内的12个指标来测量大学生的个人特质①。现有关于人格特质影响的研究多以问

① 参见吴启运、丁思红、侯文华：《大学生个人特质对创业倾向影响的调查研究》，《科技创业月刊》2008年第6期。

卷调查的方式进行，缺乏深度访谈，因而对个体人格特质具体如何发挥影响作用这个问题的探讨非常欠缺。本研究通过对个体的深度访谈发现，人格特质对创业意向的影响是双向的。一方面，具有积极外向个性特征的大学生往往拥有较强的创业意愿，这些人格特质是其产生和保持创业意愿的重要内驱力量，并且具有相当的稳定性，比如有受访学生表示“只要活着一天就会为梦想奋斗”，即使“头破血流也愿意”；另一方面，具有非主动性人格的大学生则往往趋向于适应现实环境，利用已有的资源，而较少地主动改变环境、创造条件，例如，有的学生谈到“喜欢求稳定的，求安逸的人应该不会有创业的想法”。这和本书第一章谈到的创业意向维度结构研究结果形成验证。如前所述，创业意向的三个一级维度中“希求性”与“可行性”的前因变量都和个体的人格特质有关。首先，“希求性”的前因变量“成就感”指的就是个体之所以想要创业原因之一就是在创业的过程中，通过自己的努力，能够实现一个创业项目从无到有、从小到大的转变，由此产生的成就感使其兴奋与陶醉，而这种对成就感的追求正是一种特定类型的个性特质；其次，“可行性”的前因变量包括“个性维度”其内涵就是指个体对创业是否可行的判断直接受制于个性特质，而这个“可行性”正是构成个体创业意向的三个要素之一。

A：我觉得这个跟性格有关系，他（注：指以前的一个同学）跟我的生长环境是一样的，我就这么一步一步地走，他就非得那样。可能别人的想法会磨平我，因为大家都是平平的，都是这样的，我觉得自己跟他们一样就可以了。而他不一样，他的想法是，我这么多年为什么依然要过这种生活呢？我学习为了什么，为了和他们一样平平么？不是的，我一定要拥有别的。这应该跟自身有很大的关系吧。我们成长的环境是一样的，而结果却是不一样的。可能就是自己的想法，他想的挺多。……我们没事干就在想怎么达到人们传统观念里比较好的标准，他的想法是不能让别人牵着来，他想着我要干点不一样的事，他觉得活着不应该是这么平平淡淡的，他说那样的生活会让他感觉很没希望的，一眼望到边……他的生活就是不怕苦、不怕累、不怕你创个10年、8年还是没有效果，就是生活中有很多你期盼的事情发生，然后还有你未知的事情发生，证明自己每一天的价值……我说过他的家庭希望他工作5年、10年，等定下来以后再去创业，但是他说我有几个20岁到30岁这么精力旺盛的时期呢。他的爸妈就是想让他安稳，怕他受苦受累什么的，你走这份工作就没有了，混个几年头破血流的了，他说我头破血流也愿意。他父母弄得就跟快要绝交那种感觉似的了。

B：（访谈者：那么什么样的人会更倾向于创业？）我觉得那些目标比较坚定，然后敢闯敢干，要坚持不懈，性格很重要那种，开朗些，外界事物接触的多些，才可能会有创业的想法。（访谈者：什么样的人更倾向于不想创业呢？）就是喜欢求稳定的，求安逸的人应该不会有这种创业的想法。

C：（访谈者：你觉得是什么原因使大学生想去创业呢？）我觉得就是不安于现状吧，不想走那种规划好了的，从第一眼就能知道以后20年、30年的那种生活。就是想要自己去创造，自己去走出一条路来，想要去奋斗一下。……可能就是为了给自己找一些成就感吧，去证明自己。

（二）所学专业

对本研究访谈资料的进一步分析表明，所学专业对大学生的创业意向产生一定的影响。此前，也有学者提出类似观点，如范巍、王重鸣指出："不同专业学生在创业倾向存在一定差异。经 Scheffe 与 LSD 比较后发现经管专业学生的创业倾向显著高于理工、人文专业。而理工、人文专业间无显著差异。"① 这一结论在本研究中得到了验证，受访的学生大都表示专业是影响创业意向的主要原因，学习经济类和技术类专业的学生在创业方面更有优势。并进一步指出，导致这种现象的原因在于学习经济类专业

---

① 范巍、王重鸣：《创业倾向影响因素研究》，《心理科学》2004年第5期。

的学生更了解市场以及企业的运营，所学专业涉及创业的相关知识，更具备创业的素质和技能；同时，学习技术类专业的学生则可利用所学专业应用性强这一优势，将技术优势转化为创业优势；而师范类学生受特定政策以及培养方式的影响，学生的职业方向往往在入学初就已经确定，因而其创业意向往往呈现较低水平。有受访学生表示商学院、计算机学院的学生专业应用性较强，可以开发出产品，便于进入市场销售；同时还有学生表示作为大学生影响其创业与否的主要是技术，因为大学生没有足够的能力办实体企业。由此可见，大学期间不同类型专业为学生塑造的不同专业素养将成为学生创业意向生成及发展的重要外部力量，或强化或抑制，而非统一单向的正相关或负相关。

A：因为上的是师范院校，进来时就奠定了基调。（除了）有一小部分（同学是）被调剂过来（的），他们可能去创业，大部分同学都是想当老师，从师大出去的创业的很少。……从大一到现在，专业的学习就是教师这一块，在大学里学习教法、教师技能，没有接触过创业方面的知识。……还有一点是免费师范生的框架要求比较多，一开始不敢往别的地方想，高三刚上来没什么想法，心理不成熟，当你想多的时候已经赶不上趟了。……如果学与经济有关的（专业），学生考虑创业的会比较多一点，因为他们涉及这方面（知识）。就像我学教育，我不会考虑创业，他们学习经济，不会考虑去当老师。我觉得就是这样的一个对比。

B：（访谈者：我记得你刚才说把创业当成副业，把当老师当成主业，为什么不把创业当成主业呢?）可能是受自己专业影响吧。因为上大学之前选了小学教育这个专业，就一直把这个当成一个职业，以教学为主，想将来在教育系统之中找寻自己的职业，这四年中接触的都是教育，而创业只是生活中突然闪现的一些想法，所以觉得应该以教师为主。

C：感觉自己的专业不适合创业。细胞生物学更多是基础理论，实用性较差。如果创业，可能更多的是销售医药器材，跟自己所学的专业相差有些远。……参加比赛（注：指学校组织的大学生创业计划大赛）之后，发现参加比赛的大多是净月软件学院、计算机学院或者商学院（注：此处软件学院等是指位于东北师范大学净月校区的几个学院）的同学，而且他们在创业方面的确有专业上的优势。比如商学院的同学，他们更容易接触社会上的一些事情，而我的专业局限在专业研究，缺乏跟社会的沟通。（访谈者：对于那些想创业的同学，你认为是什么原因让他们爱上创业、喜欢上创业呢?）首先，他们有胆识，敢想敢做。其次，他们的专业应用性很强。比如说软件学院，他们通过理论知识再加上自己的想法就能开发出一个软件，进而就可以进入市场销售。我的专业恐怕就比较困难。

D：最影响我创业的说白了还是技术。要是去外面搞实体我是不敢创业的，因为这样需要的成本太高，这个槛我迈不过去。要是我做技术而且自己有技术，需要付出的就是人力成本，而且每付出一份人力成本我都有收获。

（三）理想和目标

对于大学生创业意向影响因素，有学者从成就动机这一因素出发进行研究，得出在创业方面是否有成就动机直接影响大学生的创业意向。如陈巍在《创业者个体因素对创业倾向的影响：感知环境宽松性的中介作用》（2010）中验证了其提出的创业者的成就需求对创业意愿以及创业可行性具有正向影响，创业者的风险承担对创业意愿以及创业可行性具有正向影响的假设。而这里的成就动机普遍是指大学生把追求创业作为有价值的工作，并以高标准要求自己力求取得创业成功的动机。本研究经过访谈分析发现，与成就动机类似，大学生的访谈表现出职业理想和目标对创业意向产生影响，大学生往往在儿时或者上大学前就树立明确的职业理想并为之努力奋斗，而这种早期的职业理想往往与创业无关。因此，这种与创业无关的职业理想和目标直接影响大学生不选择创业，拥有这类型职业理想的大学生创业意向薄弱。目标与理想往往影响大学生的成就感，从而影响大学生对创业的“希求性”。正是由于进入师范院校的同学往往将教师作为人生的目标，因此很少会考虑创业。所以，本研究认为应加强基础教育阶段的创业教育，注意基础教育阶段对学生创业意向的引导。

A：我自己的理想就是做一名教师。这就是我从小的理想，从小学一直萌生的一个理想吧；到初中就慢慢明确了；上了高中就更加强化了；到了最后从报志愿到录取、到现在去找工作，一路上感觉特别顺利。自己就有这么样一个想法，一直为之付诸实践，而且很顺利、很成功。现在实现了自己的想法、自己的梦想。……我这个目标与创业的关系不是很大。我选择教师这个职业应该来说是一个比较成熟的行业，有一个比较成熟、比较规范化的流程，我就不太愿意去试其他方面了。

B：我刚来读师范的时候就已经确立了吧，就是回去当老师。没有什么别的目标，除非有什么事情改变你的念头，然后慢慢才会有这种创业的想法，如果没有这种很突然的事件，一步一步走过来的话，就不会有那种想法的。……我的目标不是要去创业。详细点说，我就是想好好读书，然后找一份好的工作，就算这份工作是稳定的，但是我能在这份工作上干出不一样的事。我去了以后是一个小老师，可能带的班的成绩不是最好的，但是我不能让自己一辈子都那样，我不可能永远都停留在这个学校，永远带着这么一批学生，我肯定有一个自己的目标。我认为没有创业精神不能说我的想法不好，我选择这个职业，我同样可以在这个职业里干好，我为什么还要去创业呢？在这里我可以达到我自己的目标。

（四）成长历程

在以往的创业意向影响因素研究中，学界已经注意到个人经历对创业意向的影响，但是由于研究方法与研究视角的缺陷，大都从大学生的社会阅历、创业经验出发，缺乏对大学生的个人成长经历的研究，而本研究通过访谈弥补了以往研究在这一方面的缺陷，丰富了个人经历方面的研究。本研究的受访学生表示，他们的创业意向受成长经历的影响。首先，成长环境较为安逸的学生创业意向薄弱。从小生活在较为封闭、安稳的条件下的学生，由于成长环境单一，成长历程一帆风顺，因此比较容易安于现状，创业意向薄弱。其次，成长过程中教育者对学生的创业意向有所影响。儿童在成长过程中，会对师长等产生崇拜感，并有意识模仿崇拜对象的职业目标和发展轨迹，期待成长为崇拜对象一样职业的人。再次，成长经历丰富，有一定的生活阅历和较多学习尝试的学生创业意向强烈。成长期间接受过其他相关兴趣爱好的培训及有多地域求学经历的学生拥有一定的社交经验，并且有敢于打破常规的想法，所以创业的意愿也更为强烈。成长历程在一定程度上塑造了大学生的性格，使他们拥有了各自的人生经历，因而也影响了大学生创业意向中的“经验维度”和“个性维度”，使得一些大学生认为创业“有利可图”或者“非必要”，因此成长经历对创业意向的影响也具有非单一方向的特点。

A：我觉得可能跟我自身的经历有关吧。跟自己的家庭背景、教育背景有关。家庭背景的话，父母都是普通的工人，生活水平不是特别好，但相对来说也不是很低，就是一个很普通的家庭。那这样的话，从小来说，别人有的我也有，可能没有那么好，基本上就是这样一个状态。我也不会去跟别人争，应该是比较安于现状、比较容易满足吧，不去羡慕别人，这是一方面。然后我觉得踏踏实实地做，才是最好的。因为那些都是有风险的事情，我觉得还是安安稳稳的比较好，不愿意去过多地起伏和波澜。教育背景的话，我感觉从小学遇到的老师都是特别好，这些老师对我的帮助特别大，不仅在学习方面、生活方面，而且在成长方面都给了我很多的帮助。自己确实在小的时候，比较懂事，能看懂他们对我的帮助和鼓励，觉得他们对我的帮助很大，也希望变成像他们一样的人。然后慢慢萌生了这样一个想法，也想去做一个老师，去改变孩子们的生活，帮助他们去成长。有了这样一个想法，而且条件也比较具备，上的学校也比较好，还有国家免试的政策，一路很顺利。所以就觉得实现梦想也不困难，就不愿意再去想别的路子了。我愿意走教师这条路，比较好。

B：其次就是个人经历。从出生到上大学如果一直都按规矩走，平平淡淡，遇不到一些事情，也许就不会有创业的想法。追溯到根源，比方说我小学被人欺负了，就想去学习跆拳道，就是和个人经历有关，没有经历也不会有这方面的想法。

C：自己的阅历，就是你想做一件事情的时候对这件事情的全面的认识。我自己的学习经历就很丰富，从河南到新疆，来回跑的时候就知道了一些人情世故和人际交往方面的东西。感触很多，对自身阅历帮助很大。……创业肯定是有利可图的，如果你没有社会阅历，你就看不到这个利，这就不适合去创业。

（五）就业形势

虽然现有的研究已经对大学生创业所处的外部宏观环境给予了关注，比如金启慧在《高职学生创业倾向影响因素研究——以秦皇岛高职院校为例》（2010）中指出，“政府为大学生创业提供咨询服务、大学生创业有多种融资渠道可供选择、创业会得到家人的支持”等政治、经济、文化因素会影响到大学生的创业意向，但是对大学生所处的就业市场环境这一因素的影响作用却尚未提及。而在本研究中，这一点被证明是大学生创业意向的重要影响因素。并且本研究发现，与以往研究指出的创业环境因素和大学生创业意向呈正相关（即政府提供的创业扶持越充足，大学生的创业意向越强烈）不同的是，大学生自身面临的就业形势与其创业意向呈相关，即就业形势越严峻，学生选择进行创业的意向越强烈。这主要是由于近些年来高校扩招以及受经济危机等相关因素的影响，就业市场形势严峻，大学毕业生普遍面临就业难的问题，而大学生受过高等教育往往具有较高的职业理想，职业期望普遍居高不下，而当前的就业形势根本无法满足大学生的职业要求。因此，许多大学生萌生了以创业为途径来实现自身的高职业理想的想法。与之相反，对于当前面临良好就业形势的部分专业的学生，由于可以轻松就业，并且具有优厚待遇的可靠预期，在选择稳定殷实的岗位就业还是艰辛冒险的自主创业的职业决策平衡过程中，

“天平”可能往往偏向了岗位就业这一方，也即创业意向得到抑制。这一点在原本创业意向水平并不很高的学生身上体现得尤其明显，即便是已经具有较高创业意向水平的学生至少也会受到一定程度的抑制。由此可见，就业形势是大学生创业意向的重要外在制约力量。就业实质上是大学生满足人生需求的重要方式，一方面他们通过工作获得物质上的满足从而“回报父母”；另一方面，他们通过工作实现自己的价值，“使自己满意”。因此，就业形势影响了大学生对物质、成就感的追求，进而影响大学生创业意向的“希求性”，并最终影响其创业意向水平。

A：在面对大学生就业难这种压力下，我萌发了这种想要创业的想法。毕竟我是刚考上研究生，刚经过找工作这个过程，经历这个过程后，我也知道了大学生现在就业难，能找到一个让自己满意的工作十分的困难。……现在的工作，机会很多，但是找到一个好的工作好的机会很难，就是说我们大学生去找工作，肯定有我们能干能做的工作，但是不一定有适合我们的工作。因为父母养育了我们20多年，20多年寒窗苦读肯定也付出了很多，一旦付出很多，就想要回报，那他自身对这种工作的要求就会很高。就业难是让大学生想创业的一个很重要的因素。

B：我的一些同学他们不是在好的一本大学学习，所以就业就不是太好，就会想创业，平常聊天的时候就会常常说。再加上自己的所见所闻，所以就会有创业的冲动。（访谈者：你说你的同学上的不是一本的好大学，然后就会想去创业，这之间有什么关系吗?）我是复读一年才上的我们学校，而我的那些同学算是应届生，他们早我一年毕业，然后工作，但是往往工作几个月之后就不干了，大家聚在一起聊天的时候就会说起创业什么的来。……（访谈者：那你觉得想创业跟他们读的大学找的工作有关系吗?）40%左右的关系吧。因为他们的就业环境不好，收入不高，专业也可能不对口，不合他们的意。

C：（访谈者：为什么会有创业想法?）首先就是这个就业的前景吧！大学生现在的就业前景不是很好！你看出去找工作的那种，待遇什么的不是很好。就我了解，东北师大出去的一般都是去中学啊，或者是一些公司啊，宝洁啊、阿里巴巴啊那些挺少的，要特别有能力的人才能真正走到那一步。所以你觉得你大学这几年学的东西也挺多了，去一个不是很满意的地方吧，有点不甘心，为什么不趁着年轻去闯一闯呢？（访谈者：就你看来那些同学没有去创业，没有创业的想法，原因在哪里?）我觉得有一部分人可能是他们的专业很好，就业形势很好！比如说吉林大学的车辆工程专业，毕业之后有很多公司抢着要，待遇特别好！可能就直接就业了，他们应该也就不会有这个创业的想法吧！

（六）创业认知（对创业和对自我的认知）

创业认知一般是指个体对创业的认知，包括对创业的特性、创业的条件、创业的回报等的认知，既有对创业活动的认知，也包括对个体自身的认知。目前，关于创业认知对创业意向影响的研究主要体现在创业机会识别中创业者的认知研究方面，比如牛志江在《认知视角下创业意向影响机制——以机会识别为中介变量的实证研究》（2009）中探究了个体创业机会原型、创业效能感和控制错觉对机会识别的影响机制，以及机会识别在创业意向影响过程中的中介作用，这属于创业认知对创业意向间接影响的研究。另外，现有的研究对创业自我效能的关注较多，形成了丰富的研究成果，但创业自我效能反映的是个体对自身完成创业任务胜任力的自信程度，更多的是关于个体自身的认知影响了创业意向。在这个过程中，对于创业的认知要么没有影响，要么也是通过影响个体的创业自我效能间接地影响其创业意向。本研究在验证以往相关研究成果的同时，发现个体关于创业的认知直接影响其创业意向。比如，有受访学生表示“我自己觉得不太适合……也没那么爱闯荡……我觉得创业对我的挑战太大了，很多因素可能控制不了，可能不会选择创业”等等，这是对以往创业自我效能影响的验证。此外还有受访学生表示，创业的不确定性太大，创业者的生活太不稳定，自己不喜欢这样的生活方式，因此不想创业，这是对创业特性的认知直接影响了其创业意向。在访谈的过程中，除了发现创业认知对创业意向有着如前所述的负向性减弱影响以外，创业认知对创业意向也有正向性的增强影响，尤其是由于部分大学生对创业的回报、创业实际需要经历的挑战、创业对创业者能力素质乃至非智力因素的要求以及自身基础条件的认知存在偏差，表现出非理性的创业冲动和盲目的创业热情。这种创业认知偏差引起的创业意向虚高现象尤其需要警惕。

A：我不太倾向于创业，可能我自己觉得不太适合。我是女生嘛，可能觉得性格不太适合，也没那么爱闯荡，很多事情如果没有把握做成功的话可能会选择不做。我觉得创业对我的挑战性太大了，很多因素可能控制不了。

B：我之前也考虑过创业，想开一个武馆。我也和爸爸说过，因为开一个武馆，资金的话是需要比较大的。还有就是风险，即使家里有资金的话我觉得我也不一定可以赢利，甚至很可能会亏本，把家里的资金赔光，风险太大了。……其实我大一、大二就有这个想法了吧，但大三、大四就改变想法了。第一，家里资金不够。第二我觉得我自己做得还不够好，不足以在这个圈子占有一席之地。我当时想法是开武馆，但我在武术方面做得不够。我当时想开的是跆拳道馆，我大一就考取了跆拳道黑带，很多大学生是做不到的。我暑假的时候去山东拜访一位跆拳道名师，在练习期间把脚的韧带撕裂了，不容易痊愈。做馆长自己都做不好，怎么能叫别人信服呢？……意识上没有那种干劲了。

C：女生一般很少创业吧。……女生大学毕业后可能没几年就要考虑家庭了吧，再者就是孩子。这会使创业遇到很大困难。所以创业的一般都是男生。……总之肯定不会是盲目地去创业。就像我自己，我所学的专业理论性特别强，如果创业肯定过程特别艰辛，成功的希望太渺茫了。

（七）创业时机

创业机会一直是创业研究关注的热点问题，但是以往研究更多从创业机会的识别角度来进行，包括对创业机会识别能力、创业机会识别效能感等的研究，并且这些研究主要采取的是量化测评的研究方法。比如李慧在《大学生前瞻性人格、创业意向与创业学习的关系研究》（2010）中指出，完美倾向性、机遇识别力、意志坚定性与创业意向之间具有显著正相关。汤明在《创业自我效能感与创业意向关系研究》（2009）中指出，创业自我效能由创新效能感、风险容忍效能感、机会识别效能感、关系效能感以及组织承诺效能感等共同构成，并得出了创业自我效能感整体上与创业意向呈显著正相关，它会影响创业意向的强度、方向和持续性的相关研究结论。本研究与以往研究不同，虽然没有用量化手段就创业机会能力和创业机会识别效能对创业意向的影响进行研究，但是通过质性分析发现，个体对创业时机的判断直接影响其创业意向水平，即个体认为如果自己拥有比较好的创业时机，那么创业想法会更强烈，反之则将表现出迟疑和犹豫。比如有受访者表示，“当这个机会来的时候，我觉得就是刚好适合我，对我有很大的帮助，也让我这种想创业这种想法更加坚定”；再比如有受访者表示，“未来的真的要自己白手起家的话，我觉得那个点还没找好……就是又感兴趣又让我赚特别多的钱（的那个切入点）”。可见，客观上个体是否面临恰当的创业时机或主观上感知到恰当的创业时机是影响创业意向的因素之一。

A：再一个就是说，我现在恰好有这么一个机会。我是一个研究生，跟着我们老师做一些项目，他恰好有这样一个合适的项目，那也就是说，可以让我们尝试着把这个项目做起来……之前我只是有这么个想法，目标不是很确定。但是说当这个机会来的时候，我觉得刚好适合我，对我有很大的帮助，也让我这种想创业这种想法更加坚定。

B：未来真的要自己白手起家的话，我觉得那个点还没找好……就是既感兴趣又能让我赚特别多的钱（的那个切入点）……比如说，现在 IT 行业特别发达，然后很多人就是干 IT 白手起家的啊。比如说，他特别喜欢网络这一块，然后还特别能让他发家致富，他就干了呗。

二、家庭因素

(一) 家庭经济状况

家庭经济状况对创业意向的影响在以往的研究中已经有所涉及，比如韩力争指出："家庭经济状况很差的大学生的创业动机水平显著高于家庭经济状况中等和较好的大学生。"① 贺丹在《大学生创业倾向的影响因素分析》(2006) 中也得出了"家庭背景的优越程度与学生创业态度成负相关"的结论，即家庭经济状况会对学生创业态度的选择带来影响，越是出身贫寒的学生，其创业态度越强。本研究在证明大学生的创业意向确实与其家庭经济状况有关的同时，进一步发现家庭经济状况对大学生创业意向的具体影响机制并非是简单的负相关方式，而是表现为三种状态：第一种是部分大学生家庭贫困，他们觉得一份收入平平的工作不仅不能改变家庭经济状况，甚至都可能无法结束"继续伸手向家里要钱"的生活状态，更不用说改变自身命运、实现人生价值了，因此他们急待通过创业来挣到更多的钱，这部分学生往往表现出较强的创业意愿。第二种是部分家庭经济状况处于中等水平的学生，由于他们现有的生活状态既不必急于挣钱养家，又没到无后顾之忧、可放心大胆去搏的程度，因而安于现状，只求保稳，不愿意去冒创业失败的风险，其创业意向往往呈现出最低水平。第三种是部分大学生由于家庭经济实力雄厚，没有后顾之忧，不担心创业失败陷入绝境而表现出强烈的创业意愿。这一点貌似与原有的研究结论相悖，但事实上它正是原有结论的客观反映。因为既有研究已经表明，资源获得是大学生创业意向的重要影响因素，充足的资源获得将有力地提升大学生的创业可行性认知，进而提升大学生的创业意向水平。(此前已经证明，

① 韩力争：《大学生创业动机水平调查与思考》，《江苏高教》2005 年第 2 期。

大学生创业意向包括创业希求性、可行性和行为倾向三个维度，任何一个维度的提升都将提升创业意向的整体水平）由此，我们将大学生家庭经济状况对其创业意向的影响机制总结为"U"型模式（见图3-1），即当学生家庭经济状况处于中等水平时，其创业意向水平降到最低；而当家庭经济状况很差时，创业意向与其家庭经济状况呈负相关，即家里越穷越想创业；反之则呈正相关，也即家里越富越敢创业。

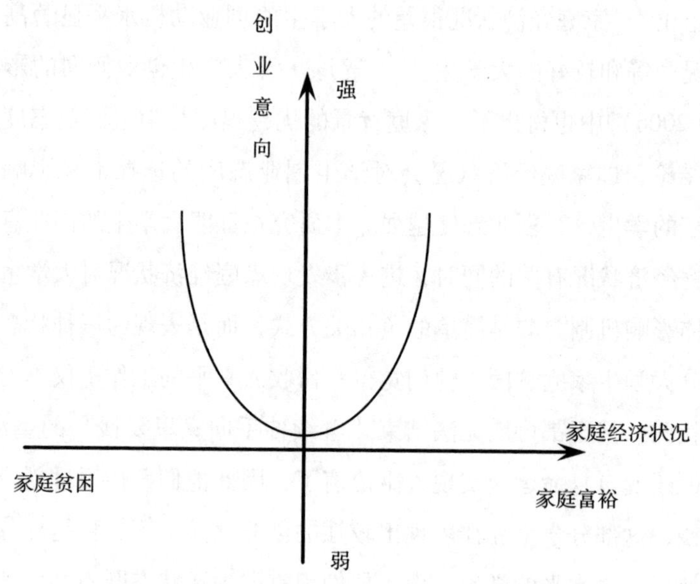

图3-1 创业意向随家庭经济状况变化曲线

A：（访谈者：什么情况下小时候就有创业的想法呢?）我的生活是无忧无虑的那种。就是那种大城市的人，比如说父母都是公司的老总，他们就给创造了一个典范在那了。一是无论未来你发展成什么样，你可以大胆地做，因为你的环境很好；二是无论怎么发展你都不会是饿死街头的那种。

B：从小家庭状况能够满足基本的生活，你不能说天天去下馆子吧，隔三五天就去下趟馆子。也就是说要啥有啥，啥都不缺，吃穿不缺，钱也不缺。我的生活就已经很好，我就已经很满足了。不需要再去争取什么了。我想要啥就有啥，也许有些东西你去想，再过分的要求，不去想它，不太去争取，就是慢慢变得安于现状吧。

C：（访谈者：你是因为什么想创业?）家庭环境的影响吧。我家庭环境比较差，人得有自知之明，我得承担起家庭的责任，将来我要是上个班，一个月两三千块钱，扣除人情往来和生活费，基本就不剩什么了。我家里不可能出什么钱了，那我什么时候能买房子买车？所以我只能靠自己了。……最主要的是家里的情况，也是逼得没办法。

D：我现在就想要创业，因为你看，平时你不创业，不干点啥，现在就这水平啊花销，自己的那点工资根本不够。你说我当辅导员啥的，一个月就三千块钱，去了房租吃喝，我一分钱没有了，这就是逼着我创业，就拿最现实的来说，现在我同学大部分都结婚了，高中的都结婚了，大学的还有没结婚的，你说随个礼，假如说出现两三个同学结婚，那这个月的钱就没了。

（二）家人支持

大学生的创业意向与其家人支持有关，这是以往研究已经提到的结论。但是家人支持的具体内涵，它对大学生创业意向的具体影响机制以及之所以产生影响的深层次原因却较少涉及。本研究通过深度访谈与分析得出两方面结论。首先，影响大学生创业意向的家人支持主要包括两方面内容。一是家人为其提供的物质支持，比如创业启动资金、场地、设备及技术专利等；二是家人的精神与心理支持，包括对其创业计划的赞成、对其创业失败的理解与鼓励等。家人在物质上的支持直接影响到了大学生创业的资源进而影响了大学生创业意向的“可行性”维度，而家人对大学生的精神与心理支持则直接影响大学生创业意向的“希求性”维度，如对一些女大学生来说，家人会更希望她们找“稳定的工作”而不是创业，受此影响有的女大学生就会更倾向于找一份稳定的工作。这两方面因素都与大学生创业意向呈正相关，即支持越充足，大学生的创业意向越强，反之则越弱。其次，大学生创业之所以如此看重家人的支持，一方面源于大学生尚未完全独立于社会，无论是情感还是物质经济条件都对父母家庭有着较大的依赖，这是其内因所在。另一方面，也与当前我国社会为大学生创业乃至整个社会大众创业创设的环境以及提供的条件和服务仍然处于较低水平，远远无法满足创业者的需要有着一定的关联，这是外因所在。

A：受家里影响也比较大，女生嘛，有个不错的稳定的工作就行了。现在就算我说自己读研读博也是我个人的计划，他们就是说找份稳定点的工作然后成家就差不多了。可能受家里影响比较大，就倾向于找份稳定的工作。……还有就是感觉支持很少，支持自己的人很少，不管是家里人还是社会上的人，支持自己的人太少了，即使我去做的话也不一定能做成什么样。

B：亲戚朋友各方面的人都是说创业太冒险了，不安稳。……大人们的想法、朋友们的看法很左右我们的目标。在我们那边人们都认为你找不到工作才会去创业。……没创成功之前，人们说什么的都有，创成功之后，当然是说好的一方面了，谈谈当年有想法、有能力去做成这个事了。如果没成功的话，这个过程是很煎熬的，就是说支持的人会很少，你能走下来的动力几乎没有，就全靠你自身了，（所以）我觉得很难。……我有一个同学也是一个例子，特别聪明，以前学习的时候不怎么爱学习，但成绩依然很好。他当时的想法就是想自己做点事，不想进一个单位一辈子就挣那点工资就完事了。他有这种想法，而他家里人就压制他这种想法，弄得气氛很不好。他的父母可能也很极端，就是非要压制他这种想法，他的念头开始是很强烈的。一步一步地被压制下去以后，不得不去上班。可能有那么一个缓冲期，刚开始他可痛苦了去上那个班，后来可能自己调节，他现在就一边上班一边学些东西。他说以后还是要去创（业）的，他要去南方那边。……他创业的念头还在。他开始说不上班，直接去创业。可能是他长大了吧，懂事了吧，他说不可能完全这样，也不可能完全听父母的，也不可能因为父母放弃自己的理想。他想一想说你让我在这工作也行，但是不能因为工作就打消了我的想法，他周六、周日就去上那种课。

C：家里的支持包括对我们想法及经济的支持，这两方是主要的。父母支持你干这件事，给你一定的资金进行周转和前期的准备，如果父母不支持，没有这么多的资金去干这么多的东西。

D：感觉影响最大的还是家里人的意见，有时候父母说的几句话就会让你……像我似的情绪就会特别不稳定。我妈前一段时间打电话给我，让我别瞎忙活了，说回来给我找一个差不多的工作，比这好多了。每当听到这样的话时就觉得莫名其妙的……其他人让你放弃时你不会在意，但父母说时就觉得很有触动。

（三）父母教养方式

本研究采取质性分析方法较以往量化研究的优势在于，可以对大学生创业意向影响因素做开放性并且是更加深入的探索。“父母教养方式”作为创业意向影响因素的发现就是例证之一。具体体现在本研究先行探知个体职业理想与目标是大学生创业意向的重要影响因素后，进一步的深入分析发现，在大学生的成长过程中父母教养方式将影响到大学生职业理想和目标的确立，进而间接影响大学生的创业意向。有的学生父母注意从小开阔孩子眼界，了解更多的行业和外在事物，这样教养方式下的孩子长大后选择创业的概率较大。比如有受访学生谈道：“有的父母就会希望孩子眼界特别开阔，或者是有意无意地就会让他们眼界更开阔。就是让他们、带他们去见更多的人，了解更多的行业，了解更多的事情，可能让这些孩子小的时候，就产生兴趣了，也可能以后就想着自己干成什么。”同时，家庭环境以及父母对孩子的思维教育对创业意向的影响也很大，家庭教育氛围轻松，对孩子打破常规的行为和思维习惯予以宽容，这样教养方式下成长的孩子往往动手能力强，思维具有创新意识，因此更具有创业的想法和意向。比如有受访学生表示，“如果父母特别愿意放手的话，这样的孩子会更成熟，自己创业的概率更大”，“父母管得太多了思维就太规矩，不会有不平常的想法……家庭教育比较宽松，开放一点，允许他想这想那，可能创业会想法多一些”。事实上，父母教养方式对大学生创业意向的影响既体现在“希求性”维度，即如果父母愿意让孩子从小就进行自主尝试和探索，其子女则更容易形成追求自主与探索创新的个性，更选择创业生涯路径，反之亦然；与此同时，父母教养方式还将影响创业意向的“可行性”维度，即如果父母从小对孩子的支持鼓励更多的话，孩子的自我效能感和自信水平更高，在面对创业选择的时候更敢于冒险，否则将更可能因畏惧创业的挑战而远离创业。

A：我觉得影响还是挺大的。首先我们都应该知道，家庭对一个人的性格影响很大的……有的父母就会希望孩子眼界特别开阔，或者是有意无意地就会让他们眼界更开阔。就是让他们、带他们去见更多的人，了解更多的行业，了解更多的事情，可能让这些孩子小的时候，就产生兴趣了，也可能以后就想着自己干成什么。然后就是性格方面，如果给他支持鼓励更多的话他会变得更坚强；如果父母，尤其是特别愿意放手的话，我觉得这样的孩子会更成熟，是自己创业的概率会更大。就看父母能不能放手，肯不肯放手。

B：和从小的家庭教育有关吧。父母管得太多了思维就太规矩，不会有不平常的想法，管得不多，后期遇到事情激发比较好的点子就想把它做出来。……家庭教育比较宽松，开放一点，允许他想这想那，可能创业会想法多一些。比如说小时候拆电视机，可能会被罚被骂这些动手性很强的就不会去做，就会规矩下去，也不会有出格的想法。

（四）父母职业类型

本研究发现父母的职业也是影响大学生创业意向的重要因素。关于这一结论，学界的相关研究早有论证。严建雯、叶贤通过对浙江省杭州、宁波、温州等地共 5 所高校的本科学生进行问卷调查，其研究结果显示“父母职业会影响子女的创业意向，即不同父母职业的大学生其创业意向存在显著差异，其且父母为企业主、私营主或个体户的大学生其创业意向显著高于父母就职于行政事业单位或其他行业的大学生。"①该文中也列举了另一学者对这一问题的验证结论，即父母职业类型也是影响子女创业态度和创业意向的重要因素；企业家群体其父母往往也是企业家或私营企业主（Dyer，WG.，Handler，W.，1994）。②这一结论与本研究对访谈资料分析结果一致，受访大学生认为父母职业是影响他们创业意向的重要因素，其影响主要体现在两方面：一是父母的职业观会潜移默化地影响子女的就业观，多有"子承父业"的想法，即父母从事何种工作，子女大多也会选择与父母相同的职业，这是父母职业类型对个体创业意向"希求性"维度的影响，这方面影响要借助"父母教养方式"的中介作用来实现；另一方面，父母是从事具有商业性质的工作（如经商），则子女进行创业的意向会较高，因为其可利用的创业资源（如资金、人脉、经验等资源）较多，受到的阻碍和承受的压力相对较小，创业成功的可能性较大，这是父母职业类型对大学生创业意向的"可行性"维度的影响，这一影响要借助"家庭支持"的中介作用来实现。上述分析为现实社会中有家人从商的大学生创业意向水平和实际创业比例都相对更高这一现象提供了很好的解释。

A：父母都是这么来的，你就是这么干也是挺好的。像门口这些人（注：指在访谈室门外的走廊等候参加东北师范大学校园招聘会的学生），为什么一次又一次来招聘会而不去创业呢？我觉得就是因为他们的家庭里没有开公司的，都是平平常常的，或是没有工作的。他们觉得只要比他们好就可以了。而且你现在去创业的话，你未必能成功，这时候家里面的压力会很大的。可能是有经济和心理两方面的压力，来自外界的舆论压力也有。但是那些孩子他们就不用想这些问题——如果我找不到工作，别人怎

① 严建雯、叶贤：《大学生创业意向的现状调查》，《心理科学》2009年第6期。

② 参见严建雯、叶贤：《大学生创业意向的现状调查》，《心理科学》2009年第6期。

么说我爸妈；如果我找不到好工作，家里面就不会变得更好了，让父母过更好的生活，娶个好媳妇，等等。他们可以很大胆地去做自己想做的事情，即使做不好也没事。同时他们有值得借鉴的东西，身边的环境可能就是那么一类人，他们是创业的。我觉得创业不是凭空有这种想法就去的，它也需要你有一个很明确的目标，还要有一套很详细的计划……创业要比找工作难得多，他们这些人要创业比别人的障碍要少很多。

B：家庭影响占了一部分比例……本身父母就是干这个的，父母从小就灌输这种思想，让他有这方面的想法，并不是一辈子当老师，即使是在师范院校，毕业了也会把这种想法付诸实践。

C：比如说我父亲是做生意的，这么多年，很多生意他都做过，然后从小就带着我看到了很多东西，接触了很多事物。另外，就是看到他们在谈成生意的时候啊，也触动着我。就是说，随着环境这种影响，潜移默化的影响，就让我有一种想创业的想法。……假如说要是父母在银行啊、办公室啊、公务员啊、教师啊这种职业的话，那么他们肯定首先不会表现出很支持的态度，不能说反对孩子去创业，但是很大程度上不会很好地支持孩子去创业。他们更想是孩子像他们一样，是做一个公务员也好，做个老师也好，这样一个稳定的工作。

三、学校因素

（一）创业教育

创业教育是影响大学生创业意向又一重要因素，乐国安等人提出："高校的创业教育对创业意向有显著影响。在参与创业课程、讲座、模拟训练、大赛这四种接受创业教育的形式中，只有模拟训练和创业大赛对创业意向的影响是显著的。这也说明，亲身实践的创业经验更能激发学生的创业热情，而授课、讲座这种让大学生被动接受创业知识和信息的形式的实际意义则小得多。”① 本研究发现的结果与乐国安等的研究结论有部分一致，也有不同的地方。本研究发现创业教育从两个方面影响了大学生的创业意向：第一，创业教育起到了思想引导的作用，更新了许多大学生的观念，使他们形成或强化了对创业的认知，有受访学生表示接受了创业教育之后才开始“有了思考”“拓宽了人生道路”，这方面的影响更多地体现在对“希求性”维度的影响；第二，受访学生强调创业教育中的创业实践以及创业大赛等形式的实践教育对其影响较大，究其原因可能是学生在参与创业实践活动的过程中体验到创业的乐趣与成就感，增强了个体的创业自我效能感，进而提高了他们的创业意向水平，这方面的影响主要体现在“可行性”维度上。以上两点是与乐国安等人的研究结果相一致的地方。与此同时，本研究中并未发现授课、讲座等知识传授性质的创业教育形式其教育意义比创业实践或创业竞赛等体验性质的创业教育形式弱，这与乐国安等人的研究结论不完全一致。关于创业教育对创业意向的影响有一个问题需要引起注意，在以往的研究中，研究者一般认为创业教育对创业意向的影响是单一的正向强化作用，并想方设法通过设计相应的实验检验这种正向的强化作用，试图以此来证明创业教育的有效性。事实上，创业教育对创业意向的影响应该是双向的，即创业教育既可以从正面增强个体的创业意愿，同时也可以通过帮助学生更加深入准确地认识创业的特质与自身的基础，从而更加理性地认识创业，其结果可能是使原本虚高的创业意向得以回归正常的理性水平，也就是负向的减弱效应，这一点理查德·韦伯（Richard Weber）② 的研究已经做出了证明。

A：首先我觉得要有意识上的引导，就是有人告诉你别太受社会的影响。在高校里接受一些创业引导教育还是比较好的，这样有助于转变观

① 乐国安、张艺、陈浩：《当代大学生创业意向影响因素研究》，《心理学探新》2012 年第 2 期。

② 参见 Richard Weber，Evaluating Entrepreneurship Education，*Wiesbaden*：*Springer Gabler*，2012，p. 203。

念，对自己创业有一定的支撑，就是觉得我可以创业，并且会做好的，建立一种创业的自信。还有就是能够有种环境上的支持，提供一种创业的实践，在实践中吸取一些好的东西和教训，知道自己有哪些不足，这样真正进入社会的话才会如鱼得水，遇到问题也没有那么紊乱了。……

B：因为之前根本就没有萌生这个想法，但是上这课以后就开始有了思考：如果可以的话，创业也是一个不错的途径。归根结底，上学还是创业都是为了以后在社会上的发展。创业作为一种新的途径，会有困难，但也拓宽了人生道路。如果可以提前创业也算是一种进步吧。也不是说学了之后非常有效果，创业就可以成功，毕竟还受各方面因素影响。上这课的第一个帮助就是让我们有了创业这个想法，这是很重要的。

C：（之所以想）创业，应该还有一点——比赛，我参加过比赛（注：指东北师范大学2012年举办的大学生创业计划大赛）。比赛有一个平台让你去创业，激励你去上进。因为以前可能只是一个想法，现在就是投入实际的东西。

（二）学校创业环境

环境对于人的发展至关重要，因为人的活动总是在一定环境中进行的，大学生创业也不例外，其创业意向的高低受所处环境的直接影响。大学是学生职业观形成的关键时期，学校环境和文化导向是影响大学生创业意向的重要外在力量。目前，学界关于学校环境对大学生创业意向影响的研究相对较少。叶贤在《大学生创业意向现状及其影响因素研究——基于个体心理视角》（2010）中从创业教育和培训的感知、对创业指导中心的感知、对创业基地的感知、对创业大赛的感知、对创业讲座的感知、对创业同学经验的感知7个维度研究了创业环境对大学生创业意向的影响，结果显示：学校创业环境感知对大学生创业意向有显著影响。这一点在本研究中也得到了验证，受访者普遍认为学校是否有创业的文化氛围、相关的组织服务以及引导学生创业的教育理念和措施是影响学生创业意向的相关环境要素。此外，大学的学校类型和办学特色不尽相同，所营造的学校环境也有所不同，具有经济类专业优势的大学往往校园创业氛围浓厚，学生的创业意向也相对较高；而其他大学，如师范类大学则以培养教师为己任，对校园环境中的创业氛围关注较少，学生的创业意向也较低。当大学生所处的高校无论在课堂、社团还是各式讲座中较少地提及创业时，大学生对创业的希求也会减少甚至"不考虑创业"；反之，当大学的创业氛围较为浓厚时，学生会更多地考虑创业。如有受访学生表示，在师范院校容易受到"思想禁锢"，课堂上接受得多为如何做一名优秀的老师，因此会较少考虑创业。学校创业环境对创业意向的影响主要体现在创业意向的"希求性"维度。

A：可能还有就是受学校一些影响，因为大一的时候就听说过有个东师创业协会什么的，听说大学生创业挺什么什么的，不过没太往自己心里过，听完了就拉倒了，就是知道这么个事。后来大三、大四，自己的思想也成熟了些，所以就开始考虑这个。……刚入大一的时候就是看那种条幅还有宣传单，别的也记不清楚了，应该也有讲座。然后我们的同学有在大学生创业联盟工作，但不太熟，只是知道有这么回事……我觉得这也是大学生以后发展的一条道路吧，没有想如果我去创业要怎么办……我就是半年多以前考虑过这些事情，如果没有学校的这种、那种潜移默化的熏陶，如果没有这种氛围的话，可能我也不会想得太具体。因为这种氛围直接就让我觉得确实有人、有大学生在做这些事情，所以我觉得也不是太艰难，总之有人成功了。

B：就我来说，大学的氛围，具体是什么大学对以后有很大的影响。师范性质的大学创业的比较少，综合性大学培养出来的创业的大学生会相对比较多。……因为师范生进入这个学校有一个思想在禁锢，他就会觉得自己就是当老师的，老师也总会灌输怎么样当一个好老师，为什么要当老师，为了当好老师怎么去做。老师会灌输一些这样的思想，他不会告诉你说你以后不要当老师了，你应该去创业，你怎么去创业，为了创业你该做什么，没有老师会跟你讲这些，所以说我们就不会考虑这些。……一般别的学校，像经济类的大学里的学生创业的想法会比较多。比如，我的一个同学在对外经济贸易大学，那里创业的学生会更多。……因为他们接触的人或事……他在北京，（受到）整体的学校的氛围或者是文化的影响，或者是受接触的人的影响，对外经济贸易大学有很多明星或者是企业的名人会过去给他们进行演讲，就是相当于咱们（学校里）做报告一样。咱们（学校）会请一些师大附中的老师或者是教育界比较著名的（人物）来给咱们做演讲，但是他们会请一些经济上的、商业界的比较知名的人物给他们做演讲。所以说，通过这两方面，我们摄取的知识或者借取他们的经验，就有两个渠道：一个是教育，一个是经济。你来做演讲的时候，告诉我们你要如何做一个好老师，我是如何做一名好老师的；他们那里是告诉你怎么做一个著名的企业家，著名的商人，我是怎么经商的，我是怎么创业的，我是怎么从创业开始的，所以说，文化氛围的不同会影响学生的主观想法。

（三）学校创业帮扶

学校扶持主要指高校为其学生创业提供的各种政策支持与帮助。如前所述，学界目前已经发现创业环境（宏观环境、大学环境、个人的社会资本、网上创业成功人士事迹）对其创业倾向有显著影响；良好的区域创业政策可以显著提高个体的机会识别水平和人们的创业意向，同时区域创业政策对个体创业效能感与机会识别产生负向调节作用；创业环境中，政府为大学生创业提供的咨询服务、大学生创业的多种可选融资渠道、家人对创业的支持这三项指标对高职学生的创业态度具有较高的影响力。与这些研究结果不同的是，本研究发现学校对学生创业的扶持力度很大程度上影响学生的创业意向。受访者表示学校提供的资金、场地和指导上的扶持会促使其选择创业，比如有学生谈到，“因为学校给你帮助，包括老师给的各种指导啊……我也有抱负，也想创业，整点自己的事业，要是没有学校的帮助我感觉还是挺难的”。这是由于大学生还没有走向社会，对政府的创业扶持政策和资源了解不多，创业所能利用的社会资源较少，而学校的创业扶持是其可利用的最直接和便利的资源，如果所在学校积极扶持大学生创业，这将使学生感受到创业资源的充分性，进而在“可行性”维度上提高学生的创业意向水平。

A：（访谈者：你为什么想创业?）……还有就是我们交大有一些政策，当时交大在我们一舍的地方拿出一块地，建了一个创业实训基地，后来叫创业苗圃，跟政府联合，给我们提供了5000元的资金支持。虽然支持不多，主要就是毕业之后如果项目可行的话就可以到金沙区创业窗口孵化，在那里面就可以享受水电全免等政策。其实这个还是挺诱人的，因为毕竟像咱们刚创业的话，一年房租也要30万，水电一年怎么说也得五千、八千的，一年就省了大几千块钱了。

B：像我们学校就有支持大学生创业的基金。像刚刚起步的时候资金是大问题，那学校就在资金上给我们帮助。（访谈者：你觉得你想自己创业跟学校的帮助有关系吗?）有关系，因为学校给你帮助，包括老师给的各种指导啊……我也有抱负，也想创业，整点自己的事业，要是没有学校的帮助我感觉还是挺难的。

四、社会因素

（一）创业榜样和范例

目前，虽然关于创业榜样、范例对大学生创业意向影响的研究相对较少，一般研究者都较集中于个人特质、背景资源以及宏观环境对大学生创业意向的影响，但也有个别研究涉及榜样与范例对大学生的创业意向的影响。比如杨芹英在《GZ大学学生网上创业倾向的影响因素分析》（2009）中指出，个人所具有的社会资本、网上创业成功人士事迹影响都会增强大学生的创业倾向。本研究发现，大学生的创业意向受到身边创业榜样、范例的影响，尤其受朋辈群体的影响更多。那些交际圈中有创业经历和创业成功榜样、范例的大学生，对创业了解得更多，想要去创业的意向也更为强烈。这表明，社会榜样和范例对大学生创业意向的影响一方面体现在对“希求性”的影响，即大学生可能原本因为不了解创业而对其没有关注，也就没有产生创业的想法，但是通过榜样和范例获得了对创业的认识和了解，进而使得其创业意向发生了变化；另一方面体现在对“可行性”维度的影响，即大学生通过自身与创业榜样和范例的比较，对自身创业成功可能性形成进一步的判断，这个判断实际就是创业是否可行，也即创业意向“可行性”维度的基本内核。事实上，作为创业者，在借助榜样和范例对大学生进行创业教育并试图影响学生创业意向的过程中，需要意识到榜样和范例无论对创业意向“希求性”还是“可行性”维度的影响都是正反双向的。即，学生通过对榜样与范例的观察和了解既可能提高了创业希求性水平（创业原来这么好啊，我也应该去创业），也可能降低了创业希求性水平（创业原来这么累啊，我可不想过这样的生活）；同时，学生借助创业榜样与范例既可能提高创业可行性认知水平（如果这样的例子在他们身边很多的话，这样可能会让他们觉得，别人能做，他有想法，也可以去尝试一下），也可能降低了自身创业可行性认知水平（创业原来需要这么强的能力啊，看来他还真不是那块料）。

A：其实创业这个东西我接触特别少，从小到大，我身边的家人或者朋友也没有创业的。我觉得可能也没有先例或者榜样的作用，不了解也不敢去做。

B：我认识的一些朋友，有很多学长啊……刚经历了找工作的过程。很多同学找工作的过程不是很顺利，他们有些人也像我一样，在大学期间有那种想创业的想法，在外面干一些补习机构啊，做一些其他的也好，然后现在做得都挺顺利的。他们可以说有这种创业的想法，并且把这种事业做好做大，那么我相信我也可以。

C：还有一点就是周围有那种创业成功的例子。前一阵学校组织过一个活动，就是商学院的一个学生，2006 级的，他是毕业以后跟他们寝室的几个哥们，就开始创业，自己创办公司。他做什么我不知道。但他可能走的路比较艰难，可能也改过行，但是他一直在做，现在他做的是一个生物有限公司吧！如果这样的例子在我们身边很多的话，这样可能会让我们觉得，别人能做，我有想法，也可以去尝试一下。

（二）社会创业舆论

社会创业舆论影响创业意向是指大学生对创业意向的兴趣和主观认知很大程度上受到家人、朋辈群体以及固有传统观念的影响。本研究发现，社会创业舆论对个体意向的影响既可能是直接的，也可能是间接的。直接影响表现为两种方式：一是社会创业舆论影响个体创业意向的“希求性”维度，并且这种影响是正反双向的。即如果个体所处环境中的社会大众对创业持积极正向的评价，个体可能会觉得自己创业是一件荣耀的事件，从而更倾向于选择创业生涯类型；反之，个体可能因为创业得不到别人的认可、会受到身边人的质疑、万一创业失败会受到周遭人的嘲讽和指责而远离创业。比如有受访者谈到，“另外，社会原因还是有的……像我们如果创业还会有很多人不认可，首先选择创业就会受到很多质疑，别人会觉得你创业能做好吗？在质疑下如果你能做好还好，如果做不好别人会说你看你做不好还做，这不耽误自己前程吗”。事实上，无论是中国还是今天创业非常发达的美国，都曾经有抵制和反对创业文化盛行的时期。比如作为具有几千年农业文明的中国，“重农抑商”的传统思想在很多人头脑中根深蒂固，这种传统文化在相当程度上抑制了大学生的创业意愿。美国虽不像中国那样具有强大的农业文明，但是在 20 世纪 40 年代至 70 年代创业活动刚刚出现的时期，创业者也普遍被社会大众视为“贪婪的逐利之徒”，民众的创业意愿也受到很大程度的抑制。二是社会创业舆论影响大学生创业意向的“可行性”维度，这种影响也是正反双向的。即如果社会舆论支持认可创业，则会有更多的人认为创业是可以成功的，这将在一定程度上提高个体的创业自我效能，从而提高其创业可行性认知水平，更倾向于选择创业生涯；反之，个体可能认为既然大家都认为创业成功可能性小，在从众心理机制作用下也倾向认为自己创业可行性程度低，进而逃避参与创业活动。社会创业舆论对个体创业意向的间接影响表现在两个方面：一是社会舆论会影响个体成长过程中个性的发展。比如，如果个体在一个创业活动兴盛、鼓励支持创新、敢于冒险的环境中成长，则其也更有可能形成创新、冒险的个性，进而导致其创业希求性水平提高。反之，个体可能形成追求安稳的性格，其创业希求性水平也被相应降低。二是社会创业舆论影响个体所处社会环境中的创业条件支持，进而影响个体的创业意向水平（社会创业条件支持对创业意向的影响机制将在下一影响因素中探讨，此不赘言）。

A：我觉得最根本的原因还和中国传统观念有关，中国人不像外国人那样自主自立，缺乏创新的性格。另外，社会原因还是有的，像刚才我说的在中国创业不太容易，创业有很多限制，如果自己有创业想法的话，能够顺利实施还比较困难，要得到很多人的认可还是比较难的。像我们如果创业还会有很多人不认可，首先选择创业就会受到很多质疑，别人会觉得你创业能做好吗？在质疑下如果你能做好还好，如果做不好别人会说你看你做不好还做，这不耽误自己前程吗。

B：我觉得（是不是想创业）还是跟城市的发达程度有关的。因为从创业的人数上来看，我感觉往贫困点的地方说，比如甘肃、宁夏、内蒙古的部分地区，越是贫困的地方，越没有想去创业的。他们认为找一份工作是很荣耀的事情，他不用去打工。村子里面能出一个大学生就是好的了，他不管这个工作是不是稳定的，就是想找到一份工作，可能到县城里边相对稳定的就是好工作。

（三）社会创业条件支持

以往研究已经涉及社会创业条件支持对创业意向的影响，比如有的学者研究了创业政策对大学生创业意向的影响，陈云在《创业政策对大学生创业意向影响关系研究——以杭州市为例》（2012）中将创业政策划分为三个要素——政策影响、政策感知和政策获取，发现政策影响只与创业可行性感知显著相关，与创业意向、创业合意性相关性都不显著；同时，创业政策感知、创业政策获悉与创业意向存在显著正相关，又与创业可行性感知及合意性感知显著正相关，说明创业政策感知、创业政策获悉与创业意向之间存在间接的影响关系。本研究对以往研究成果进行了验证，结果显示，创业政策、创业资金以及相关服务等社会条件支持因素对大学生的创业意向产生影响。其影响主要体现在创业意向“可行性”维度，具体机制为社会创业条件支持影响个体的创业可行性认知，这种影响是正反双向的，即如果个体所处的社会环境能够为个体提供丰富充足的创业资源条件支持（小额贷款、天使基金等奖金支持，税收减免、审批简化等政策支持，培训、工商登记等服务支持，孵化基地的场地、设备等硬件支持等等），个体可能感受到更高的创业成功可能性，其创业可行性认知水平更高，进而推高其创业意向水平；反之，个体将因为担心创业的条件不够充分而表现出更低的创业可行性认知水平，其创业意向水平也相应降低。在本研究的访谈过程中，受访大学生表现出对社会创业条件支持的渴望，这既反映了社会创业条件支持对创业意向的影响，也反映出大学生对当前社会提供的创业条件支持了解程度低，因为事实上当前国家和各地政府以及社会机构已经推出了一系列创业扶持举措。一方面说明可能我们的扶持举措“落地”程度不够，虽然有了扶持，但是大学生要真正享受到这些扶持仍然有诸多过程障碍，因此真正享受到的扶持总量仍然不能满足学生需要；另一方面可能是因为扶持举措的宣传力度不够，大学生对很多扶持举措尤其是获取这些扶持的细节了解不足，在很大程度上降低了大学生对社会创业扶持的感知。这带给各类创业扶持提供方的启示是：我们的扶持不光要有，更要有可操作性，并且不光要有好的扶持举措，还要有广泛深入的宣传与推广，从而进一步提高创业扶持的实效性。

A：政府、社会和国家能够提供更多的支持，在政策上能够有一定的引导，在环境上开拓更多的渠道，能够提供更多的经济、物质上的支持，我觉得这个还是比较重要的。

B：现在国家很支持大学生创业，比如说我们在做这个项目过程中，如果遇到了困难，可以找一些合作伙伴啊，还是说一些支持人士，这样不管是在资金上，还是在其他方面，多少能获得帮助。毕竟大学生创业，本身就没有什么基础。

第四节　创业意向影响因素研究的结论与分析

一、研究结论

本研究结果表明，大学生创业意向受到17个方面因素的影响，其基本影响机制大致概括如下：

（1）性格特质是影响大学生创业意向的重要因素，具有冒险精神、目标坚定、敢闯敢干、坚持不懈、开朗外向、吃苦耐劳性格特质的大学生拥有较强的创业意愿。人格特质主要通过影响创业意向中的“个性维度”和“成就感”而影响创业意向的“可行性”和“希求性”。

（2）所学专业是影响大学生创业意向的重要因素。学习经济类和技术类专业的学生在创业方面更有优势。所学专业通过影响创业意向的“资源维度”和“能力维度”而影响创业意向的“可行性”。

（3）理想和目标方面，如果大学生比较早地明确了人生理想和职业发展目标，而且这种理想与目标也与创业无关，那么此类大学生的创业意向水平将呈现较低水平。理想和目标主要通过影响创业意向的成就感而影响创业意向的“希求性”。

（4）大学生的创业意向还受成长经历的影响。首先，成长环境较为安逸的学生创业意向薄弱。其次，成长过程中的教育者对学生的创业意向有所影响。再次，成长经历丰富，有一定的生活阅历和尝试较多学习的学生创业意向强烈。成长经历主要通过影响创业意向的“个性维度”和“经验维度”而影响创业意向的“可行性”。

（5）就业形势是影响大学生创业意向的重要因素，是大学生选择创业的重要外在推动力。就业形势主要通过影响创业意向的“物质性”和“成就感”而影响创业意向的“希求性”。

（6）受访学生表示其创业的意向受创业认知的影响，大学生的创业认知内容主要包括对创业特性和自我的认知。创业认知全方位地影响到了大学生的创业意向。

（7）目前大学生认为创业时机是影响创业意向的重要因素，他们普遍认识到创业时机的关键性作用，并拥有一定的机会识别能力，对于创业时机表现出谨慎的态度。有大学生表示自己有创业的想法，之所以还未正式行动是在等待恰当的时机。创业时机影响大学生的创业目标，进而影响了创业意向的“希求性”和“可行性”。

（8）大学生的创业意向与其家庭经济状况相关。家庭经济状况很差和很好的大学生更容易创业，而家庭经济状况中等水平的大学生创业意向水平相对较低。家庭经济状况通过影响大学生创业意向的“资源维度”和“物质性”而影响大学生创业意向的“希求性”和“可行性”。

（9）家人支持是影响大学生创业意向的重要因素，二者成正相关。家人支持影响了大学生创业意向的“资源维度”和创业的“希求性”。

（10）教养方式对大学生的职业理想和目标的确立有重要影响，因此也间接影响大学生的创业意向。教养方式直接影响大学生创业意向的“个性维度”、“创新性”，进而也影响了大学生创业的“可行性”和“希求性”。

（11）父母职业是影响他们创业意向的重要因素。其影响主要体现在两方面：一是父母的职业观会潜移默化地影响子女的就业观；二是父母从事具有商业性质的工作（如经商），则子女进行创业的意向会较高。父母职业既影响了大学生创业的“希求性”，也影响了“可行性”。

（12）创业教育是影响大学生创业意向又一重要因素。受访大学生都表现出对创业教育积极的渴求，认为创业教育起到了思想引导的作用，而且受访学生强调创业教育中的创业实践以及创业大赛等形式的实践教育对其影响较大。创业教育往往通过影响大学生的创业认知而影响了大学生创业的“希求性”和“可行性”。

（13）受访者普遍认为学校的创业文化氛围、相关的组织服务以及引导学生创业的教育理念和措施是影响学生创业意向的相关环境要素。学校的创业环境会直接影响大学生的创业的希求性。

（14）学校的扶持力度很大程度上影响大学生创业意向。受访者表示学校提供的资金、政策和指导上的扶持会促使其选择创业，并解决了一些创业过程中的困难。学校创业帮扶通过影响创业资源而影响大学生创业的“可行性”。

（15）大学生的创业意向受到身边创业榜样、范例的影响，尤其受朋辈群体的影响更多。那些交际圈中有创业经历和创业成功榜样、范例的大学生，对创业了解得更多，想要去创业的意向也更为强烈。创业榜样和范例会影响到大学生创业意向的“希求性”和“可行性”。

（16）受访者表示他们的创业意愿受现有社会舆论的影响，如中国的传统文化、他人的评价、地区的发达程度、人们既已形成的职业观等因素。社会创业舆论会影响大学生创业意向的“希求性”和“可行性”。

（17）创业政策、创业的资金支持以及相关服务等社会支持因素对大学生的创业意向产生影响，影响大学生创业意向的“可行性”。

二、分析与讨论

上述 17 项影响因素集中分布在个人、家庭、学校以及社会四个维度。

在大学生创业意向的形成及发展过程中，这四方面因素都会不同程度地发挥影响作用，但是对于不同特点、不同时期的大学生而言，这四类因素的影响也不尽相同。同时，这些因素既可以促进大学生创业意向的形成和发展，也可以起到阻碍的作用。从时间影响的角度来看，有些因素如父母教养方式等对创业意向的产生形成起到了长期铺垫的作用，而一些因素如社会创业支持、社会创业舆论则起到相对短期的急速推动作用；从空间影响的角度来看，大学生的生活空间由个人、家庭、社会和学校共同构成，因此这四方面的因素往往共同影响了大学生的创业意向。同时，这四方面的因素并非是毫无关联的，它们常常互相影响，例如家庭层面的父母职业类型、社会层面的社会榜样和范例等会影响到个人层面的创业认知，进而影响大学生的创业意向。总的来看，大学生创业意向的影响因素就是在时空交叉之中，在家庭、社会、学校等环境因素与大学生个人因素相互掺杂之后影响大学生对创业活动的态度、认知以及尝试。

关于大学生创业意向的影响因素研究，学界已经取得了丰富的成果。在以往的研究中已经部分地涉及家庭、社会、学校、个人等四个方面，但是一方面这些研究较多地集中在性别、教育政策、人格特质、自我效能感这几个方面，而对教育制度、创业政策、社会网络以及非理性因素的专门化讨论不够深入和全面。同时，目前对创业意向影响因素的研究更多地通过量化建模手段来开展，这固然有利于对创业意向影响因素的系统、总体把握，但容易流于抽象和概括化。为此，本研究试图在以下三个方面取得了突破：第一，研究过程与研究方法的突破。本研究采取质性访谈法，通过访谈可以弥补以往量化建模方式的一定缺陷，进一步了解到各类因素如何具体地影响大学生的创业意向，同时对意向强弱两个群体取样，在对比中更加明确创业意向的影响因素。第二，对大学生创业意向因素的全面探索。通过质性访谈法可以更加全面地了解到影响大学生创业意向的因素，通过访谈大学生可以更加详细、直接地提供影响其创业心理的因素，而在以往的研究中，由于方法的局限，对创业意向影响因素的探索难以做到全面。本研究既验证了已有的影响因素，同时又发现了新的影响因素。部分因素（如人格特质、家人支持等）是对以往研究成果的验证，而自身理想与目标、就业形势、父母教养方式则是本研究的新发现。第三，对大学生创业意向影响因素的具体机制的探索。以往采用量化建模方式难以对众多影响因素做具体影响机制的分析，而通过访谈本研究在一定程度上了解到各因素如何影响到大学生他们对创业的“希求性”和“可行性”，进而影响到他们的创业意向。尽管本研究已经取得了以上三个方面的突破，但是仍然存在一定的局限与缺憾。首先，对大学生创业意向影响因素的质性访谈研究与理想的质性研究存在一定的差距。本研究在性别变量研究上对一些影响因素未能进行深入挖掘。其次，本研究未进行量化验证，即在提出理论假设的基础上开展实验研究，从而进一步检验质性研究的成果，进而深化对影响因素的认识，如对各种影响因素影响强度的认识。

研究过程中我们发现以下两点启示：第一，创业意向的形成和积聚是一个长期的过程，对大学生创业意向培育的工作必须从小做起，将创业意向培育的工作前移，重点关注个体的早期成长过程。与说教相比，文化、环境、氛围的潜移默化的影响十分深远，对创业意向的影响更大。第二，创业意向的影响因素是多维要素交织在一起，并且不同的因素影响机制也不尽一致。因此，首先应有系统论的思想，综合治理的意识。其次，要有“有所为，有所不为”的心理准备。我们在研究中发现并非所有的人都愿意创业、适合创业，大学生的人生经历、成长背景都一定的差异，因此大学创业教育需要慎重考虑教育对象，让创业教育真正发挥它独特的价值。

第四章

大学生创业意向的现状特征

本章通过全国范围的问卷调查分析我国大学生当前创业意向的水平状况与基本特征，为分析创业意向的生成机理和开展针对性、实效性创业教育提供参考。

第一节　大学生创业意向现状调查的研究目的

全面、准确地了解和掌握大学生的创业意向水平与特征是开展针对性大学生创业教育、指导和帮扶的前提，也是进一步验证前一章创业意向影响因素的有效方式。如前所述，目前国内对大学生创业意向现状的调查研究虽然取得一定的进展，但是还存在测量工具不一致、研究成果无法比较等问题，总体呈现出比较零散的状况，缺乏国家层面的、大样本的大学生创业意向现状调查报告，难于从整体上把握当前大学生创业意向的总体情况和发展趋势。在当前全国上下普遍关注、高度重视大学生创业的形势下，对全国大学生创业意向状况进行科学、全面的调查显得尤为迫切。本研究就是要通过自主开发适合中国实际的大学生创业意向测量工具，借助自身资源优势，实行全国范围样本抽取，对当前我国大学生创业意向现状进行一次全面的科学调查。本研究从创业的行为倾向性、希求性、可行性三个维度出发，分别从学校类型、专业、年级、性别、是否为独生子女、创业教育、创业经历、家人是否从商八个方面，对全国大学生就业意向现状进行了调查，从而掌握不同影响因素下大学生创业意向的强弱状况，为相关研究和工作实践提供富有价值的一手数据。

第二节　大学生创业意向现状的调查过程

一、调查工具

本研究中自主开发的《大学生创业意向调查问卷》（College Students' Entrepreneurial Intention Questionnaire，以下简称 CSEIQ）为此次研究组的问卷调查工具。本研究中编制的大学生创业意向问卷包括创业行为倾向、希求性、可行性三个分问卷。创业行为倾向分问卷包括 5 个题项；创业希求性分问卷包括 14 个题项，其中物质性 3 题、控制感 3 题、成就感 3 题、创新性 5 题；创业可行性分问卷包括 14 个题项，其中能力维度 4 题、个性维度 3 题、经验维度 3 题、资源维度 4 题。对问卷各项统计指标的考察表明，问卷的信度和效度均达到了心理测量学的要求，说明问卷完全适合作为我国大学生创业意向的测评工具。问卷所有题项采用 Likert 五点量表测量，"1 = 完全不符合、2 = 不太符合、3 = 有点符合、4 = 很符合、5 = 完全符合"的强度排列。调查问卷主要从学校类型、专业、年级、性别、是否为独生子女、创业教育、创业经历、家人是否从商八个方面测量创业行为的倾向性、希求性和可行性三大维度。2012 年 3 月至 8 月，研究组对全国 12 个省份的 18 所高等院校进行了调查研究，一共发放问卷 5000 多份，回收有效问卷 4564 份。研究组采用社会科学统计分析软件包 SPSS19.0 对数据进行了处理，在对结果进行科学分析的基础上，形成了关于大学生创业意向现状调查的报告。

二、抽样设计

中国大学生创业意向现状调查遵循经济而有效的原则，采用多级整群抽样（cluster sampling）的方法（巴比，2009）。调查样本取自全国 12 个省市的 18 所高等学校，包括 985 高校、211 高校、其他高校（省属重点院校、地方一般院校），大一、大二、大三、大四、大五 5 个年级。选取的样本基本涵盖了当前中国大学生的全部群体，对中国大学生创业意向类型特征具有较好的代表性。研究组共发放大学生创业意向调查问卷 5320 份，收回问卷 5037 份，问卷回收率 94.68%；剔除数据缺失值超过 5%或有明显反应偏向的无效问卷，最后得到有效问卷 4384 份，有效率 87.04%。（见表 4-1、表 4-2）

表 4-1　大学生创业意向现状调查取样情况

序号	学校名称	取样数量	学校类型	所在省份
1	北京大学	400 人	985 高校	北京
2	北京语言大学	200 人	其他	北京
3	同济大学	300 人	985 高校	上海
4	南京航空航天大学	150 人	211 高校	江苏
5	温州大学	400 人	其他	浙江
6	华南师范大学	150 人	211 高校	广东
7	深圳大学	150 人	其他	广东
8	中南财经政法大学	400 人	211 高校	湖北
9	成都理工大学	150 人	其他	四川
10	中原工学院	300 人	其他	河南
11	中国石油大学（华东）	400 人	211 高校	山东
12	聊城大学	400 人	其他	山东
13	呼伦贝尔学院	200 人	其他	内蒙古
14	东北大学	200 人	985 高校	辽宁
15	大连交通大学	300 人	其他	辽宁
16	东北师范大学人文学院	200 人	其他	吉林
17	延边大学	200 人	211 高校	吉林
18	东北师范大学	820 人	211 高校	吉林
合计：5320 人				

表 4-2 大学生创业意向现状调查有效问卷基本信息

年级	学校类型	性别	生源地			学校所在地		
			南北方	三大经济区	八大经济区	南北方	三大经济区	
大一 1263 大二 1166 大三 1156 大四 657 大五 142	985 高校 766 211 高校 1773 其他高校 1845	男 2171 女 2273	南方 1540 北方 2844	东部 2150 中部 1654 西部 580	南部沿海 396 东部沿海 520 北部沿海 883 东北 740 长江中游 553 黄河中游 701 西南 440 西北 148	南方 1540 北方 2844	东部 2539 中部 1704 西部 141	南部沿海 246 东部沿海 619 北部沿海 1275 东北 1210 长江中游 534 黄河中游 359 西南 141
总计：4384								

注：当前，划分地域分布一般用到三种方式。一是依据地理学惯例，以秦岭、淮河为界，划分为南北方。南方包括华东、华中、华南和西南地区，具体省份和地区包括：江苏、安徽、江西、湖北、湖南、云南、贵州、四川、重庆、广西、广东、福建、浙江、上海、海南、台湾、香港、澳门。北方包括华北、西北、东北的三北地区和青藏地区，具体省份包括：山东、山西、陕西、河北、河南、甘肃、宁夏、青海、西藏、新疆、内蒙古、辽宁、吉林、黑龙江、北京、天津。二是依据经济发展水平和地理位置相结合的中国经济区划“三分法”①，将全国 34 个省级行政区（除港、澳、台外）分为东部、中部、西部三大经济带。其中，东部包括：辽宁、北京、天津、上海、河北、山东、江苏、浙江、福建、广东、广西、海南（12 省、直辖市、自治区）；中部包括：黑龙江、吉林、山西、内蒙古、安徽、河南、湖北、湖南、江西（9 个省、自治区）；西部包括：四川、重庆、云南、贵州、西藏、陕西、甘肃、青海、宁夏、新疆（10 个省、直辖市、自治区）。三是“八大经济区”划分法。它于 2005 年 6 月由国务院发展研究中心在《地区协调发展的战略和政策》报告中提出，并成为我国“十一五”以来经济区域划分的主要方法。其中，南部沿海经济区包括：广东、福建、海南；东部沿海经济区包括：上海、江苏、浙江；北部沿海经济区包括：山东、河北、北京、天津；东北经济区包括：辽宁、吉林、黑龙江；长江中游经济区包括：湖南、湖北、江西、安徽；黄河中游经济区包括：陕西、河南、山西、内蒙古；西南经济区包括：广西、云南、贵州、四川、重庆；西北经济区包括：甘肃、青海、宁夏、西藏、新疆。

① 该划分方法是目前我国政府、经济地理专业研究等广泛使用和较为认可的划分方法。

三、调查实施

横断面调查（cross-sectional survey），在医学和社会科学研究中，横断面研究（也称为横断面分析、横向研究、患病率研究）是一种观察研究，涉及人口或一个代表性的子集，或者在一个特定的点收集的数据也即横截面数据的分析。在大学生创业意向现状调查中，采取以班级为单位进行团体施测的横断面调查方法。

由于是全国范围的调查，涉及的学校多、人员多、环节多，为确保调查的质量和效率，本人充分发挥东北师范大学学生就业指导服务中心这一平台，在每所调查高校均确定了一名或多名能够切实认真负责且具有充足能力与资源协助完成本次调查的负责人（一般都是学校或学院学生工作负责人，由他们组织学生参加问卷调查具有不可替代的优势），事先对其进行正式的调查培训，并根据不同学校的实际情况制定最为稳妥、科学的问卷调查方式。

第二节　大学生创业意向现状调查的结果统计

一、大学生创业意向的总体水平

由于“大学生创业意向问卷”暂无全国常模，根据统计学原理，按创业意向问卷中的问卷总分分值≥M+1SD 作为高创业意向者，将创业意向总分分值≤M-1SD 为低创业意向者，分数位于 M-1SD 与 M+1SD 之间的为中等创业意向者。由 SPSS 统计获得全部样本创业意向的平均分 M 为 3.035，标准差 SD 为 0.713，因此，取分数大于 3.748 者为高创业意向者，取分数低于 2.322 为低创业意向者，取分数位于 2.322 与 3.748 之间

的为中等创业意向者，获得高、中、低创业意向者人数。（见表 4-3）

表 4-3 大学生中不同创业意向水平人数分布（n=4384）

创业意向水平	低	中	高
人数	689	3001	694
百分比	15.72%	68.45%	15.83%

数据显示，当前绝大多数大学生的总体创业意向水平为中等水平（3001 名，占 68.45%），而高创业意向者和低创业意向者都相对较少（分别为694 名和689 名，各占15.83%和15.72%）。另外，对694 名高创业意向者与 689 名低创业意向者的创业意向分值进行 t 检验发现，两群体在创业意向分值上存在显著差异（p<0.001）。（见表 4-4）

表 4-4 低高创业意向者创业意向水平 t 检验（M±SD）

创业意向	高低创业意向者	平均数 M	标准差 SD	t 值	显著性 (sig.)
行为倾向性	低创业意向者（n=689）	1.40	.413	-94.029	.000
	高创业意向者（n=694）	4.09	.627		
希求性	低创业意向者（n=689）	2.88	.629	-49.627	.000
	高创业意向者（n=694）	4.43	.522		
可行性	低创业意向者（n=689）	1.89	.368	-95.138	.000
	高创业意向者（n=694）	4.16	.508		
问卷总分	低创业意向者（n=689）	2.06	.210	-128.506	.000
	高创业意向者（n=694）	4.23	.390		

另外，进一步分析创业意向问卷的三个二级维度发现：在“行为倾向性”维度上，高创业意向者的平均分 M 为 4.09，而低创业意向者的平均分 M 为 1.40，两者存在显著差异（p<0.001）。在“希求性”维度上，

高创业意向者的平均分 M 为 4.43，而低创业意向者的平均分 M 为 2.88，两群体存在显著差异（$p<0.001$）；在“可行性”维度上，高创业意向者的平均分 M 为 4.16，而低创业意向者的平均分 M 为 1.89，两者存在显著差异（$p<0.001$）。

二、大学生创业意向的人口社会学变量差异检验

（一）性别差异检验

对我国大学生的创业意向数据进行性别差异检验（见表 4-5、4-6）的结果表明：男生的创业意向水平明显高于女生，不仅创业意向总分差异达到显著水平（$p<0.001$），在行为倾向性、希求性、可行性三个二级维度上男大学生创业意向水平也显著高于（$p<0.001$）女大学生，具有高意向水平的人数比例男大学生较女大学生高出 10 个百分点。

表 4-5　大学生创业意向性别差异检验（男 n=2171，女 n=2213）

维度	变量水平	平均数 M	标准差 SD	t 值	显著性
行为倾向性	男	2.76	1.033	15.007	.000
	女	2.30	977		
希求性	男	3.70	.752	4.683	.000
	女	3.60	.718		
可行性	男	3.13	.799	16.459	.000
	女	2.74	.785		
问卷总分	男	3.20	.721	15.135	.000
	女	2.88	.668		

表 4-6 男女学生中不同创业意向水平人数分布（男 n=2171，女 n=2213）

性别	男			女		
创业意向水平	低	中	高	低	中	高
人数	224	1488	459	689	1289	235
百分比	10.32%	68.54%	21.14%	31.13%	58.25%	10.62%

（二）独生子女与非独生子女差异检验

对我国大学生的创业意向数据进行独生子女与非独生子女的差异检验（见表 4-7、表 4-8）的结果表明：独生子女大学生的创业意向总体水平明显高于非独生子女大学生，创业意向问卷总分均值差异达到显著水平（p<0.001）；同样地，独生子女大学生在行为倾向维度和可行性维度均显著高于（p<0.001）非独生子女大学生；在希求性维度上，非独生子女大学生的均分高于独生子女大学生，但差异未达到显著水平；具有高意向水平的人数比例独生子女大学生比非独生子女大学生高近 4 个百分点。

表 4-7 独生子女与非独生子女大学生创业意向差异检验
（独生 n=2179，非独生 n=2171）

维度	变量水平	平均数 M	标准差 SD	t 值	显著性
行为倾向性	独生子女	2.62	1.056	5.983	.000
	非独生子女	2.44	0.995		
希求性	独生子女	3.64	0.746	-.314	.753
	非独生子女	3.65	0.728		
可行性	独生子女	3.01	0.820	6.568	.000
	非独生子女	2.85	0.804		
问卷总分	独生子女	3.09	0.724	5.271	.000
	非独生子女	2.98	0.698		

表 4-8 独生子女与非独生子女大学生中不同创业意向水平人数分布

（独生 n=2179，非独生 n=2171）

是否独生子女	独生子女			非独生子女		
创业意向水平	低	中	高	低	中	高
人数	317	1464	398	370	1490	311
百分比	14. 55%	67. 19%	18. 26%	17. 04%	68. 63%	14. 33%

（三）有无家人从商的差异检验

对我国大学生的创业意向数据进行有家人从商与无家人从商的差异检验（见表 4-9、表 4-10）的结果表明：有家人从商的大学生创业意向水平明显强于无家人从商的大学生，其创业意向问卷总分与各子维度均分差异均达到显著水平（p<0. 001）；有家人从商的大学生中具有高意向水平的人数比例明显高于无家人从商的大学生（高出 6. 5 个百分点），中等意向水平的人数比例二者基本接近，低意向水平的人数比例有家人从商的大学生比无家人从商的大学生低近 7 个百分点。

表 4-9 有无家人从商大学生创业意向差异检验

（有家人从商 n=1854，无家人从商 n=2530）

维度	变量水平	平均数 M	标准差 SD	t 值	显著性
行为倾向性	有家人从商	2. 65	1. 064	6. 859	. 000
	无家人从商	244	. 996		
希求性	有家人从商	3. 73	. 745	6. 649	. 000
	无家人从商	3. 58	. 724		
可行性	有家人从商	3. 03	. 833	7. 243	. 000
	无家人从商	2. 85	. 794		

续表

维度	变量水平	平均数 M	标准差 SD	t 值	显著性
问卷总分	有家人从商	3.14	.738	8.379	.000
	无家人从商	2.96	.684		

表 4-10 有无家人从商学生中不同创业意向水平人数分布

（有家人从商 n=1854，无家人从商 n=2530）

是否有家人从商	有家人从商			无家人从商		
创业意向水平	低	中	高	低	中	高
人数	217	1274	363	472	1727	331
百分比	11.70%	68.72%	19.58%	18.66%	68.26%	13.08%

（四）创业经历差异检验

对我国大学生的创业意向数据进行有创业经历与无创业经历的差异检验（见表 4-11、表 4-12）的结果表明：有创业经历大学生与无创业经历大学生的创业意向问卷总分与各子维度均分的差异均达到显著水平（$p<0.001$），有创业经历的大学生的创业意向显著高于无创业经历的大学生；有创业经历的大学生中具有高意向水平的人数比例较无创业经历的大学生高出 23.35 个百分点，有创业经历的大学生超过三分之一的人表现出高创业意向水平。

表 4-11 有无创业经历大学生的创业意向差异检验

（有创业经历 n=522，无创业经历 n=3862）

维度	变量水平	平均数 M	标准差 SD	t 值	显著性
行为倾向性	有创业经历	3.28	1.020	18.455	.000
	无创业经历	2.43	.989		

续表

维度	变量水平	平均数 M	标准差 SD	t 值	显著性
希求性	有创业经历	3.83	.786	6.046	.000
	无创业经历	3.62	.727		
可行性	有创业经历	3.42	.785	15.082	.000
	无创业经历	2.86	.797		
问卷总分	有创业经历	3.51	.752	16.762	.000
	无创业经历	2.97	.683		

表 4-12　有无创业经历学生中不同创业意向水平人数分布

（有创业经历 n=522，无创业经历 n=3862）

创业经历	有创业经历			无创业经历		
创业意向水平	低	中	高	低	中	高
人数	25	307	190	664	2694	504
百分比	4.79%	58.81%	36.40%	17.19%	69.75%	13.05%

（五）创业教育差异检验

对我国大学生的创业意向数据进行不同程度的创业教育差异检验（见表 4-13、表 4-14）的结果表明：大学生接受的创业教育程度不同，其创业意向问卷总分及行为倾向、希求性和可行性三个维度均存在显著差异（$p<0.001$）；在行为倾向性维度上，接受过丰富创业教育的大学生的得分显著高于其他三个程度创业教育的大学生（$p<0.001$），其次是参加过一些创业教育的大学生（$p<0.001$）。在希求性维度上，接受过丰富创业教育的大学生的创业意向显著高于其他三个程度创业教育的大学生（$p<0.001$），其次是参加过一些创业教育的大学生（$p<0.05$）。在可行性维度上，接受过丰富创业教育的大学生的得分显著高于其他三个程度创业

教育的大学生（p<0.001），其次是参加过一些创业教育的大学生（p<0.001）；随着接受创业教育程度的提升，大学生中具有高创业意向水平的人数比例逐级提高，从未受过创业教育的学生中高意向水平学生仅占9.04%，而接受过丰富创业教育的学生中这一比例达到50%，二者相差悬殊。

表 4-13　接受不同程度创业教育学生的创业意向差异检验

（创业教育程度：从未有过 n=1084，很少接触 n=2037，参加过一些 n=1147，接受过丰富的创业教育 n=116）

维度	创业教育程度	平均数 M	标准差 SD	F 值	P	事后多重比较（仅列出显著性项目）			
						从未有过	很少接触	参加过一些	接受过丰富的创业教育
行为倾向	从未有过	2.25	0.991	135.688	.000		.000	.000	.000
	很少接触	2.42	0.955			.000		.000	.000
	参加过一些	2.87	1.029			.000	.000		.000
	接受过丰富的创业教育	3.67	1.047			.000	.000	.000	
希求性	从未有过	3.53	0.758	27.788	.000		.002	.000	.000
	很少接触	3.62	0.707			.002		.000	.000
	参加过一些	3.77	0.741			.000	.000		.008
	接受过丰富的创业教育	3.96	0.755			.000	.000	.008	
可行性	从未有过	2.69	0.788	124.268	.000		.000	.000	.000
	很少接触	2.87	0.765			.000	.000	.000	.000
	参加过一些	3.18	0.811			.000	.000		.000
	接受过丰富的创业教育	3.80	0.783			.000	.000	.000	
问卷总分	从未有过	2.82	0.665	137.933	.000		.000	.000	.000
	很少接触	2.97	0.651			.000		.000	.000
	参加过一些	3.27	0.738			.000	.000		.000
	接受过丰富的创业教育	3.81	0.778			.000	.000	.000	

表 4-14　接受不同程度创业教育学生中不同创业意向水平人数分布

（创业教育程度：从未有过 n=1084，很少接触 n=2037，

参加过一些 n=1147，接受过丰富的创业教育 n=116）

创业教育程度	从未有过			很少接触			参加过一些			接受过丰富的创业教育		
创业意向水平	低	中	高	低	中	高	低	中	高	低	中	高
人数	11	975	98	314	1481	242	100	751	296	2	56	58
百分比	1.01%	89.95%	9.04%	15.41%	72.71%	11.88%	8.72%	65.48%	25.80%	1.72%	48.28%	50.00%

（六）年级差异检验

对我国大学生的创业意向数据进行年级差异检验（见表 4-15、表 4-16）的结果表明：不同年级的大学生，其创业意向问卷总分及行为倾向、希求性和可行性三个维度均存在显著差异（$p<0.001$）；在行为倾向性维度上，大四学生的得分显著高于大一、大二、大三学生（$p<0.001$），也大于大五学生，但未达显著水平；在希求性维度上，大四学生与大一学生一致，大一学生与大四学生均显著高于其他年级学生，与大三学生差异显著（$p<0.001$）；在可行性维度上，大五学生高于接近大四学生，未达显著水平，但均显著高于其他年级学生（$p<0.001$）；在创业意向问卷总分维度上，大四学生略高于大五学生，未达显著水平，但大四学生显著高于其他年级学生（$p<0.001$）；从各年级学生不同创业意向水平人数比例分布看，不同年级基本接近，具有高意向水平的比例基本都在 14%—15%，只有大四年级学生明显更高，比例为 19.02%。

表 4-15 大学生创业意向年级变量差异检验

（大一 n=1263，大二 n=1166，大三 n=1156，大四 n=657，大五 n=142）

维度	年级	平均数 M	标准差 SD	F	P	事后多重比较（仅列出显著性项目）				
						大一	大二	大三	大四	大五
行为倾向性	大一	2.46	1.047	4.069	.003				.000	
	大二	2.53	1.019						.017	
	大三	2.53	0.996			.000			.015	
	大四	2.65	1.067			.000	.017	.015		
	大五	2.57	1.038							
希求性	大一	3.70	0.698	6.061	.000			.000		.016
	大二	3.64	0.762					.017	.000	
	大三	3.57	0.761			.000	.017		.000	
	大四	3.70	0.711					.000		.020
	大五	3.54	0.728			.016			.020	
可行性	大一	2.86	0.812	9.068	.000			.035	.000	.002
	大二	2.90	0.830						.000	.008
	大三	2.93	0.806			.035			.000	.031
	大四	3.07	0.807			.000	.000	.000		
	大五	3.09	0.751			.002	.008	.031		
问卷总分	大一	3.01	0.705	4.675	.001				.000	
	大二	3.03	0.723						.001	
	大三	3.01	0.708						.000	
	大四	3.14	0.714			.000	.001	.000		
	大五	3.07	0.688							

表 4-16 各年级学生中不同创业意向水平人数分布

（大一 n=1263，大二 n=1166，大三 n=1156，大四 n=657，大五 n=142）

专业类别	创业意向水平					
	低		中		高	
	人数	百分比	人数	百分比	人数	百分比
大一	206	16.31%	867	68.65%	190	15.24%
大二	191	16.38%	788	67.58%	187	16.04%
大三	180	15.57%	805	69.64%	171	14.79%
大四	92	14.00%	440	66.98%	125	19.02%
大五	20	14.08%	101	71.13%	21	14.79%

（七）专业差异检验

对我国大学生的创业意向数据进行专业差异检验（见表 4-17、表 4-18）的结果表明：不同专业的大学生，其创业意向问卷总分及行为倾向、可行性维度均存在显著差异（$p<0.01$），但希求性维度的得分差异未达到显著水平（$p=0.063$）。在行为倾向性维度上，农学、教育学、理学相对更高，都在 2.7 以上，军事医学最低，仅为 2.33；在可行性维度上，农学、理学、教育学分值显著高于其他专业，军事医学显著低于其他专业；在创业意向问卷总分维度上，农学、理学、教育学的分值显著高于其他专业，都在 3.1 以上，军事医学专业最低，处于 2.9 以下。从各专业不同创业意向水平人数分布看，教育学、理学、农学这三个专业的学生中高意向水平的人数相对较高，都占到 20%以上，并且农学专业的学生中低意向水平的人数比例也相对最低，仅为 8%，其他专业这个比例基本处在 13%—20%。

表 4-17 大学生创业意向专业差异检验

（文史哲 n=883，经济 n=740，管理 n=988，法学 n=235，

教育学 n=176，理学 n=525，工学 n=745，农学 n=25，军事医学 n=67）

维度	专业	平均数 M	标准差 SD	F	P	事后多重比较（仅列出显著性项目）								
						文史哲	经济	管理	法学	教育学	理学	工学	农学	军事医学
行为倾向性	文史哲	2.60	1.053	8.840	.000		.005	.000		.018	.002	.024		.044
	经济	2.45	0.943			.005				.000	.000		.027	
	管理	2.41	0.999			.000				.000	.000		.016	
	法学	2.47	0.963							.001	.000		.038	
	教育学	2.80	1.089			.018	.000	.000	.001			.000		.002
	理学	2.77	1.093			.002	.000	.000	.000			.000		.001
	工学	2.48	1.060			.024				.000	.000		.038	
	农学	2.91	0.902				.027	.016	.038			.038		.016
	军事医学	2.33	0.919			.044				.002	.001		.016	
希求性	文史哲	3.61	0.757	1.854	.063			.007						
	经济	3.63	0.724											
	管理	3.70	0.712			.007			.009					.045
	法学	3.56	0.862					.009				.042		
	教育学	3.63	0.738											
	理学	3.63	0.734											
	工学	3.67	0.716						.042					
	农学	3.73	0.700											
	军事医学	3.51	0.704					.045						
可行性	文史哲	2.96	0.825	8.126	.000			.003			.000	.012		
	经济	2.89	0.765							.003	.000			
	管理	2.85	0.773			.003				.000	.000			
	法学	2.96	0.788								.006			
	教育学	3.09	0.893				.003	.000				.001		.005
	理学	3.14	0.838			.000	.000	.000	.006			.000		.000
	工学	2.86	0.854			.012				.001	.000			
	农学	3.14	0.707											.046
	军事医学	2.77	0.811							.005	.000		.046	

续表

维度	专业	平均数 M	标准差 SD	F	P	事后多重比较（仅列出显著性项目）								
						文史哲	经济	管理	法学	教育学	理学	工学	农学	军事医学
问卷总分	文史哲	3.05	0.734					.040*		.044	.001			.042
	经济	2.99	0.658							.002	.000			
	管理	2.99	0.673			.040				.001	.000			
	法学	3.00	0.720							.013	.001			
	教育学	3.17	0.800	5.622	.000	.044	.002	.001	.013			.005		.003
	理学	3.18	0.757			.001	.000	.000	.001			.000		.001
	工学	3.00	0.725							.005	.000			
	农学	3.26	0.608											.019
	军事医学	2.87	0.665			.042				.003	.001		.019	

表 4-18　各专业学生中不同创业意向水平人数分布

（文史哲 n=883，经济 n=740，管理 n=988，法学 n=235，

教育学 n=176，理学 n=525，工学 n=745，农学 n=25，军事医学 n=67）

专业类别	创业意向水平					
	低		中		高	
	人数	百分比	人数	百分比	人数	百分比
文史哲	134	15.18%	606	68.63%	143	16.19%
经济	116	15.67%	535	72.30%	89	12.03%
管理	151	15.28%	700	70.85%	137	13.87%
法学	43	18.30%	159	67.66%	33	14.04%
教育学	25	14.21%	109	61.93%	42	23.86%
理学	70	13.33%	338	64.38%	117	22.29%
工学	133	17.85%	491	65.91%	121	16.24%
农学	2	8.00%	18	72.00%	5	20.00%
军事医学	13	19.40%	47	70.15%	7	10.45%

(八) 南方与北方生源差异检验

对大学生的创业意向数据进行南方生源与北方生源差异检验(见表4-19、表4-20)的结果表明:北方生源大学生的创业意向水平明显强于南方生源大学生(p<0.001),二者在创业意向问卷总分以及行为倾向性、可行性维度上均差异显著(p<0.05)。但是两个群体中不同创业意向水平的人数分布情况基本接近。

表4-19 南方生源与北方生源学生创业意向差异检验

(南方n=1912,北方n=2472)

维度	变量水平	平均数M	标准差SD	t值	显著性(sig.)
行为倾向性	南方学生	2.46	1.010	-3.186	.001
	北方学生	2.55	1.041		
希求性	南方学生	3.65	.739	-.675	.500
	北方学生	3.67	.744		
可行性	南方学生	2.89	.802	-2.158	.031
	北方学生	2.94	.824		
问卷总分	南方学生	3.00	.702	-2.586	.010
	北方学生	3.16	.727		

表4-20 南方生源与北方生源学生中不同创业意向水平人数分布

(南方n=1912,北方n=2472)

生源地	南方			北方		
创业意向水平	低	中	高	低	中	高
人数	229	1036	275	437	1912	495
百分比	14.87%	67.27%	17.86%	15.37%	67.23%	17.41%

（九）东部、中部与西部生源差异检验

对大学生的创业意向数据进行东部生源、中部生源与西部生源差异检验（见表4-21、表4-22）的结果表明：存在来自东部、中部与西部的大学生在创业意向问卷总分及其行为倾向性、可行性维度上均存在差异显著（$p<0.001$），在希求性维度上接近显著水平（$p=0.052$）。同时，为了深入了解各个呈显著差异的维度中，具体是哪几个经济区生源之间呈显著差异，通过进一步的事后多重比较发现：在问卷总分上，东部学生的总分显著高于中部、西部学生（$p<0.05$），中部学生的总分显著高于西部学生（$p<0.05$）；在行为倾向性维度上，东部学生的得分显著高于中部、西部学生（$p<0.05$），但中部学生与西部学生之间无显著差异；在希求性维度上，东部、中部学生的得分显著高于西部学生（$p<0.05$），但东部学生与中部学生之间无显著差异；在可行性维度上，东部学生的得分显著高于中部、西部学生（$p<0.001$），但中部学生与西部学生之间无显著差异。从人数分布看，西部生源大学生中高创业意向水平的比例最低，仅为11.38%，其他两个地区的比例处在15%—18%之间；西部高校大学生低创业意向水平的比例最高，达26.55%，其他两个地区的比例处在14%—17%之间。

表4-21　东部生源、中部生源与西部生源创业意向差异检验

（东部n=2150，中部n=1654，西部n=580）

维度	变量水平	平均数 M	标准差 SD	F	P	事后多重比较（仅列出显著性项目）		
						东部生源	中部生源	西部生源
行为倾向性	东部生源	2.57	1.060	7.877	.000		.016	.001
	中部生源	2.48	1.000			.016		
	西部生源	2.40	.977			.001		

续表

维度	变量水平	平均数 M	标准差 SD	F	P	事后多重比较（仅列出显著性项目）		
						东部生源	中部生源	西部生源
希求性	东部生源	3.67	.731	2.957	.052			.028
	中部生源	3.67	.745					.019
	西部生源	3.59	.771			.028	.019	
可行性	东部生源	2.97	.825	9.467	.000		.001	.000
	中部生源	2.88	.803			.001		
	西部生源	2.83	.798			.000		
问卷总分	东部生源	3.20	.728	8.377	.000		.014	.000
	中部生源	3.03	.703			.014		.038
	西部生源	2.82	.707			.000	.038	

表 4-22　东部生源、中部生源与西部生源中不同创业意向水平人数分布

（东部 n=2150，中部 n=1654，西部 n=580）

生源地	东部			中部			西部		
创业意向水平	低	中	高	低	中	高	低	中	高
人数	319	1451	380	273	1127	254	154	360	66
百分比	14.84%	67.49%	17.67%	16.51%	68.14%	15.36%	26.55%	62.07%	11.38%

（十）以八大经济区划分的生源差异检验

对大学生的创业意向数据进行以八大经济区划分的生源差异检验（见表 4-23、表 4-24）的结果表明：来自八大经济区的学生在创业意向问卷总分及其行为倾向性、希求性与可行性上均差异显著（$p<0.001$）。同时，为了深入了解各个呈显著差异的维度中，具体哪几个经济区生源之

间呈显著差异，通过进一步的事后多重比较发现：在问卷总分上，东部沿海地区学生的得分最高，显著高于南部沿海地区、长江中游地区、西南地区与西北地区学生（$p<0.05$），略高但接近与北部沿海地区、东北地区与黄河中游地区学生的得分；北部沿海地区学生的得分显著高于南部沿海地区、长江中游地区、黄河中游地区、西南地区与西北地区学生（$p<0.05$）；东北地区学生的得分显著高于南部沿海地区与西南地区学生（$p<0.05$）；黄河中游地区学生的得分显著高于西南地区学生（$p<0.05$）。在行为倾向性维度上，来自东部沿海地区学生的得分最高，且显著高于来自南部沿海地区、长江中游地区与西南地区的学生（$p<0.001$）。其中，来自南部沿海地区学生的创业意向强度最小，来自东部沿海地区、北部沿海地区、东北地区与黄河中游地区学生的创业意向显著高于来自南部沿海地区学生（$p<0.05$）；除此之外，来自北部沿海地区、东北地区学生的创业意向显著强于来自西南地区学生（$p<0.01$）。在希求性维度上，来自长江中游地区学生的得分最高，且显著高于南部沿海地区、东部沿海地区、东北地区、黄河中游地区、西南地区、西北地区学生（$p<0.05$），略高但接近北部沿海地区学生，未达显著水平；北部沿海地区学生的得分显著高于南部沿海地区、东部沿海地区、东北地区、黄河中游地区、西南地区、西北地区学生（$p<0.05$）。在可行性维度上，东部沿海地区学生的得分最高，显著高于南部沿海地区、长江中游地区、黄河中游地区、西南地区与西北地区学生（$p<0.05$），略高但接近于北部沿海地区与东北地区学生的得分；北部沿海地区学生的得分显著高于南部沿海地区、长江中游地区与西南地区学生（$p<0.05$）；东北地区学生的得分显著高于南北沿海地区、长江中游地区、黄河中游地区与西南地区学生（$p<0.05$）。从人数分布看，东部沿海生源的大学生中高创业意向水平的人数比例明显高于其他地区生源学生，达到23.46%，南部沿海和西北地区生源学生中高创业意向水平的比例明显更低，分别为6.31%和8.78%，其他地区的比例处在11%—20%之间；南部沿海、西北、西南地区生源学生中低创业意向水平

的人数比例明显更高，分别为 28.54%、27.70%和 27.27%，东部沿海生源学生中低创业意向水平的人数比例最低，仅为 9.23%，其他地区的比例处在 13%—18%之间。

表 4-23　八大经济区生源学生创业意向差异检验
（南部沿海 n=396，东部沿海 n=520，北部沿海 n=883，东北 n=740，长江中游 n=553，黄河中游 n=701，西南 n=440，西北 n=148）

维度	变量水平	平均数 M	标准差 SD	F	P	事后多重比较（仅列出显著性项目）							
						南部沿海生源	东部沿海生源	北部沿海生源	东北生源	长江中游生源	黄河中游生源	西南生源	西北生源
行为倾向性	南部沿海生源	2.30	1.017	8.032	.000		.000	.000	.000		.016		
	东部沿海生源	2.69	1.004			.000				.000		.000	
	北部沿海生源	2.57	1.074			.000						.005	
	东北生源	2.59	1.045			.000						.002	
	长江中游生源	2.43	1.006				.000						
	黄河中游生源	2.52	1.000			.016							
	西南生源	2.35	.965				.000	.005	.002				
	西北生源	2.47	1.018										
希求性	南部沿海生源	3.64	.742	3.657	.001			.031		.043			
	东部沿海生源	3.59	.698					.000		.001			
	北部沿海生源	3.73	.751			.031	.000		.003		.014	.008	.009
	东北生源	3.63	.733					.003		.007			
	长江中游生源	3.74	.728			.043	.001		.007		.026	.014	.011
	黄河中游生源	3.64	.743					.014		.026			
	西南生源	3.62	.788					.008		.014			
	西北生源	3.56	.733					.009		.011			

续表

维度	变量水平	平均数 M	标准差 SD	F	P	事后多重比较（仅列出显著性项目）							
						南部沿海生源	东部沿海生源	北部沿海生源	东北生源	长江中游生源	黄河中游生源	西南生源	西北生源
可行性	南部沿海生源	2. 86	. 836	4. 204	. 000		. 005	. 020	. 014				
	东部沿海生源	3. 01	. 794			. 005				. 004	. 013	. 000	. 028
	北部沿海生源	2. 97	. 838			. 020				. 017		. 001	
	东北生源	2. 98	. 831			. 014				. 012	. 036	. 000	
	长江中游生源	2. 87	. 786				. 004	. 017	. 012				
	黄河中游生源	2. 89	. 802				. 013		. 036				
	西南生源	2. 81	. 787				. 000	. 001	. 000				
	西北生源	2. 84	. 793				. 028						
问卷总分	南部沿海生源	2. 79	. 713	4. 637	. 000		. 000	. 000	. 002				
	东部沿海生源	3. 29	. 701			. 000				. 044		. 000	. 037
	北部沿海生源	9. 28	. 745			. 000				. 031	. 035	. 000	. 034
	东北生源	3. 19	. 719			. 002						. 001	
	长江中游生源	3. 03	. 689				. 044	. 031					
	黄河中游生源	3. 05	. 717					. 035				. 037	
	西南生源	2. 78	. 696				. 000	. 000	. 001		. 037		
	西北生源	2. 88	. 718				. 037	. 034					

表 4-24 八大经济区生源学生中不同创业意向水平人数分布

（南部沿海 n=396，东部沿海 n=520，北部沿海 n=883，东北 n=740，长江中游 n=553，黄河中游 n=701，西南 n=440，西北 n=148）

生源区域	创业意向水平					
	低		中		高	
	人数	百分比	人数	百分比	人数	百分比
南部沿海	113	28. 54%	258	65. 15%	25	6. 31%

续表

生源区域	创业意向水平					
	低		中		高	
	人数	百分比	人数	百分比	人数	百分比
东部沿海	48	9.23%	350	67.31%	122	23.46%
北部沿海	134	15.18%	611	69.20%	138	15.63%
东北	127	17.16%	505	68.24%	108	14.59%
长江中游	73	13.20%	388	70.16%	92	16.64%
黄河中游	106	15.12%	458	65.35%	137	19.54%
西南	120	27.27%	271	61.59%	49	11.14%
西北	41	27.70%	94	63.51%	13	8.78%

（十一）学校类型差异检验

对大学生的创业意向数据进行学校类型差异检验（见表4-25、表4-26）的结果表明：不同类型学校学生的创业意向总分、行为倾向性与可行性的均分存在显著差异（$p<0.001$），但希求性维度不存在显著差异。在行为倾向性维度上，985高校与其他高校学生的得分显著高于211高校学生（$p<0.001$），但985高校的学生与其他高校的学生之间无显著差异；在希求性维度上，985高校学生的得分显著低于211高校与其他高校的学生（$p<0.001$），其他高校学生的得分又显著高于211高校学生（$p<0.001$）；在可行性维度上，985高校学生的得分显著高于211高校与其他高校的学生（$p<0.001$），其他高校学生的得分又显著高于211高校学生（$p<0.001$）。从人数分布看，985高校低创业意向水平的比例最低，仅为11.62%，其他两类高校为16%左右；211高校高创业意向水平学生的比例最低，仅为12.80%，其他两类高校的比例为18%左右。

表 4-25　985 高校、211 高校与其他高校学生创业意向差异检验

（985 高校 n=766，211 高校 n=1773，其他高校 n=1845）

维度	变量水平	平均数 M	标准差 SD	F	P	事后多重比较（仅列出显著性项目）		
						985 高校	211 高校	其他高校
行为倾向性	985 高校	2.70	1.087	50.397	.000		.000	
	211 高校	2.34	.964			.000		.000
	其他高校	2.64	1.042				.000	
希求性	985 高校	3.63	.697	1.771	.170			
	211 高校	3.67	.718					
	其他高校	3.63	.770					
可行性	985 高校	3.10	.807	33.992	.000		.000	.001
	211 高校	2.82	.778			.000		.000
	其他高校	2.97	.840			.001	.000	
问卷总分	985 高校	3.14	.727	26.161	.000		.000	.036
	211 高校	2.95	.670			.000		.000
	其他高校	3.08	.737			.036	.000	

表 4-26　985 高校、211 高校与其他高校学生中不同创业意向水平人数分布

（985 高校 n=766，211 高校 n=1773，其他高校 n=1845）

学校类型	985 高校			211 高校			其他高校		
创业意向水平	低	中	高	低	中	高	低	中	高
人数	89	534	143	309	1237	227	291	1230	324
百分比	11.62%	69.71%	18.67%	17.43%	69.77%	12.80%	15.77%	66.67%	17.56%

（十二）南方学校与北方学校差异检验

对大学生的创业意向数据进行南方学校与北方学校差异检验（见表

4-27、表4-28）的结果表明：位于南、北方学校的大学生之间在创业意向问卷行为倾向性、希求性、可行性三维度及其总分上均无差异显著；南、北方高校学生不同创业意向水平的人数分布情况也基本接近。

表4-27 南、北方学校大学生创业意向差异检验

（南方学校 n=1540，北方学校 n=2844）

维度	变量水平	平均数M	标准差SD	t值	显著性
行为倾向性	南方学校	2.52	1.032	.410	.682
	北方学校	2.53	1.029		
希求性	南方学校	3.62	.751	1.723	.085
	北方学校	3.66	.729		
可行性	南方学校	2.92	.802	.435	.664
	北方学校	2.93	.823		
问卷总分	南方学校	3.02	.712	.957	.339
	北方学校	3.04	.714		

表4-28 南、北方学校学生中不同创业意向水平人数分布

（南方学校 n=1540，北方学校 n=2844）

学校地理位置	南方			北方		
创业意向水平	低	中	高	低	中	高
人数	245	1046	249	444	1955	445
百分比	15.91%	67.92%	16.17%	15.61%	68.74%	15.65%

（十三）东部、中部与西部学校差异检验

对大学生的创业意向数据进行东部学校、中部学校与西部学校差异检验（见表4-29、表4-30）的结果表明：分别来自东部、中部与西部学校

的大学生在创业意向问卷行为倾向性、希求性、可行性三维度及其总分上均差异显著（p<0.001），东部学生的创业意向水平最高，其次是中部学生，西部学生最低。同时，通过进一步的事后多重比较发现：在行为倾向性维度上，东部学校学生的得分显著高于中部、西部学校的学生（p<0.01），但中部学校的学生与西部学校的学生之间无显著差异；在希求性维度上，东部、中部学校学生的得分显著高于西部学生（p<0.001），但东部学校的学生与中部学校的学生之间无显著差异；在可行性维度上，东部学校学生的得分显著高于中部、西部学校学生（p<0.001），但中部学校的学生与西部学校的学生之间无显著差异。从人数分布看，西部高校大学生中高创业意向水平的比例最低，仅为7.8%，其他两个地区的比例处在13%—18%之间；西部高校大学生低创业意向水平的比例最高，达28.37%，其他两个地区的比例处在13%—18%之间。

表4-29　东部学校、中部学校与西部学校学生创业意向差异检验

（东部n=2539，中部n=1704，西部n=141）

维度	变量水平	平均数 M	标准差 SD	F	P	事后多重比较（仅列出显著性项目）		
						东部学校	中部学校	西部学校
行为倾向性	东部学校	2.62	1.066	21.995	.000		.000	.004
	中部学校	2.41	0.975			.000		
	西部学校	2.36	0.876			.004		
希求性	东部学校	3.65	0.720	22.700	.000			.000
	中部学校	3.67	0.738					.000
	西部学校	3.24	0.889			.000	.000	
可行性	东部学校	3.00	0.827	26.627	.000		.000	.000
	中部学校	2.84	0.790			.000		.032
	西部学校	2.69	0.766			.000	.032	

续表

维度	变量水平	平均数 M	标准差 SD	F	P	事后多重比较（仅列出显著性项目）		
						东部学校	中部学校	西部学校
问卷总分	东部学校	3.09	0.729	23.886	.000		.000	.000
	中部学校	2.98	0.682			.000		.001
	西部学校	2.76	0.671			.000	.001	

表 4-30　东部学校、中部学校与西部学校学生中不同创业意向水平人数分布

（东部 n=2539，中部 n=1704，西部 n=141）

学校地理位置	东部学校			中部学校			西部学校		
创业意向水平	低	中	高	低	中	高	低	中	高
人数	348	1741	450	301	1172	231	40	90	11
百分比	13.71%	68.57%	17.72%	17.66%	68.78%	13.56%	28.37%	63.83%	7.8%

（十四）以八大经济区划分的学校地域差异检验

对大学生的创业意向数据进行以八大经济区划分的学校地域差异检验（见表 4-31、表 4-32）的结果表明：来自八大经济区的学校在创业意向问卷总分及其各子维度（行为倾向性、希求性与可行性）上均差异显著（$p<0.001$）；东部沿海地区学生的创业意向水平最高，与其他地区的差异都达到显著水平（$p<0.001$）；南部沿海地区学校学生的创业意向水平最低，除了西南地区以外，低于其他五个地区均达到显著水平（$p<0.001$）；西南地区高校学生的创业意向水平除了略高于南部沿海地区以外，均显著低于其他五个地区（$p<0.001$）。同时，为了深入了解各个呈显著差异的维度中，具体是哪几个经济区学校区域之间呈显著差异，通过进一步的事后多重比较发现：在行为倾向性维度上，来自东部沿海地区学校的学生得

分最高，且显著高于其他地区学校的学生（p<0.001），来自南部沿海地区学校的学生的得分最低，显著低于其他地区学校的学生（p<0.001）。在希求性维度上，来自西南地区学校学生的得分最低，且显著低于其他地区学校的学生（p<0.05）；长江中游地区学校学生的得分最高，除高于北部沿海地区与黄河中游地区未达到显著水平以外，显著高于南部沿海地区、东部沿海地区、东北地区与西南地区学校的学生（p<0.05）。在可行性维度上，东部沿海地区学校学生的得分最高，显著高于其他地区学校的学生（p<0.001）；南部沿海地区学校学生的得分最低，除了低于西南地区未达到显著水平以外，显著低于其他五个地区（p<0.001）。从人数分布看，南部沿海和西南地区高校大学生中高创业意向水平的比例最低，分别为4.47%和7.8%，其他地区的比例处在14%—25%之间；南部沿海和西南地区高校大学生低创业意向水平的比例最高，分别为28.86%和28.37%，其他地区的比例处在9%—18%之间。

表4-31 八大经济区高校学生创业意向差异检验

（南部沿海 n=246，东部沿海 n=619，北部沿海 n=1275，东北 n=1210，长江中游 n=534，黄河中游 n=359，西南 n=141，西北 n=0）

维度	变量水平	平均数 M	标准差 SD	F	P	事后多重比较（仅列出显著性项目）						
						南部沿海	东部沿海	北部沿海	东北	长江中游	黄河中游	西南地区
行为倾向性	南部沿海	1.98	0.882	28.373	.000		.000	.000	.000	.000	.000	.001
	东部沿海	2.89	1.049			.000		.000	.000	.000	.000	.000
	北部沿海	2.52	1.055			.000	.000			.009		
	东北	2.53	1.020			.000	.000			.004		
	长江中游	2.38	0.948			.000	.000	.009	.004		.002	
	黄河中游	2.60	0.988			.000	.000			.002		.019
	西南	2.36	0.876			.001	.000				0.19	

续表

维度	变量水平	平均数 M	标准差 SD	F	P	事后多重比较（仅列出显著性项目）						
						南部沿海	东部沿海	北部沿海	东北	长江中游	黄河中游	西南地区
希求性	南部沿海	3.51	0.717	13.705	.000		.016	.000		.000	.014	.000
	东部沿海	3.64	0.698			.016		.024		.019		.000
	北部沿海	3.72	0.732			.000	.024		.000			.000
	东北	3.59	0.719					.000		.000		.000
	长江中游	3.74	0.748			.000	.019		.000			.000
	黄河中游	3.66	0.733			.014						.000
	西南	3.24	0.889			.000	.000	.000	.000	.000	.000	
可行性	南部沿海	2.56	0.764	18.160	.000		.000	.000	.000	.000	.000	
	东部沿海	3.14	0.781			.000		.000	.000	.000	.000	.000
	北部沿海	2.97	0.841			.000	.000					.000
	东北	2.91	0.811			.000	.000					.002
	长江中游	2.91	0.775			.000	.000					.005
	黄河中游	2.90	0.798			.000	.000					.009
	西南	2.69	0.766				.000	.000	.002	.005	.009	
问卷总分	南部沿海	2.68	0.627	22.089	.000		.000	.000	.000	.000	.000	
	东部沿海	3.22	0.721			.000		.000	.000	.000	.000	.000
	北部沿海	3.07	0.729			.000	.000		.036			.000
	东北	3.01	0.700			.000	.000	.036				.000
	长江中游	3.01	0.666			.000	.000					.000
	黄河中游	3.05	0.701			.000	.000					.000
	西南	2.76	0.671				.000	.000	.000	.000	.000	

表 4-32　八大经济区高校学生中不同创业意向水平人数分布
（南部沿海 n=246，东部沿海 n=619，北部沿海 n=1275，东北 n=1210，长江中游 n=534，黄河中游 n=359，西南 n=141）

经济区	创业意向水平					
	低		中		高	
	人数	百分比	人数	百分比	人数	百分比
南部沿海	71	28.86%	164	66.67%	11	4.47%
东部沿海	56	9.05%	411	66.39%	152	24.56%
北部沿海	180	14.12%	892	69.96%	203	15.92%
东北	208	17.19%	822	67.93%	180	14.88%
长江中游	78	14.61%	381	71.35%	75	14.04%
黄河中游	57	15.87%	240	66.85%	62	18.38%
西南	40	28.37%	90	63.83%	11	7.80%

第四节　大学生创业意向现状调查的结论与分析

基于上述调查与统计我们可以看到，当前我国大学生创业意向呈现出一系列鲜明的特点。

一、大学生创业意向的总体水平

我国大学生创业意向总体处于中等水平。所调查学生创业意向平均水平是 3.035，接近中位数 3。从不同创业意向水平的人群分布来看，绝大多数处于中等水平，占到总数的 68.45%，高创业意向和低创业意向的群体分别占 15.72%和 15.83%。（见图 4-1、图 4-2）据调查，当前我国大学生创业人数不到毕业生人数的1%①，这固然在某种程度上和当前我国大学生创业意向总体水平偏低有关，但是1%的比例数和本调查中显示的15.83%高创业意向水平者比例仍相距甚远，可见大学生创业人数比例低远不止创业意向水平低这一个诱因。大学生创业比例的增长和创业成功率的提升，也需要政府、社会、高校、家庭以及学生本人等诸方面的共同努力。

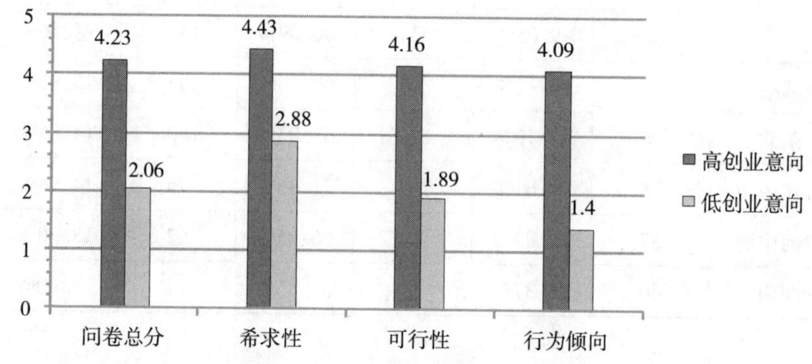

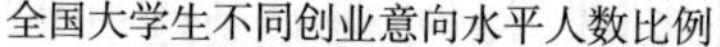

图4-1 全国大学生创业意向问卷分值比较

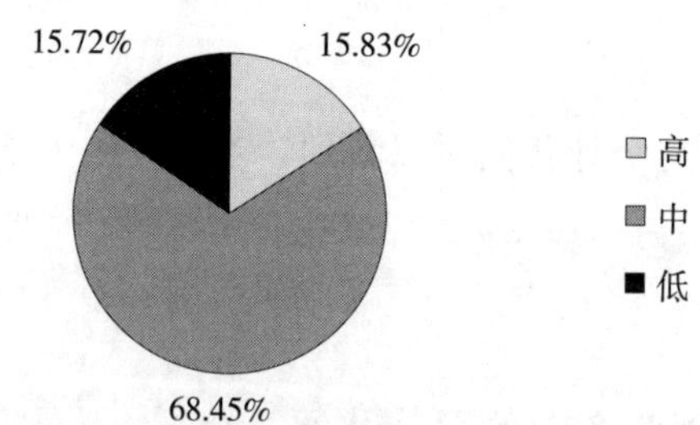

图4-2 全国大学生不同创业意向水平人数分布

① 参见周石、吴映雪：《多方营造大学生创业良好氛围》，《中国教育报》2013年1月7日。

二、大学生创业意向的群体比较

1. 大学生创业意向存在明显的性别差异，男大学生的创业意向水平明显高于女大学生。男生的创业意向问卷总分达 3. 20，而女生仅为 2. 88。（见图 4-3）从男女大学生中不同创业意向水平人数比例分布来看，男生中 10. 32%处于低创业意向水平，68. 54%处于中等创业意向水平，高创业意向的比例达到 21. 14%；相对而言，女生中 31. 13%处于低创业意向水平，58. 52%处于中等创业意向水平，仅有 10. 62%处于高创业意向水平，男生中高创业意向水平的比例比女生高出 10 个百分点。（见图 4-4）男女生创业意向水平的这种差异可能与男女生的性别刻板印象有关，即认为男性应该主外，女性应该主内，男性一般具有冒险精神和闯荡意识，而女性则更喜欢安定。

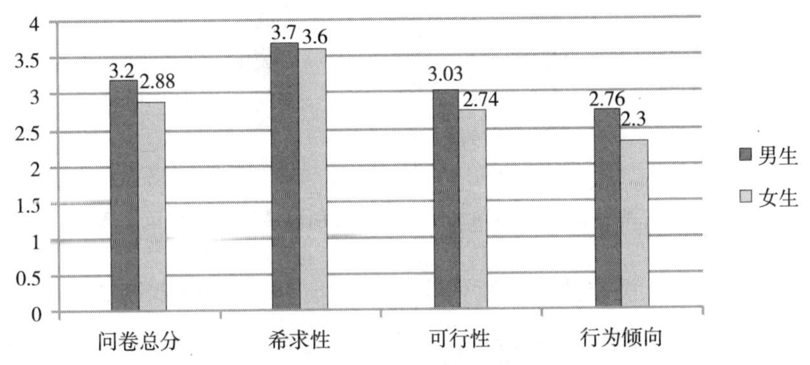

图 4-3　男女大学生创业意向问卷分值比较

2. 独生子女大学生与非独生子女大学生的创业意向水平存在显著差异，独生子女的创业意向水平明显高于非独生子女。这一点，既反映在二者的创业意向问卷分值差异之中，也体现在各自不同创业意向水平的人数比例方面。独生子女大学生的创业意向问卷总分平均值为 3. 09，而非独生子女大学生的创业意向问卷总分平均值为 2. 98，二者的差异达到显著

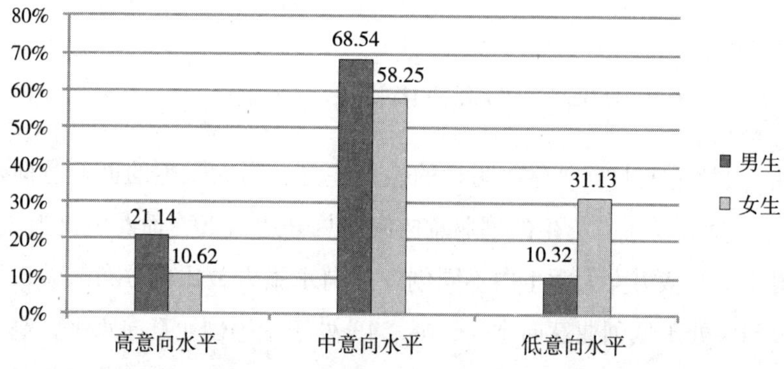

图 4-4　男女大学生不同创业意向水平人数分布比较

水平（见图 4-5）；在独生子女大学生中，具有高创业意向水平的人数比

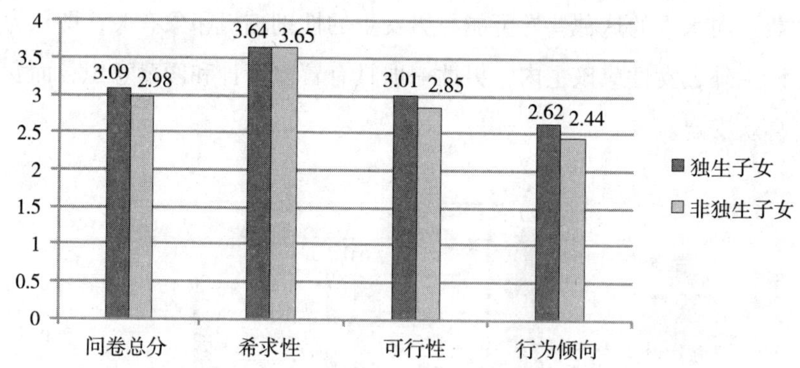

图 4-5　独生子女与非独生子女大学生创业意向问卷分值比较

例达到 18. 26%，而非独生子女大学生这一比例只有 14. 33%，较前者低将近 4 个百分点；与之相对应的，独生子女大学生中具有低创业意向水平的人数比例为 14. 55%，而非独生子女大学生这一比例达到 17. 04%，较前者高出近 2. 5 个百分点。（见图 4-6）结合前一章大学生创业意向影响因素的研究结论，我们认为导致这种差异的原因可能是二者所处的环境、经历的成长历程以及拥有的经济与社会资源不同。一般来说，父母家人对独生子女的要求规范相对非独生子女更为宽松，独生子女在成长过程中得到尊重和支持相对于非独生子女更加充分，由此前者的人格独立性、自信

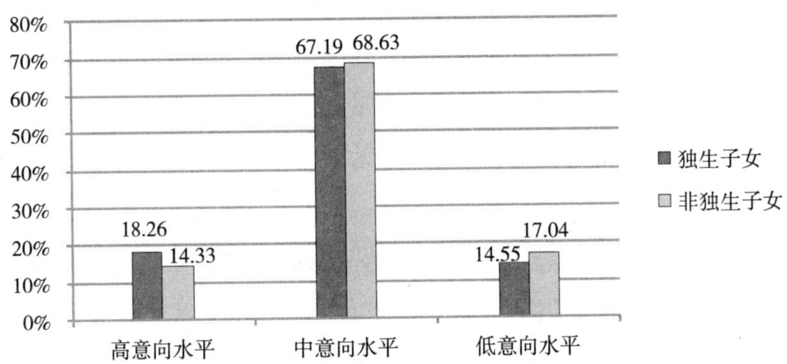

图 4-6　独生子女与非独生子女大学生不同创业意向水平人数分布比较

水平以及创业自我效能感水平相对更高，与此同时，独生子女比非独生子女在获取家人创业资源支持方面可能也相对更为便利和充足。在这些因素的综合作用下，独生子女比非独生子女在创业希求性与可行性认知方面水平相对更高，进而呈现出更高的创业意向水平。

3. 有家人从商的大学生创业意向水平与无家人从商的大学生存在显著差异，前者明显高于后者。从创业意向调查问卷分值看，有家人从商的大学生的问卷总分平均值为 3. 14，无家人从商的大学生的问卷总分平均值为 2. 96，二者的差异达到统计显著水平。（见图 4-7）同时，从二者不

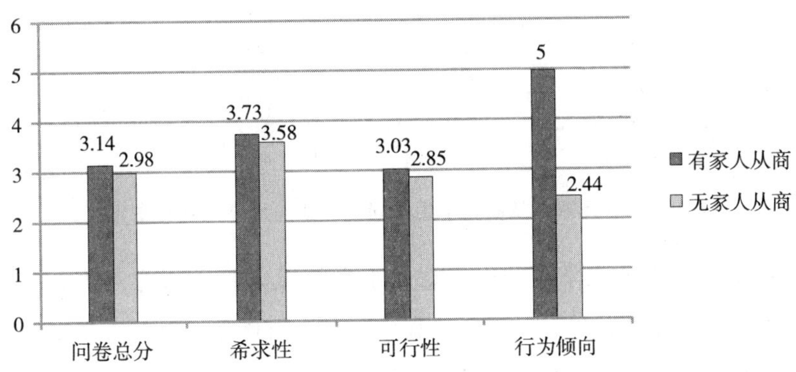

图 4-7　有无家人从商大学生创业意向问卷分值比较

同创业意向水平的人数比例看，有家人从商的大学生中具有高意向水平的比例达到 19.58%，而无家人从商的大学生了这一比例只有 13.08%，前者比后者高 6.5 个百分点，高出近一半；相应的，有家人从商的大学生中低创业意向水平人数比例为 11.70%，无家人从商的大学生的这一比例为 18.66%，后者比前者高近 7 个百分点，高出近三分之二。（见图 4-8）这一结论与前一章对“父母职业”这一创业意向影响因素的发现形成验证。我们认为，这种差异的出现可能与两种不同类型大学生从小所受的环境熏陶不一样有关。有家人从商的大学生从小在商业环境中熏陶，对商业相对更为了解，内心对从商也更为接受，因而其创业希求性水平可能更高；同时这种差异也可能与其能够获取的创业资源多寡不同有关，有家人从商的大学生创业所享有的创业资源相对于无家人从商的学生来说更加丰富和充裕，这可能导致有家人从商大学生在创业可行性方面呈现出更高的水平。在这二维因素的综合作用下，有家人从商的大学生相对呈现出更高的创业意向水平。

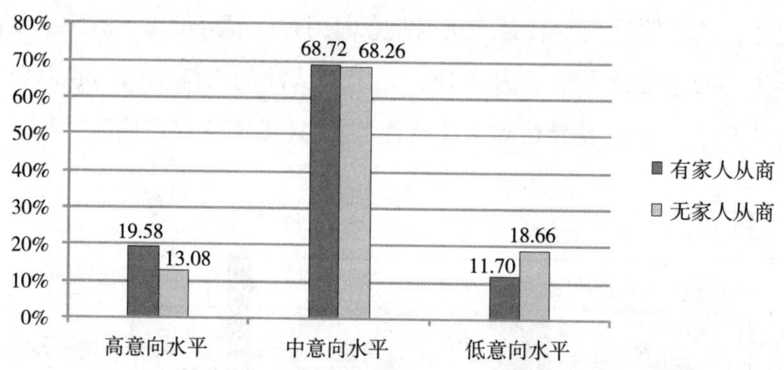

图 4-8 有无家人从商大学生不同创业意向水平人数分布比较

4. 有创业经历大学生的创业意向水平与无创业经历的大学生的创业意向水平存在显著差异，前者明显高于后者。有创业经历的大学生的创业意向调查问卷总分平均值为 3.51，而无创业经历的大学生的这一分值为 2.97，二者的差异达到显著水平（见图 4-9）；同时，有创业经历的大学生中高创业意向水平的人数比例为 36. 40%，而无创业经历的大学生的这一比例仅为 13. 05%，前者是后者的近 3 倍。不仅如此，有创业经历的大学生中具有中等创业意向水平的人数比例达到 69. 75%，而无创业经历的大学生的这一比例为 58. 81%，前者比后者高出 10 个百分点。（见图 4-10）可见，有创业经历的大学生的创业意向远高于无创业经历的大学生。这一特征与前一章大学生创业意向影响因素的研究结论相吻合。有创业经历的大学生与无创业经历的大学生的创业意向水平呈现出如此明显的差异，虽然让我们很受触动，但是也不难理解。我们认为原因有两个方面：一是有创业经历和无创业经历的大学生原来的创业意向水平基础就不相同，前者之所以成为有创业经历的群体就是因为这部分大学生本来就对创业感兴趣，并且创业意向水平已经强到采取实际行动、参与创业实践活动的程度了。二是创业经历又进一步地强化了大学生的创业意愿。虽然实际的创业体验有可能会让一部分原本有创业意愿的学生退缩甚至放弃创业的想法，但是多数情况下，创业实践带给大学生的是创造的激情、奋斗的快乐和自主的愉悦，这些积极的情感体验会让一部分大学生对创业更加“一往情深”“欲罢不能”，自然也就表现出很高的创业意向水平了。

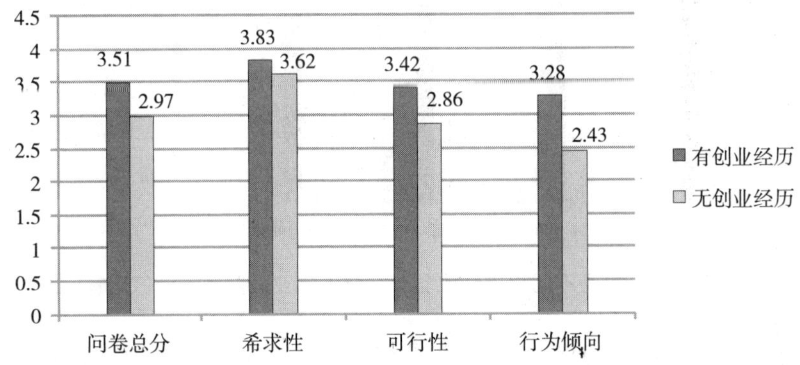

图 4-9 有无创业经历大学生创业意向问卷分值比较

5. 接受不同程度创业教育的大学生其创业意向水平明显不同，接受过丰富创业教育的大学生其创业意向水平明显高于其他群体。接受过丰富

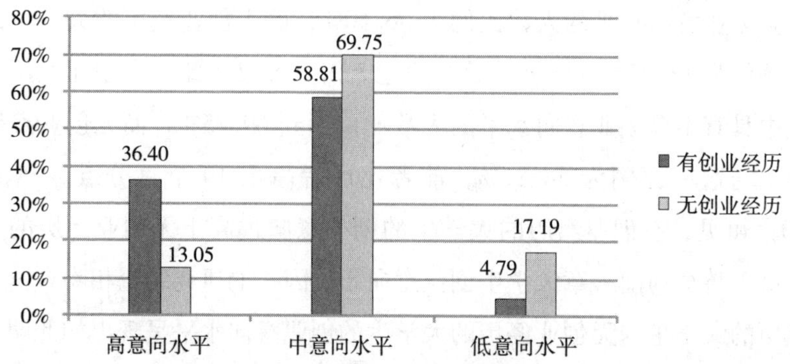

图 4-10 有无创业经历大学生不同创业意向水平人数分布比较

创业教育的大学生创业意向调查问卷总分平均值为 3.81，而从未接受过创业教育的大学生这一分值仅为 2.82，远低于前者，并且每一个接受不同数量等级创业教育的群体其创业意向问卷总分平均值都存在显著差异（见图 4-11），接受创业教育程度越高，则创业意向水平越高。在这些不同的群体内部，接受过丰富创业教育的大学生中表现出高创业意向水平的

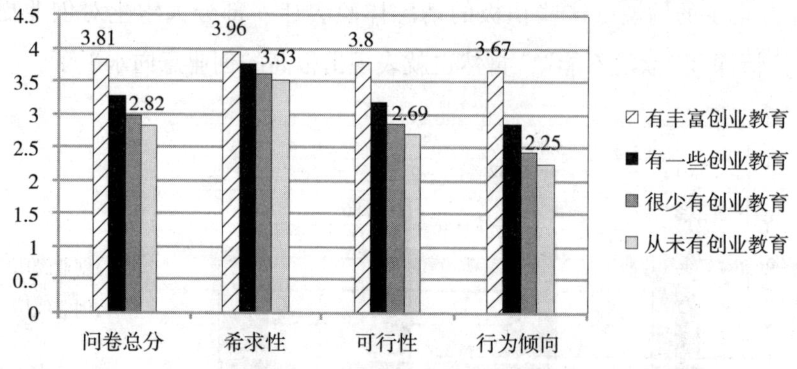

图 4-11 接受不同程度创业教育大学生创业意向问卷分值比较

人数比例达到 50%，而没受过创业教育的大学生中这一比例仅为 9.04%，二者差距悬殊。（见图 4-12）这些数据表明，大学生的创业意向与其所受的创业教育高度相关，但是从本研究的调查数据中我们也看到一个很有意思的现象，即我们发现接受过丰富创业教育的大学生中呈现高创业意向水

平的人数比例远远高于从未接受过创业教育的大学生的这一比例，接受过丰富创业的大学生中呈现低创业意向水平的人数比例（1.72%）也高于从未接受创业教育大学生的这一比例（1.01%）。这和常识不太相符，因为一般认为创业教育只是单向地提升创业意向，也就是说接受创业教育越多的人群中高创业意向水平的人数比例越高，低创业意向水平的人数比例越低（这一点与本研究结果相反）。虽然与常识不符，可是这恰恰体现了创业教育影响创业意向的有效性，只不过创业教育对创业意向不是单纯的正向影响，而是正反双向影响，即创业教育既可能使学生的创业意向水平提高，也可能降低，也即创业教育对学生产生的是创业意向澄清作用。这一点在法国学者理查德·韦伯（Richard Weber）的研究中也得到证明，他指出："创业教育的目的不应该只是获得更多的创业者，而是教育学生对创业有着更加清醒的认识和如何成为更好的创业者（管理者）。"①

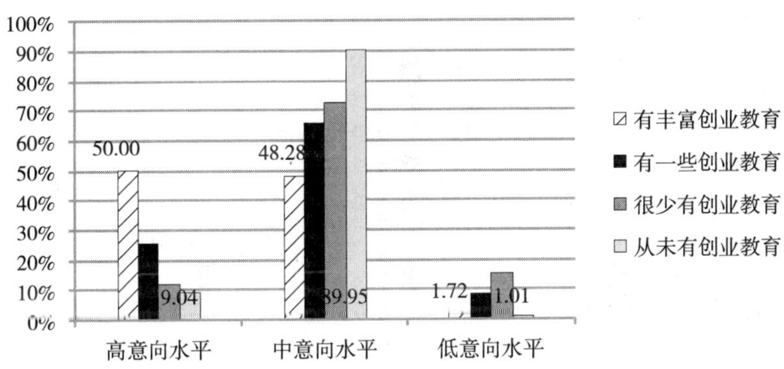

图 4-12 接受不同程度创业教育大学生创业意向问卷分值比较

6. 不同年级大学生的创业意向水平存在差异，大四学生的创业意向最强。大四年级学生的创业意向问卷总分平均值为 3.14，略高于大五学生但未达显著水平，比其他三个年级学生都高且达到显著水平；大四以外的其他几个年级学生的创业意向水平基本接近，彼此间的差异没有达到显

① Richard Weber, Evaluating Entrepreneurship Education, *Wiesbaden*: *Springer Gabler*, 2012, p. 203.

著水平。（见图4-13）各年级学生不同创业意向水平人数比例分布情况基本接近，只有大四年级学生具有高意向水平的比例明显更高，达到19.02%，其他年级基本都在14—15%。（见图4-14）这些数据表明，随

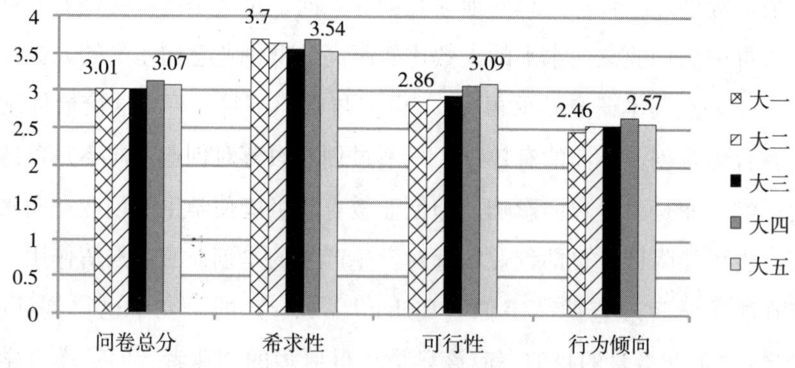

图4-13 不同年级大学生创业意向问卷分值比较

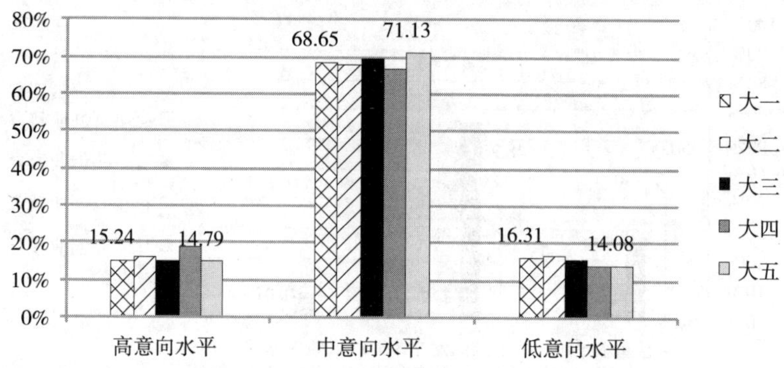

图4-14 不同年级大学生创业意向问卷分值比较

着毕业求职季节的到来，大学生对创业的关注程度显著提高，个体的创业意向水平提升，具有高创业意向水平的人数也显著增加。这和当前高校毕业生普遍面临严峻的就业形势有关，一部分迫于就业压力转而考虑自主创业，这在一定程度上提升了大四学生的创业意向水平。与此同时，这种现象也和部分大学生职业生涯规划意识不强有关，即大四之前基本不太考虑未来生涯路径选择的问题，因而没有考虑是否创业的事情。

7. 不同专业大学生的创业意向水平不同，农学专业学生的创业意向最强，医学军事专业学生的创业意向最弱。农学专业学生创业意向调查问卷总分平均值达到3.26，而军事医学专业学生仅为2.87，二者与其他专业的创业意向问卷总分平均值的差异都达到显著水平。创业意向水平处在次高位置的是理学和教育学专业，问卷总分平均值分别为3.18和3.17，也显著高于除农学以外的其他六类专业。（见图4-15）从各专业中不同创业意向水平的人数分布看，教育学、理学和农学三类专业中高创业意向水

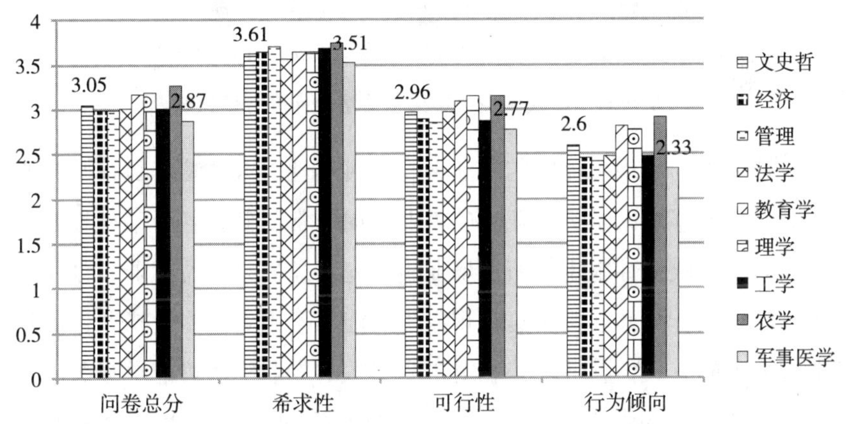

图4-15 不同专业大学生创业意向问卷分值比较

平的人数比例明显更高，分别为23.86%、22.29%、20%。这三类专业中低创业意向水平的人数比例也相对最低，都低于15%。处在第二梯队的是工学类专业，高创业意向水平人数比例为16.24%，低创业意向水平人数的比例也处在中间水平。军事医学专业中高创业意向水平的人数比例最低，只有10.45%，而低创业意向水平的人数比例却达到最高的19.40%；其他四类专业的高创业意向水平数比例均在15%以下，低创业意向水平的人数比例均在15%—18%之间。（见图4-16）上述数据表明，尽管本研究只是对大学生按照学科门类进行了比较粗略的专业区分，但是仍然能够观察到创业意向水平与专业的相关性，农学、理学、教育学这些专业学生的创业意向水平明显更高，军事医学类专业学生的创业意向水平明显更

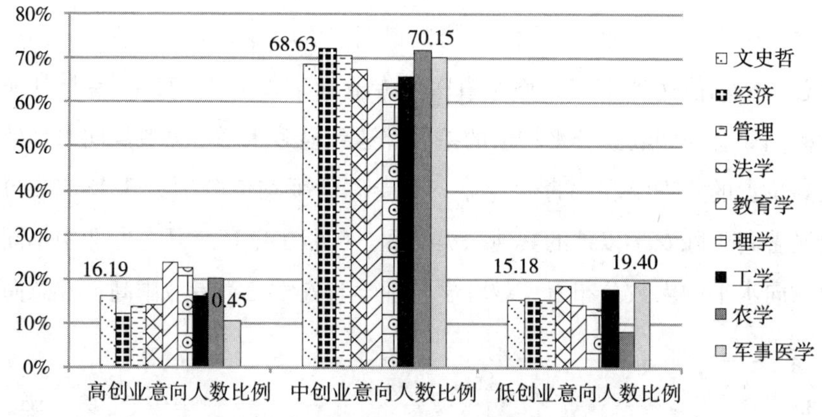

图 4-16 不同专业大学生创业意向问卷分值比较

低。这种现象的出现可能既与专业自身学科属性、人才培养目标与就业方向有关，比如军事医学类毕业生的就业方向非常明确，甚至某种程度上对就业去向有着政策性限定，所以毕业生首先考虑的是岗位就业，创业意向水平自然较低；与此同时，这种现象也可能与不同类型专业毕业生面临的就业形势不同有关，就业形势相对更为严峻的专业学生可能更多关注和选择创业生涯（比如农学专业），而就业有保障的专业学生更少考虑创业（比如军事医学类专业）。

8. 不同生源地大学生的创业意向水平存在显著差异。北方生源大学生的创业意向水平明显高于南方生源大学生，但两个群体中不同创业意向水平的人数分布情况基本接受。（见图 4-17、图 4-18）东、中、西三个经济带中，东部学生创业意向水平显著高于中部、西部学生，中部学生显著高于西部学生；从人数分布看，西部生源大学生中高创业意向水平的比例最低，仅为 11. 38%，其他两个地区的比例处在 15%—18%之间；西部高校大学生低创业意向水平的比例最高，达 26. 55%，其他两个地区的比例处在 14%—17%。（见图 4-19、图 4-20）八大经济区中，东部沿海地区（3. 29）大学生创业意向水平最高，西南地区（2. 78）南部沿海（2. 79）和西北地区（2. 88）生源学生创业意向水平最低；从人数分布

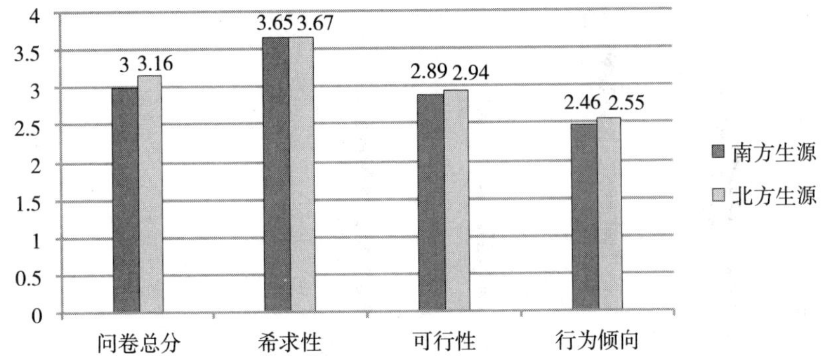

图 4-17 南北方生源大学生创业意向问卷分值比较

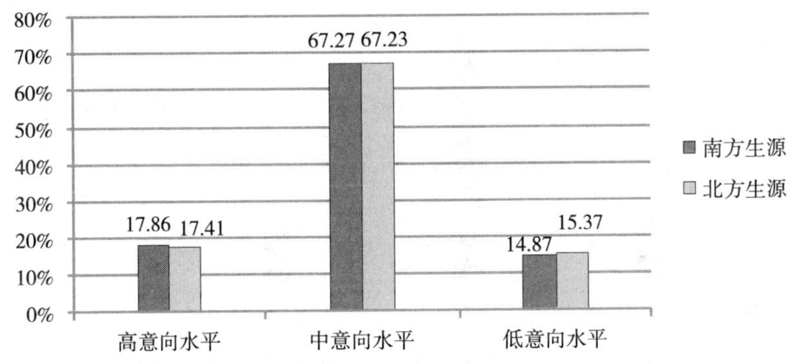

图 4-18 南北方生源大学生创业意向问卷分值比较

看，东部沿海生源的大学生中高创业意向水平的人数比例明显高于其他地区生源学生，达到 23. 46%，南部沿海和西北地区生源学生中高创业意向水平的比例明显更低，分别为 6. 31% 和 8. 78%；南部沿海、西北、西南地区生源学生中低创业意向水平的人数比例明显更高，分别为 28. 54%、27. 70% 和 27. 27%，东部沿海生源学生中低创业意向水平的人数比例最低，仅为 9. 23%。（见图 4-21、图 4-22）上述数据表明，个体的创业意向水平与其成长的环境密切相关，也与本书第三章创业意向影响因素研究的结果相吻合。东部沿海地区生源学生的创业意向水平最高可能与该地区经济发达程度高、创业氛围浓厚、创业基础完备等因素有关；相对而言，

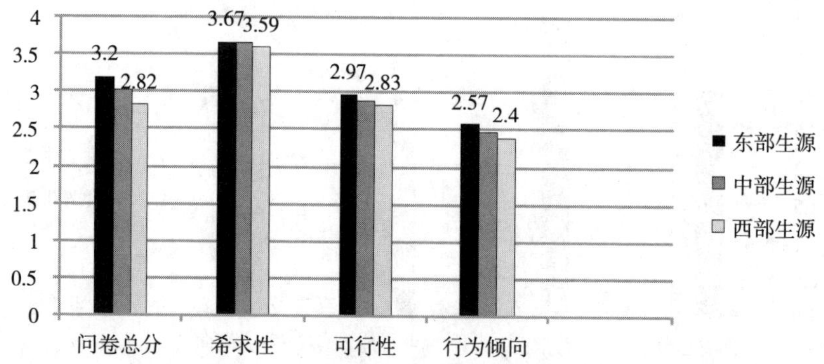

图 4-19 东、中、西部生源大学生创业意向问卷分值比较

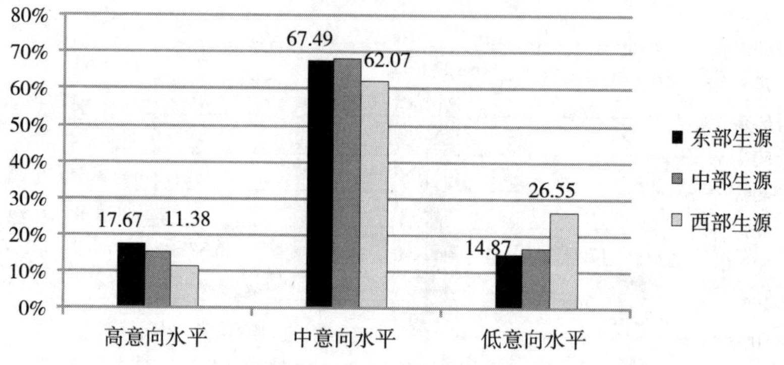

图 4-20 东、中、西部生源大学生创业意向问卷分值比较

西北、西南地区在这些方面明显更弱，致使这些地区生源的大学生在创业希求性、可行性认知乃至整个创业意向水平都相对更低。但南部沿海地区生源的大学生创业意向水平也明显更低，这与常识认为这一地区经济相对发达，商业活动比较活跃有所偏差，背后的原因何在有待进一步的深入研究方能揭示。

9. 不同类型高校大学生的创业意向水平存在差异，985 高校学生的创业意向最强，211 高校学生的创业意向最弱。（见图 4-23、图 4-24）我们分析，这可能和这三个层次高校学生的就业形势预判和自我效能感水平有关。具体而言，在就业形势方面，211 高校虽然不如 985 高校好，但

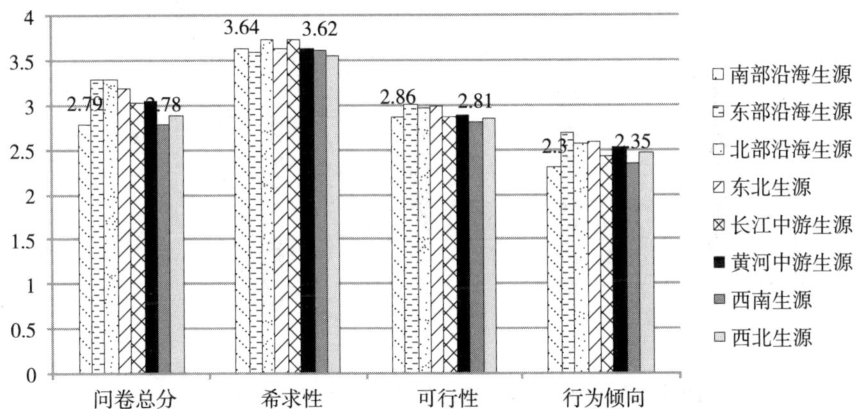

图 4-21　八大经济区生源大学生创业意向问卷分值比较

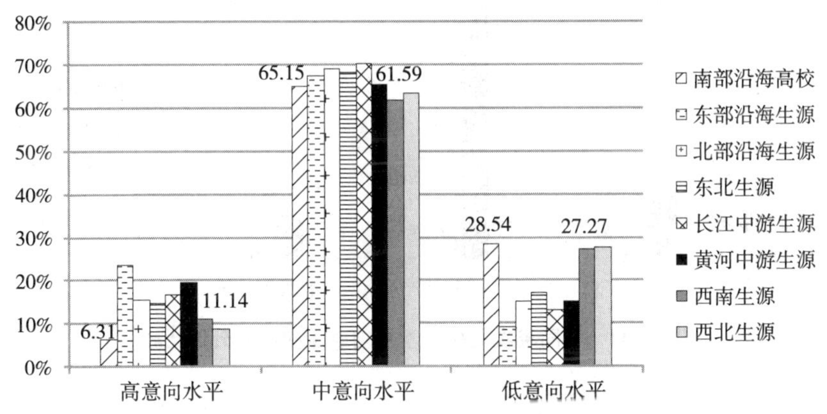

图 4-22　八大经济区生源大学生创业意向问卷分值比较

总体比一般院校尤其是三本院校、独立学院强，所以一般不愿意轻易放弃可能的就业机会去冒创业的风险，没有面临就业绝境果断舍弃就业、坚决创业的强大动力，颇有“食之无味，弃之可惜”的感觉；在创业自我效能感方面，211 高校学生虽然可能比一般院校学生要强一些，但总体又不如 985 高校学生那么自信。因此，在这两方面因素的共同作用下，211 高校学生的创业意向反倒相对处于最低水平。当然，我们也认识到，出现这一结果的原因也可能和调查的取样有关，也就是说在 985 和其他层次高校

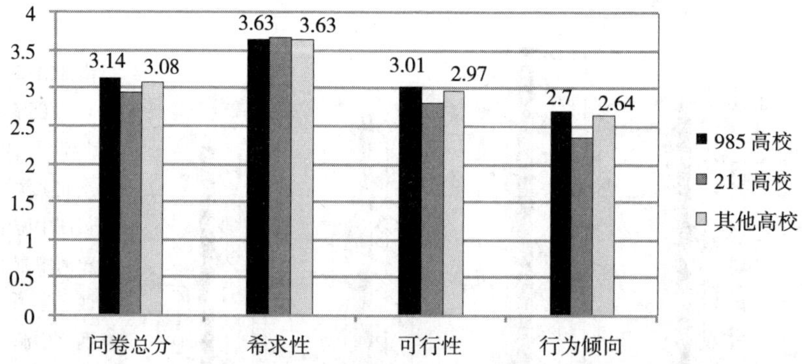

图 4-23　不同层次高校大学生创业意向问卷分值比较

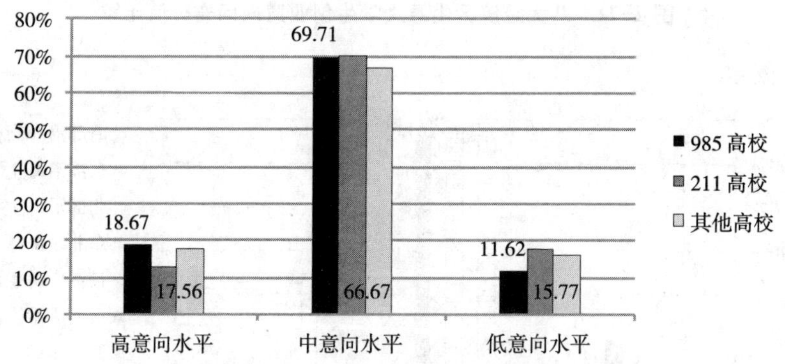

图 4-24　不同层次高校大学生创业意向问卷分值比较

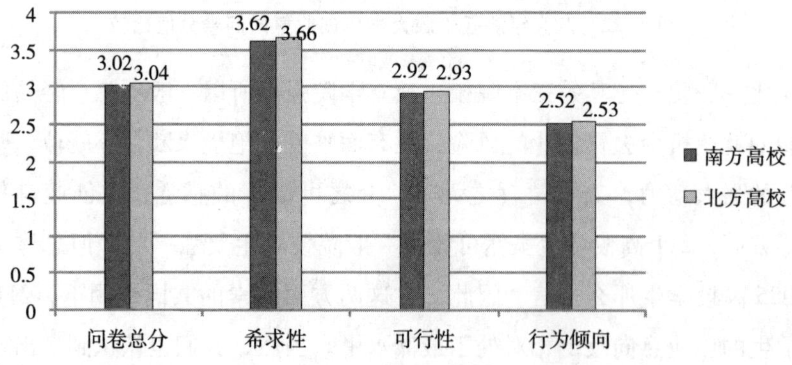

图 4-25　南北方高校大学生创业意向问卷分值比较

中，综合性院校取样相对较多，而 211 高校则以师范、航空、政法等专业院校为主，研究表明专业院校的学生由于就业领域明晰、就业机会确定而导致创业意向水平降低，故而呈现出这样的研究结论。是否果真如此，需要在今后的研究中进一步探索。

10. 高校所处地区不同，学生的创业意向水平也存在差异。地理概念上的南北方高校学生的创业意向水平差异不显著，创业意向问题总分平均值和不同创业意向水平人数分布都基本一致。（见图 4-25、图 4-26）三

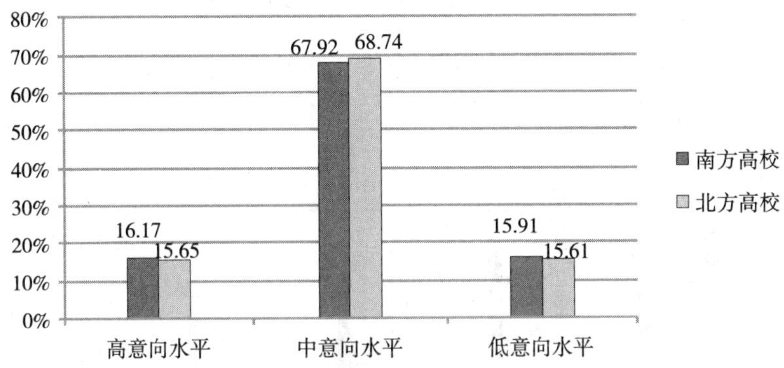

图 4-26　南北方高校大学生创业意向问卷分值比较

大经济带中东部地区高校学生的创业意向水平明显高于中部和西部地区高校大学生；创业意向问卷总分平均值东部地区最高，西部地区最低，且三个地区间差异达到显著水平；东部地区高校学生中高创业意向水平人数比例最高（达到 17.72%），西部地区最低（仅为 7.8%）。（见图 4-27、图

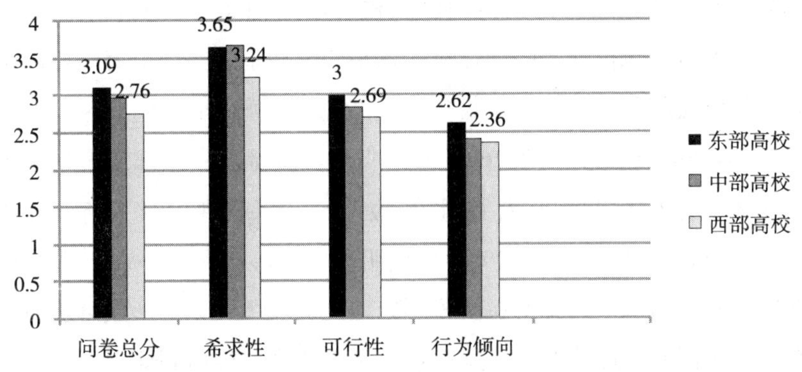

图 4-27　东、中、西部高校大学生创业意向问卷分值比较

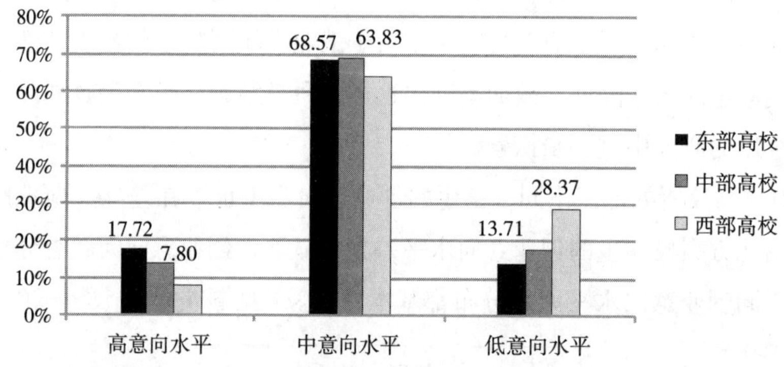

图 4-28　东、中、西部高校大学生创业意向问卷分值比较

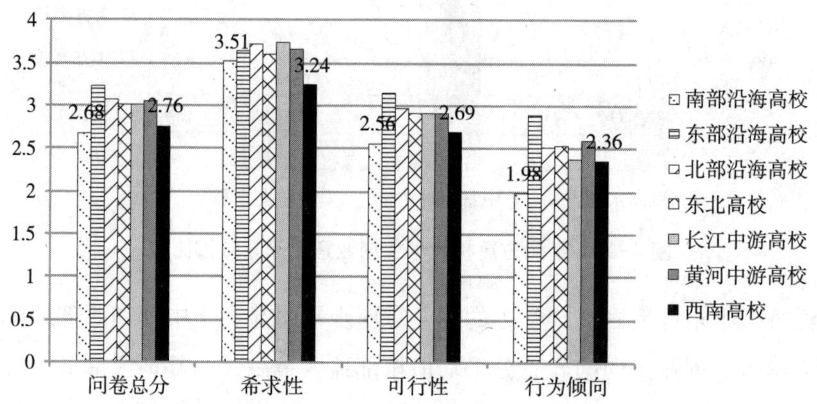

图 4-29　八大经济区高校大学生创业意向问卷分值比较

4-28）八大经济区中东部沿海地区高校学生的创业意向水平最高，南部沿海与西南地区高校学生的创业意向水平明显较低；东部沿海地区高校学生的创业意向问卷总分平均值最高（3.22），显著高于其他地区，南部沿海（2.68）和西南地区（2.76），显著低于其他地区；东部沿海地区高校学生中高创业意向水平人数比例最高（达到 24.56%），南部沿海（4.47%）和西南地区（7.80%）比例明显较低。（见图 4-29、图 4-30）大学生创业意向水平与其所在高校所处地区的相关关系的形成可能主要源于不同地区创业环境的差异，这一点在第三章中已经得到体现。地区创业

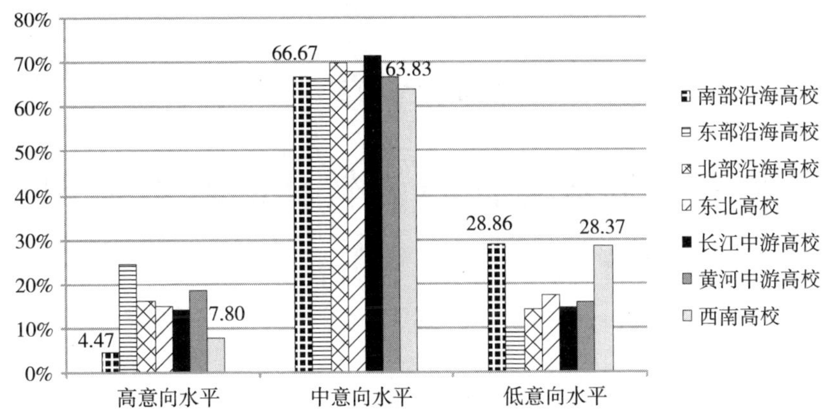

图 4-30　八大经济区高校大学生创业意向问卷分值比较

环境包括区域内商业活动尤其是创业活动的活跃性，政府、社会对创业活动的支持度，地区商业文化与创业氛围的浓厚程度等内容。创业环境对创业活动理解、包容、认可、支持程度越高，区域内人群的创业意向水平也相应更高。本研究的结论与这一规律是相符的，东部地区尤其是东部沿海地区高校学生的创业意向水平最高，西部和西南地区高校学生的创业意向水平最低，这和东部地区商品经济发达活跃、商业文化发达、创业氛围浓厚，而西部地区相对较弱的现实状况是相吻合的。我们的数据显示，南部沿海地区高校学生的创业意向问卷总分和高创业意向水平人数比例都很低，这似乎与该地区创业环境对创业活动也有很好的支持相矛盾。但是进一步观察数据可以看到，南部沿海地区高校学生中具有中等创业意向水平的人数比例并不低，并且创业意向问卷中的希求性分值也不低，只是可行性与行为倾向分值过低。与此同时，本调查在南部沿海地区的取样一半来自于华南师范大学，一般师范院校学生的就业动向相对比较明确，主要去往教育系统就业，这可能也在一定程度上导致沿海地区高校学生的创业意向呈现出较低水平。

第五章

大学生创业意向行为转化的基本原理

深入分析大学生创业意向与创业行为的关系，对创业意向行为转化的科学内涵、运行机理以及其实现路径进行探索分析，是促进大学生创业意向行为转化的前提，也是当前创业研究的薄弱环节和亟待加强的方面。

第一节 大学生创业意向行为转化的本质透视

从一般意义上说，作为主体是否采取行为以及采取何种行为的主观动因，意向能否转化现实行为，既要看这种意向的强烈程度，也要看现实条件对意向转化的支撑程度，简言之，就是要看主客观条件的匹配协调程度。同样，创业意向的行为转化也是一个主客观创业因素综合作用的复杂过程，它既涉及创业主体对创业行为及其结果的态度和认识，又涉及创业主体对周遭创业环境的心理感知，还涉及创业主体将创业意向转化为创业行为的有效心理中介。因此，深入分析把握大学生创业意向行为转化的本质，需要以马克思主义认识论为指导，把握遵循人类认识发展的规律，同时也需要吸收借鉴心理学相关理论，探索掌握人类心理活动运行发展的规律，进而为大学生创业意向行为转化的本质分析奠定科学的认识前提和理论基础。

一、大学生创业意向行为转化的分析依据

我们认为，深入分析和把握大学生创业意向行为转化的本质内涵，需要坚持问题导向和综合借鉴的理论立场，运用多学科理论资源，从而将大学生创业意向行为转化的理论分析奠基在丰富和坚实的理论基础之上。具体来说，要聚焦创业意向行为转化的主观认识发展规律问题，以马克思主义认识论为指导，吸收借鉴社会心理学的计划行为理论、态度改变理论；锁定创业主体对创业环境的心理感知及其对转化的影响问题，吸收借鉴拓扑心理学的心理场理论和社会心理学的认知—行为理论；瞄准解决创业意向最终转化为创业行为的“最后一公里”问题，吸收借鉴行为执行意向理论。

（一）马克思主义认识论

马克思主义认识论认为，认识是人对世界的能动反映，这种认识首先表现为由实践到认识的辩证过程，即在实践的基础上形成感性认识，进而进化为理性认识，这是认识的辩证过程中的第一次能动地飞跃。要完成对一个具体事物的认识，还需要将理性认识的成果运用于实践，实现由认识到实践的运动，这是认识的辩证过程中的第二次能动的飞跃。这两次飞跃构成了一个相对完整的认识过程。但在现实实践中，社会成员对于事物的认识并不仅仅限于这样一个过程，人们要获得关于事物的正确认识，往往需要经历由实践到认识和由认识到实践的反复循环。正如毛泽东所说：“实践、认识、再实践、再认识，这种形式，循环往复以至无穷，而实践和认识之每一循环的内容，都比较地进到了高一级的程度。”① 认识的辩证过程主要属于一种理性活动过程，但主体的非理性因素在认识的辩证过

① 《毛泽东选集》第一卷，人民出版社 1991 年版，第 296—297 页。

程中也具有不容忽视的重要作用。相对理性因素而言，非理性因素主要是指主体的情感、意志、欲望、动机、信念、信仰、习惯、本能等意识形式。尽管这些因素并不是构成人认识能力与过程的基本要素，但它们对于认识目标的实现、认识活动的发起与进行具有重要的控制与调节作用。

马克思主义认识论关于人认识本质和发展过程的科学论述，为认识大学生创业意向行为转化的本质、厘清创业意向行为转化的过程机理以及分析其影响因素奠定了理论基础。以马克思主义认识论为指导，我们可以看到，大学生在创业意向行为转化的过程中，不仅涵盖了大学生自身对创业意向的形成与发展的反思，也内蕴了大学生对创业行为的分析、选择、运算、重组、整合和建构。大学生创业意向行为转化活动的发生发展也要经历由实践到认识和由认识到实践的反复循环，在螺旋式上升中实现大学生创业意向、行为实践的发展和演进。

（二）计划行为理论

1985 年，学者阿杰恩（Icek Ajzen）提出了计划行为理论，强调影响个体行为意向形成的主要因素大致包括行为态度、主观规范与感知到的行为控制三种，简言之，个人在社会环境中的行为往往处于一种意念控制下，而非百分百出于自愿。这一理论在现实中通常被看作是用来解释信念、态度、行为意向和行为的整体模型。在这些影响因素中，行为态度是指个体对某种行为持赞成与否的倾向，个体对行为结果的预测和对这种结果重要程度的价值估计是其决定因素。主观规范是行为主体在采取一定的行为时感知到的社会压力，他人对行为主体的期望，是由个体对他人认为应该怎么做的信赖程度以及自身对与他人意见保持一致的动机程度所决定的。当主观规范与行为态度一致时，行为意向可以有效地转化为行为，当主观规范与行为态度不一致时，在强大的社会压力之下，人们可能会选择忽视自己的行为态度，适应社会规范的要求。感知到的行为控制则是指人们在表达自己的行为意向时会考虑他们能否实施该行为，是人们意识到的对行为的控制，由控制信念和感知控制因素所决定。控制信念是对个体所拥有的资源、人脉、能力、经验和机会的感知，感知控制因素指的是对这些资源、机会、能力等要素重要程度的估计。计划行为理论认为，任何改变人们行为的影响因素都是通过影响人们的行为意向进而影响到人们的行为，因而行为意向在态度与行为的关系中具有重要的地位。

研究大学生的创业行为首先要从大学生的创业意向入手，在了解大学生的创业意向之后要把握住影响创业意向形成的三个主要因素：大学生对创业的态度、主观规范、大学生感知到的对创业行为的控制。在创业态度方面，大学生对创业的预期和对创业风险的评估是影响大学生创业态度的主要因素。对于富有创造激情和创新热情的大学生来说，创业对他们往往有特别的吸引力，创业成功带来的财富的增长和社会地位的提升让许多大学生对创业有美好的预期，但是创业作为一项高风险的活动，大学生也需要慎重考虑，评估自己的创业风险，包括项目风险、资金风险等。在主观规范方面，大学生从事一项自己可能从未尝试过的事业会在意社会以及家人、朋友、老师等重要关系人对这件事情的看法和支持度，在 2014 年《中国青年报》的调查中，66.6%受访者认为家庭因素对大学生创业意愿影响最大。在大学生感知到的创业行为控制方面，大学生为了解创业的难易程度，必然会对自身所拥有的资源、人脉、能力、经验和机会评估以确定创业的可行性。总之，大学生的创业态度越积极、重要关系人的支持越大、大学生感知到的对创业行为的控制越强，创业意向就越强，实施创业行为的可能性就越大；反之则越小。

（三）态度改变理论

态度改变理论在社会心理学中占有举足轻重的位置。该理论认为，人们的态度是由认知、情感和意向三个重要因素构成，具有一定的持久性与稳定性，而行为意向则是态度、主观规范与知觉行为控制的结果。态度改变是一种新态度产生并取代原有态度的一个渐变式过程。态度改变理论与大学生创业意向行为转化具有重要联系，其中最具指导和借鉴价值的是海德的平衡理论与费斯汀格的认知不协调理论。1958 年，美国著名社会心理学家海德提出了平衡理论。该理论认为，"在人们的认知系统中，存在着某些情感或评价之间趋向于一致的压力"①。在海德看来，个体的认知对象范围是相当广泛的，包括对外联系的各种人、所有事物、多种观念，这些对象彼此之间有些具有一定的联系性，有些则没有直接联系。为观测和把握个体在自我认知领域中如何组合对不同认知对象的不同态度，海德提出了著名的 P-O-X 模型，P 代表认知主体，O 为与 P 发生联系的另一个人，X 则为 P 与 O 发生联系的另一个任意对象。该模型假定当 P-O-X 之间是稳定的平衡状态时认知主体就会排斥外界的影响，当 P-O-X 之间出现不平衡状态时会使个人产生心理上的紧张。而这种紧张的消除只有使三者之间的关系发生改变，恢复平衡状态时才能实现。状态的平衡与否会导致认知结构中的多种变化，因此态度可以根据不平衡的关系而发生改变。又由于态度与行为密切相关，因此对事物认知的平衡与正确性会大大影响态度的转变，进而影响人们的行为选择。如果要确定态度是否能向行为意向积极转变，那么首先应该确立被评估的态度与所产生态度的对象之间具有的相关性与一致性。显而易见，态度的强烈程度以及态度在量上的变化与积累会极大影响人们的行为转变。平衡理论的研究有利于更清楚地了解认知体系的每个个体的变化对整体的影响，具体到大学生创业意向的行为转化，如果大学生能够清晰地认识到创业意向行为转化的重要性，理性地分析其转化的利弊，那么态度可能会由坏转好，慢慢地就会平衡整体，进而推动创业意向行为的积极转化。

1957 年，美国社会心理学家费斯汀格（Leon Festinger）提出了认知不协调理论。该理论认为，"人类有机体试图在其意见、态度、知识和价

---

① 沙莲香:《社会心理学》，中国人民大学出版社 2011 年版，第 179 页。

值观之间建立内在的和谐和一致性。即个人的认知存在着一种协调的内驱力"①。当人们出现认知失调的状况时，就会产生心理上的态度变化，紧张、不安或不愉快，但是为了排解压力与困扰，人们会竭尽全力解除这种认知失调的状态，放弃或迁就某一认知，努力使认知达到平衡。因此，认知差异会努力促使行为与态度保持一致。就大学生创业意向的行为转化而言，当大学生在转化过程中产生困惑时，大学生会想尽一切办法消灭不平衡因素，尽力保持态度的一致性。这种态度的一致性是积极地坚持创业还是消极地放弃创业则受到多方面因素的影响，但让大学生对创业进行理性的分析则是必不可少的。

（四）心理场理论

德裔美国心理学家、拓扑心理学的创始人勒温曾经提出心理场理论，该理论认为人的行为是人和环境的函数，即 B=f（PE），即行为（B）的形成是人（P）与环境（E）共同发生作用的产物。每一个心理事件或行为事件都取决于人的状态及环境，人的状态及环境构成了人的心理场（psychological life space），即一个人在某一时间内的行为所由决定的全部的事实。按照勒温的理论，在人的心理场域中，没有纯粹的物理、社会与概念事实，存在的是对人们行为产生影响的准物理事实、准社会事实、准概念事实。勒温借用"准事实"这个概念来说明影响人行为的事实并非客观存在的全部事实，而是指在一定时间、一定情境中实实在在具体影响一个人行为的那一部分事实，这一部分事实有时候可能与客观存在的事实相吻合，也可能不吻合。② 勒温的心理场理论让我们认识到研究大学生创业意向的行为转化需要考虑到创业主体的状态及其所处的环境。对于大学生创业群体而言，影响其创业的环境主要有行政环境、教育与培训环境、融资环

---

① 罗石：《社会心理学》，北京大学出版社 2007 年版，第 93 页。
② 参见库尔特·勒温：《拓扑心理学》，高觉敷译，商务印书馆 2003 年版，第 15 页。

境和社会文化环境。这些环境作用与大学生创业群体，与大学生创业群体的心理场交织作用，成为影响大学生创业意向行为转化的重要环境要素。

（五）认知行为理论

认知—行为理论是在对认知理论和行为理论批评和发展的基础上衍生出来的理论体系。认知—行为理论将认知用于行为修正上，强调认知的重要性和内在认知与外界环境的互动。其中，班杜拉的社会学习理论和托尔曼的“符号学习”理论尤其值得我们借鉴。

美国当代著名心理学家阿尔伯特·班杜拉于1971年提出了社会学习理论，该理论探讨了个人认知、行为和环境因素相互之间的作用对人们行为的影响。事物之间是相互联系的，人们可以通过现实生活中的观察、实践和思考来发现和认识环境事件之间的规律性，从一件事情的发展中预测下一件事情的到来，从而对各种环境事件产生认知期待，并作出期待性反应，即在认知期待基础上的反应。因此，若作为结果的环境事件对主体的认知产生了作用，那么人们就会产生相应的期待性反应，从而促使事件向有利结果的方向发展，趋利避害。人类的认知和行为是一个循环往复的过程，而反应结果主要通过动机功能和信息功能影响着人们的学习。具体到大学生的创业意向行为转化，大学生是通过一定的认知过程学习到创业的相关信息，并在一定的动机作用下作出相应的决策和行动。当大学生创业主体对创业事件的认知期待是积极正面的，创业期待就会大大促进大学生创业意向的行为转化过程，帮助大学生趋利避害，努力实现创业意向的行为转化。而大学生对创业的认知期待往往建立在对社会环境的认知上，当社会环境有利于创业并且有许多人取得成功时，大学生对创业的期待也会更加积极向上。

“符号学习”理论是由美国心理学家爱德华·托尔曼提出的，该理论认为有机体学习的过程即形成“认知地图”的过程，学习的是有关周边环境、目标位置以及达到目标的途径和手段的知识。托尔曼将有机体对环境的认知用“符号”来表示，而对符号意义的认知则是关于目标及达到目标的途径和手段的意义的知识。学习达到目的的符号及其所代表的意义就是“符号学习”。托尔曼运用期待、位置学习和潜伏学习等概念和相关实验分别对他的认知学习理论进行了证明。期待指的是有机体对于未来事件的假设或信念，托尔曼用来解释有机体学习的核心概念就是“期待”。他认为有机体在学习过程中所习得的不是连贯的动作反应，而是关于它周围的环境、目标的位置，以及达到目标的途径手段的知识，从而使有机体形成“认知上的期待”，实现支配有机体下次活动方向和强度的目的。托尔曼根据认知水平的不同，将期待划分为记忆性期待、感知性期待和推理性期待三种类型。记忆性期待，指有机体根据以往经验而产生的对将来相关事件发生可能性的期待。感知性期待，指连续不断的、同时存在的目标物的直接刺激所引起的内在期待，对个体行为具有一定的调节作用。推理性期待，指由推理方式引起的期待，是以往经验和目标物的当前刺激综合作用使有机体产生的对未来事件的期待。这些期待形成了个体生活的经验，并构成了相互联系的关于周围世界的知识系统，即认知地图。对于大学生创业意向的行为转化而言，认知地图能使大学生在以往经验和现实情况的综合影响下作出对于未来的合理推测，是大学生创业意向行为转化的必要思想基础。有机体的学习本质上是位置学习。有机体在习得关于目的物意义的同时，也习得关于刺激情境的意义。学习者根据对刺激情景的认知，在选择点建立一个完整的“符号—格式塔”模式，而这种模式是学习者在环境中的“符号”和“推理性期待”中习得的，在学习过程中有机物需要针对环境的性质特点来调整自己的行为，而明确的目标可以给学习者带来巨大的行为驱动力。因此，在大学生的创业意向行为转化过程中，明确的目标以及实现目标所需要的方式和手段对于大学生成功创业有巨大的指向作用。潜伏学习是指有机体在没有强化条件下的学习过程。虽然该学习的结果并不显著，但一旦受到强化，就会产生操作的动机，结果就会通过操作而明显地表现出来。人们总是生活在一定的环境之中，无论人们是否刻意地学习，环境总会使人们在不知不觉中学到一些东西，而这种学习的过程是潜移默化的。因此，就大学生创业意向的行为转化而言，营造有利于创业的文化环境对大学生的成功创业具有重要意义，文化影响一旦与大学生的创业意向相触碰并得到强化，那么其发挥的作用及效果就会显而易见。

（六）行为执行意向理论

“行为执行意向”是行动阶段模型中的核心概念，该模型由海克霍森（Heckhäusen）和高尔威泽（Gollwitzer）于1987年提出。行动阶段模型指出，目标的追求过程可以分为四个阶段：前决策阶段、前行动阶段、行动阶段、后行动阶段，在每个阶段人们都面临着不同的任务，行为执行意向是其中非常重要的一个阶段，处于前行动阶段。为了更精确地解释目标实现过程，学者高尔威泽于1999年提出了“行为执行意向”作为行为意向与行为之间的中介变量。已有研究表明，行为执行意向是更接近实际行为的预测变量。执行意向，又称“如果—那么”计划，也有学者翻译为实施计划，它说明了情境因素对预期行为的促进作用，其主要包含特定的情境线索、合适的目标导向反应，其中“如果”成分与情境线索有关，“那么”成分与目标导向反应有关，执行意向将二者关联起来，关联度越强则个体付出实际行动的可能性越强，这可能是清晰的目标对行为起到了激励作用。“高尔威泽在研究行为执行意向时所采取的形式为：如果我遇到情景线索Z，那么我将执行目标行为Y。基于此，研究发现执行意向呈现如下特征：第一，它增强了个体的行动控制；第二，它显示个体自动面对目标冲突的倾向性，即个体自动对多个目标导向行为进行价值排序，然后做出行动的心理倾向；第三，它使个体的具体行动计划与情境线索相匹配，促进了其行为意向。”①

---

① 王林、时勘、赵杨：《行为执行意向的理论观点及其相关研究》，《心理科学》2014年第4期。

行动阶段模型帮助我们更加深入地了解大学生意向行为转化的阶段性发展，大学生只有完成每一阶段的任务才能进入下一阶段，而行为执行意向对我们理解大学生行为意向转化这一过程提供了更为精确的预测变量，也帮助我们在一定程度上解释了具有高创业意向的人却未必会切实创业。有许多人仅仅将创业停留在观念阶段，尚未形成创业的执行意向，对创业活动未形成合理的规划，而相比较而言，具有创业执行意向的主体则更有可能将创业意向转化为行为。首先，执行意向增强了创业者对自身的行动控制；其次，执行意向帮助创业者在面对与创业目标相冲突的目标时，可以根据价值对目标进行排序形成一定的创业心理倾向；最后，执行意向使创业者的创业计划与创业情境线索相匹配，促进了创业行为的实施。

二、大学生创业意向行为转化的内在规定

大学生创业意向本质上是大学生中的潜在创业者对从事创业活动与否的主观态度。“态度”是社会心理学较为核心的概念，甚至可能是美国社会心理学中最有特色、最不可缺少的概念。① 但在实践过程中，一些社会心理学家通过实验发现态度对行为的预测率并不高，态度和行为是否一致、如何保持一致成为人们质疑的重要问题。将这一问题投射至大学生创业意向的问题域中，态度与行为的一致性难以确认使大学生的创业意向行为转化更加具有不稳定性。据调查，当前我国大学生创业人数不到毕业生人数的1%②，远远低于本调查中显示的具有高创业意向水平者的比例，可见，大学生从形成创业意向到实施创业行为具有许多阻隔，大学生创业意向行为转化往往是创业态度外化为创业行为的质的飞跃，是主客观因素

① 参见全国13所高等院校《社会心理学》编写组：《社会心理学》，南开大学出版社2008年版，第134页。

② 参见周石、吴映雪：《多方营造大学生创业良好氛围》，《中国教育报》2013年1月7日。

复杂作用的结果，更是大学生创业主体追求卓越实现自我价值的活动。

（一）创业态度外化为创业行为的质的飞跃

"质"与"量"是规定和描述事物性质与状态的基本范畴。"质"指的是事物是其所是的本质规定，"量"是表现事物本质规定与现实状态的现象、要素、结构和功能的集合体。任何事物的发展演变都是经由量的积累和改变而指向质的飞跃的过程。同样，大学生创业意向向行为转化实质上就是大学生有关创业的态度倾向转变为具体创业实践的质变过程，即由潜隐性的创业倾向变成现实性的创业活动的过程。在这一过程中，学生对创业项目、创业前景以及自我创业能力进行评估和认知，并以此为基础而形成创业态度，即学生从事创业活动的主观倾向性逐渐转变为现实创业行为，也就是认识论讲的认识向实践的飞跃过程。从这个意义上说，大学生创业意向向行为转化实质上就是大学生创业态度转化为创业行为的质的飞跃。具体而言，可从以下三方面予以论析。

第一，创业意向首先是表征大学生是否愿意创业的主观态度。所谓态度就是人们所持有的对特定对象的稳定的心理倾向，具有情感、认知和行为倾向三种成分。就态度自身而言，态度三种成分之间的协调性以及态度的强度直接影响了态度的稳定性，进而也影响了态度的行为转化。因而，大学生创业主体要进行创业的前提必然是形成稳定的、高强度的创业意向，从情感、认知和行为倾向三个方面对创业活动形成积极、良好的评价。在情感上，表现为喜欢创业，饱含创业热情；在认知上，则表现为对于创业活动有较为全面、清晰的认识，了解创业项目、创业前景以及自我的创业能力；在行为倾向上，是指基于情感与认知的提升与表现，对创业活动准备作出积极的反映。

第二，创业行为是大学生基于创业目标而实施的意志行为。行为是人们心理的外部表现活动，人们基于一定目标和动机实施的行为就是人们的意志行为。人们实施意志行为时，一方面要基于一定的目标自觉地组织自己的行为，另一方面要克服为达到目标而遇到的困难。大学生的创业行为不同于人们的生理行为，是基于一定动机和需要，为实现创业目标的有意识、有计划的意志行为，他们不断面临着困难和失败，承担着来自社会、家庭、团队的压力，为了创业成功，也必须经受住种种考验。对于绝大多数大学生而言，囿于个人完成学业的需要，只能为个人创业完成准备工作，只有少数大学生在条件充裕的情况下会进行实际创业，因而，对大学生的创业行为的研究应该既包含大学生基于创业目标采取的准备行为，同时也包含创业实施行为。

第三，创业意向行为转化就是内隐态度变成外显行为的过程。“转化”一词的普遍解释为：矛盾的双方经过斗争，在一定条件下，各自向着和自己相反的方面转变，向着对立方面所处的地位转变。将“转化”一词分开解释则为：“转”是改变对象原来的性质；“化”是将对象变成另一本质截然不同的物类。从意向转化为行为，改变了意向原有的性质而变为具有新的属性的行为。意向与行为具有对立统一的关系，意向是实施行为的一个先决因素。意向的转化，是以意向作为前提和指导依据，将个人的意愿、想法、态度等转换成行为的方式实现或表达出来，进而实现意向与行为的统一。创业意向转化为创业行为，是改变创业意向原有的属性，从意念层面转化为实实在在的行为属性，是将看不到的思想层面的东西转化为看得到的客观存在的行为，是一种创业意向向创业行为质的转化，类似于一种“化学反应”而非“物理反应”，具有不可逆性。创业意向一旦转化为创业行为，创业意向与创业行为之间的转化关系已然完成，创业行为仅可促进和加强创业意向而不可以转化为原有的创业意向，而原有的创业意向一旦转化为创业行为，便已经丧失了原有的创业意向本身，而以一种创业行为的形式出现。因此，创业意向的行为转化是一个由此及彼的单向转化、变化过程，具有不可逆性和唯一性。目前，对于创业意向的行为转化研究较少，多为创业意向与创业行为的影响因素研究。本研究在前文已经对于创业意向和创业行为关系、内涵的界定和分析进行了较为全面和翔实的论证。综上所述，这里我们对创业意向的行为转化进行了如下定义：大学生创业意向的行为转化是指大学生个体在创业环境和氛围中，形成了一种明确的对创业的肯定和向往的心理状态或态度，为实现心理状态或态度与行为的和谐统一，在时机成熟的时刻采取的一系列创业行为的过程。

（二）主客观创业因素综合作用的复杂过程

行为的发生与变化既取决于社会成员内在的主观意向，同时也取决于外在的影响因素。一种主观意向能否成功转化成为行为，一方面取决于个体意向是否坚决、是否能够上升成为意志或信仰；另一方面，也取决于心理环境甚至外部环境中各种要素能否对主观意向形成积极作用。简言之，意向能否转化成为行为绝不仅仅是一个线性的转化过程，更是一个由多种要素交织作用、影响的复杂过程。聚焦至大学生创业意向的行为转化，由于创业过程既有的特殊性、大学生群体的特殊性，创业行为的形成过程显得更为复杂。这一复杂性主要体现在以下三个方面。

第一，影响因素的复杂性。影响创业意向行为转化的因素主要分为三类：创业意向自身因素、创业者个体因素、创业者主观体验和情境的交互影响。创业意向自身因素是指创业意向的强度，高创业意向可以帮助创业者抵御部分消极因素，更愿意提取与其创业意向一致的信息。

创业者个体因素是指创业者对创业活动的情感、对创业的认知、所具备的创业人格以及创业能力。首先，当创业者对创业活动有积极的情感时，他可能更愿意去尝试创业，而这种积极情感的获得有很多途径，有家庭的原因，例如父母是从商的，有学校的原因，例如在学校的创业大赛中获得了良好的创业体验，也可能是大学生对某个创业者的崇拜，如马云、比尔·盖茨等。其次，创业者对创业的认知是基于创业活动与他自身需求的匹配度，也就是说，大学生认为通过创业可以满足自身的某种需求，例如财富、地位的需求等，而对需求的满足往往就成为创业者创业的动力。

再次，创业者在创业活动中必然要具备与该活动相匹配的人格特质，一般而言，大学生要创业必须具备自主创业的需要和热情、独立创业的信心和勇气、耐挫冒险的意志和性格、团结合作的品质和精神①，只有具备这些品质大学生才会勇于创业、乐于创业、善于创业。最后，创业者必须要具备从事创业活动的相关能力，创业能力主要是指从事某项事业、企业、商业规划和活动的知识、技能和能力。当大学生具备了积极的创业情感、持续的创业动力、健全的创业人格以及创业所需的能力时，也就具备了创业意向行为转化的良好的个人因素。

主观体验和情境交互影响是指大学生感知到的对创业行为的控制和主观规范，即大学生感受到的情境压力。大学生感知到的对创业行为的控制是指大学生根据自己的相关创业经验或者对未来障碍困难的预期来判断创业的难易程度，主观规范则指的是大学生感受到的外界环境给予他的压力，创业者所处的家庭、社会、政策等环境会影响创业者的意向行为转化。在我国，当前高校、社会、国家政策对大学生创业支持力度很大，国家政策的大力支持激发了许多大学生的创业激情。胡宗倩在其论文《大学生创业贷款问题的实证研究——基于对成都市创业大学生的调研》（2010）中指出，当前中国大学生创业的原因之一是政府的优惠政策，例如减免工商注册费用、减免部分税金等。除国家政策之外，社会对失败的宽容度也会影响大学生的创业尝试。大学生无法准确预期其创业结果，社会对创业失败的高包容度会增加大学生的创业信心，从而也会使大学生更加愿意创业。比如，以色列青年之所以积极创业，主要原因是以色列文化对“建设性失败”的宽容，以色列人甚至认为如果不能包容相当数量的失败，真正的创新也就不能实现。② 简言之，对大学生创业失败的宽容可

---

① 参见唐烈琼、吴起华：《论大学生创业人格的基本内涵及培养途径》，《中国校外教育》2009 年第 S3 期。

② 参见丹·塞诺、索尔·辛格：《创业的国度》，王跃红、韩君宜译，中信出版社 2010 年版，第 31 页。

以为大学生提供更多的创业机会。学校的教育环境特别是创业教育会直接催化部分大学生的创业行为，余瑞玲在其论文《对我国大学生创业教育的实证研究——以厦门大学创业教育实践为例》中指出，厦门大学的创业计划大赛激发了一部分学生的创业热情，催生了一些在校大学生的创业公司，还有学生正是在参赛的过程中产生了创业想法，毕业后走上创业之路。家庭环境也是影响大学生创业意向行为转化的关键要素。中国青年报社会调查中心通过民意中国网和手机腾讯网对 13734 人进行的一项调查显示，“66.6% 的受访者认为对大学生创业意愿影响最大的因素来自家庭，58.2%的受访者认为创业大学生最需要来自家庭的资金支持，19.7%的人认为大学生最需要来自家庭的精神支持”①。大学生在创业初期的资金往往来自家庭，家庭对大学生资金上的支持在一定程度上保证了创业意向行为转化所需的物质条件，同时在创业初期遭遇困难时大学生往往容易迷茫，创业过程中并不是一帆风顺的，往往会经历多次失败，家人在情感上所给予的支持往往能成为创业者坚持不懈的力量。同样，家庭的不认可也可能阻碍创业者的下一个步伐。

第二，作用方式的复杂性。影响创业意向行为转化因素的作用方式是复杂的，通常可以分为直接和间接的作用方式、显性和隐性的作用方式、暂时和长远的作用方式。创业意向的强度和创业者的个体因素直接影响到了创业意向行为的转化，关系到创业者主观上是否想创业、愿意创业，而情境因素对于具有不同创业动机的人有不同的影响，例如因优惠政策而创业的大学生政策对其有直接的影响，其他环境则有间接影响。大学生创业意向的强度和创业者的个体因素往往也显性地影响创业意向行为的转化，大学生创业意向的强度关系到创业目标、创业计划的建立，大学生对创业的情感、认知以及自身的创业人格则关系到大学生的创业热情以及对创业

---

① 周易：《66.6%受访者认为家庭因素对大学生创业意愿影响最大——58.2%受访者认为创业大学生最需要来自家庭的资金支持》，《就业与保障》2014 年第 8 期。

活动的坚持。情境因素一方面通过隐性地影响大学生创业意向的强度和个体因素来影响意向行为的转化，另一方面也显性地影响着大学生的创业行为。首先，家庭环境对创业者的影响是潜移默化、深远持久的，父母的性格、家庭的培养方式等家庭因素直接影响到了创业者的性格和能力，进而也影响到了创业者所从事的一切活动，同时家庭的经济状况以及家人对创业的支持与否直接显性地影响了大学生的创业行为。其次，学校创业教育一方面促使部分学生直接创业、影响着部分学生的未来创业；另一方面，创业教育也在塑造着大学生的创业人格、培养大学生的创业能力。再次，社会为大学生提供的资金可以帮助部分大学生直接创业，同时社会对失败的宽容度一方面显性地提升了大学生的创业信心，另一方面也隐性地影响了更多大学生对创业的情感、认知和人格。最后，政策的出台和变化显性地影响到许多大学生的创业行为，同时也激励更多的大学生形成创业意向。在影响大学生创业意向行为转化的众多因素中，创业者的个体因素和创业意向的强度对创业行为产生长远的影响，影响着创业意向行为转化的整个过程，而情境因素则较为复杂，既有对创业者个体影响较为长远的情境因素，例如家庭环境，同时也有对创业者个体具有暂时性影响的情境，例如政策。

第三，作用效果的复杂性。影响因素对不同的创业主体、创业项目的作用效果不同。一般而言，创业者的创业意向强度和创业者的个体因素在创业意向行为转化的过程中始终占有重要的分量，但是对于不同的创业者和创业项目而言，家庭、学校、社会、政府四种环境因素的影响效果是不同的。由于创业者、创业项目的差异性，影响创业意向行为转化因素的作用效果具有复杂性。当创业者要从事的创业项目与父母的职业较为相关时，家庭因素在各影响因素的效果中会比较显著，例如当一个大学生想要创业开办一家小型的室内设计公司时，如果该大学生的父母从事的是建筑业，那么父母的人脉无疑会为他提供较大的帮助，此时家庭因素影响较大；如果父母职业与该创业项目无关，家庭因素的影响可能会相对减弱。

同样，如果大学生主要依靠学校的创业平台进行创业，那么学校环境则是作用于大学生创业意向行为转化过程的重要要素之一。

（三）大学生追求卓越实现自我价值的活动

价值是主客体之间的一种效益关系，是客体对主体需要的满足。人的自我价值实现则是人将自己的需要与他人、社会的需要结合起来，通过实践活动既满足他人的需要，也满足自身的需要。根据麦可思研究院发布的2015年就业蓝皮书《2015年中国大学生就业报告》显示，选择创业的应届大学生比例持续上升，而这些大学毕业生创业的主要动因是“理想就是成为创业者”、“有好的创业项目”，其中属于机会型创业的毕业生占创业总体的85%。越来越多的大学生通过创业实现自我价值，这一方面是由于我国创业氛围越来越浓厚；另一方面是因为创业作为一项实践活动，与大学生自我价值的实现具有独特的契合性。这一契合性主要体现在以下三个方面。

第一，人生价值观的未完成性需要实践的检验与塑造。大学生处于世界观、人生观、价值观形成的最后完成阶段，在这个阶段学生为了形成自己的价值观必然需要在实践中进行检验。检验的过程就是要把自己脑海中通过教育和社会影响形成的各种观念在实践中检验其正确与否、适当与否，检验结果合理的，大学生可能就予以坚守，不合理的就予以剔除，因此检验过程就是塑造的过程。当前对于大学生而言，随着国家对创业活动的大力支持、社会舆论越来越强，大学生创造精神越来越好，创业活动是他们检验和塑造价值观的重要路径。通过创业活动，大学生不仅可以检验其价值观、人生观正确与否，还能将自我的价值和社会的普遍价值相结合，创造属于自己的非凡人生。

第二，青年独特的创造激情与创新精神需要外化为具体实践。众所周知，青年孕育着民族和国家的希望，青年的创造精神决定着国家的创造实力。我国的青年具有丰富的创造激情和创新精神，他们的创造激情和创新精神不仅体现在学业学习上和日常活动上，同时还体现在对自己未来人生的规划上。而大学生的创新创业是立足当下指向未来，立足学生的学业指向学生未来社会化发展的一项活动，因此进行大学生创业意向行为转化就可以使得大学生将自己的创造激情和创新精神有效地转化为实践，将沸腾不已的创造热情变成扎扎实实的创业实践，将自己高昂的创新精神变化为真实的创业结果。因此，大学生创业意向行为转化是学生创造激情和创新精神具体外化的一个最好途径。

第三，将自我价值与大众创业万众创新相结合的客观需要。马克思曾经说过："人的本质不是单个人所固有的抽象物，在其现实性上，它是一切社会关系的总和"①，因而一个人要想实现自我的人生价值必然要将自我的价值和他人的价值、社会的价值统一起来。当前我国大力推行以大众创业、万众创新为核心的转型发展时期，在这一时期需要呼唤有万千创业精神的人进行创业实践活动从而实现国家经济的提质、增效和转型。新时期的大学生应该立足这一时代背景，自觉地将自己的人生价值与大众创业、万众创新的时代要求相结合，在创新创业的时代浪潮中实现自我的人生价值，确证自我的价值方位，增进自我的价值认知和价值自觉。因而，大学生创业意向行为转化是大学生的自我价值和国家战略有机结合的有效途径。

第二节　大学生创业意向行为转化的过程分析

如前文所言，大学生创业意向的行为转化是一个复杂的过程，这一过程的展开是由各影响要素依据一定的机理与规律，相互作用、相互影响而产生的。因此，要科学认识大学生创业意向的行为转化过程，就要正确认

---

① 《马克思恩格斯选集》第1卷，人民出版社2012年版，第135页。

识大学生创业意向行为转化的基本要素，厘清要素之间的相互作用方式，明晰创业意向行为转化的发展阶段，准确把握大学生创业意向行为转化的基本规律。大学生创业意向行为转化的过程系统图，见图 5-1。

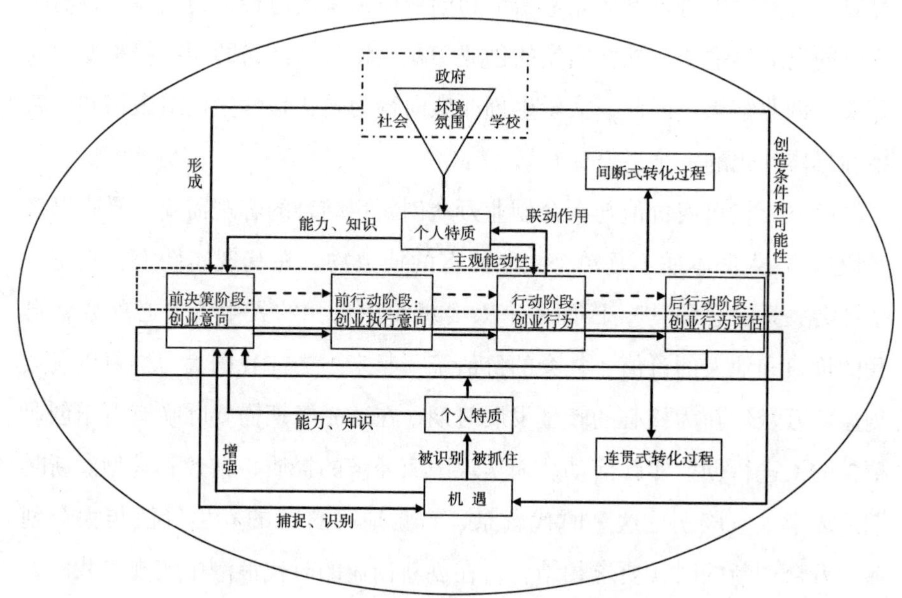

图 5-1　大学生创业意向行为转化过程系统图

大学生创业意向行为转化的过程系统主要由创业意向、创业行为、大学生个体特质、学校—社会—政府构建的氛围与环境、机遇五项基本要素构成。其中，学校—社会—政府构建的创业氛围与创业环境是整个系统的出发点，是大学生创业意向行为转化的大背景，在这个大的背景下，产生了各种创业资源、创业机遇、创业空间，为更多的大学生提供接受创业教育的机会，塑造大学生的个人特质，促进大学生创业意识的不断积累，为实现大学生创业意向的行为转化创造条件。而在环境氛围、个人特质以及机遇作用下形成的创业意向在向创业行为转化的过程中，有两种途径：一种是连贯式的转化过程（系统模型中实线箭头），另一种是间断式的转变过程（系统模型中虚线箭头）。连贯式的转化过程，是创业意向比较明确，在行为转化过程中大学生个体辨别和抓住了合适的创业机遇，充分发挥了个体的主观能动性，实现了创业意向到创业执行意向最终到创业行为的顺利、流畅转变。间断式的转化过程，一般不具备合适的创业机遇，创业意向的行为转化是在创业意向积累到一定程度的“质变”需要，但这个过程存在不稳定性。大学生个体的主观能动性、人格特征和个体受外部大环境的影响会直接干扰创业意向行为转化的运行方向，使得大学生创业意向的行为转化之路充满阻碍从而会出现转化进程中断的情况，但经过调整之后大学生创业主体仍然会继续转化的进程最终实施创业行为。

一、大学生创业意向行为转化过程的要素构成

大学生创业意向行为转化机制是大学生的创业意向逐渐向创业行为转化的过程。掌握转化系统中的各个基本要素，是准确把握运行机制的基本前提。从行为转化的过程而言，既涵盖了亟待产生行为转化的创业意向、转化后形成的创业行为，也涵盖了转化过程中发生影响的大学生个体特质、外在的环境氛围以及发展机遇等等。从这一维度看，我们认为，大学生创业意向的行为转化机制主要包括五个方面。

（一）创业意向

意向指心理活动的指向性，包括注意、欲念、意图、情绪、意志等。意向分为两种：第一种是肯定或正向意向，即对某客观事物的接近、取得、保护、接受、助长等；第二种是否定或负向意向，即对某客观事物的避开、丢弃、反对、破坏、限制、消灭等。我们所研究的创业意向是肯定的、正向的创业意向，是指个体从主观意愿方面期待创业行为的实现，即乐于实施创业行为，开展创业活动。创业意向的行为转化过程是由创业意向向创业行为的转化，是由一个主体向另一个主体的转化过程，是“双主体”转化过程，因而创业意向是整个创业意向行为转化系统中的一个

重要主体。从创业意向的形成来源上分析，创业意向的种类可以分为三种：一种是受外在的大环境、成长环境和创业教育等的长期熏染而逐渐形成的个体的创业意向。这种创业意向的深刻程度、持久程度受“大学生创业意向维度结构模型”中“可行性”要素的影响较大，它会随着外在影响程度的增强或减弱而随之同向增减，也会在对创业“可行性”维度的判断基础上产生改变。例如，会随着创业意向的逐渐增强而最终促成创业行为的转化，也可能会出现创业意向减弱甚至最终消失导致创业行为转化的无法实现。另一种创业意向则是由于个体差异所造成的、受个体特有素质影响形成的固有创业意向。这种创业意向一般存在正向比较稳定的特点，即易受外界环境正向的增强，很难受外在环境的负向减弱而消亡，而且这种创业意向易受“大学生创业意向维度结构模型”中“希求性”要素的影响，即受个体对“物质性”的追求、对“控制感”的渴望、对“成就感”的肯定、对“创新性”的热爱，在“希求性”中各要素一般受人的人格特质等方面的影响，一般很难改变。因此，这种固有的创业意向具有相对较强的稳定性，也更容易转化为创业行为。第三种创业意向是属于受绝对外缘随机影响而致使个体面临极好的创业机遇，在没有创业意向（没有思想准备）的情况下，产生了短暂、即时的创业意向，这种创业意向在很短的时间内实现了创业行为的转化。

（二）创业行为

创业意向行为转化系统中的另一重要主体便是“创业行为”。行为指“有机体在各种内外部刺激影响下产生的活动。根据产生的原因，可分为与生俱来或以先天遗传为主的本能行为和后天习得或以后天习得为主的智能行为，社会心理学则从人际交互的角度研究有机体行为和群体行为的心理机制”①。创业行为属于以后天习得为主的智能行为，是受外部环境和

① 《心理学大辞典》（下），上海教育出版社2003年版，第1437页。

人际交往等因素影响而产生的行为。从创业行为的形成状态角度分析，创业行为分为两类：一类可称为“成熟期创业行为”，是成熟稳定的创业行为；另一类可称为“萌芽期创业行为”，是形成中的创业行为。“成熟期创业行为”是经历了由创业意向到创业行为的完整转化，已经度过了创业行为转化的“动荡期”，形成的创业行为处于稳定、不可逆的状态。“萌芽期创业行为”处于创业意向向创业行为转化的中间过程，易受外界环境和个体特质等因素的影响，具有不稳定性和反复的可逆性特点。如当外界环境等条件充分时，大学生创业意向的行为转化系统启动，并进入转化过程；但是在过程中，创业意向还没有完全转化与行为化一，一旦大学生的创业意向在这个时间段出现在“可行性”、“行为倾向”、“希求性”的某一方面作出的固有判断出现减弱，则会立刻降低大学生的创业意向，造成创业意向的行为转化过程中的“动力不足”，从而出现“萌芽期创业行为”的“回转”、“倒流”情况，即恢复到“创业意向”状态，且该种创业意向较“回转”以前分值降低（因为在转化过程中产生了“消减”）。“萌芽期创业行为”一般较少存在外部机遇的影响，属于从创业意向“量变”到创业行为“质变”一般规律的演进过程，因而，一旦创业意向前期的“量变”积累的不稳固，便容易造成后面创业行为“质变”的中断，而不像具有机遇作为良好外部保障的创业意向，能够较为顺利地、快速地实现创业行为的转化，不存在“萌芽期创业行为”阶段。

（三）个人特质

个人特质指“某个特定的个体所具有的特质”①。个人特质是创业意向行为转化运行系统中的关键要素，对整个创业意向行为转化过程起着决定性作用，没有个体特质的影响便不会有创业意向行为转化的产生，因此个体特质是确保整个转化系统顺利运行的充要条件。大学生个体是整个创

① 《心理学大辞典》（上），上海教育出版社 2003 年版，第 407 页。

业意向行为转化系统中十分关键的要素，也可以抽象地界定为是实现行为转化的“过程载体”。没有大学生本身，也就无从谈起“创业意向”和“创业行为”，二者更无从“转化”。大学生个体不仅为创业意向的行为转化提供“场所”和“条件”；同时，不同个体的个人特质和特征也直接影响和创业意向的行为转化过程。其中，“自我监控”、“自我效能”、“知识和能力”以及“情绪”是对于行为转化过程影响最紧密的四个方面。

第一，自我监控。自我监控是指“个体对自身的监督和控制”，在这里主要突出控制的重要意义。个体控制指“个体能自由选择目标行为、充分理解自己所处的情景、掌握一定信息、在某种程度上能控制事情发生的感觉。对个体的心理和行为有重要影响”①。创业意向行为转化过程中，自我监控对转化的完成起到“力”的作用，较高的自我监控能力能够促进创业意向行为转化进程，而较低的自我监控能力则会阻碍和减缓创业意向行为转化进程。大学生的自我监控能力体现在行为转化过程前和转化中两个阶段。在行为转化过程前，是大学生创业意向的积累阶段，“希求性”、“可行性”、“行为倾向”三个维度的分值处于增长的趋势中。自我监控能力高的大学生，容易在“希求性”维度上坚定信念，从而提升意向；容易在“可行性”维度上提升信心，作出更加积极的自我肯定和乐观的判断；容易在“行为倾向”维度上作出更多的创业行为转化的准备，从而提升创业行为转化的可能性。在创业行为转化过程中，自我监控能力高的大学生，面对挫折、困难和突如其来的问题，能够表现出较强的抗压能力和冷静的思考能力。而自我监控能力低的大学生，在创业行为转化过程前的创业意向积累过程中，在“行为倾向”维度的分值提升一般较难实现和维持，而且由于自我监控力低，往往对自身容易作出不自信的判断，因而在“可行性”、“希求性”方面作出的判断较低、表达的愿望相对欠强烈（情绪消极），进而创业行为转化的可能性便低，略显“动力不

① 《心理学大辞典》（上），上海教育出版社 2003 年版，第 409 页。

足”。同时，这种“动力不足”造成的后果便是在进行创业行为转化的过程中，容易出现“反复”的现象，即一旦遇到挫折和困难，便显示出意志不够坚定、克服困难的决心不够强烈的情况，容易退缩，从而提升了创业行为转化的困难程度，影响创业行为的产生。

第二，自我效能。自我效能指“个体对自己的行为能力及行为能否产生预期结果所抱有的信念。是自我系统的一部分。主要来源于个体的成败经验、替代经验、言语劝导以及面临某一任务时的身心状态。能使人充分、有效地组织和执行某些行动以应付情境中的诸问题，不仅决定个体是否愿意从事某项任务，而且影响其工作的成绩。自我效能高者，对自己完成任务的能力充满自信，在行动中预期成功；面临困境和挫折，能作持久的努力，克服困难，实现预定目标，由此进一步提高自我效能。自我效能低者缺乏自信，面对困境和挫折，不做更多的努力与尝试，使行为失败可能性增加，产生沮丧、抑郁、自责、无价值感等消极情绪和防御性行为，由此进一步降低自我效能”①。大学生的自我效能对于创业意向的行为转化的影响极为关键。这里所指的自我效能主要是个体结合个人的经历对自我能力的判断，是个体自信度的一种体现。个人经历与创业意向的行为转化关联度极高。例如，接受过系统创业教育的大学生在创业意向方面会更加强烈，通过学习了解和掌握的创业方面的知识和理论更为丰富，从而增加自身实施创业行为的自信心。同时，由于在接受创业教育过程中，必然会经历一些创业实践等活动，对于创业活动的认识更为深刻、全面和理性，对于创业风险性更加具有预见性并具有相对充分的心理准备，因而在创业行为的转化过程中，容易抵御外来的困难、挫折等影响因素。另外，有过创业经历的大学生，在新一轮的创业意向行为转化过程中具有更加强的掌控能力、规避风险的能力等。首先，通过之前的创业经历，更加了解社会、了解市场、了解创业本身；其次，在上一次的创业过程中，个人对

① 《心理学大辞典》（下），上海教育出版社 2003 年版，第 1775 页。

于社会地位、经济待遇、职业压力等外部“显性”因素认识得更为深刻，会增加对于物质性、控制感、成就感等方面的追求和渴望，从而增强“希求性”维度的分值，促使大学生创业意向明显高于没有过创业经历的大学生；再次，在创业行为转化过程中，对于可能出现的困难和问题，有过创业经历的大学生更加有预见性，抵御困难和风险的能力明显增强，更加有利于创业行为的转化。

第三，知识和技能。知识指“客观事物的特征与联系在人脑中的能动反映，是客观事物的主观表征。属于认知经验。在主客体相互作用的基础上，通过人脑的反映活动而产生，是主客体相统一的产物”①。技能指“个体通过练习形成的合法则的操作活动方式。包括为顺利完成某种操作活动而按一定方式组织起来的肢体动作系统以及为完成某种认知活动以一定程序组织起来的智力动作系统”②。知识和技能都来源于社会实践，是人对于事物的熟悉程度和认知程度。具备创业知识和技能的个体在面临创业机遇的时候，更加具备辨别和抓住机遇的能力，对于实现创业行为转化具有十分关键的影响作用。笔者搜集和分析过很多创业者的案例，案例显示，固然创业意向是创业行为的最好预测指标，是了解创业行为的中心点，大部分创业意向高的大学生其创业行为转化的可能性越高，但是，我们也发现有部分非常成功的创业者在创业初期的创业意向并不是很强烈，而促成实现创业行为转化的是由于辨别和抓住了一个良好的创业机遇。辨别和抓住机遇的能力属于一种稀缺能力，并不是每一个人都具备的。极少部分大学生天生具备辨别机遇、抓住机遇的能力，这些人在智商、情商和意志品质方面卓越，在获取创业知识和技能方面有先天的优势。另外一些大学生，由于实践阅历相对丰富、掌握的知识和技能较为广泛和扎实，因而具备识别机遇的眼光，能够在合适的时机抓住机遇。还有一部分大学

① 《心理学大辞典》（下），上海教育出版社 2003 年版，第 1682 页。

② 《心理学大辞典》（上），上海教育出版社 2003 年版，第 553 页。

生，空有一腔创业的热情和抱负，但由于缺乏足够的创业知识和能力，无法适时地辨别和抓住机遇，在创业项目的选择上缺乏“眼光”，往往选的项目不好，创业结果更是差强人意。如遇到一个“夕阳项目”进行创业，虽然创业意向完成了向创业行为的转化，但这种行为的转化结果是不乐观的、是不被提倡的，这种创业的结果也往往以失败告终。因此，具备充足的创业知识和技能是使个体具有辨别和抓住机遇能力的先决条件，将直接影响创业意向行为转化的数量和质量。

第四，情绪。情绪对个体的创业意向的行为转化也起着极为重要的作用。情绪指“有机体反映客观事物与主体需要之间的关系的态度体验。具有独特的主观体验，它不是有机体对现实对象和现象本身的反映，而是由客观现实与有机体的需要之间关系所引起的喜、怒、哀、惧等主观感受”①。情绪一般会直接影响到创业意向是否可以顺利地转化为创业行为。对创业拥有积极情绪的大学生一般创业意向更高，在“希求性”、“可行性”、“行为倾向”三个维度方面表现的分值会明显高于同等情况下情绪消极的大学生，因而对于创业意向的行为转化具有促进和阻碍作用。情绪是大学生创业意向的一个反应，是个体是否愿意将创业意向转化为创业行为的主观感受，尤其对创业意向的“希求性”和“可行性”维度反应较为明显。情绪，是个体结合现实情况与个体需求进行综合分析后的理性判断，对于是否实施创业意向的行为转化起到关键的决定性作用。同时，个体作出的理性判断的质量也直接关乎创业意向行为转化的结果和质量，即创业活动能否成功以及是否可以持续进行。

（四）环境氛围

创业氛围与环境是创业意向行为转化的基本前提。环境指“围绕个体并对其产生某种影响和形成某种境况的内外界事物。具体指在人的心

① 《心理学大辞典》（上），上海教育出版社 2003 年版，第 945 页。

理、意识之外，对人的心理、意识的形成发生影响的全部条件，包括个人身体之外存在的客观现实，以及身体内部的运动与变化”①。马克思主义哲学认为“物质决定意识”，一个良好的创业氛围和创业环境，决定了更多创业意向的产生。有了良好的创业氛围和创业环境，才为创业行为转化提供了“土壤”。没有良好的创业氛围和环境，创业活动的开展无从谈起，创业意向行为转化的现实意义便不复存在。因此，研究创业意向的行为转化必须以良好的、适应的创业氛围与环境作为基本前提，这也是我们研究创业意向行为转化运行系统的重要因素之一。在创业氛围与环境的营造方面，政府、社会和学校起着重要的影响作用。

首先，政府从政策战略角度营造一个鼓励创业、支持创业的氛围，会引导各地方政府积极采取措施为大学生创业提供方便。如建立完善的帮扶体系、提供更多优质的创业项目、行政部门为大学生创办企业开通“绿色通道”简化办理程序、提供“低门槛”的小额贷款、提供优质的创业培训、建立大学生创业孵化园区等措施，为大学生创业创造绝对良好的环境和氛围，最大限度地减少行为转化过程中出现的阻碍和困难，促进创业意向的行为转化。此外，国家政策的导向会吸引一批优秀的学者、人才等到参与创业、研究创业的队伍中来，从而为更多的大学生创业意向的行为转化提供理论保障和服务保障。

其次，社会在为大学生创业意向的行为转化营造氛围、创造环境方面也起着至关重要的作用。例如，社会方面提供更多的天使基金、创业项目为大学生创业意向的行为转化提供机遇，开放的市场环境、发达的金融环境为大学生创业意向的行为转化提供“广阔的空间”和“肥沃的土壤”。整个社会对于创业的鼓励和开放，会逐渐改变中国社会大众对于创业的固有态度和看法，随着整个社会创业意识的浓厚，人们对于创业也会逐渐形成“祝福成功，宽容失败”的社会氛围，这对于大学生创业意向的行为

① 《心理学大辞典》(上)，上海教育出版社 2003 年版，第 498 页。

转化起到了积极的“助力器”的作用。

再次，学校创业氛围和环境对于大部分大学生创业意向的行为转化起到了极大的影响作用。一方面，学校系统的创业教育促成了大学生创业意识的萌发、创业意向的逐渐形成和增强；另一方面，创业教育所讲授的创业知识、创业理论以及提供的创业实践平台，为大学生创业意向的行为转化提供了必备的前提和基础，没有创业教育的这番前期的积累，创业意向的行为转化就如无本之木、无源之水，无从存在，更无从发生。

由政府、社会和学校共同作用营造的氛围和环境是大学生创业意向行为转化的根本要素，没有这三方共同营造的创业氛围和创业环境，创业意向的产生很难，创业意向的持续积累和不断加强很难，创业意向的行为转化也会遇到重重困难甚至根本无法实现。同时，创业氛围和环境又为创业意向的行为转化提供机会、创造更多的机遇，而机遇又是促成创业意向行为转化的决定性要素，因此创业的氛围和环境是创业意向行为转化的基本要素。

（五）机遇

机遇指“有利的机运、机会和境遇”①。概括来说，机遇一般被认为是“契机、时机或机会”，通常也被理解为是“有利于开展某项活动的条件和环境”。机遇通常具有时效性，受时间、地点、人等多方面因素的共同影响；缺少任何一个因素，机遇便缺失了其原有的意义，无法实现其可能会发挥的作用。首先，机遇是大学生创业意向行为转化过程中的关键要素，为创业意向的行为转化提供关键契机。很多创业意向的行为转化是在机遇的条件下促成的，否则，创业意向的行为转化过程无法实现。机遇为创业意向的行为转化提供了合适条件，促成了创业意向行为的转化。其次，机遇对创业意向的行为转化起到“催化剂”的作用，但是其出现受

① 《当代汉语词典》（国际华语版），商务印书馆国际有限公司2008年版，第805页。

外部环境影响较大。机遇在整个创业意向行为转化系统中的重要地位，源于其产生常基于在政府、社会和学校影响下营造的氛围和环境，它是“时代的产物”，是在良好的创业氛围和创业环境产生的背景下而产生的，具有先天促成创业意向行为转化的优势和能力。当然，机遇这种“催化”创业意向的行为转化功能发挥，还需要借助创业者个人是否具备识别机遇、抓住机遇的能力。因此，机遇具有潜在性，需要被识别和挖掘。最后，机遇对个体的创业意向具有促进作用，促成创业意向行为转化的发生或为更多潜在的创业意向的行为转化提供前期铺垫。机遇能够促进创业意向的加强，激发大学生个体的主观能动性，提升自我效能，从而推动大学生主动地促成自身创业意向的行为转化，使更多的创业意向变为实实在在的创业行为。因而，机遇是创业意向行为转化过程中的重要要素。

创业意向行为转化系统中的各个基本要素不是独立存在的，而是互相影响、互为作用，从而构成一个完整、健全的行为转化系统。

二、大学生创业意向行为转化过程的阶段划分

大学生创业意向行为转化过程既不是一个一蹴而就的瞬时性过程，也不是一个毫无逻辑可言的杂乱性活动。整体来看，大学生将内在的心理倾向性外化成为一定的行为大致经历了准备—规划—筹备—执行这一系列过程。因此，根据前文所建构的创业意向行为转化过程系统（见图 5-1），我们认为，创业意向行为转化大致需要经历前决策阶段、前行动阶段、行动阶段、后行动阶段四个阶段，这四个阶段按照时间先后顺序线性排列，构成了大学生创业意向行为转化的整个过程。

（一）前决策阶段：创业意向

马克思主义认为，人的活动与动物的活动具有根本性的区别，而这一区别体现在人的活动是人们的意志和意识的对象，是人的意志行为，在人

们实践以前，实践的结果就已以目标的方式存在于人的头脑之中。创业作为创业者的意志行为，在创业者从事具体创业活动以前，关于创业的目标意向就已存在于创业者的脑海之中。在社会心理学中，形成目标意向的阶段被称为前决策阶段。根据计划行为理论，大学生创业意向的形成主要受三个因素影响：创业态度、主观规范和知觉行为控制。由于大学生的创业行为并非简单的刺激反映行为而是有目的、有计划的自主性活动，因而大学生的创业意向要转化为创业行为的前提就是大学生拥有较强的创业意向。较强的创业意向形成则至少需要具备三方面条件：第一，大学生创业主体对创业有一定的了解并对创业活动有积极的态度；第二，环境与氛围对大学生创业活动持认可赞同的倾向，这一倾向主要从大学生的重要他人，如家人、朋友、老师甚至于他所崇拜的人对创业活动的态度来体现；第三，大学生在对自身能力、资源和创业项目进行简单的评估后对创业前景有信心，相信自己的能力，愿意去尝试创业。在以上三者具备的情况下，大学生就会形成高创业意向。

同时，在不同的环境与个人特质的作用下，创业意向也会有所不同。如前所述，主要分为三种情况：受外在的大环境、成长环境和创业教育等的长期熏染而逐渐形成的个体的创业意向；由于个体差异所造成的、受个体特有素质影响形成的固有创业意向属于受绝对外缘随机影响而致使个体面临极好的创业机遇，在没有创业意向（没有思想准备）的情况下，产生了短暂、即时的创业意向。

（二）前行动阶段：创业执行意向

再远大的目标如果不落实到行为之中只能是空想，因而只有行为与目标一致才能实现理想。但是在社会心理学的研究中发现，目标要有效发挥其指导行为的作用必须要形成一定的计划，即形成行为的执行意向，将目标与现实结合起来。当大学生形成创业意向之后会对创业有更进一步的规划，形成关于如何创业的行动计划，将主客观创业条件进行整合，做好创业的预备工作。创业执行意向使大学生创业主体将创业意向与现实情境联系起来，并对情境进行了预设，一旦相应的创业情境显现创业者就极有可能开始创业。大学生创业主体预设创业情境、为创业做的准备活动包括三个方面：自我准备、对项目的准备、对支撑资源的整合。

自我准备是指大学生创业主体为创业进行的创意准备、能力准备和人格准备。大学生进行创业并不同于继承家业或求职，而是自主从事创新的活动，因而必须有创意，创意往往也是大学生的创业机会。创业作为大学生的自主活动对大学生的能力要求也很高，如果没有足够的能力，大学生创业主体难以应对创业过程中遭遇的种种挑战。大学生的创业人格，基本包括自主创业的需要和热情，独立创业的自信和勇气，耐挫冒险的意志和性格，团结合作的品质和精神①，大学生只有拥有健全的创业人格才能有较强的心理素质去面对各种困难和失败。闫继辰认为，大学生心理准备不足，认识市场、驾驭市场的能力不足是当前大学生创业的难点②，较为完善的自我准备系统往往是大学生坚持创业和创业成功的前提。创业项目准备是指大学生创业主体在明确创意之后，将自己的创意落实到实践之中，制订自己的创业计划，设计创业项目并进行团队建设，针对创业项目进行调查分析，评估项目前景。资源支撑系统是指大学生创业主体在创业时需要多渠道、多方面的资源来支撑，例如人脉、政策、资金等一系列资源。当大学生的创业主体主观上准备充分，既拥有创意、又拥有健全的创业人格和较强的创业能力，客观条件也较为充分、资源相对充足，同时大学生对自己的创业计划十分清楚并且识别并把握到了创业机会，他们就会开始创业。

大学生创业意向发展为创业执行意向的过程并不是单向度的。当他们未能成功形成创业执行意向时，就会仍然停留在前决策阶段；当他们成功

---

① 参见唐烈琼、吴起华：《论大学生创业人格的基本内涵及培养途径》，《中国校外教育》2009 年第 S3 期。

② 参见闫继辰：《大学生创业的难点与应对策略》，《科技创业月刊》2015 年第 17 期。

形成创业执行意向时，创业意向才能进一步转化为创业行为。大学生创业主体未能成功形成创业执行意向的情况可能有以下三种情况：（1）创业者自我准备不足，在形成创业意向时对自身创业能力认识不清，无法解决创业准备时期的一些问题，例如无法承担外界对其的消极言论，等等；（2）项目准备不足，对自身所要进行创业的行业未形成深刻的认识；（3）资源支撑不充分，创业者未能筹集到足够的创业启动资金、没有协作良好的创业团队、未能积累充足的人脉资源，等等。

（三）行动阶段：实施创业行为

当量变积累到一定程度时就会发生质变，在以上两个阶段中，大学生创业主体已经积累了创业意向行为转化过程中的量的因素。在前决策阶段，大学生创业主体综合考虑自身以及环境因素后形成一定的创业目标；在前行动阶段，他们根据目标制订计划、整合资源以准备实施创业行为；而到了行动阶段，创业主体最终将计划落实到行为之中进而实现创业目标，创业意向最终转化为行为，从而实现内在态度到外显行为的“质”的飞跃。受外在的大环境、成长环境和创业教育等的长期熏染而逐渐形成的个体的创业意向最终在确定的创业“可行性”判断下转化成了创业行为，在个人特质影响下形成的创业意向最终在创业行为中追逐自身的满足感，而在随机偶然中形成的创业意向则迅速地转化成了行为。

与此同时，行动阶段实现的不仅仅是创业意向到创业行为的质的飞跃，更是大学生从认识到实践的一次飞跃。在前决策阶段以及前行动阶段，大学生创业主体处在“认识世界”阶段，为创业活动积累感性和理性认识，而在行动阶段，大学生创业主体则开始“改造世界”，在实践中检验自身认识。首先，大学生检验的是创意、创业计划的可行性；其次，他们在创业行为中检验了创业活动与个人需要、个人特质的契合度，明确认识到个人对创业活动的胜任程度以及创业对自身的满足程度；最后，大学生还在创业活动中检验了自己的世界观、人生观和价值观，大学生通过创业了解到了国家和社会的现实情况，将书本课堂中的理论知识与实践相结合从而更加了解国家和社会的需求，为以后的人生道路规划提供了一定的方向指导。因此，对于大学生这一群体而言，创业意向的行为转化不仅仅是内在心理倾向性到外显行为的质的飞跃，它更是大学生认识到实践的一次重大飞跃，同时也是实践再次提升为认识的基础。

（四）后行动阶段：评价反馈

人们从事一定的活动往往带有目的，会依据一定的标准来判断该活动对自身需求的满足程度，判断客体对作为主体人自身的效用。这一价值判断往往贯穿于人们行为活动的始终，在行为之前，人们会判断某种行为的必要性；在行为之后，人们会反思行为的效果进而决定是否继续或停止某种行为。创业者对待创业同样如此，创业者在创业之后会不断评估自己的创业行为、自己所参与的创业项目，判断自己所从事活动的价值继而决定是否继续该活动。大学生创业主体对自身创业行为的评价往往从物质和精神两个角度；物质角度则指他们是否获得了预期的物质利益；精神角度则指创业者是否实现了个人价值。大学生创业主体基于以上两个角度考量创业行为会形成不同的反馈结果，具体而言有四种情况：第一种是创业主体在评价创业行为之后，认为创业项目未能满足自己精神和物质两方面的需要因而彻底放弃创业这一活动；第二种是创业主体认为尽管未从此次创业中获得满足但并不放弃创业这一选择，而是开始新的创业征程，进而从创业行为的评估阶段又返回到创业意向的形成阶段；第三种是创业主体经过对创业行为的考量认为该活动能够满足自身的需要，进而继续该创业项目；第四种是创业主体经过反思，认为该创业项目在一定程度上满足了自身的需要但更愿意尝试其他创业项目，因而对创业项目的反思最终使创业者返回到形成新的创业意向阶段。

创业行为的评估阶段实质是对目的与手段一致性的评估，创业并非创业者的目的而是创业者实现目的的方式与途径。创业并非是实现人生目的与追求的唯一途径，但只有尝试过创业的人才能真实地了解创业是否是实现目的的最佳途径与方式。阿里巴巴集团的董事长马云提到过他的一个商业使命就是“让天下没有难做的生意”，正是基于这样的目的在互联网时代下他创建了“淘宝网”这一交易平台。马云的创业行为与创业目的在一定程度上是一致的，在对目的与手段一致性的评估之下，他才不断改善淘宝网并引进支付宝平台为“生意”提供更大的便利。大学生创业意向的行为转化也必须经历创业行为的评估阶段，只有经历了这一阶段他们才能对创业、对自身有更深刻的认识，从而才能更加坚定地坚持创业或者选择其他实现人生目的的方式。

三、大学生创业意向行为转化过程的运行机理

一般意义上而言，机理就是由集体内部的活动原理。从系统论的角度来看，由要素有机连接而组成的一个整体就是系统。世间所有的一切事物都以系统的形式存在，从这一角度来看，也可以将有机体理解成为一个系统。落实到大学生创业的问题域中，大学生创业意向的行为准备过程中，各要素之间以及各阶段背后都有其固有规律，在这些机理与规律的作用下，大学生创业意向得以成功转化成为大学生创业行为。

（一）渐进性与突变性并存机理

创业意向的行为转化过程一般具有渐进性特征。创业意向从无到有、从有到愈加强烈、再到愈加坚定，是一个不断累加的渐进过程。从事物发展的一般规律出发，创业意向积累到一定的程度，会实现从意向的量变到行为转化的质变，即从意向转化为行为。大学生随着创业意向的增强，会逐渐坚定其采取创业行为的决心，意向增强到一个峰值的时候，会促使大学生情愿地、主动地去承担创业带来的风险，进而采取创业行为，去“试一试”创业，这也是符合所有创业者所具备的“风险意识”特点。并

且，这个过程也是大学生实现自身意向与行为相统一的过程，满足大学生意向与行为相统一、达成心理内在平衡的需要。与此同时，创业还具有突变性的特征，即受外缘的随机性和偶然性影响，这是创业区别于其他事件和行为的重要特征。创业意向的高低确实对创业行为的实现起到至关重要的作用，但是，在促成创业意向向行为的转化过程中，意外事件、偶然因素往往成为促成创业行为的转化的关键性因素，因而创业行为转化具有突变性特征。在发生意外事件和偶然因素的环境下，创业意向的累积程度往往对创业行为的转化影响度较低，创业意向低的大学生往往由于遇到一个好的创业机遇在很短的时间内实现了创业行为的转化；而一些创业意向很高的大学生因为一直没有遇到合适的创业契机，创业意向没有机会转化为创业行为。因此，在创业意向的行为转化过程中，善于发现机遇、抓住机遇是造成创业行为转化具有突变性特征的重要影响因素。遇到机会、辨认机会、抓住机会的能力是创业意向行为转化过程中的“催化剂”，有了这个“催化剂”能够使创业行为的转化更具有现实性和实效性，让创业意向在“瞬间”转化为创业行为，也就是让创业意向的行为转化成为现实可行的事实，真正实现创业行为的转化。因此，创业意向的行为转化具有渐进性与突变性相结合的特征，没有渐进性过程中的创业意向的积累，突然到来的创业机会也就不会被辨别和抓住，也就不可能实现创业行为的转化；如若没有创业的突变性，即便有长时间、强烈的创业意向的累积，创业意向的行为转化也很难出现。这就决定了创业行为的转化具有渐进性与突变性相结合的特征。

（二）稳定性与反复性同在机理

创业意向的行为转化是一个符合事物发展规律的过程性转化。在创业意向的行为转化过程中，创业意向与创业行为的关系存在一个“你有我无——你强我弱——你我相当——你弱我强——你我化一”的变化微过程，这个微过程由多个“瞬间”在极短的时间内完成，且一旦完成，创业行为已然存在，整个过程便具有不可逆性。因此，创业意向的行为转化具有较为持续的稳定性，这是创业意向行为转化的属性，也是创业行为转化的前提。但是，在这个创业行为转化的微过程中，又存在着创业意向行为转化的反复性，即整个微过程是一个不稳定的转变过程。这个过程分五个小的“瞬间”，第一个“瞬间”是“你有我无”阶段，这个阶段是行为转化的起点，这时候还没有出现创业行为，仅有创业意向的存在，而当前的创业意向会马上开始向行为的转化；第二个“瞬间”是“你强我弱”的阶段，这个阶段创业行为刚刚萌芽，但还处在很朦胧的、似有非有的状态，存在感明显弱于创业意向；第三个“瞬间”是“你我相当”的阶段，此刻是创业意向与创业行同在的混合状态，也是行为转化的中期（成熟期），经过该阶段，创业行为逐渐形成，开始“摆脱”创业意向的“扶持”；第四个“瞬间”是“你弱我强”的阶段，这个阶段是创业行为转化完成前的最后一个瞬间，也是创业意向与创业行为混合存在的最后一个阶段，通过这个阶段，创业意向完全转化并消失，被创业行为所替代；第五个“瞬间”是“你我化一”的阶段，在这个阶段完成创业意向到创业行为的转化。在创业意向的存在条件下，创业意向逐渐实现了向创业行为的转化，创业行为已经产生，转化已经完成，并呈现出一个持续的稳定状态。不过在转化过程的五个阶段中，其中二、三、四三个阶段，即创业行为尚未完全转化形成的阶段，创业意向的行为转化容易出现反复的情况，具有反复性。这三个阶段，创业行为尚未转化形成，外界的因素会造成这个转化过程的“不稳定”，进而会影响行为转化的进行。转化过程中的任何一个阶段一旦中断，便会回到转化的“你有我无”起点，即刚刚出现的创业行为便会从转化过程的成熟期或初期倒退至尚未出现创业行为转化过程的起点——“你有我无”阶段，因而说创业意向的行为转化具有反复性。创业意向行为转化是一个过程，整个转化的趋势是一个稳定的状态，但不可避免地在转化的过程中，会因为某些意外的因素导致创业行为转化出现反复的情况，因而创业意向行为转化具有稳定性与反复性相结合的特征。

（三）主动性与联动性统一机理

个人的主观能动性对于个人作出的行为起着至关重要的影响作用。个人的主观能动性越强，期望和意向越高，发出某种行为的可能性就越强。创业行为在创业意向的引导下而产生，因此创业意向的行为转化受个人主观能动性影响，具有主动性。在社会生活中，个人作为社会中的一个分子，往往会受其他社会角色的影响，或者以其他人的态度、意见、观点和行为作为自身的参照系，来指导自己的思想和行为。从社会心理学的角度来讲，“人们时刻都在比较、学习，试图与他人取得一致的见解、态度，这样就迫使自己采纳其他人的特征、禁律和观点来作为自己行为的佐证”①。创业意向的行为转化同样具有这样的特点。在创业意向的行为转化过程中，个体身边的熟人、朋辈群体等如果出现创业行为很容易带动个体也逐渐产生创业的行为，即个人的创业行为转化很大程度上会受他人创业行为转化的影响，因而，创业行为的转化具有联动性的特点。例如，在我国经济发达、创业氛围浓厚的江浙地区，如温州、杭州、苏州等地，出现创业行为的较多；而在经济欠发达、创业氛围浅薄的中西部地区，出现创业行为的人数便寥寥无几。这说明一个发达的经济环境、良好的市场空间和开放的创业氛围能够极大地促进创业行为的转化，促进创业行为的产生。一批高质量的创业意向的行为转化，更会产生“规模效应”般的创业行为转化，因为一种创业行为的产生需要带动更多的设施、服务等与之配合运作，这就为更多的创业行为转化提供了机会和可能。所以，创业行为的转化就如“多米诺骨牌效应”一样，一个或一批创业意向的行为转化会产生强大的“动能”，这种“动能”会带动更多的创业意向朝着创业行为进行转化，进而形成一股强大的联动之势，带来创业行为转化的“规模效应”。因此，创业意向的行为转化受个人的主观能动性和其他创

---

① 俞国良：《社会心理学》，北京师范大学出版社 2006 年版，第 213 页。

业意向的行为转化的影响，具有主动性与联动性相结合的特征。

第三节　创业教育助推大学生创业意向行为转化的独特优势

路径是到达目的地的路线。大学生的创业意向行为转化是创业意向到创业行为的质的飞跃，因而对创业意向来说，创业行为就是创业意向的“目的地”。而在这一行进“目的地”的过程中，一方面大学生创业离不开政府、学校、社会所提供的物质上和精神上的支持；另一方面，对于每一个大学生创业个体而言，个人特质、所处环境以及获得的机会都不完全相同，因而选择到达“目的地”的路线也不完全一致，所以大学生创业意向行为转化的具有多重路径。但在众多路径中，创业教育对促进大学生创业意向的行为转化具有独特的优势。

一、大学生创业意向行为转化的助推路径

从以上的分析中，我们已经了解到大学生的创业意向的行为转化需要政府、社会、学校以及个人四个方面的共同努力，而对于不同的创业者来说，创业者与环境、机会有不同的互动方式，因而助推创业意向行为转化的路径也有所不同。当前在中国，助推大学生将创业意向转化为创业行为的路径共有四种：家庭支撑、资源与条件支持、社会舆论环境影响以及教育引导。

第一，家庭支撑。家庭是个人社会化开始的场所，绝大多数人都出生、成长于一定的家庭之中。从个人发展的角度来看，家庭的功能主要有四种：其一，经济功能，它包含了家庭中的生产、分配、交换、消费，是家庭功能的物质基础，满足人们的基本需要；其二，抚养和赡养功能，代际之间的抚育和照顾，使家庭得以代代延续；其三，教育与社会化功能，既包括父母对子女的教育帮助其实现社会化，也包括家庭成员之间互相教育实现

再社会化，其中父母对子女的教育为主要方面；其四，感情交流功能，感情交流是家庭精神生活的组成部分，人们心理态度的生成、人格的发展都离不开家庭。① 家庭的四个功能在大学生的创业活动中也发挥着重要的作用，一方面，在大学生成长的过程中，家庭培养了他们的能力和精神品质，直接影响了大学生创业个体的创业人格和创业能力；另一方面，在大学生的创业过程中，家庭可以提供情感和物质支撑，例如提供创业启动资金、对创业失败的鼓励和支持。在《犹太创业家》一书中，斯维·万宁认为创业者的自信来源于稳定的家庭环境和背景，“大部分创业很可能以失败告终，所以，创业者需要以一种积极乐观的心态去创业。这种乐观并非与生俱来的，只有在家庭的支持下才会逐渐形成，由此衍生出‘自信’，进而取得创业的成功”②，因而家庭环境影响创业者的心理素质进而影响创业者创业意向行为转化的主观因素。家庭为大学生提供的资金、场地和人脉的支持，则会直接影响了大学生创业尝试的客观因素。对大学生而言，良好的家庭环境既可以培养他们创业所需的主观条件，同时也能够提供创业必备的客观条件，从而使他们的创业能够更加顺利，创业意向也易转化为创业行为。

第二，资源与条件支持。创业并不是“无中生有”的活动，而是利用已有的元素创造新的价值，因此创业者创业必然需要一定的资源和条件。就大学生创业意向行为转化这一过程而言，创业资源就是大学生创业个体在转化过程中意识到的创业中可能获取和能够使用的资源。也正是基于对资源的整合和评估，大学生才能形成创业执行意向进而进行创业尝试。依据我国学者林嵩的划分，创业资源可以分为六个维度：政策资源、信息资源、科技资源、资金资源、管理资源、人才资源。③ 在林嵩看来，以上六类

---

① 参见邓伟志、徐新：《家庭社会学导论》，上海大学出版社 2006 年版，第 57—58 页。

② ［荷］斯维·万宁：《犹太创业家》，杨婵、崔颖等译，机械工业出版社 2014 年版，第 134 页。

③ 参见林嵩：《创业资源的获取与整合——创业过程的一个解读视角》，《经济问题探索》2007 年第 6 期。

资源在创业者的整个创业过程具有至关重要的作用。他将创业过程分为两个阶段——机会识别阶段和企业成长阶段，“机会识别的实质是创业者判断是否能够获取足够的资源来支持可能的创业活动”，而在企业成长阶段“资源整合对于创业过程的促进作用是通过创业战略的制定和实施来实现的”。由此可见，无论是创业之前还是创业之中，资源都是不可缺少的。六种创业资源对于创业者来说获取的方式是不同的，有一些资源是创业者自身可以通过努力可以获得的，而更多的资源则由创业者所处的环境提供。政策资源在一定的政治背景下才能获得，科技资源也依赖于一定的教育环境，资金、管理、人才、信息资源则需要一定的市场经济环境。因此，作为资源与条件支撑这条路径的主要承担者——政府和社会，需要对大学生的创业活动投入更多的资源，提供较为完善的服务支撑，进行正确的政策引导。

第三，社会舆论环境影响。社会舆论是一种普遍的社会心理现象，它反映了公众的价值取向、知识水平、道德水平、需求和期望，具有一定的社会力量，可以制约个体的行为。卢梭在《社会契约论》中曾说过，舆论是一个国家真正的宪法，它深藏于公民的心中，其他法律的成功往往都得益于它。根据舆论产生的方式，我们可以将舆论分为两类：自上而下的舆论和自下而上的舆论。前者是政府部门通过大众传播媒介的大力宣传而形成；后者是非官方、无组织、自下而上地自发形成，这两类舆论哪一个对大学生的影响较大因人而异。20 世纪改革开放以后，我国掀起了三次经商潮，究其原因，首先是改革开放的政策为大众创造了机会；其次，邓小平的两次南方谈话既肯定了个体经济和私营经济对社会发展的积极作用，又平息了姓“资”姓“社”的思想争论，为经商、创业创设了良好的舆论导向，因而有许多人在家人的一致阻拦下仍然坚持南下创业；再次，当时在中国的城市里存在着大批未被安置的就业青年，这些青年中有许多人都想改变现有的工作、生活环境因而选择了创业来实现自身价值。从改革开放掀起的三次经商潮中我们可以发现，自下而上的舆论起到了重要作用。同样，我们也可以总结出社会舆论对于大学生创业者意向行为转化的三个方面作用：其一，提升创业意向，人们对自己不熟悉的事物通常充满好奇和惧怕，因而在创业尚未成为一种常态时，舆论往往起到导向作用，大学生会通过舆论了解这一活动被大众的接受程度从而也了解到一定的市场前景；其二，社会舆论表现出对失败的宽容度会影响大学生创业个体的心理状态进而影响其创业活动，当社会舆论对于失败持包容态度时，创业者的创业自信在无形之中便会提升；其三，积极长效的舆论环境正如卢梭所说会成为一种“宪法”，成为人们心中无形的制度，对创业的积极舆论会在全社会内形成良性的创业文化和隐性的创业制度，越来越多的大学生会将创业视为其职业的一种选择，创业不再局限于某一类人或某一专业的活动，而是人人皆可以尝试探索的活动。

第四，教育引导。“教育是人类传递知识经验，实现人的社会化和使人类社会延续发展下去的最基本手段”①，教育于人类的重要性是不言而喻的。卢梭认为，儿童的教育关系着国家的幸福和繁荣，甚至说：“我敢说我们日常所见的人中，他们之所以或好或坏，或有用或无用，十分之九都是他们的教育所决定的。人类之所以千差万别，便是由于教育之故。”②教育既传授了人们知识经验和生活技能，也塑造了人们的精神品格，人们接受不同的教育，就形成了不同的世界观、人生观和价值观。在中国古代受儒家思想的影响，读书人大都将从政作为学习之后的实践方式，正所谓“学而优则仕”，而对于现在接受了高等教育的大学生而言，从政不再是实现人生价值的唯一方式，大学为他们提供了更多的选择。在引进创业教育之后，大学生的职业选择更加多样。首先，创业教育弥补了专业教育的缺陷，使更多的大学生了解创业知识获得一定的创业基本能力，能够将自己的专业知识与创业相结合；其次，创业教育帮助已经有创业意向的大学生理性思考、明确自身的创业条件，从而减少创业的盲目性；最后，创业

① 杨兆山、姚俊：《教育概论》，辽宁人民出版社 2001 年版，第 1 页。

② 转引自［英］约翰·洛克：《教育漫话》，傅任敢译，人民教育出版社 1985 年版，第 24 页。

教育通过创业平台帮助部分大学生获得创业经验甚至直接实现创业梦想。因此，大学创业教育既帮助大学生塑造了正确的创业观、职业观，同时也使得大学生学会理性创业。

二、创业教育助推大学生创业意向行为转化的独特优势

对于大学生意向行为转化的过程来说，较为理想的状态是以上所提的四种路径交互影响，都起到积极正面的作用，这样大学生的创业意向转化为创业行为的可能性就会大大提升。但是在实际中，对于大学生这一特定创业群体而言，家庭支撑、资源与条件支持以及社会舆论环境影响三种路径所发挥的作用都不可避免地具有一定的局限性。

其一，家庭支撑的不确定性。家庭支撑对大学生来说是极其重要的，但是家庭的经济状况、父母的性格、职业等等都具有不确定性，有的父母可能性格较为保守对创业并不认可，在情感上不支持大学生创业，那么创业意向行为转化家庭支撑的路径就会受到阻碍。刘贵来、崔晓培在调查家庭要素对大学生自主创业的影响中发现，接受采访的大学生家长中有52.3%的家长表示不支持大学生创业，36.5%的家长表示“如子女坚持创业，可以接受”，11.2%的家长表示完全支持；同时父母对子女创业的态度还会有性别的差异，女大学生创业的父母支持率是10.6%，男大学生则是34.3%。[①] 该调查结果不具有普遍意义，有地区差异，与南方特别是沿海地区也许会有显著的差异。从该调查中我们可以发现，当前中国家庭对大学生的创业支持度偏低，特别是女大学生创业会遭受更多的压力，因此创业意向行为转化的家庭支撑路径具有较强的不确定性。

其二，资源与条件支持的不可控性。政策和社会资源支持对大学生来

---

① 参见刘贵来、崔晓培：《家庭要素对大学生自主创业的影响》，《河北经贸大学学报》（综合版）2013年第1期。

说是必不可少的，没有资源创业就难以进行。但是对于尚未正式踏入社会的大学生而言，他们的能力、经验都有限，人脉资源尚不丰富，想要获得家庭以外的资源和条件的支撑较为困难。在大学生创业过程中，融资往往是最大的阻碍，胡宗倩在《大学生创业贷款问题的实证研究——基于对成都市创业大学生的调研》（2010）中指出，大学生创业融资面临着融资渠道较窄、银行贷款条件苛刻、自身无积累资金、家庭支持不足、中小金融机构不齐全、天使投资和风险投资获得困难的一系列问题。尽管国家政策和社会资源为大学生提供了广阔的发展空间，但是由于大学生自身的经验不足、商业环境对青年人创业的包容度和支持度等多方面的影响，对于部分大学生来说政策和社会资源的支持难以维持其创业。《全球创业观察中国报告》（2015）显示："与全球其他地区相比，中国青年更难从银行和金融机构获得资金，更多的中国青年使用家庭积蓄开展创业活动。在中国青年创业者的资金来源中，只有9%的资金从银行或金融机构贷款，欧洲和美国等发达国家有23%的资金来自银行。同时，中国青年的资金来源中，有58%的资金来自家庭积蓄，而欧洲和美国的这一比例仅为14%。"① 因此，对于中国的大学生来说，创业必需的资源与条件往往具有不可控性。

其三，社会舆论环境的不稳定性。我们这一时代的大学生仍然是朝气蓬勃的社会群体，他们往往愿意创新也渴望创新，创业是创新的一种重要方式，他们是否会选择创业往往受到社会舆论的影响。在尚未创业之前，他们对创业的感知往往受制于社会舆论的评价，当社会舆论对创业有好的评价时，他们会意识到创业是被社会认可和鼓励的，他们的事业也会得到社会的尊重和鼓励，从而会增加大学生创业主体的自信心，他们的创业热情也会相应高涨从而形成高创业意向和高创业执行意向，切实创业；当社会舆论对创业持负面评价时就会阻碍大学生的创业实践活动，正如我国古

① 腾讯教育：《全球创业观察（GEM）中国报告发布》，http://edu.qq.com/a/20160128/044531.htm。

代的重农抑商政策以及“士、农、工、商”的划分使得社会对商业活动有极大的偏见，同时也阻拦了更多的人去经商。因而，自上而下以及自下而上的舆论对大学生创业主体而言都很重要，良好的舆论环境会促使更多的大学生将创业视为实现人生价值的重要方式，从而也会有更多的大学生进行创业。但社会舆论也在不断变化之中，大学生如果将自己对创业的认知建构在社会舆论之上，可能就会出现忽“热”忽“冷”的创业心理，对创业自身没有深刻的认识，创业情绪会时常受到外界的干扰。尽管我国当前大学应届毕业生创业的比例每年都有所提升，但是传统的择业观念在社会仍然占主流地位，人们观念的转变需要一定的时间。因此，在社会舆论成为大学生创业意向行为转化的有效途径仍需一段时间才能实现。

与以上所描述的三种路径相比，创业教育引导对大学生创业意向行为的转化则具有较为稳定的影响。创业教育作为一种新的教育手段，已经成为我国高等教育的重要组成部分，它主要培养大学生的创业意识和创业能力。通过创业教育，大学生可以形成对创业活动较为全面的认识、培养健全的创业人格、获得较强创业能力和创业技能，同时大学生又能够了解创业政策，获得部分创业资源，从而敢于尝试创业。撰写就业蓝皮书的麦克汗学院的副院长周凌波表示，“近三届大学毕业生自主创业的比例呈现持续和较大的上升趋势体现了在国家对大学生创新创业政策的支持下，高校对大学生创新能力培养开始显现，2014 届大学毕业生毕业时的创新能力掌握水平（54%）比 2013 届（53%）、2012 届（50%）略有提升”①。王蕾在《创业教育促进大学生创业的机制研究》（2014）中指出：“创业教育为大学生创业提供了一个良好的平台，通过创业培训课程、创业社团活动和创业大赛等培养了大学生的创业意识，在创业教育实施的过程中，大学生的创业技能、创业态度和创业素质都得到了很大的提升，对大学生创业的数量和质量产生着深远的影响。”在我国当前的社会背景下，与家庭

---

① 晋浩天：《〈2015 年中国大学生就业报告〉出炉》，《光明日报》2015 年 6 月 13 日。

支持、资源和条件支撑以及社会舆论环境三种创业意向行为转化的路径相比，创业教育更加适合大学生创业群体，而创业教育在创业意向行为转化过程中的独特优势主要体现在以下两个方面。

其一，帮助大学生形成对创业的理性认识。在知识经济迅速发展的今天，大学生的创业活动不应是盲目的，在创业之前应该形成对创业的一定认识，而学校的创业教育更可以帮助大学生形成对创业的理性认识。创业教育一方面促成大学生创业意识的萌发、创业意向的逐渐形成和增加，使更多的大学生将创业作为实现其人生价值的实践活动；另一方面，也帮助大学生在了解自身的基础上更加了解创业与自身的契合度。以往对创业教育的研究也发现，创业教育有利于提升大学生的创业意向，“大学生参加创业教育越频繁，对创业教育内容越满意，越会提升其创业意向”；同时李静薇在《创业教育对大学生创业意向的作用机制研究》（2013）中指出，创业教育有利于提升大学生的个人特质，大学生通过积极参加多种形式的学校创业教育，在浓厚的创业学习氛围中，经过学习、交流、训练和反思，可以习得创业知识和创业技能，建立起创业自我效能感和自信心，从而完成他们自身有意识的对于创业认知的探索和重构，提升其创业兴趣和意向，使其成为潜在的创业者，为其未来开始创业行为奠定基础。唐烈琼等人指出：“创业人格不是生来就有的，只有通过个体与社会相互作用，才能逐渐形成。个体社会化过程中，认知教育又是基础，系统的社会认知必须由系统的认知教育来完成。现在我国高校课程繁杂，不可谓不多，但偏向于专业技能，对大学生创业人格的培养是比较忽视的。通过系统地开设创业教育课程，进行全面的创业心理品质训练，培养大学生的独立意识和自主创业意识，有利于形成和发展大学生的创业人格。”① 通过创业教育，大学生可以萌发创业意识、形成创业意向，同时也通过各种形

① 唐烈琼、吴起华：《论大学生创业人格的基本内涵及培养途径》，《中国校外教育》2009年第S3期。

式的创业实践活动了解自身特质，形成对创业较为理性的认识，从而使适合创业、基于自身特质形成创业意向的人对创业活动更加坚定，帮助那些不具备创业能力、不适合创业的人避免盲目创业。

其二，为大学生创业营造有力的创业氛围。大学生创业活动总是在一定的环境中进行，环境直接影响大学生的创业尝试以及创业的成败。对于大学生群体而言，他们在大学阶段首先受到的环境影响一般来自学校，大学的环境与文化无时无刻不在有意无意地影响着他们，朋辈、师生之间的影响处处可见。一般而言，大学生获得系统的对创业认知往往来自创业教育，创业教育可以为大学生营造有力的创业氛围。盛知恒在《大学生创业环境研究——以上海市大学生创业环境为例》（2012）中提到，“上海作为中国经济、金融、贸易、会展和航运中心，地理位置优越，经济发达，交通便捷，信息畅通，基础设施完善，高等教育发达，创新精神领先，创业氛围浓厚，创业环境宽松，政府、高校和公众对于创业十分认同和支持，这些都是大学生创业者不可或缺的基础条件和坚实基础”。对于高校而言，政府、社会等大环境是不可控的，但是高校可以在小范围内营造有利于大学生创业的校园氛围，而创业教育则集中体现了学校的创业文化和氛围。大学对创业的支持以及对创业失败的宽容，教师提供的信息、服务以及情感支持，朋辈之间的鼓励以及学习都是大学生创业不可或缺的。创业教育通过系统的创业课程、专业的教师队伍、多样的实践活动、丰富的实践平台帮助大学生打破专业、年级界限，使大学生勇于创业、乐于创业，为大学生营造了有力的创业氛围。

综上所述，在高校这个特定的情境下，对大学生这个特定的群体而言，在助推创业意向行为转化的诸多途径中创业教育是最为可控、最能有所作为的路径，高效、充分地发挥好这一载体的助推功能将极大地促进我国高校学生从潜在创业者向创业实践者的转化，为我国社会输送更多优秀的创新型创业者，有力促进创新型国家的建设，这也正是后文选取创业教育作为深入研究对象的学理基础和原因所在。

第六章

创业教育助推大学生创业意向行为转化的接受机理

大学生创业教育的根本目标在于帮助学生发展和完善创业的观念、知识与能力。这一目标的实现，既要关注教育者的教育与传授，也要关注学习者的主体接受。辩证唯物主义认为，事物发展的根本原因不在事物的外部，而在于事物的内部。外因是变化的条件，内因是变化的根据，外因通过内因起作用。只有充分尊重学生的主体地位，深入探究、准确把握大学生对创业教育的接受规律，才能确保大学生创业教育真正取得实效，避免流于一厢情愿的“越俎代庖”。这正是本课题组将接受问题作为大学生创业教育研究重要攻关点之一的初衷与本意。为了全面准确地认识大学生创业教育接受这一特定的活动与现象，有必要对它的科学内涵和工作机制进行探索和分析，这也正是本章论述的重点。

第一节　大学生创业教育接受的内涵阐释

尽管无论是从“接受”的出现与存在还是从人们对它的关注与探究来审视，“接受”都已经不再是个新话题，但是由于大学生创业教育研究在我国正处于方兴未艾阶段，因此，就构建中国特色的大学生创业教育基本理论体系而言，大学生创业教育接受问题的研究还是张“新面孔”。因此，在具体展开大学生创业教育接受机理研究之前，有必要就这一研究命题的研究角度、研究方法，尤其是它的内涵与本质作以分析。

一、大学生创业教育接受问题的提出

（一）研究的缘起

接受问题的研究既是大学生创业教育研究的题中应有之义，也是基于现实、面向未来，实现大学生创业教育观念、思维、方法与成效创新突破的需要。

首先，研究大学生创业教育接受问题是建设大学生创业教育学科理论体系的需要。实践的发展离不开科学理论的指导，科学的大学生创业教育理论体系是大学生创业教育实践健康发展的重要保证，基本理论研究理应成为大学生创业教育研究的核心内容。目前，国外的大学生创业教育基本理论研究相对较为成熟，而国内尚未形成完整的、富有中国特色的理论体系。因此，如何有效利用这些成果，切实结合中国国情，构建“本土化”的大学生创业教育原理体系，并最终建立中国特色大学生创业教育学是当前大学生创业教育研究的重中之重。成为一门学科的基本条件是应该有自己特定的研究对象和所要探究的基本理论问题。大学生创业教育学的基本问题如何确定，我们可以从教育学原理学科基本问题的确立中受到启发。教育学者齐梅、柳海民在探讨教育学原理学科的基本问题时指出：“教育学原理学科的基本问题就是课程问题、教学问题和学习问题的‘三位一体’。”① 可见，“学习问题”是作为一门教育学科必须研究的核心问题之

① 齐梅、柳海民：《教育学原理学科的科学性质与基本问题》，《教育研究》2006 年第 2 期。

一。大学生创业教育也属于教育学科范畴，而接受从本质上说也是指学习，因此研究大学生创业教育问题理应将接受作为重要研究内容之一。

其次，研究大学生创业教育接受问题是确保大学生创业教育有效实施的需要。大学生创业教育不是一教就学、一学就会的，学生的接受决定着大学生创业教育的质量和效率。心理学研究表明，任何知识的获得都必须通过学生主动的同化才能得以实现。学生是学习的主人，教育作为培养人的过程，“不是简单的移植或给予的过程，只能是学生在教师的组织、引导、启发下，经过自身的努力才能实现。学生掌握知识、发展智力、培养能力、形成良好品德，都必须经过自己的思维与实践，通过自身的思想矛盾运动才能实现”①，这个思想的矛盾运动就是指学生的接受活动。在此过程中，学生的动机水平、认知能力、原有认知基础直接影响教育内容向学生思想、知识和能力的转化程度与转化效率。大学生创业教育也正是这样一个过程，作用在学生身上的创业教育信息只有通过学生的选择性注意和个性化的“内化”加工，才能最终转化为学生自己关于创业的新的思想信念、知识技能和能力素质，离开了这个接受过程，大学生创业教育都将流于一厢情愿的空想。大学生创业教育内容的确定、载体的设计、方法的选择等等都必须从学生的接受出发，开展有针对性的设计，才能取得理想的效果。

再次，研究大学生创业教育接受问题是破解大学生创业教育现实瓶颈问题的需要。随着国家促进大学生创业教育各项政策和措施的密集出台，我国大学生创业教育呈现出快速发展的态势。当前大学生创业教育的首要问题已经不再是要不要教、能不能教的问题，而关键是教什么、怎么教才能让学生更好地接受，从而确保教育实效性的问题。由于起步较晚，我国大学生创业教育的实际效果并不理想。比如，2010 年有一项对山东、上海等地几所高校的调查表明，大学生对创业教育的需要非常迫切，但是高

① 柳海民：《教育原理》，东北师范大学出版社 2006 年版，第 532—533 页。

校开展的各种类型的创业教育还远远满足不了他们的需求。“76.8%的学生表示学校开展的创业教育‘没有帮助’”①，这一问题的背后是对大学生作为创业教育主体地位的忽视和对大学生创业教育接受规律研究的缺失，正如赵志军等人所指出的：“当前创业教育研究过于重视创业教育的宏观需要，对创业教育主体的反思与追问明显不足……提升创业品质、凝练创业精神都离不开对创业主体的密切关注……创业教育所研制的课程体系、所设计的教学过程必须具有较强的针对性与指向性。”② 在这里，针对和指向的正是学生的接受。可见，加强大学生创业教育接受问题的研究已经成为当前破解大学生创业教育发展现实瓶颈的迫切需要。

通过上面的分析，尽管我们意识到加强大学生创业教育接受研究的客观必然性和现实紧迫性，但同时我们又遗憾地看到，当前关于大学生创业教育接受问题的研究十分薄弱，这和当前从政府到高校乃至全社会普遍高度关注大学生创业教育、大力倡导大学生创业工作走内涵式发展道路的背景与趋势形成鲜明的反差。因此，我们必须大力加强大学生创业教育接受研究。

（二）研究的定位

找准定位是有效解决问题的前提。“定位”一般指找准位置，在《辞海》中的解释是“在对工件进行加工或测量时，使之取得正确位置的过程”③，而取得这个正确位置的过程通常也就是寻找其在几个关键维度上的坐标点的过程。研究的定位也是如此，为使研究得以顺利地进行并取得满足需要的成果，在研究开始之前，首先要确定研究的功能定位，找到研

---

① 宋斌、王磊：《高校创业教育的现状、问题及对策》，《教育发展研究》2011 年第 11 期。

② 张聪、赵志军：《新时期的创业教育：起点、问题及图景初探》，《东北师大学报》2012 年第 4 期。

③ 《辞海》，上海辞书出版社 1999 年版，第 2730—2731 页。

究的出发点与落脚点，解决为谁研究的问题；其次，要确定研究的边界，解决研究什么内容的问题；再次，要确定研究的思路，解决用什么方法、按照什么逻辑展开研究的问题。据此，我们对大学生创业教育接受问题的研究进行了如下定位。

第一，研究的功能定位。这就需要回归大学生创业教育接受研究在整个大学生创业教育研究大体系中的功能分析。正如接受是教育转化的中介和前提一样，大学生创业教育接受研究在大学生创业教育的研究中处于基础性地位。一方面，作为重要内容维度，大学生创业教育接受规律支撑大学生创业教育基本理论体系的构建；另一方面，作为基本理论前提，大学生创业教育接受规律指导大学生创业教育实施体系的设计。

第二，研究的边界定位。正如接受问题研究者们所指出那样，“接受活动是人类社会的普遍现象，人成为人，就有人际关系，就有授、受活动”①。可见接受问题范围之广泛，内容之庞杂，如果不对研究边界加以限定，将使研究根本无从着手，或是完全流于空洞。根据前述大学生创业教育接受研究的功能定位，本研究将始终围绕“大学生”这一特定接受主体，及其对“创业教育”这一特定接受对象的接受活动与现象来展开。由此，研究中必将涉及大学生创业教育接受的内涵本质和接受的运行机理等关键问题。

第三，研究的方法定位。由于从接受角度研究大学生创业教育问题才刚刚起步，因此大学生创业教育接受问题研究目前尚未形成基本的研究范式和成熟的内容框架系统。这固然是研究的难点所在，但也正好为我们的自由探索和创新建构打开了空间。由于目前接受理论已经形成丰富和科学的研究成果，本研究将按照“移植+内生”的方法来展开，即借鉴哲学认识论、传播学、思想政治教育学等学科的接受问题研究思路，结合大学生

① 张世欣：《思想政治教育接受规律论》，生活·读书·新知三联书店 2005 年版，第 67 页。

创业教育这一特定对象，对大学生创业教育接受的内在本质、发生发展的基本规律等问题进行探索与分析，形成独特的大学生创业教育接受理论。

二、大学生创业教育接受的概念界定

概念是“思维的基本形式之一，反映客观事物的一般的、本质的特征。人类在认识过程中，把所感觉到的事物的共同特点抽出来，加以概括，就成为概念”①。按照这一原理，我们对大学生创业教育接受进行如下界定。

（一）大学生创业教育接受的内涵

大学生创业教育接受从语义学上分析，是“创业教育”和“接受”的交集。因此，要探讨大学生创业教育的接受，首先要明确“大学生创业教育”和“接受”的基本内涵。

大学生创业教育是一种适应经济社会和国家发展战略需要而产生的教育理念与模式，是一种在专业教育基础上，以培养大学生事业心、创造性思维和开拓性行为方式为目标，以培养创业观念、创业知识、创业能力为内容的教育实践活动。首先，大学生创业教育的本质是一种教育理念与模式。它不仅是一项独立的教育实践活动，而且是一种适应经济社会和国家发展战略需要而产生的教育理念与模式。因此，大学生创业教育在实施上，既要注重作为一项独立的教育活动自身发展的独立性，又要兼顾其作为一种全新的教育理念与模式在改革人才培养模式和课程体系方面的整合性，从而适应国家经济社会发展与学生职业生涯发展的双重需要。其次，大学生创业教育的目标是培养学生的事业心、创造性思维和开拓性行为方

① 中国社会科学院语言研究所词典编辑室：《现代汉语词典》，商务印书馆 2005 年版，第 438 页。

式。形象地讲，就是为大学生设定“创业遗传代码”①。由此，大学生创业教育的目标应该具有层次性。第一层次是帮助学生了解创业知识、唤醒创业意识；第二个层次是培养学生创业性思维、提升创业能力；第三层次是指导学生拥有创业型的思维方式与行为模式，从而形成一种创业型的人生态度。再次，大学生创业教育的内容以培养创业观念、创业知识和创业能力为主。创业观念主要是培养学生善于思考、敏于发现、敢为人先的创新意识，挑战自我、承受挫折、坚持不懈的意志品质，遵纪守法、诚实守信、善于合作的职业操守，以及创造价值、服务国家、服务人民的社会责任感；创业知识主要是使学生掌握开展创业活动所需要的基本知识，包括创业的基本概念、基本原理、基本方法和相关理论，涉及创业者、创业团队、创业机会、创业资源、创业计划、政策法规、新企业开办与管理，以及社会创业的理论和方法；创业能力就是要重点培养学生识别创业机会、防范创业风险、适时采取行动的创业能力。②

“接受”一词本意是指“收取（给予的东西）或对事物容纳而不拒绝”③，体现了作为主体的人对与自身发生联系的客观事物的基本态度④。目前，心理学、哲学、美学、思想政治教育学等各学科已经对接受的内涵有所探究和界定。比如，皮亚杰（Jean Piaget）指出，认知发展作为一种建构过程，是个体在与环境不断的相互作用中，通过同化、顺应及平衡实现的。在皮亚杰看来，个体获得知识和道德价值观并不是从环境中直接将知识内化，而是将知识与自身的已有知识相联系，通过内部各种活动进行

---

① 参见［美］杰弗里·蒂蒙斯、小斯蒂芬·斯皮内里：《创业学》，周伟民、吕长春译，人民邮电出版社 2005 年版，第 1 页。

② 参见教育部办公厅印发《普通本科学校创业教育教学基本要求（试行）》教高厅〔2012〕4 号，2012 年 8 月 1 日。

③ 中国社会科学院语言研究所词典编辑室：《现代汉语词典》，商务印书馆 2005 年版，第 694 页。

④ 参见李忠军：《大学生社会主义核心价值体系教育的接受机制探析》，《东北师大学报》2009 年第 5 期。

创造、协调，从而建构知识体系。所以，接受就是接受者不断建构的过程。① 胡木贵、郑雪辉指出，接受是关于思想文化客体及其体认者相互关系的范畴。它标志的是人们对以语言象征符号表征出来的思想文化客体信息的择取、解释、理解和整合，以及运用的认识论关系和实践关系。② 吴刚指出，接受是一种后理性认识活动，包括理解、设计和加工，研究如何从理论到实践的活动就是接受活动。③ 唐震指出，接受是个体对对象的接纳、吸收和内化为自我的过程。它的实质是旧的自我接受新的对象，是前对象关系对新对象关系的融合、吸收与统一，一个事物被接受就是存在物将要与个体建立的对象关系被自我所放行。④ 姚斯指出，接受主要是指在文学欣赏中的"阅读活动"。邱柏生指出，接受是主体（受教育者）在外界环境的影响下，尤其是在教育的控制下，选择和摄取思想政治教育信息的一种能动过程。⑤ 王敏指出，思想政治教育接受是接受主体出于自身的需要，在环境的作用下，通过某些中介对接受客体进行反映、选择、整合、内化、外化、行为等多环节构成的、连续的、完整的活动过程。⑥ 张琼认为，道德接受是指发生在道德领域的特殊的接受活动，它是道德接受主体出自于道德需要而对道德文化信息的传递者利用各种媒介所传递的道德文化信息的反映与择取、理解与解释、整合与内化以及外化践行的求善过程。⑦

尽管上述关于接受的定义有着不同的理论视野和研究的侧重点，但是通过分析发现，它们在构成接受本质的关键要素上存在基本的一致。一是谈到需要的问题，指出接受主体的某种需要是接受的动力和前提，直接影

① 参见王丽荣：《思想政治教育接受心理研究》，吉林大学博士学位论文，2009 年。
② 参见胡木贵、郑雪辉：《接受学导论》，辽宁教育出版社 1989 年版，第 1 页。
③ 参见吴刚：《接受认识引论》，北京大学出版社 1998 年版，第 4 页。
④ 参见唐震：《接受与选择》，中国社会科学出版社 2009 年版，第 89—91 页。
⑤ 参见邱柏生：《思想教育接受学》，山西人民出版社 1992 年版，第 3 页。
⑥ 参见王敏：《思想政治教育接受论》，湖北人民出版社 2002 年版，第 31 页。
⑦ 参见张琼、马尽举：《道德接受论》，中国社会科学出版社 1995 年版，第 58 页。

响到接受主体对接受客体的关注和选择，进而影响最终的接受程度和效率。二是谈到接受的内化与外化问题，指出接受既包括接受主体对作用在他们身上的接受客体信息的注意、选择、同化和顺应等内化过程，也包括接受主体对内化结果的行为外显、体验、固化与修正等外化过程，接受是内化与外化的统一体。三是谈到接受的关系与过程问题。当前，学界“无非是从两个层面来界定接受：即‘关系说’和‘活动说’。‘关系说’强调接受主体和接受客体之间的相互关系，‘活动说’则把接受认定为是一种特殊的活动。相对来说，传播学、接受美学和哲学认识论的研究重在接受主客体之间的相互关系，特别是接受主体‘期待视野’的契合与跌升，或观念的重新整合与辩证否定；而道德接受与思想政治教育接受的研究，更多关注的是接受主体从理论、观念向行为、实践的转化结果”①。可见，接受既是在结果意义上信念、知识、技能等要素关系的建构，也是发生发展意义上的从起点到结果的纵向过程，接受是关系和过程的统一体。

基于上述“接受”和“大学生创业教育”两个概念内涵的辨析，我们将大学生创业教育接受的概念界定为：大学生基于自身职业发展的需要，对创业教育中包含的职业价值观、创业知识与技能信息进行内在的注意、择取、解释、理解、整合建构和行为外显、修正与固化，以形成新的创业观念、知识和能力结构系统的动态过程。大学生创业教育接受就其本质而言，乃是一种自外而内的转化，具体讲就是作用在大学生身上的大学生创业教育所包含职业价值观、创业知识和操作技能信息，经由一系列的内化、外化环节，向大学生自身创业观念、知识和能力的转化。由此，我们也找到了评价大学生创业教育接受的核心指标，那就是这个转化的水平和效率。对大学生创业教育接受概念的理解，需要把握以下几点。②

---

① 刘丽琼：《思想政治理论课教学接受论》，人民出版社 2009 年版，第 5 页。

② 参见刘志、张向葵、邹云龙：《大学生创业教育的心理机制探析》，《新疆师范大学学报》2012 年第 2 期。

首先，大学生创业教育接受的前提是大学生自身职业发展需要，它是接受得以发生的动力，也是接受进展过程方向选择的导引。这一需要具体表现为大学生不仅局限于需要获得一份工作，或者说开创一份事业，更需要准确地找到自己的职业定位，选择最适合的职业发展路径，进而确保自己职业生涯的健康、可持续发展和作为主体的人自由而全面的发展，完成人生价值的实现。大学生创业教育是否和这些需要保持契合以及契合的程度高低，将直接决定大学生对创业教育的接受意愿和接受程度。

其次，大学生创业教育接受是内化与外化双向建构的结果。大学生创业教育接受是大学生对创业教育内容的学习或习得。教育心理学研究表明，学习是“个体心理变化适应环境变化的过程，是经验的获得和积累过程或经验结构的构建过程”①。学习不是知识由教师向学生的传递，而是学生建构自己的知识的过程。因此，正如美国著名的认知教育心理学家布鲁纳（Jerome S. Bruner）所言，学习的本质不是被动地形成刺激—反应的联结，而是主动地形成认知结构。学习任何一门学科的最终目的是构建学生良好的认知结构。因此，大学生创业教育的心理接受在本质上说也正是大学生有关创业的认知发展过程。大学生创业教育接受符合认知发展的本质属性。认知发展心理学家皮亚杰的认知发展理论被公认为20世纪发展心理学最为权威的理论，对当代西方心理学的发展和教育改革具有重要影响。根据皮亚杰的发生认识论，“一切认知都离不开认知结构的同化与顺化功能，他们是‘外物同化于认知结构’与‘认知结构顺化于外物’这两个对立统一过程的产物”，同时，“只有内化—外化的双向建构才能用来说明所有知识的获得机制”。② 基于对认知发展规律的理解，我们认为，大学生创业教育的心理接受也应是双向建构的同步，并且正是通过内化与外化的双向建构过程，大学生的创业意识和创业知识与技能不断得到

① 冯忠良等：《教育心理学》，人民教育出版社2000年版，第176页。

② 李其维：《破解“智慧胚胎学”之谜：皮亚杰的发生认识论》，湖北教育出版社1999年版，第150—155页。

提升和拓展。

从认知的功能机制角度看，大学生创业教育接受是“同化于己”与“顺化外物”的“内化—外化”对立统一过程。在皮亚杰的理论中，对认知结构和认知机能是严格加以区分的，他认为认知发展是机能不变和结构变化的统一，也即在认知发展的机能方面，适应和组织这两种机能是与生命永相伴随而不会改变的，而它的结构方面则是处于不断地分化与整合的过程中。同化和顺化是认知发展的机能双翼。同化实际上就是既有知识的类推运用，即个体运用其既有的认知结构处理所面对的问题，如果发现新事物被吸纳进来之后，原有的认知结构仍然适应，那么，这一新事物就会同化在他既有的认知结构之内，成为他知识的一部分。① 顺化则是指既有的认知结构不能直接同化新知识时，个体为了适应环境而主动修改其既有的认知结构。同化和顺化是认知主、客的相互作用过程。一切知识，从功能机制上说都是同化与顺化的统一。大学生创业教育的心理接受也必然经历这样的内在过程。大学生在接受创业教育的过程中，不断接收到新的有关创业的教育信息（诸如创业观念、知识、技能等等），此时，个体将根据其既往关于创业的认知对新接收的创业教育信息进行认知加工。一方面，吸纳同化一部分契合其既有创业认知结构的信息，保持原有创业认知结构不变的同时，将新的创业知识纳入到旧的创业知识里去，丰富其内涵，充实其内容，这是把创业教育心理接受客体同化于接受主体；另一方面，对于部分原有认知结构不能同化的创业教育信息，由于内外需求的推动，大学生不得不修改旧的创业认知结构，以便与新接收的创业教育信息更好地匹配，从而形成新的创业认知结构，这就是创业教育心理接受主体认知结构顺化于客体。经由同化与顺化两种互补的心理过程，大学生不但创业知识因其与创业教育信息的互动而增加，而且其创业认知结构也随着其创业知识、经验的扩大而成长、升级。

---

① 参见张春兴：《教育心理学》，浙江教育出版社 1998 年版，第 88 页。

从认知的结构机制角度分析，大学生创业教育接受是主体认知结构“内化产生”与“外化应用”的“内化—外化”双向建构过程。皮亚杰认为，人类的经验包括两类：一类是物理经验，即由主体对个别动作（运算）简单抽象所获得的经验；另一类是逻辑—数学经验，即主体对动作（运算）协调进行反省抽象所形成的经验。皮亚杰所说的认知结构主要是指从逻辑—数学经验抽象而成的结构。他指出人的知识的形成和发展过程是双向建构过程，即动作和运算内化以形成认知结构（内化建构），同时，已形成或正在形成的认知结构运用于或归属于客体以形成广义的物理知识的结构（外化建构）。一切知识，从结构机制上说是主体认知结构的内化产生和外化应用的统一。大学生创业教育的心理接受也是如此。一方面，大学生不断地接收、吸纳创业教育信息，积累有关创业的物理经验，并通过反省抽象，内化建构自己的创业认知结构，这是大学生对创业教育信息的归纳提升过程；另一方面，又依托自身业已形成的创业认知结构去发展有关创业的认知，开展创业实践，运用和拓展自己的创业知识和技能，也就是大学生创业教育接受的举一反三过程。在此过程中，内化与外化互相依存、辩证统一。内化是外化的前提和依据，外化是接受的实现形式，是内化的目的和归宿。

最后，大学生创业教育接受是静态关系与动态过程的统一体。大学生创业教育接受虽是针对创业教育这一特定对象的接受，但其本质首先是接受，理应契合接受的本质属性，同样表现为静态关系和活动过程的双态共生。一方面，正如哲学认识论所指，接受是“人们对以语言象征符号表征出来的思想文化客体信息的择取、解释、理解和整合，以及运用的认识论关系和实践关系”①。尽管这个定义把客体限定于“语言象征符号表征出来的思想文化客体”，存在一定的局限性，但是它基本道出了接受的本质，即接受主体与接受客体之间的“认识论关系和实践关系”。接受是

① 胡贵木、郑雪辉：《接受学导论》，辽宁人民出版社1989年版，第1页。

“自我对对象关系的放行”①，大学生创业教育接受也是如此。当创业教育信息作为存在物呈现在大学生的面前时，大学生根据自身的需要，选择性地与这些存在物建立实质性的接受关系，从而实现对自我的渐进改变。而且这一接受过程呈现出连续性和递进性。大学生每次与创业教育信息建立一种对象关系，这种对象关系同时就会展开对他自身的塑造过程，被塑造出来的个体会在下一个接受行为中充当接受主体的角色。大学生业已建立的与创业教育信息之间的对象关系已经转化为其作为接受主体的属性，进而成为其是需要接受新的对象关系的决定因素。因此，大学生接受新的对象关系就是前对象关系对新对象关系的融合、吸收和统一。另一方面，接受又是一个动态的活动过程。这个过程包括大学生创业教育的实施者将创业教育内容转化成信息并借助一定的媒介传递作用在大学生身上，然后大学生根据自身内在的职业发展需要对这些信息进行有选择的关注、独特性的理解、判断基础上的部分摄入、基于原有创业认知结构的吸收同化和改造顺化，以初步形成新的创业认知，接下来大学生将对初步形成的创业认知进行行为的外显体验，并根据体验的结果对自身的创业认知进行修正和固化，最终完成相对意义上的这一时段的接受过程。之所以是相对意义的完成，是因为接受没有绝对意义上的时间节点，它是一个连续的线性过程，此次接受马上将成为下一次接受的起点和基础。如此累积循环，实现大学生创业观念、知识和能力的螺旋式上升。

（二）大学生创业教育接受的本质属性

属性是指“事物所具有的性质、特点，如运动是物质的属性”②。通过内涵、本质的深入分析我们看到，大学生创业教育接受集中呈现出“整合”这一突出特征。

---

① 唐震：《接受与选择》，中国社会科学出版社 2009 年版，第 89 页。

② 中国社会科学院语言研究所词典编辑室：《现代汉语词典》，商务印书馆 2005 年版，第 1267 页。

一是接受内容的整合性。大学生创业教育的根本目的在于培养大学生的创业观念、知识和能力。其中，创业观念属于现实世界的“价值”范畴，创业观念的培养更多是有关创业的“价值”建设；创业知识和能力属于现实世界的“事实”范畴，创业知识和能力的培养更多是有关创业的“事实”建设。正如著名哲学家休谟所言，从“是（事实）”推不出“应该（价值）”，也就是说“价值”的建设无法通过“事实”的教育去实现，知识的教育无法替代社会说教的努力。可见，大学生创业教育接受是价值认同和事实接受两个维度有机合成的结果。一方面，大学生创业教育接受是创业价值的寻找、重新解释与建构，通过“应该是”的价值建设为创业行为投射意义。通过创业教育的价值建设，大学生获得情感价值、经济价值、人际交往价值、知识价值、自我实现价值等多个维度的价值体验。比如在创业教育的这一“价值建设”过程中，大学生经过内省和确信，在比谋利动机更高的层次上，产生和加强其创业的“成长性动机”和“超越性动机”，为创业行为的出现提供了内在动力和思想准备，使潜在创业者涌现更多的创业行为。另一方面，大学生创业教育必须通过“是什么”和“如何是”的“事实建设”培养潜在创业者的创业能力，帮助其在市场机会和经济制度所划定的竞争格局中脱颖而出。比如就创业教育而言，其一，生成大学生的联想能力。即创业者学会把各项“分散知识”在知觉上进行重组，组成连续、结构稳定和因果关系一致的“知识品”，能够在他的知识传统中去创造那从未有过的新观念，或是在他的知识集合之外想象原有的物理世界中不存在的东西。正如创业者在木材、油漆和石墨三项知识的基础上联想到铅笔的创新方案。其二，培养学生的对潜在利润的敏感能力。从而使其具备对市场的“嗅觉”，能够在可计算的边界之外去把握市场的不确定性，为其“联想”确定“经济依据”。其三，培养学生的制度知识。即对创新所需的各项资源进行动员和调配，使“联想”了创新并“敏感”了利润的创业者能够将其创业方案加以落实。在大学生创业教育的接受过程中，“价值建设”与“事实建设”并非分道扬镳、各行其是，而是彼此制约、相互交融。价值以事实为支撑，事实以价值为导向，任何一维的缺失都将导致大学生创业教育接受的残缺。正是通过价值与事实的有机合成，大学生建构起满足创业实践需要的心智结构，为当前创业实际问题的解决以及未来创业的发展奠定观念、知识和能力素质基础。①

二是接受过程的整合性。如前所述，大学生创业教育接受的本质是大学生创业教育信息向大学生创业观念、知识和能力的转化。支撑和影响这个转化过程的关键要素是接受的途径、载体（即接受介体）和接受所处的环境、氛围（即接受环体），这两方面也体现出鲜明的整合性特征。在大学生创业教育接受的途径、载体方面，我们知道，大学生创业教育接受的主要途径、载体是创业教育课堂教学和实践体系。无论是创业教育课堂教学和实践体系自身，还是二者之间都表现出高度整合性。就内容而言，创业教育课堂教学和实践体系都是经济学、人力管理学、金融学、法学、组织行为学等多学科知识的交融整合；就目标而言，创业教育课堂教学和实践体系都是大学生创业观念、知识和能力培养与塑造的整合；就方法而言，创业教育课堂教学和实践体系都是讲授、讨论、练习、实验等多种方法的整合。不仅如此，创业教育课堂教学和实践体系之间也是彼此关联、互为补充，彼此制约、互为支撑的。大学生在课堂教学中学习到的系统创业理论知识和技能需要有效的实践体系提供体验、练习的平台和机会，实现从知识到能力的转化；同时，大学生的创业教育实践也需要课堂教学为其提供扎实的创业理论知识基础。脱离实践的创业理论将是空洞虚无的理论，没有理论指导的创业实践也将是盲目低层次的实践。在大学生创业教育接受的环境、氛围方面，主要涉及宏观层面的社会创业环境、学校创业环境和家庭创业环境与微观层面的大学生创业教育活动现场环境，比如，

① 参见刘志、张向葵、邹云龙：《大学生创业教育的心理机制探析》，《新疆师范大学学报》2012 年第 2 期。

创业教育课堂教学现场的环境，大学生职业生涯规划大赛、创业计划大赛等校园创业教育活动现场的环境以及创业园区、实习基地等创业教育实践场所的环境，等等。无论是上述每种环境内部还是各种环境之间都是交融整合的。就每种环境内部而言，它是影响创业教育的各种物质条件和文化因素的统一体。比如，学校创业教育环境就是一所学校内部与创业有关的各种规章制度、条件设施、思想舆论、行为方式、精神信念等要素的汇聚和交融整合的结果。就各种环境之间的关系而言，它是互相渗透、彼此制约、互为支撑的，共同构成交融、杂糅的复杂精神文化体系。

三是理论支撑的整合性。大学生创业教育接受，是接受作为人类活动中最常见、最普遍的实践活动与精神文化现象在大学生创业教育这一特定领域的具体体现。对这一问题的研究呈现出很强的理论边缘性和学科交叉性。这不仅缘于大学生创业教育接受理论是大学生创业教育和接受这两个基本理论范畴的交叉整合，也缘于这两个基本理论范畴自身内部关系的复杂性和知识理论的综合性。就大学生创业教育而言，创业所包含的求职择业、岗位适应、企业创办、管理、运营与发展乃至整个职业生涯的延续与发展需要大学生具备由沟通表达、人际协调、市场营销、金融、财务、人力资源管理等多种知识与技能组成的能力素质体系，这就客观需要经济学、管理学、社会学、教育学、心理学等一系列学科理论的交叉融合和共同支撑。就接受而言，它是“对人们历史活动和认识活动的精神产品的再认识或反思……（对它的探究）既要从哲学认识论的高度阐明主体在接受思想文化信息过程中所涉及的一系列重要的认识论和方法论问题，又要在较为具体的层次上揭示人们接受某种思想文化信息时所发生的种种复杂的历史关系、心理关系和实践关系，以及与自己的关系的本质”①。因此，对大学生创业教育接受问题的研究需要保持开阔的理论研究视域，广泛吸收马克思主义哲学、解释学、传播学、教育学、心理学等相关学科理

① 胡木贵、郑雪辉：《接受学导论》，辽宁教育出版社 1989 年版，第 2—3 页。

论研究的成果，触类旁通；同时，需要深入挖掘大学生创业教育接受的内在本质与独特属性，在辨析与整合中建构大学生创业教育接受的独特理论结构体系，为大学生创业教育的科学设计和大学生创业教育接受针对性、实效性的保障与提升奠定基础。

第二节 大学生创业教育接受的系统要素

“机制”一词源于希腊文，原指机器的构造和运作原理，借指事物的内在工作方式，包括该事物各有关组成部分之间的相互关系以及事物发展变化的过程。接受机制一般是指接受系统中的各个组成要素及其相互关系、运行过程和运行机理。大学生创业教育接受机制也就是在以大学生为接受主体、以创业教育信息为接受客体的创业教育接受系统中，各个组成要素及其相互关系、运行过程和运行机理，反映的是创业教育信息向大学生创业观念、知识与能力的转化规律。

通过对现有接受研究文献的综合分析，我们发现，虽然现在学界对接受问题进行了不同学科视角的探析，对接受运行机理做了不同话语方式的阐释，但是就其本质而言，各学科视域的接受机制有着共通之处。（见图6-1）

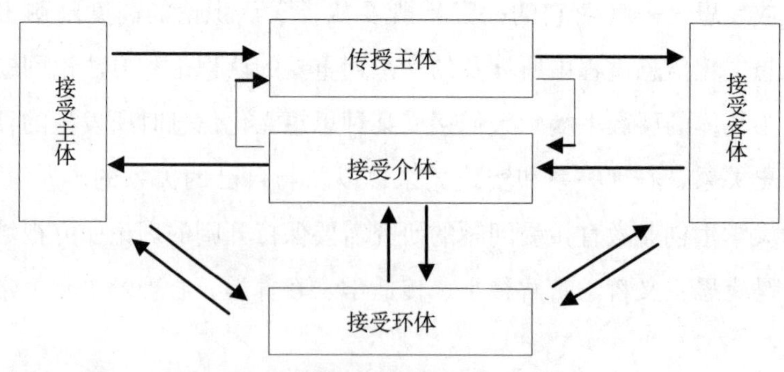

图 6-1 各学科接受机制的通用模型

在图 6-1 中我们可以看到，一般意义上的接受机制包括了接受主体、传授主体、接受客体、接受介体、接受环体五个方面要素。其中，接受主体是指接受活动的承担者；接受客体是指接受活动指向的对象；传授主体是指接受客体信息的加工、传递者；接受介体是传授主体将接受客体信息向接受主体传递的途径和载体；接受环体是指接受活动所处的氛围与环境。这五个方面基本要素彼此关联、相互制约，共同构成接受活动的内部关系结构和运行作用机制。

上述内容揭示的是接受活动运行的一般原理，在这一原理的指导下，结合大学生创业教育这一特定接受对象的具体分析，我们对大学生创业教育接受机制进行了理论构建。（见图 6-2）

从图 6-2 中可以看到，大学生创业教育接受系统结构中包括接受主体、接受客体、传授主体、接受介体和接受环体五个方面基本要素，这些要素既呈现出作为一般意义接受要素的基本特点，又具备作为大学生创业教育接受这一特定接受活动基本要素的异质性。

一、接受主体

“主体”一般有三层含义，即“①事物的主要部分；②在哲学上同‘客体’相对。主体指实践活动与认识活动的承担者……辩证唯物主义认为，主体是具有意识性、自觉能动性和社会历史性的现实的人……③‘法律关系主体’的简称”①。大学生创业教育接受作为一种实践活动和认识活动，其主体显然不是事物的主要部分或“法律关系主体”的简称，而是指这种活动的承担者——大学生。作为接受主体的大学生在对创业教育接受活动中担当的角色和所发挥的功能主要有三个方面。

一是选择性接收。选择性接收是指在信息接收阶段，接受主体对作用

① 《辞海》，上海辞书出版社 1999 年版，第 3241 页。

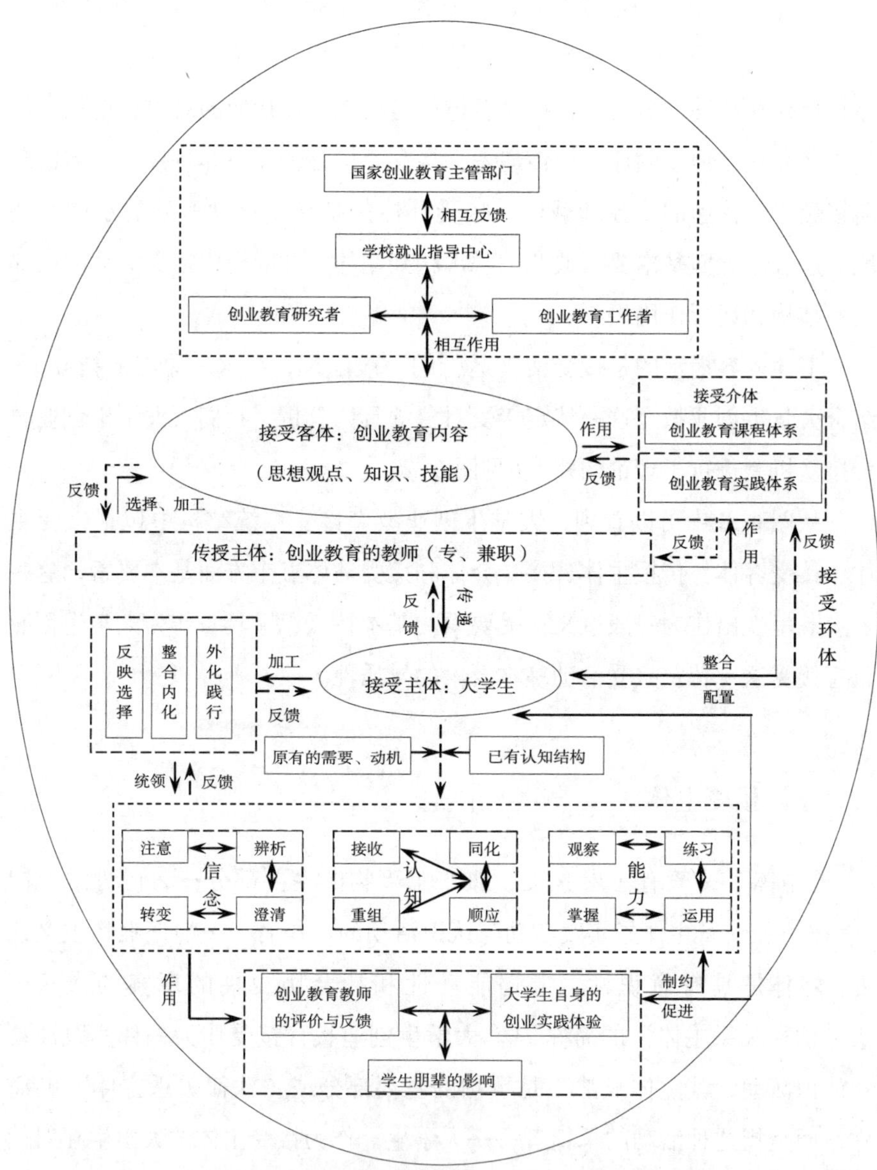

图 6–2　大学生创业教育接受机制的系统结构图

于他身上的接受客体并不会全盘接收，而总是有所忽视与舍弃。选择性接收具体表现为选择性注意、价值判断和部分性摄取三个方面。首先是选择性注意，即接受主体只会关注传授主体传递过来的创业教育信息当中的某一部分，对其他部分则是“视而不见、听而不闻”，这其中能够得到大学生关注的创业教育信息是和大学生当时的接受期待有效契合的那部分。事实上，这个接受期待是先验地存在于每个受到创业教育的大学生头脑之中，是学生不同接受需要的反映。其次是价值判断，即学生会对受到自己关注的那部分创业教育信息进行审视，结合原有创业实践形成的认知，就这部分信息对自身接受需要的满足状况做出判断，将其区分为可以能够为我所用和不能为我所用两部分，为部分性摄取奠定基础。最后是部分性摄取，即学生对经过价值判断认定为能够为我所用的那部分创业教育信息进行记忆和存储，使之成为内化加工的材料。正是由于选择性接收功能的存在，同样的创业教育信息进入到不同的接受主体头脑时已是千差万别。

二是创造性内化。创造性内化是指接受主体对自身选择接收的创业教育信息进行同化于己、顺化于物的认知加工，使自身的创业认知结构得到创造性的丰富和发展。所谓“同化于己”是说在保持接受主体原有创业认知结构不变的前提下，将选择性摄入的创业教育信息加入到原有的创业认知结构中，以丰富其内涵、充实其内容。所谓顺化于物可能有两种情况：其一是随着原有创业认知结构中新加入信息的累积，加之创业的实践体验，量变引起质变，大学生原有的创业认知结构发生了质变，形成了新的创业认知结构；其二是面对新摄入的创业教育信息，原有的创业认知结构是低层次的认识结构，新的实践和信息的涌入，使得现有的认知结构无法适应，必须实现向高一级认知结构的跃升，才能与新接收的创业教育信息更好地匹配。

三是试验性外化。试验性外化是指接受主体对已经接收和内化的创业教育信息进行尝试性的实践，以检验新生的创业认知是否科学合理。在验证中强化和巩固正确的新生创业认知，并对不合理的新生创业认知进行修正和调整。马克思曾说：“全部社会生活在本质上是实践的。凡是把理论引向神秘主义的神秘东西，都能在人的实践中以及对这种实践的理解中得到合理的解决。"① 在新生创业认知的试验性外化中，大学生亲身体验创业实践的喜怒哀乐，不同的情绪体验对大学生的创业认知产生不同的刺激效果，积极的情感体验使学生的新生创业认知得到巩固和确认，消极的情感体验使新生的创业认知产生动摇，形成修正的主观需要。

在上述角色的担当与功能发挥中，大学生作为接受主体呈现出三个方面特质。

一是层次性。层次性是指作为接受主体的大学生，具有个体自身独特的价值观念、认知结构、知识基础、个性特征等等，这些不同的个体特质使大学生在创业教育接受中呈现出不同的层次。首先，因为需求动机不同，学生的接受目标呈现出不同的层次。比如有的学生由于从未接触过创业教育，对创业毫无概念，这个群体的接受目标就应更多是创业意识的启蒙；有的学生对创业有过一些接触，初步形成了创业的意识，但对创业的具体内涵知之不深，这部分学生的接受目标就应更多地定位在创业知识的获取和技能的训练上；还有的学生对创业有了较多的了解，创业的意识也非常强，这个群体的接受目标可能就应侧重创业能力素质的高层次提升和创业问题的深入探讨。其次，因为认知水平和创业知识储备的不同，学生的接受基础和接受水平呈现出不同的层次。如前所述，大学生在接受创业教育的过程中需要进行选择性接收、创造性内化和试验性外化，在此过程中，学生自身原有的创业认知结构是其接受新的创业教育信息的基础和起点，这个基础和起点水平的高低决定着大学生创业教育接受结果水平的高低。比如同样对学生进行企业财务管理培训，不同的学生由于此前对企业财务管理知识的了解程度不同会出现接受学习效果的显著差异。同时，大学生的主观加工贯穿于创业教育接受的全过程，其中涉及大学生对创业教育信息的感知、记忆、想象、思维、情绪、意志等一系列认知和非智力因素，学生在这些因素上的水平差异会直接导致其对创业教育的接受效果不

① 《马克思恩格斯选集》第1卷，人民出版社2012年版，第135—136页。

同。比如让不同的学生对同样一段创业教育文字材料进行学习，由于阅读理解能力的不同，不同的学生将对这段文字材料做出不同的理解，得出不同的结论。

二是阶段性。阶段性在这里有两层含义：其一是作为群体的大学生在大学的不同年级阶段对创业教育的接受会有不同的侧重，存在不同年级群体的阶段性差异；其二是作为个体的大学生在对创业教育的接受过程中，其观念、认知能力、行为变化是前后连贯性衔接的线性序列，存在阶段性递进关系。首先，在年级群体接受重心的阶段性差异方面，学生的身心发展水平、适应成长主题的不同是诱致接受阶段差异的内在动因，大学教育目标定位和施教规划节奏设计，以及社会角色期待的阶段差异是助推这种接受阶段特征发生的外部力量。具体来说，在大一阶段，由于新生刚刚进入大学校园，在心理、生活、学习等方面的适应性不良问题，极大地影响和制约着大学生日常生活和自我发展的方向和质量①，尽快熟悉和适应大学生活成为新生的重要任务，因而，在接受创业教育的过程中更多偏重于创业意识的培养和兴趣的激发。在大二阶段，由于完成了角色适应、学习生活适应、人际交往适应，开始由幼稚走向成熟，在总体适应的基础上更为理性地思考分析现实处境和人生方向，进而完成他们在自我意识、目标意识、学习意识、生活交往意识等方面的逐渐觉醒。② 因此，在接受创业教育的过程中更多偏重于创业观念的塑造。在大三阶段，由于大学生已经走出大一的适应期、大二的觉醒期，开始关注毕业以后的自我发展问题③，能够全面的认识到专业能力的重要作用，因此，在接受创业教育的过程中更多偏重于专业能力的提升。在大四阶段，由于临近毕业和创业的实际操作，前程和出路已经成为大四学生最为关注的问题。在学习与生活、现实和未来的多重压力下，大四学生在接受创业教育的过程中更多偏

---

① 参见杨晓慧：《当代大学生成长规律》，人民出版社 2010 年版，第 108 页。

② 参见杨晓慧：《当代大学生成长规律》，人民出版社 2010 年版，第 126 页。

③ 参见杨晓慧：《当代大学生成长规律》，人民出版社 2010 年版，第 136 页。

重于创业综合能力的锻炼和职业发展远景的规划。其次，在学生个体接受活动展开的阶段性递进方面，它既是人类认知发展一般规律作用的必然结果，也是个体心理认知发生建构特点的客观反映。具体来讲，大学生创业教育接受作为一种认知活动和实践活动，其发生发展也需要经历从实践到认识，再由认识到实践这样的多次反复。同时，大学生创业教育接受也是个体心理认知发展的过程，学生原有的创业认知结构作为一个先验存在的基础，对接受时摄取的新信息进行同化、吸收与整合和顺化、改造与重构，从而形成新的更高水平的创业认知结构，这个新的认知结构又将在下一个时段的接受中成为基础和起点，如此循环盘升，以阶梯递进的方式伴随学生创业观念、知识、能力的发展与提高。

三是能动性。辩证唯物主义认为主体就是具有意识性、自觉能动性和社会历史性的人。主观能动性是主体的根本属性之一。在大学生创业教育接受活动中，作为接受主体的大学生始终表现出鲜明的能动性特征。比如从接受的起点环节，大学生对教育者传递过来的创业教育信息就不能完全被动地全盘接收，甚至都不是全部地加以关注，而是根据自身的内在需求进行自主性的审视和判断，对“不感兴趣”的内容采取“视而不见”的态度，对于符合接受需求的内容进行个性化的理解和选择性摄入，然后还要用自身原有的创业认知结构对其进行同化，当然也会根据摄入的创业教育信息对原有认知进行改造和重构，但即便如此，这种改造和重构也完全是个体自主的个性化创造。此后学生还要对初步内化建构的新的创业认知进行自觉的外化体验，以进行修正和固化。由此可见，在大学生对创业教育进行接受的整个过程中，无处不打下了每个学生自身特有的个性化烙印，主体能动性体现得淋漓尽致。

二、接受客体

客体是主体实践活动与认识活动的对象。大学生创业教育接受的客体就是接受过程中作用在大学生身上的创业教育信息，这些信息是教育者对创业教育内容转化加工的产物，而教育内容是指“为实现教育目标，经选择而纳入教育活动过程的知识、技能、行为规范、价值观念、世界观等文化总体”①，是将教育目的与人才培养目标具象化了的内容。因此，在大学生创业教育接受过程中，接受客体具体指由创业教育实施者借助一定的媒介传递到接受主体大学生身上的包含创业观念、知识和能力等内容的教育信息。这些信息包含有三个维度。

一是观念维度的大学生创业教育信息，包括职业价值取向、就业意识、创业精神、创业伦理等多方面内容，反映的是关于创业的基本信念、态度和行为规范。观念是行为的指南，决定行为的方向。大学生创业只有具备积极的价值取向、强烈的精神意识和正确的行为规范才能沿着正确的方向有力而有序地推进。正如青年马克思在《青年在选择职业时的考虑》中所说：“一个人的职业价值观可能赋予其‘高贵’、‘尊严’，但同时也是可能毁灭人的一生、破坏他的一切计划并使他陷于不幸的行为……（树立科学合理的职业价值观）无疑是开始走上生活道路而又不愿在最重要的事情上听天由命的青年的首要责任。”② 因此，大学生创业教育信息离不开思想观念这一重要维度。创业教育只有切实帮助学生形成积极的职业价值观、强烈的创业意识和正确的创业伦理，才能真正促进学生积极理性创业行为的发生，实现国家人力资源的优化配置和个体职业生涯的健康、可持续发展。

二是知识维度的大学生创业教育信息。知识是“人类认识的成果或结果……依反映层次的系统性，可分为经验知识和理论知识。经验知识是知识的初级形态，系统的科学理论知识是知识的高级形态”③。知识的传授是教育的基本功能之一。同样，大学生创业教育离开创业知识的传授也

① 顾明远：《教育大辞典》，上海教育出版社 1998 年版，第 765 页。

② 《马克思恩格斯全集》第 1 卷，人民出版社 1995 年版，第 455 页。

③ 《辞海》，上海辞书出版社 1999 年版，第 4658—4659 页。

是严重残缺的。按照知识的分类方式，大学生创业教育信息的知识要素可分为经验知识和理论知识两个方面。在哲学上经验指，人们在同客观事物直接接触的过程中通过感觉器官获得的关于客观事物的现象和外部联系的认识。创业的经验知识在创业实践过程中产生，是创业这一客观事物在人们头脑中的反映，是认识创业的开端，也是有待于深化、上升到创业理论的认识。创业的理论知识则既包含了从事经营、管理工作所必须具备的知识，如创业经济学、创业管理学、创业人才学、创业法学等，也包含了发挥社会关系运筹作用的多种专门知识，其中包括政策、法规、工商、税务、金融、保险、人际交往、公共关系等。通过经济理论、环境理论、管理理论等知识的协调与整合，大学生形成创业中的合法经营、企业文化规划和对社会环境与市场需求变化应对的基本认知。

三是能力维度的大学生创业教育信息。创业能力是大学生创业成功的前提，创业能力培养是大学生创业教育的核心，因此，创业能力理应成为大学生创业教育接受客体的重要维度。大学生创业能力是大学生通过创业的课程学习和实践锻炼以及综合素质开发获得的，有助于获得、创造、保持工作和实现职业生涯健康、可持续发展的系列知识、技能和个性特征的综合体；本书已经对创业结构系统进行了理论建构和实践验证，表明它是一个由基本创业能力、社会应对能力、创业人格、就业特有能力、创业特有能力五个维度，实践能力、学习能力、分析能力、问题解决能力、人际交往能力、团队合作能力等十几种具体能力组成的能力结构系统。大学生创业教育接受客体通过对上述这些能力信息的整合，为大学生创业能力的提升和创业实践的顺利开展奠定坚实基础。

接受客体在大学生创业教育接受中作为接受活动的对象存在，它是大学生创业教育内容和要求的具体外显。教育内容如果想要在教育过程（接受过程）中得到有效的体现，实现从接受对象向接受主体观念、知识和能力的转化，首先必须能够被教育（接受）的主体感知和操控。这就需要找到合适的呈现方式。大学生创业教育信息是大学生创业教育内容和要求的具体呈现。当创业教育内容成为一种信息，教育者就可以通过一定的载体和渠道向接受的主体大学生进行传递，接受主体也就可以对创业教育内容进行自主的关注、理解、摄入、内化和外化。当创业教育内容成为一种信息，创业教育接受作为认识和实践活动才真正找到了具体的对象，接受活动才能得以顺利进行。在实践中，创业教育内容实现向创业教育信息的转化工作由教育者来完成。

通过大学生创业教育接受客体的角色功能分析我们看到，大学生创业教育接受客体呈现出两个方面特征。一是复合性。复合与单一相对，原意一般指将两种或两种以上物理或化学性质不同的材料组合成新材料的一种方法，此处借以形容大学生创业教育接受客体内部交融整合的特性。大学生创业教育接受客体的复合性在两方面得以体现。一方面大学生创业教育接受客体的内容是融思想观念、知识与能力三维信息于一体的结构系统。三维要素并非简单并列散在分布，而是彼此关联制约、相互融合渗透，在大学生创业综合素质提升这一终极目标统摄下，以新的整合形态成为大学生创业教育接受活动的对象。另一方面，大学生创业教育接受客体的呈现形态是文字、图形、声音等多种表意符号的综合体。只有这样，大学生在对创业教育接受客体进行认知加工的过程中才能准确、有效地进行接收和理解。二是人为性。即大学生创业教育接受客体并非天然自发的存在，而是人为加工转化的结果。大学生创业教育接受客体是传授主体对创业教育内容进行认知加工的产物，必然会打上传授主体的主观烙印。传授主体对创业教育内容进行的加工转化实际上是其对创业教育内容进行个性化理解和表达的过程。在此过程中，传授主体自身的创业知识储备、认知水平、个性特质、价值观念等多方面因素都将产生直接的影响。因此，同样的创业教育内容，当它经过不同传授主体的认知加工成为具体作用在学生身上的接受客体时，一定会表现出明显的差异性。这也正是大学生创业教育要大力加强师资队伍建设，提升大学生创业教育师资队伍能力素质的重要原因之一。

三、传授主体

创业教育是教师的传授与学生的接受双向互动、对立统一的认识与实践活动。从某种程度上说，没有教师传授的存在，也就没有学生接受的发生。教师是创业教育接受信息的生产和传递者，也是创业教育接受活动过程的组织与控制者。因此，创业教育教师是大学生创业教育接受活动的核心要素之一，是大学生创业教育接受的传授主体。大学生创业的应用性、社会性和综合性特征决定了大学生创业教育接受的传授主体应由三类群体组成。一是创业教育工作管理者，主要是指高校创业指导中心工作人员、辅导员等专门从事大学生创业教育的一线工作者。二是专业课教师，主要是指高校各院系将创业教育融入学科专业教育的部分专任教师。三是校外创业教育专家，主要指被高校邀请来校开展大学生创业教育的企业高管、相关管理人员和相关政府、事业单位管理者以及社会从事创业研究的相关专家。

传授主体在大学生创业教育接受活动中的角色功能体现在五个方面。一是大学生创业教育接受的方向主导。具体表现为帮助大学生找到合适的职业发展方向和把握创业接受的进程节奏与关键节点。一方面，引导促进大学生创业观念、知识与能力的训练培养与国家、社会对教育目标的整体规划、对人才培养的基本要求保持匹配和同步，实现学生职业生涯的健康、可持续发展；另一方面，指导大学生准确把握创业的最佳学习内容、学习时间和学习方式等关键节点，对学生学习能动性的促进、学习兴趣的养成和思维方式的训练等发挥主导作用。二是大学生创业教育客体的加工、转化和传递。传授主体通过自身的认知加工将创业教育内容转化成创业教育信息，借助一定的传播手段将其传递和作用在接受主体身上，成为接受的客体。三是大学生创业教育接受进程的组织与控制。对大学生创业教育课堂教学内容的难易程度、实践活动的先后顺序等教育进程的设置进行统筹安排和有效推进，使之切实符合教育的规律、社会的需求和学生的身心状况。四是大学生创业教育接受的推动激励。在大学生创业教育接受过程中，传授主体不仅要传递大学生创业教育信息，为创业教育接受提供必要的协助，更要注重培养大学生为目标不懈努力的坚定意志和坚韧不拔的毅力，激励大学生内化、外化创业教育信息，为大学生创业教育接受之后的持续学习、发展提供助推和促进。五是大学生创业教育接受的反馈评价。大学生创业教育过程中，传授主体要对大学生接受效果的好坏进行评估，在对自身的创业教育传授进行反思和优化的同时，将评估结果反馈给大学生，指导接受主体更好地依据接受的状况调整和修正自身的接受活动，为确保大学生创业教育接受的质量和效率奠定基础。

在上述功能发挥中教育者作为传授主体表现出三个特征。一是专业性。专业性是指大学生创业教育教师需要具备开展大学生创业教育的专业素养。这一方面源于大学生创业的专业性。大学生创业作为一种认识和实践活动，其活动内容、活动方式和发展规律有着很强的特殊性，作为这种专门活动的指导者，不懂得创业的专业知识和技能将无法保证指导服务的质量和效率。另一方面源于大学生创业教育接受的独特性。大学生创业教育接受除具备一般接受的基本特点以外还体现自身独有本质属性，与之相应的创业教育也有别于一般的教育活动，其教育内容、载体、途径、活动组织方式和内在规律具有独特性，创业教师作为这种专门教育活动的组织实施者，只有了解这些独特性，才能保证教育工作的顺利、有效展开。由此，专业化的大学生创业教育师资队伍建设需要建立严格的准入标准、选拔机制、培养、考核和发展制度。二是实践性。实践性是指大学生创业教育接受的传授主体的传授活动要始终指向实践和依托实践。实践是大学生创业的鲜明特征，大学生的创业实践能力和实践行为既是检验创业教育接受效果的重要指标，也是创业教育接受活动展开的基础平台。作为大学生创业教育接受活动的传授主体如果不以大学生的创业实践能力提升和实践行为改造为目标，不以大学生创业实践活动开展为依托，将使其传授活动流于一厢情愿的空洞理论说教，根本无法取得理想的创业教育效果。三是综合性。综合性既指创业教育师资队伍组成结构的综合，也指创业教育师资队伍素养结构的综合。在队伍组成结构方面，创业教育师资应是校内校外专家的组合、课内课外教师的组合。校内各学科专任教师、创业一线工作者和校外创业教育专家三支队伍各展其长、兼容并包、互为补充、凝聚合力，共同推动大学生创业教育的顺利、有效实施。在队伍素养结构方面，创业教育师资应是学科专业知识、创业理论和创业实践技能等多维素养的整合与交融。校内校外、课内课外不同来源的创业教育师资不仅要充分发挥自身原有的特殊优长，从不同角度有力支撑大学生创业综合素养的形成；更要走出去、融进来、深交流，互相学习、彼此促进、共同成长，实现各自创业综合素养的提升，为大学生创业教育的有效实施夯牢基础。

四、接受介体

列宁曾经指出："一切 vermittelt = 都是经过中介，连成一体，通过过渡而联系的"，只有这样，才有"整个世界（过程）的有规律的联系"。① 在接受活动中，客体信息要到达接受主体并为之所接受，必须依赖一定的中介和载体。大学生创业教育的接受介体，是指在大学生创业教育过程中承载并传递大学生创业教育信息，能为大学生创业教育传授主体所操作，为大学生创业教育接受主体与接受客体的联系、作用架设桥梁的物质存在和活动方式。大学生创业教育的接受介体主要包括两类，即大学生创业教育课堂教学体系和大学生创业实践教育平台。课堂教学是大学生创业教育的主渠道，实践是大学生创业教育的主阵地。大学生创业教育课堂教学体系与实践教育平台互为补充、彼此交融，共同支撑创业教育信息向大学生创业观念、知识和能力的转化。

---

① 《列宁全集》第 55 卷，人民出版社 1990 年版，第 85 页。

大学生创业教育接受介体的角色和功能体现在三个方面。首先，接受介体是接受客体得以向接受主体施加影响的媒介。媒介是指使活动双方发生联系的中介。在大学生创业教育接受活动中，接受客体只有以接受介体为中介和依托才能够传达至接受主体，进而实现对接受主体的影响。离开了这个中介，接受客体对接受的作用和影响都将是“望尘莫及”。其次，接受介体是接受主体对接受客体初步内化加工结果得以验证、修正、固化的平台。大学生不仅需要借助创业教育课堂教学或实践平台初步获得创业的观念、知识和能力，同时也需要借助这些平台对初步形成的创业观念、知识和能力进行试验性的检验、感悟和反思，并依据结果对初步形成的观念、知识和能力进行修正与巩固。最后，接受介体是接受主体与传授主体双向反馈互动得以开展的依托。接受介体不仅建立了接受主体与接受客体的联系，也为接受主体与传授主体的沟通创设了条件。接受介体既要将接受主体依据自身接受体验对传授内容、传授方式的评价传递反馈给传授主体，以帮助传授主体进一步改善和优化后续的创业教育传授活动；又要将传授主体对接受主体的评价与建议传递反馈给接受主体，以启发接受主体对自身接受活动的再认识，调整改善自身后续的创业教育接受活动。总之，通过传授主体、接受介体、接受主体间的交流与互动，实现创业教育接受循环展开和螺旋上升。

大学生创业教育接受介体是实现创业教育信息向大学生创业观念、知识和能力转换的渠道和平台。虽然在现实中它呈现出创业教育课程体系和创业实践教育体系这两种不同的表现方式，但就其内在本质而言，有两个方面特征。一是应用性。创业教育接受的本质是要实现创业教育信息向大学生创业观念、知识和能力的转换。这一转换的根本目的就在于当前大学生创业实际问题的解决或未来的创业发展。作为实现这一转换的中介，无论是创业教育课程体系，还是创业实践教育体系都应该明确指向大学生的创业实践，或为解决当前的创业实际问题，或为未来的创业实践奠基。唯其如此，大学生创业教育接受介体才能因与大学生主体接受意愿的匹配而实现功能的最大化，才能真正有效地服务于大学生创业教育接受的成功实现。二是合成性。大学生创业教育接受是大学生创业观念、知识和能力这三维素质的综合培养、训练过程。创业观念、知识和能力这三维要素交叉融合、相伴相生。这就要求对接受介体必须具有合成性。同时，创业对人才素质的综合性要求也对创业教育接受介体的合成性提出要求。比如，仅就知识维度而言，创业要求其从业者不仅掌握某一学科的专业知识，还需要了解人力资源管理、经济、金融、法律等多学科理论，这就决定了大学生创业教育课程必须融合管理学、经济学多个学科的理论和知识，成为综合性跨学科课程。

五、接受环体

大学生创业教育的接受环体是指大学生接受创业教育时所处的环境，是大学生创业教育接受活动涵濡浸润、深受影响的外部文化、氛围等因素的总和。根据接受环体与其他接受要素的作用关系方式和影响范围，可将创业教育接受环体划分为宏观和微观两类环境。宏观环境包括社会环境、学校环境、家庭环境三部分。社会环境是一个国家和社会有关创业的各种制度设计、价值观念、精神气质、心理认知等诸多文化因素的综合体，是对大学生创业教育接受影响最为宏观的环境因素。它主要体现在国家的创业政策、制度文化体系和社会经济结构与发展水平以及创业的社会舆论氛围和文化价值观念等方面。学校环境是一所学校内部与创业有关的各种规章制度、条件设施、思想舆论、行为方式、精神信念等要素的综合体，是社会创业环境与学校校风、校情交融整合的结果，是影响大学生创业教育接受中观环境因素。家庭环境是指大学生所在的家庭成员有关创业的态度、认识、观念的总和，是家庭成员职业价值观和职业行为方式的集中体现。家庭创业环境是影响大学生创业教育接受的重要历史基础和现实推动力量。大学生的职业信息获取、职业选择目标、方式方法和职业发展过程都深受家庭环境的影响。微观环境是指创业教育现场的具体环境，是大学生创业教育课堂教学或实践平台中蕴含的、创业教育接受活动发生时刻相关参与者体认到的情绪氛围和思想观念导向，是创业教育活动现场师生互动、朋辈互动、实践与认识互动的精神文化背景。这一环境经常和活动现场参与者的心理特征有关，比如活动成员之间的社会关系和相互影响、个人与集体的关系、师生关系、教师的组织管理方式、对学生保质保量完成学习任务的强调要求、明显或不明显的成员组织和纪律方式，等等。它主要包括创业教育课堂环境、校园创业教育活动现场环境、创业园区环境等具体方面。上述环境交融、渗透、彼此制约、互为支撑，共同作用于大学生创业教育接受活动之上，直接或间接地影响大学生的创业教育接受质量和效率。

接受环体在创业教育接受过程中的角色和功能体现在两方面。一是方向导引。接受环体在本质上就是教育环境，而教育环境是人们“为培育人而有意识创设的情境。教育环境既是一般环境的一部分，又因其具有一定的目的性而不同于一般环境”①。一定的目的性代表着这个情境的所指方向。大学生创业教育接受在接受环体的熏染和陶冶下，不知不觉中受到这个方向的导引，按照教育环境创设者的预期发生相应的变化。大学生创业教育接受环境的方向导引主要体现在政策导引和舆论导引两方面。政策导引的具体表现是国家政府创业各级主管部门和高校等相关单位通过制定创业相关法规和制度，在解决创业相关问题的过程中将一定的价值取向传导到政策的受众身上，引领受众朝着一定的方向发生思想观念的转换和行为的改变。舆论导引是指由于舆论代表着某个社会范围多数人的共同意见，反映着人心向背，所以会对身处其中个体的思想和行为施加一定方向的约束和限制。虽然舆论导引没有制度约束的强制性，但是在造成和转变观念和风气中具有不可估量的影响，发挥着“道德法庭”的作用。不同

---

① 顾明远：《教育大辞典》，上海教育出版社 1998 年版，第 752 页。

层次的大学生创业教育接受环体都包含和体现着一定的社会舆论，身处其中的大学生其创业教育接受活动潜移默化地受到它们的影响，朝向一定的目标发展。二是激励促进。即接受环体对接受相关主体的思想行为有着感染、鼓舞和推动促进作用，能为大学生创业教育接受活动提供精神动力。如前所述，接受环境是一种氛围，是一定精神信念的反映，能对身处其中的个体产生巨大的心理效应。对大学生创业教育接受而言，不同方向的接受环体将使大学生的接受行为朝着不同方向加速演进。良好的环境氛围有助于增强接受活动参与各方人际关系的融洽，提高师生之间、朋辈间的心理相融程度，激发教师积极传授和学生积极接受的动机，提高创业教育接受的质量和效率。反之，会使师生感到心理压抑，缺乏师生互动的热情，丧失积极传授与接受的精神和要求，无法实现创业教育的目标。

上述功能发挥中接受环体表现出三方面特征。一是潜隐性。是指在大学生创业教育接受活动中，接受环体所产生的气场、氛围对接受主体的创业观念、知识、能力和行为必然会产生一种无形的、潜在的约束力，“它往往是通过暗示、模仿、从众、集群、舆论等群体心理的影响和作用来约束和规范人们思想行为的”①。比如，大学生在图书馆就会保持安静。“环境之所以对人的思想和行为具有约束和规范的作用，其原因是，当人们的思想行为在环境中表现后，就会受到周围环境和人们舆论的评价以及法律、道德、纪律规范的检验，凡符合社会规范的思想和行为会得到肯定和赞扬”，“凡不符合社会规范、道德、法律要求的思想和行为就会受到抑制和批评、甚至受到谴责，使人产生压力。这种压力就会将人的思想和行为约束在一定的范围内，使人与环境保持一致和基本一致”。② 二是弥散性。是指大学生创业教育接受环体持续、全方位包围在整个接受活动的四周。在大学生创业教育接受过程中接受环体几乎无时不有、无处不在，扩

---

① 邱伟光、张耀灿：《思想政治教育学原理》，高等教育出版社 1999 年版，第 146 页。

② 邱伟光、张耀灿：《思想政治教育学原理》，高等教育出版社 1999 年版，第 146 页。

散在每个接受活动的每个“角落”和“缝隙”，对接受活动施加涵濡浸润、熏染渗透的影响。三是交融性。是指大学生创业教育接受环体的各个类型之间没有明显界线，而是互相渗透、彼此制约、互为支撑，成为交融杂糅的复杂精神文化体系。比如，整个社会的创业环境离不开学校和家庭创业环境的支撑，又深刻渗透影响到学校和家庭的创业环境；创业教育接受活动现场的微观环境是学校创业环境的重要组成部分，也是学校创业环境的具体体现和作用产物。

第三节　大学生创业教育接受的运行机理

整体上看，大学生创业教育接受是一个多维共生的结构系统，也是一个循环往复的螺旋上升过程。在这个体系中，包括两个子循环系统和三种基本运行机制。

一、大学生创业教育接受运行的子系统

（一）外循环系统

大学生创业教育接受的外循环系统是传授主体、接受客体、接受介体、接受主体、接受环体等诸要素之间信息流转、影响、反馈的关联结构体系。具体而言，就是在一定的接受环体中，传授主体借助各种形式的接受介体将接受客体传递作用到接受主体身上；接受主体对作用在他身上的接受客体进行内化和外化，在自身创业观念、知识和能力发生相应变化的同时，接受主体与传授主体间进行反馈互动，推动传授主体传授活动的调整优化，并展开新的接受客体传递环节，如此循环反复，推动大学生创业教育接受活动的螺旋式演进，实现学生创业观念、知识和能力的提升和发

展。（见图 6-3）

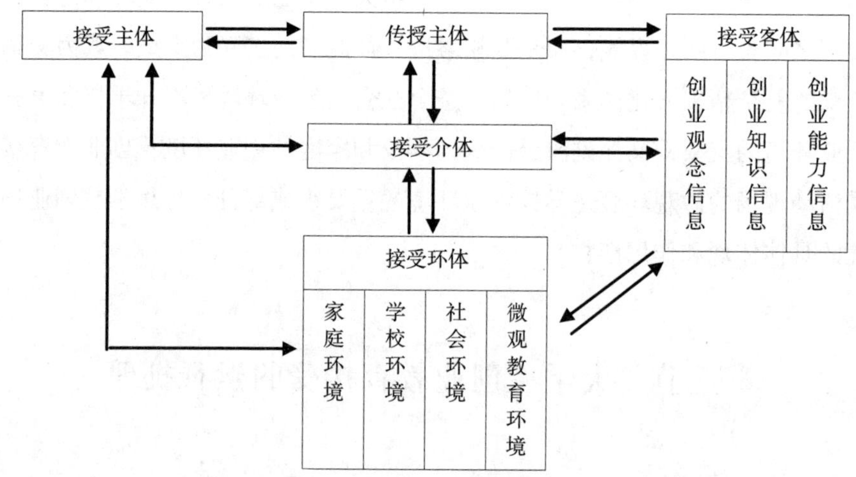

图 6-3　大学生创业教育接受运行的外循环系统

从图 6-3 中可以看到，大学生创业教育接受的外循环系统由几对主要关系和互动环节组成。首先，是传授主体、接受客体、接受介体之间的互动关系。接受客体是传授主体对大学生创业教育内容进行感知、选择、理解、记忆、提取、表达等一系列认知加工转化的产物，也是传授主体自身创业观念、知识和能力的个性化外显；接受介体为传授主体提供将接受客体向接受主体传递信息、施加影响的渠道和工具的同时，也对传授主体的传授活动进行限制和约束。因此，传授主体对接受介体的充分利用和适应控制与改造是确保和提升传授活动质量与效率的关键；接受介体是接受客体赖以存在和对接受主体影响作用得以发挥的基础，也因接受客体的加载和存在得以充实与改造。其次，是接受主体、接受客体、接受介体之间的互动关系。接受客体是接受主体接受认识与实践的对象，它的质量和水平很大程度上决定了接受主体的接受水平的高度。当然，接受主体对接受客体的认知加工与外化体认也表现出高度的主体能动性，从对接受客体的感知直到最终的外显无不体现出接受主体的个性色彩和风格。接受介体是接受主体对接受客体进行认知加工和行为外化的平台和依托，也对接受主体的认知加工与行为外显产生限制和约束。比如，创业教育课程是大学生创业教育接受的重要介体，大学生借助它获得创业的思想观念、知识和能力；同时由于课程自身普遍的功能局限和某项具体课程的质量水平限定，大学生在其中的收效也无法实现完全的理想化，这也正是开展大学生创业教育需要对接受介体进行不断的优化与完善的根源所在。再次，是接受主体与传授主体的互动关系。传授主体借助创业教育课堂教学或实践教育平台等接受介体将加工转化好的创业观念、知识、能力信息等接受客体传递作用到接受主体大学生身上，对接受主体施加教育影响，试图改造大学生的创业认知、能力与行为，并在此过程中对大学生的接受情况进行评估和反馈，帮助大学生提升接受的效果；同时，接受主体也会与传授主体进行积极的互动，大学生会把自己在接受创业教育过程中的感受和评价以言语交流或情绪反应等方式反馈给创业教育教师，学生的这些反馈以及教师自身注意到的学生接受质量和效率会成为创业教育教师审视、反思和优化自身传授活动的依据和参照。最后，是接受环体与传授主体、接受客体、接受介体、接受主体的互动关系。大学生创业教育的接受环体不仅对浸润其中的接受主体、接受客体、接受介体和传授主体产生潜移默化的影响（具体影响在接受环体的角色与功能分析中已作论述，此处不再重复），自身也受到这些要素的制约和影响。创业教育接受环体是人们创业思想、行动汇聚的产物，作为参与这种汇聚的人的因素——接受主体大学生和传授主体创业教师都对创业教育接受环体的生成产生影响。同时，接受客体创业教育信息和接受介体创业教育课堂教学体系和实践教育平台体系也作为文化因素成为创业教育接受环体的内容构件，直接影响创业教育接受环体的内涵与性质。

（二）内循环系统

大学生创业教育接受运行的内循环系统是大学生创业教育接受主体大

学生自身对创业教育内容进行注意、选择、内化、整合、外化和再认识的运行过程系统，是大学生创业教育接受主体与接受客体之间相互联系和相互作用的互动结构体系。具体而言，大学生创业教育接受的内循环就是大学生从自身职业发展需要出发，以原有创业观念、知识、能力和自身个性特质为基础，对作用在他身上的创业教育信息进行选择性注意、个性化理解、记忆、存储、认知结构整合或重构、行为外显、体验感悟、修正和固化、形成新的创业观念知识和能力，并以此为起点，开始新一轮创业教育接受认知的过程。(见图 6–4)

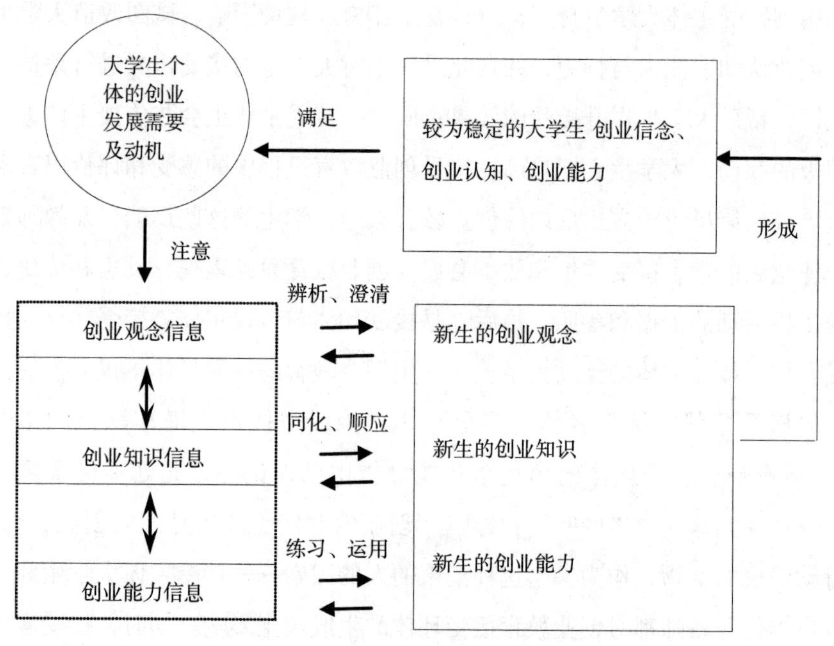

图 6–4 大学生创业教育接受运行的内循环系统

从图 6–4 中可以看到，大学生创业教育接受运行的内循环系统在本质上是外部的接受客体信息向大学生创业观念、知识和能力的转化过程，它由以下一系列基本环节组合而成。首先，是从外在的创业教育信息到真正被大学生接纳吸收信息的转化环节，这个环节主要是接受主体大学生对接受客体的选择性注意和部分性接收。在此过程中大学生的职业发展需要发挥重要的影响作用，它就像给大学生戴上一副“有色眼镜”，对作用在接受主体身上的创业教育信息进行过滤和筛选，凡是符合自身职业发展需要的信息可以获得吸收进入，反之则会被拒绝和忽视掉。正是由这一机制和过程的存在，使得大学生创业教育接受从最初的起点就已经开始出现个体差异。其次，是从接收吸纳信息到大学生初步新生创业观念、知识和能力的转化环节。在这个环节，大学生对接收吸纳进入的创业教育信息进行理解和记忆存储，然后以原有的创业认知结构为基础对存储的信息进行同化、顺应的认知加工，或丰富充实原有的创业认知结构，或对原有创业认知结构进行创新性重构，从而生成新的尚不稳定的创业观念、知识和能力。这个环节是大学生创业教育接受运行系统中最为关键的部分。被大学生接收吸纳的创业教育信息在多大程度上、以何种方式组合生成大学生的创业观念、知识和能力直接决定着大学生创业教育的成败和质量。最后，是从新生不稳定创业观念、知识和能力到成形创业观念、知识和能力的转化环节。之所以将上一环形成的创业观念、知识和能力界定为初生不稳定的创业观念、知识和能力，一方面是因为它们还只是接受主体认识活动的产物，到底是否正确还没有得到实践的检验；另一方面是因为根据人类心理认知发展的基本规律，这个新生的创业观念、知识和能力还需要经过适度的练习和实践以得到巩固和强化。在这个环节，接受主体大学生通过自己的行为外显获得对新生创业观念、知识、能力的主观体认，同时还从传授主体那里得到接受效果的评价、反馈信息，据此接受主体对自身新生的创业观念、知识和能力进行调整和巩固。

内外两个子循环系统的存在是根据相关要素的关系与作用特征的相对划分，事实上，在整个大学生创业教育接受系统中，内循环与外循环两个子系统是既相对独立、自主运行，又相互关联、彼此制约的对立统一体。外循环只有通过内循环才能起作用，而内循环又受制于外循环的影响。内循环系统参与外循环系统的构建，是外循环系统的支撑要素；外循环系统是内循环系统的宏观模型背景，制约影响内循环系统起点、方向和运行效率。内外两个子循环系统均统摄于大学生创业教育接受这一结构系统之内，共同服务于创业教育信息向大学生创业观念、知识和能力的转化，实现大学生创业教育接受这一核心目标。

二、大学生创业教育接受的运行机制

（一）转化机制

转化机制是指在大学生创业教育接受的过程中，不同属性、形态的要素经过相关主体的认知和实践，实现由此及彼运动的心理加工方式。转化机制贯穿于大学生创业教育接受的全过程，是大学生创业教育接受得以实现的重要保障。大学生创业教育接受的转化机制主要包括三个方面的转化。

一是教育内容向接受客体的转化。在大学生创业教育接受过程中，需要依靠传授主体按照一定的需要、原则和要求等将大学生创业教育的内容转化为作用于大学生身上的教育信息，即接受客体，才能促进教育内容真正为接受主体大学生所接受。在这个转化的过程中，创业教育传授主体首先通过自身学习获取创业教育的内容，然后将这些内容转化为教育过程中所使用的文字、图像、语言等。传授主体将教育内容转化为接受客体的过程是大学生创业教育中十分关键的一环，其原因在于同样的创业教育信息，经过不同传授主体的转化会呈现为不同的接受客体，如果传授主体将创业信息错误转化或片面转化，那么接受者就会出现理解偏差。在某种意义上可以说，大学生对创业教育内容的理解程度，取决于传授主体自身对创业教育内容的转化程度，传授主体将教育内容向接受客体的转化决定了接受主体的接受效果。一旦传授主体将教育内容转化为“失真”的接受客体，即信息不具有科学性、准确性，难免会影响到接受效果。

二是接受客体向大学生创业知识、信念和能力的转化。接受主体在接收到接受客体之后，会对接受客体进行理解和加工，从而将接受客体转化为自身的创业知识、信念和能力。大学生对不断接收到的接受客体，即创业教育信息（诸如创业观念、知识、技能等）进行认知、加工，不但其自身的创业知识、技能因与创业教育信息的互动而增加，而且其创业的认识结构也会随着创业知识、经验的扩大而成长、升级，内化为大学生自身的属性。经过这个过程的转化，大学生既培养和塑造了创业意识，也大致掌握了创业知识、技能、方法。当创业教育信息作为存在物呈现在大学生的面前时，大学生根据自身的需要，选择性地与这些存在物建立接受的关系，从而实现对自我需要的满足。一方面，吸纳同化一部分契合其既有创业认知结构的信息，保持原有创业认知结构不变的同时，将新的创业知识纳入到旧的创业知识里去，丰富其内涵，充实其内容，这是把创业教育接受客体同化于接受主体；另一方面，对于部分原有认知结构不能同化的创业教育信息，由于内外需求的推动，大学生不得不修改旧的创业认知结构，以便与新接收的创业教育信息更好地匹配，从而形成新的创业认知结构，这就是创业教育接受主体认知结构顺化于客体。在这个过程中，大学生先前的认知水平、经验结构和思维方式等认知情况，以及大学生自身的就业动机与就业需要直接影响了对于创业教育内容的认知选择和加工水平。

三是大学生创业意向向创业行为的转化。大学生创业教育接受的最终目标是帮助大学生将创业的知识、信念转化为相应的创业行动，创业教育接受的效果也要通过大学生创业行为来体现。大学生创业意向向创业行为的转化，是指大学生将已经内化的创业信念、认知、能力运用于创业实践之中，将内在的创业意向转化为外在的创业行为。需要强调的是，这里所提到的创业意向向创业行为的转化，包括两方面的结果。一方面，如果大学生所接受的创业教育符合原有的创业意向，那么大学生就会更加坚定原有的意向，并且为实现原有的创业目标而采取相应的行动；另一方面，如果大学生所接受的创业教育不符合原有的创业意向，那么大学生就会转变原有的思想观念，逐渐形成新的创业意向，并且为实现新的创业目标而调整自己的行动，采取新的行动。大学生创业意向向创业行为的转化是转化机制的最后一个阶段，也是之前两次转化的终极目标所在，所有的转化过程都是为了能让大学生用科学的创业知识指导创业实践。

（二）修正机制

修正机制是大学生创业教育接受具体运行的基本机制和方式之一。是指大学生创业教育接受过程中，传授主体、接受主体等要素依据一定的反思、反馈对自身创业教育接受的相关认识和实践进行优化和完善。大学生创业教育接受的修正机制具体体现在以下三个方面。

一是接受主体的修正。即在大学生创业教育接受的过程中，接受主体依据与接受过程其他要素的互动以及自身的反思与实践体验，对自己的接受结果和接受过程进行修正和调整。一方面，在经过前期对接受客体的认知内化形成新生的创业观念、知识和能力后，大学生会自觉地进行创业行为外显和实践，在实践中对新生的创业观念、知识和能力进行检验和体悟，对经实践检验错误的认知进行舍弃，对与实践不符的认知进行部分修改，对新体认到的认知进行补充，从而形成真正科学、有效的创业观念、知识和能力。另一方面，大学生根据自己的实践体验和传授主体的评价反馈对此前的选择性接收、创造性内化进行反思和审视，调整其方向、重选其内容，以提高自身对创业教育的接受质量和效率。

二是传授主体的修正。即大学生创业教育接受的传授主体——教师依据个人的工作反思以及学生所给予的反馈，对其教育内容、教育途径、教育方法等的调整和优化。在此过程中，一方面，创业教育教师依据自身的反思对创业教育传授活动进行修正。教师的工作反思是修正教育活动的有效途径。“反思类似于一种蓄势待发的‘势’，集聚着力量，一旦与意向对象遭遇，所有的背景都会生动起来，所有的意识指向就会指向它，某种意识、体验就会鲜活起来。”① 教师的工作反思能够帮助教师对自己在教育过程中的思想、心理感受或某些历史过程进行反省审视，进而对教育活动的优劣、得失有所体验、有所感悟，为提升大学生创业教育接受效果奠定基础。另一方面，创业教育教师还要依据学生的反馈意见对自身的教学进行修正。在大学生创业教育过程中，教师是传授活动的主体，但也是学生接受活动的对象。教师在创业教育接受活动的展开过程中，不是将创业教育信息向接受主体大学生的单向搬运和传送，不是对学生教育影响的单向施加，而是也需要得到学生的反馈、评价和接受结果的检验，并且据此对自己的传授内容、传授载体和方式进行反思，对其进行必要的修正和改造，再将修正改造后的创业教育信息传递给学生，以实现大学生创业教育传授活动的再丰富、再发展。只有及时根据大学生的反馈意见和接受情况进行修正，才能使创业教育更加符合大学生的接受需要、更贴近大学生的创业认知和行为实际，进一步提升大学生创业教育的接受效果。

三是创业教育信息输入源的修正。大学生创业教育接受信息的输入源是国家、高校创业主管部门、创业相关主管部门对大学生创业教育内容的规定和要求。尽管这些规定和要求具有相当的稳定性和权威性，但也并非一成不变。一方面，相关部门会依据国际国内经济社会发展的实际、大学生创业的实际从宏观层面对大学生创业教育内容进行修订和调整；另一方面，大学生创业教育内容作为一种精神文化范畴，是一种宏观、抽象的存在物，在大学生创业教育接受活动的展开过程中，传授主体需要根据接受活动的特定对象和情境进行微观的具象化呈现，这一过程体现着对大学生创业教育接受信息输入源的修正和完善。唯其如此，大学生创业教育接受才能得以真正、有效地展开，大学生创业教育内容才能真正实现向大学生

① 胡萨：《反思：作为一种意识——关于教师反思的现象学解释》，《教育研究》2010年第1期。

创业观念、知识和能力的转化。

（三）固化机制

固化机制是指大学生创业教育接受过程中，接受主体具有将初步获得的创业观念、知识和能力通过进一步的认识和实践进行强化和巩固的特性。它也是大学生创业教育接受运行的基本机制和方式之一，直接制约和决定着大学生创业教育接受的最终结果。大学生创业教育接受的固化机制是教育一般规律作用的必然结果。巩固性原则是“教育原则之一。指教学中使学生在理解的基础上，将知识、技能牢固地保持在记忆中，达到熟练程度，需要时能及时、准确地再现。是顺利接受新知识、积累所学知识，并运用于实际的必要条件。既反映学生学习内容、方式等特点，又体现科学知识系统性的要求”①。大学生创业教育接受的最终目的是要达到创业观念、知识和能力的牢固记忆和熟练运用。但是仅仅经过前述的转化和修正，大学生新生的创业观念、知识和能力还未达到稳定和熟练状态，需要展开进一步的强化和巩固。大学生创业教育接受的固化机制一般具体体现在以下三个方面。

一是源于接受主体实践练习的固化。即大学生在具体的创业实践活动（如参与创业园区、创业计划大赛等）中，通过反复练习，使前期获得的创业观念、知识和能力达到牢固记忆和熟练运用程度。练习是对同一学习任务的重复感知或重复尝试，或是刺激与反应的重复，它常与复习（review）和操练（drill）通用，是影响学习的重要因素。练习律是美国心理学家桑代克在20世纪初提出的学习联结说中的一条基本学习律，指刺激与反应之间的联结由于一再重复练习而更为牢固。大学生创业教育接受亦是如此。就其心理本质而言，大学生在创业教育接受中获得的创业观念、知识和能力也是刺激与反应的联结。这种联结若能加以应用，则会得到增

① 顾明远：《教育大辞典》，上海教育出版社1998年版，第452页。

强。当然，心理学家也指出单纯的练习并不能无条件地增强刺激与反应之间的联结，必须同时产生好的效果才能增强联结。这一原理也为大学生创业教育接受修正机制的存在提供了佐证。大学生创业教育接受前期获得的新生创业观念、知识和能力在实践练习中如果产生不好的效果，将会被弱化，最终导致大学生对它的舍弃或修正；反之，如果产生了好的效果，大学生获得积极的情感体验，这种联结将得到强化和巩固，实现大学生创业教育接受的固化。

二是源于传授主体负反馈的固化。即接受主体前期获得的新生创业观念、知识和能力会因为传授主体做出的负反馈而得到加强和巩固。反馈是指"系统的输出经过某种处理后返回输入端的过程、措施和作用。反馈法是利用系统活动的结果来调整系统活动的研究方法。教育中利用反馈法一般会产生两种不同的效果：如系统的差异倾向于加剧系统正在进行的偏离目标的运动，就会使系统趋向于不稳定状态，乃至破坏稳定状态，称为正反馈；如两者之间的差异倾向于抵消系统正在进行的偏离目标的运动，就使系统趋向于稳定状态，称为负反馈"①。大学生创业教育接受也是如此。大学生通过创业教育接受获得的新生创业观念、知识和能力处在一种不稳定状态，某些内容在实践体验或主观反思中可能受某种因素的影响要发生偏离，此时，创业教育教师给予的正负不同方向的反馈将这种偏离得到加强或减弱。如果教师认为这种偏离是必要的，给予了正反馈，将使偏离得到加强，从而促使接受主体改变新生的创业观念、知识和能力，也就是发生了大学生创业教育接受的修正；反之，如果教师给予的是负反馈，将使偏离得到减弱，从而新生的创业观念、知识和能力保持着稳定的状态，也就是发生了创业教育接受的固化。

三是源于朋辈榜样观察学习的固化。即大学生在创业教育接受的运行过程中，通过对朋辈榜样的观察学习，对自身新生的创业观念、知识和能

① 顾明远：《教育大辞典》，上海教育出版社 1998 年版，第 338 页。

力进行强化和巩固。观察学习亦称“替代学习”，是指“个体观察榜样的行为及其结果并依照其行为去表现，从而习得此种行为的过程”①。现代社会学习理论从人、环境和行为三元互动作用论的观点出发，认为“个体不必靠直接经验，不应过于强调外在强化作用的控制，只要充分发挥个体的认知功能、自我效能、社会互动作用，通过有意识的自主观察学习（或模仿学习），即可建立新行为或改变旧行为”②。观察学习在大学生创业教育接受过程中也得到充分的体现。与自身年龄相仿、背景相似的朋辈群体经常成为大学生创业观察学习的对象。通过对朋辈群体创业行为结果的观察，对自身在创业教育接受过程中获得创业观念、知识和能力进行审视和判断，与获得“奖励”的朋辈行为一致的部分将得到强化和巩固；反之，则可能被舍弃或修正。

---

① 林崇德等:《心理学大辞典》，上海教育出版社 2003 年版，第 445 页。
② 林崇德等:《心理学大辞典》，上海教育出版社 2003 年版，第 23 页。

第七章

创业教育助推大学生创业意向行为转化的国际经验

——以哈佛大学为例

在大学生创业意向行为转化的过程系统中，学校—社会—政府构建的创业氛围与创业环境是整个系统的出发点，也是创业意向行为转化的基本前提。在这个大的背景下，高校提供的创业教育成为助推大学生创业意向行为转化的关键环节。当前，我国高校创新创业教育处于前所未有的发展机遇期，也处于发展的起步期。深入分析、理性借鉴世界创业教育先进典型的成功经验是实现我国高校创业教育高速、优质发展的有效途径。哈佛大学是全球创业教育的先锋阵地，历经几代专家学者和卓越创业者几十年的探索和积累，已经发展出一整套成熟的创业教育运行体系，并拥有独特而高效的课程建设体系和实践载体——创业大赛，取得了突出的教育成就。2015 年 12 月哈佛大学发布的《哈佛校友影响力》报告显示："39%的哈佛校友已经创立了营利或非营利性的企业，在 150 多个国家开办了 14.6 万多家公司或机构，这些企业在全世界范围内创造了 2040 万个工作岗位，仅 2014 年就创造了近 3.9 万亿美元的收益。"① 哈佛大学创业教育是如何运行的？运行体系中包含哪些值得借鉴的内容？哈佛大学创业课程

---

① Christina Pazzanese，Harvard's Alumni Impact，*Harvard Gazette*，Dec. 8，2015.

是如何设计的？哈佛创业大赛又有哪些宝贵经验……为了厘清诸多疑惑，笔者利用2014—2016年在哈佛大学从事访学研究的机会，对哈佛大学创业教育的开展进行了深入系统的考察与分析，并详细探究了哈佛大学创业教育的运行模式、创业教育课程建设以及哈佛商学院创业大赛的历史与经验。

第一节　哈佛大学创业教育的运行模式

高校创业教育的组织与实施首要任务是解决工作运行模式的设计与选择问题。经过几十年持续积累，哈佛大学成功探索出了一套成熟的创业教育运行体系。

一、哈佛大学创业教育的“三大平台”

经过近80年的发展与完善①，哈佛大学创业教育已经形成理论基础坚实、实践平台完备、范围覆盖全校的成熟体系。这一体系具体由三大平台组成。

（一）哈佛创新实验室

哈佛创新实验室（Harvard Innovation Lab）由哈佛大学斥资2000万美元，历经近一年时间的计划、商讨和整修，于2011年11月18日正式建成开放。它是哈佛大学面向全校学生、大力倡导创业和创新而设立的专门

① 学术界一般将1947年迈尔斯·梅斯开设的“新创企业管理”课程作为哈佛大学同时也是世界创业教育的开端，事实上，早在1937年乔治斯·多里奥（Georges F. Doriot）教授开设的“制造业”课程已经正式展开创业教育。笔者通过查阅哈佛商学院贝克图书馆历史收藏部收藏的哈佛商学院1937年课程目录进行了验证。

机构。它既是哈佛大学开展全校性创业教育和孵化的大本营，也是促进哈佛大学学生、教师、创业者和大波士顿地区社区成员深入交流与合作的桥梁和纽带。哈佛创新实验室由包括哈佛执行副总裁、教务长、各学院院长和部分专家组成的咨询委员会领导，由包括中心主任在内的十余人团队负责日常管理。哈佛创新实验室以其独有的广度、运行模式和管理体制成为不同于其他创业中心的特色途径。首先，它接受来自校内各学院、带有各种创意的学生，培养跨学科、跨院校合作；实验室资源支持学生跨越社会和文化、健康和科学、技术以及消费等各领域的创业。其次，学生是中心、教师是助力，来自全校各学院的各种项目安排帮助学生把他们的创意发展到极致。再次，哈佛创新实验室由学校的教务长和所有院长共同管理，因而成为大学内部合作的新模式。

哈佛创新实验室为学生提供四方面的项目与资源。一是基础学习。对学生而言，创新实验室提供了基础学习作为探索创业和创新教育的切入点，具体包括由哈佛教师主导的在创新实验室教室开设的聚焦于创新和创业的课程，以及基于技能的讲座和研讨会视频、演示材料和指南的文献资料库。二是专家资源。对于已经明确自己想要从事的创业项目或企业的学生，创新实验室提供了一些实用资源帮助学生进一步了解、完善和推动他们的想法，其中包括由创新实验室主持的 75 场晚间工作坊和研讨会，超过 25 名常驻专家和 4 个合伙律师事务所提供的一对一现场办公服务。此外，创新实验室还与社区合作伙伴机构合作共同为哈佛大学学生和公众成员提供现场办公、研讨会和咨询辅导资源。三是体验学习。对于想要测试和完善自己创意与企业的学生和团队，创新实验室提供资源让学生处在结构化程度较低的环境里实现“做中学”，其中包括校长、院长创业挑战赛和为期一周的去往硅谷、纽约、波士顿等地富有活力的创业生态系统实地考察，以及 Hacklab、Startup Cramble、Bits + Blocks Lab 和创业公司招聘会等多种形式的活动。四是创业企业孵化。如果学生领导团队的创业企业已经发展到一个更高级的阶段，创新实验室的每个学年春、夏、秋学期都会为他们提供创业企业孵化项目（Venture Incubation Program，简称VIP）。参加VIP的团队有资格获得额外的资源，包括专用的办公空间、导师指导、专属工作坊和一系列由社区提供的活动。

（二）哈佛商学院创业教育系统

哈佛商学院是哈佛也是世界创业教育的发源地，经过近80年的发展，在其内部已经形成了一整套创业教育体系，成为哈佛大学创业教育系统最为强大的组成部分。哈佛商学院的创业教育由创业管理系（The Entrepreneurial Management Unit）和阿瑟·洛克创业中心（Arthur Rock Center for Entrepreneurship，简称“洛克中心”）两个内部机构负责，二者既各司其职，又相互配合。

创业管理系是哈佛商学院下设的十个学术单位之一，是哈佛商学院专门为开展创业研究与教育实践成立的内设机构，也是学院开创业教育课程的主要依托。它的目标非常明确，即既要通过方法的严谨、概念的深度和管理的应用性力争提高创业的学术研究水平，又要为学生和世界各地的从业者努力提高创业成功率，明确表达了大力开展创业理论研究和教育实践的双重使命。课程是创业管理系开展创业教育的核心手段，因而设计和实施了一整套“必修、选修相结合，硕士、博士、继续教育各级各类项目的全覆盖”的课程体系。具体体现在学院规定所有MBA学生一年级必修“创业型管理者”（The Entrepreneurial Manager，简称TEM）和“领导力开发实地沉浸体验3”（即FIELD 3，FIELD为Field Immersion Experiences for Leadership Development的缩写）这两门创业教育课程，TEM致力于帮助想把机会转化为创造价值的可行组织的管理者解决面临的问题，并帮助学生为成为创业型管理者而发展自己的路径、原则和技能。FIELD 3是整个MBA一年级必修课程的最后一门，它通过要求学生亲自设计和启动一个小微企业激励其对所有必修课程中获得的知识、技能和工具进行整合从而将整个一年级学习经验进行系统化，形成综合理解力。哈佛商学院整个

MBA 项目只开设 13 门必修课，其中创业必修课占到 2 门，足见其对创业教育的认同与重视。与此同时，在 MBA 项目的第二年，创业管理开设一系列创业课程，目前已经达到将近 20 门课程。这些课程覆盖了涉及机会识别、资源获取、创业决策等创业过程各环节和房地产、社会创业、国际创业等创业环境各类型的众多主题，为有创业学习需求的学生提供了充足的可选课程资源。不仅如此，创业管理系还将创业课程从 MBA 项目拓展到博士项目和高级经理人教育等企业管理职后继续教育项目中，开设了一系列选修课程、论坛或研讨班。

洛克中心是哈佛商学院负责组织开展创业教育课外活动的中枢机构，2003 年 6 月为表彰校友阿瑟·洛克对学院创业研究与教育的长期支持，尤其是他 2003 年对学院创业工作的再次捐赠（2500 万美元），哈佛商学院将学院的南礼堂命名为“阿瑟·洛克创业中心”，并作为学院创业工作的总部。洛克中心设有在威廉·萨尔曼（William Sahlman）教授领导下的日常管理团队、由校内外专家和创业者组成的咨询委员会以及设在旧金山硅谷的加州研究中心等机构。洛克中心具有三大核心职能，即联合、传道与加速。联合是指联合各方力量组建创业生态系统；传道是指在哈佛商学院培养创业性管理与思维；加速是指推动促进创业实验与发展。洛克中心的活动形式包括五大项目。一是创业大赛。大赛每年举办一届，包括在校学生创业竞赛和校友创业竞赛两部分，在校生创业竞赛又分为商业竞赛和社会创业竞赛两个系列，两个系列最终都决出冠、亚军各一名，冠军将获得 5 万美元现金奖励和后续法律咨询服务等非现金奖励，亚军将获得 2.5 万美元的现金奖和后续法律咨询服务等非现金奖励；校友创业大赛每年 3 月之前在全球 15 个片区决出区域冠军参加在学院校园举行的决赛，决赛从中评出三个分别获得“最佳投资奖”、“最具创新奖”和“最大影响奖”的创业项目，每个获奖项目将获得 2.5 万美元的现金奖励。哈佛商学院的创业大赛过程将持续一年时间，在此过程中，学院设计了培训工作坊、项目反馈、专家与创业者咨询交流、项目展示陈述等一系列环节，充分保障创业大赛教育与孵化功能的实现。二是洛克加速器项目。这个为期一年的创新性、沉浸式和竞争性项目旨在推动哈佛商学院学生高影响力新创企业的发展。参加该项目的包括两部分学生：一部分是有创业意向的学生，他们被称为创业启动团队，每年有 10—15 个创业团队；另一部分是有从事投资行业意向的学生，他们被称为投资伙伴，每年为 6—8 人。经过前期的设计和准备，每年 9—10 月初，有创业和投资意向的学生经过本人申请和洛克中心的筛选后被确定为创业启动团队和投资伙伴，之后的 6 个月为正式加速阶段，每年 4 月举办启动团队的竞赛演示日，学生团队向创业者和投资者推销他们的企业。在此过程中，创业启动团队将获得 7500 美元的种子资金、专家导师的指导与建议、投资伙伴的建议与资源、论坛研讨班的培训等支持；投资伙伴也将在为创业启动团队提供评选意见和建议支持的过程获得相应的学习体验。三是洛克暑期伙伴计划。该计划是每年暑期为从一年级必修阶段向二年级选修阶段过渡的、有意成为企业创建者和参与初创企业早期运行的 MBA 学生提供支持，使其继续创业路径探索的项目。在这个为期 10—12 周的项目中，每位学生将获得 6000 美元的资金支持（如果每个企业由两个以上的学生组成，则每个企业的资助总额不超过 12000 美元）以及与专家和同行进行咨询和交流的机会。四是“洛克 100：关系网络”项目。该项目是由洛克中心利用哈佛商学院强大的校友和社会资源，为处于企业运行初期的创建者和高影响创业企业组建的遍及全球的独特关系网络，由峰会、圆桌会议和理事会三部分组成。峰会每半年举行一次，通过由哈佛商学院教师主持的圆满桌会议和案例讨论为参与者提供来自“全球关系网络朋辈”的高度相关创业经验分享。圆桌会议为不定期在不同地区举行的为期半天的“洛克 100：关系网络”成员聚会，会议包括由哈佛商学院教师主持的小组讨论、招待会和晚餐活动。在此过程中，参与者与本地区创业领导者分享实时创业经验、挑战应对以及人脉资源。理事会是在洛克中心领导者专家推动下由“洛克 100”项目校友组成小型、私密的区域性论坛组织。参与者是经过精心挑选组成的一个性别、行业和经验多样的团体，由此团队成员得以发展长期持续的高度信任并为应对创业旅程中的各种挑战提供相互支持。五是常驻创业者项目。该项目是指洛克中心邀请具有不同行业、不同部门从业经验的成熟企业创建人、投资者以及产业专家和法律专家常驻中心为学生提供咨询与指导服务。洛克中心将当前能为学生提供服务的企业和法律专家的基本信息都展示在中心的网站，其中包括专家的从业经历、技能和专长等，学生通过点击网站的预约链接即可完成预约，进而实现和入驻专家的一对一咨询与交流。基于哈佛商学院的强大社会影响力，洛克中心汇聚了一批卓越的风险投资家、创业型 CEO 和法律专家，常驻专家保持在 20 位以上。仅 2013—2014 学年，该项目就完成了 750 个单元的咨询面谈，成为学生创业者获取专业指导的有效途径。

（三）全校性专业融合课程

课程是教育的主渠道，遍布哈佛大学各学院的创业教育专业融合课程成为哈佛大学开展全校性创业教育的关键途径。哈佛大学实行全日制招生的学院共有 10 个，目前，除神学院和口腔医学院以外其他学院均开设有创业课程（见表 7-1，表 7-1 列举了各学院当前开设的部分创业课程）。

哈佛大学全校性专业融合课程的总体特点表现为两方面。一是专业融合，不同学院的创业课程主题不一，根据学院的专业主攻方向设计创业课程的主题。比如公共卫生学院的医保创新与创业、教育学院的教育市场创业等，既体现创业一般规律，又充分结合专业基础和实际需要，确保实现创业教育效率和效益的最大化。二是资源共享，哈佛大学打通各学院间课程注册的壁垒，对于适应不同学院学生需要的创业课程允许交叉互选。比如“当代南亚：社会与经济棘手问题的创业性化解”是哈佛商学院教师开发的一门创业精品课程，它同时面向文理学院、法学院、公共卫生学院等六个学院开放，由此既提高了优质课程资源的使用效率，满足了更多学院的课程需求，又使不同专业背景的学生同处一个课堂，差异性思维。激发更多的灵感与创意，有利于提高创业教育的质量和效率。

表 7-1 哈佛大学 2015—2016 学年各学院创业课程一览表

学院	课程名称	教师	学分	学期
文理学院	创业的理论与经验视角：经济与金融	约书亚·勒纳；威廉·罗伯特·克尔	4	春季
	新创企业研究与发展	保罗·布莱克·波蒂诺	4	春、秋季
	创新与创业：比较视角的美国经验	米希尔·迪赛；戴维·阿格	4	秋季
	当代南亚：社会与经济棘手问题的创业性化解	塔伦·卡纳	4	秋季
	全球性劳动者、专业人士与创业者：跨越国界的新经济秩序	菲里兹·盖瑞普	4	秋季
	生物医学创业：从创意到药品	德里克·罗西	4	秋季
	现代中国的政治经济	奈良·狄龙	4	秋季
	创新者的实践：与他人一起发现、构建和领导好创意	贝丝·阿尔特林格	4	秋季
法学院	风险投资、私募股权投资和创业事务的组织	杰克·莱文	3	冬季
	社会创业导论	苏珊娜·麦基奇尼·克拉尔；凯尔·韦斯塔韦	3	全年
	贸易、发展与创业	凯特琳·库尔曼	1	秋季
	当代南亚：社会与经济棘手问题的创业性化解	塔伦·卡纳	3	秋季
公共卫生学院	医保创新与创业	理查德·博尔顿·西格里斯特	2.5	秋季
	美国和全球健康之社会创业与创新实验室	戈登·布鲁姆	5	春季
	当代南亚：社会与经济棘手问题的创业性化解	塔伦·卡纳	5	秋季
	健康与环境社会创业	特蕾莎·夏英	2.5	春季

续表

学院	课程名称	教师	学分	学期
教育学院	领导力、创业与学习	莫妮卡·希金斯	4	秋季
	比较视角下的教育创新与社会创业	费尔南多·赖默斯	4	春季
	教育创业	詹姆斯·霍南	4	春季
	当代南亚：社会与经济棘手问题的创业性化解	塔伦·卡纳	4	秋季
	教育市场创业	约翰·理查德	4	春季
肯尼迪学院	创业金融学 I	卡尔·拜尔	0.5	春、秋季
	创业金融学 II	卡尔·拜尔	0.5	春季
	私营与社会机构的创新与创业	理查德·卡瓦纳	1	秋季
	私营与社会机构的创新与创业（创业计划工作坊）	理查德·卡瓦纳	1	春季
	谈判分析基础	布莱恩·曼德尔	1	秋季
	全球粮食政治与政策	罗伯特·帕尔伯格	1	秋季
	公共目标的战略管理	彼得·齐默尔曼	1	秋季
	当代发展中国家：社会与经济棘手问题的创业性化解	塔伦·卡纳	1	秋季
设计学院	房地规划与城市设计现场研究	理查德·佩西	4	秋季
医学院	健康信息技术创新：从构思到实现	亚当·兰德曼	4	秋季
	科技信息的批判性阅读和技术评估	杰弗里·卡普；约翰·拉皮德斯	2	春季

注：此表由笔者根据哈佛大学官方网站课程目录（网址为 https：//coursecatalog. harvard. edu/icb/icb. do，登录时间为 2015 年 8 月 15 日）整理而成。哈佛商学院开设有创业课程 20 门以上，在上文介绍创业管理系的部分已做介绍，故此处未重复列举。

二、哈佛大学创业教育的运行模式

如果说作为载体和途径的“三大平台”呈现的是哈佛大学创业教育

的外在表现形式，则我们还需要通过分析其运行规律和独有特色揭示哈佛大学创业教育基本模式和内在本质。

（一）“三足鼎立、并驾齐驱”的基本格局

虽然哈佛大学在通过上述三种途径开展创业教育，但其背后的实施主体是三类，即哈佛商学院、创新实验室和其他各学院，这三类主体独立运行、各司其职，形成哈佛大学创业教育“三足鼎立、并驾齐驱”的基本格局。具体体现在机构独立、职能划界。首先是机构独立。这三类主体都是独立的哈佛大学二级单位，有自己独立的组织机构、人员团队、工作职能、办公场地与经费等，彼此间不存在上下级领导与归属关系，从而确保彼此互不牵制地平行开展创业教育工作。其次是职能划界，这三类主体根据自身需要与条件通过承担各有侧重的创业教育职能共同支撑整修哈佛大学创业教育体系。哈佛商学院创业管理系和洛克创业中心开展的创业教育主要服务对象是本学院学生。由于哈佛商学院是工商管理专业学院，有经济、金融和管理等方面教学、研究与实践的先天优势，以其强大的经济学、商学和管理学师资队伍，数量充足、体系完备的课程体系，条件一流的实践平台成为哈佛大学乃至全世界创业教育实践探索的先锋和理论输出的高地。目前，哈佛商学院“超过50%的毕业生创办了自己的企业”①。创新实验室是哈佛大学面向全校学生集中开展创业教育实践的基地，其核心职能在于创业者培训培养和新创企业孵化，其突出特点一是全校性，创新实验室“接受来自哈佛大学任何学院、带着任何创意的学生，培育跨学科、跨校园合作”②，接受由校方代表和各学院院长组成的咨询委员会领导。二是实践性，创新实验室“提供的各种项目其目的就是要帮助学

① 哈佛大学创新实验室官方网站（https://i-lab.harvard.edu/about），登录时间：2015年8月16日。

② 哈佛大学创新实验室官方网站（https://i-lab.harvard.edu/about），登录时间：2015年8月16日。

生发展其处在任何发展阶段的创业企业”①。各学院的专业融合课程主要是基于不同专业创业市场领域、满足本学院学生创业学习需求、纳入学院整体课程体系的日常教学途径。正是这种“三足鼎立、并驾齐驱”格局构建起哈佛大学层次错落、功能互补的创业教育生态系统，确保有效满足全校学生各层次、各类型的创业教育与实践需求。

（二）“衔接互动、合力育人”的内在机理

尽管哈佛大学创业教育的结构框架采用“三足鼎立、并驾齐驱”的基本模式，但其内在运行却是“衔接互动、合力育人”的基本方式。具体表现在三方面。首先，不同主体平台间衔接互动。哈佛大学创业教育的三大主体虽然独立运行、各司其职，但他们彼此间又相互关联、密切协作。各主体间彼此资源开放共享，比如很多由不同主体开发的创业课程面向全校学生开放，允许学生交叉注册，并且对应不同学院学分计算标准核算学分，充分保障学生权益；同时，不同主体间实行跨界团队组合，协同开发课程，比如文理学院和商学院的教师联合开发的“医保计算机辅导创新”等。其次，理论与实践衔接互动。这一方面体现在哈佛大学在大力开发创业课程，对学生进行集中、系统的知识传授和技能训练的同时，建设打造了一系列创业实践平台，比如洛克中心创业大赛、洛克加速器、暑期伙伴计划和创新实验室的校长创业挑战赛、院长创业挑战赛、创业企业孵化等，这些数量充足、类型丰富的实践平台为学生提供了极佳的发展创意、实践学习机会。另一方面，理论与实践课程协同开设，很多创业课程要求选修该课程的学生必须具有事先选修其他相关课程的经历。比如“私营与社会机构的创新与创业（创业计划工作坊）”作为实地考察课程就要求注册学生事先选修“创业金融学”这门理论课程。通过这种理论

① 哈佛大学创新实验室官方网站（https：//i-lab. harvard. edu/about），登录时间：2015年8月16日。

与实践的衔接互动学生可以真正发展起创业的系统知识、有效技能、创业项目创意，甚至是真正的企业。再次，校内校外衔接互动。哈佛大学依托其强大的社会影响力积极整合社会资源，为校外创业专家、实践者请进校园和学生走去校门、踏入创业真实情境奠定了坚实基础。目前，不仅哈佛商学院洛克中心和哈佛创新实验室创建起强大的企业界校友关系网络，每个学院都聘请到多名常驻创业者为学生提供咨询辅导，创新实验室更是作为哈佛大学与大波士顿地区创新创业合作的桥梁和纽带，为哈佛大学创业教育的校内校外互动提供了有效保障。上述三个维度的衔接互动使哈佛创业教育的全部资源得到系统整合，育人目标得到协调统一，全面提升了创业教育的质量与效率。

（三）高校创业教育传统模式的新超越

关于高校创业教育的基本模式，斯特里特（Deborah H. Streeter）①和卡茨（Jerome A. Katz）② 的研究表明，一般来讲，美国高校创业教育的运行模式主要是“三类五型”，即聚焦模式、合作模式和全校性模式三大类，全校性模式中又包含磁石模式、辐射模式和混合模式（对此，本书第八章还将做专题讨论，见表 8-5）。判断一个创业教育项目模型类型的标准首先是看它的目标是不是想超出商学院或工程学院的范围，如果不想，就属于聚焦模式；反之，则属于全校性模式。接下来，在全校性模式下再细分类型要考虑两方面因素，一方面是负责资金等资源管理和工作协调的中心机构的位置和它的资源分配方向，另一方面是课程、教师和学生所在位置。如果中心机构就设在商学院和（或）工程学院，全校各学院

---

① 参见 Deborah H. Streeter, John. P. Jaquette, and Jr. Kathryn Hovis., University-wide Entrepreneurship Education: Alternative Models and Current Trends, *Working Paper, Department of Applied Economics and Management*, Cornell University, Ithaca, NY, 2002 (3)。

② 参见 Jerome A. Katz, Joseph Roberts, Robert Strom, and Alyse Freilich, Perspectives on the Development of Cross Campus Entrepreneurship Education, *Entrepreneurship Research Journal*, 2014, Vol. 4 (1), pp. 13-44。

的学生也被吸引到这里来接受创业教育，这种类型称为磁石模式；如果中心机构处在各学术单位之外，把资源分配到校园的不同学术单位（不仅仅是商学院或工程学院），协调他们对本单位的学生进行创业教育，这种类型称为辐射模式。基于这些标准，结合对哈佛大学创业教育体系构成要素及相互关系的分析发现，哈佛大学的创业教育已经超出上述任何一种模式的框定。历来哈佛大学被作为聚焦模式的典型代表，这种模式至今得到完好的保持，创业管理系的 MBA 必修、选修课程和洛克中心的创业大赛等各种项目都具备聚焦模式的典型特征。但是，目前哈佛大学创业教育已经远远超出了聚焦模式的水平，创新实验室的建立标志着磁石模式在哈佛大学的存在；同时，各学院开设的创业教育专业融合课程当中还有由两个学院教师联合开发的合作模式课程，比如文理学院马戈·塞尔泽（Margo I. Seltzer）教授和商学院里贾纳·赫茨琳杰（Regina E. Herzlinger）教授联合开发的“医保计算机辅导创新”等。可见，哈佛大学的创业教育已经实现了对美国传统创业教育模式的超越，几种传统模式交错并存、和谐共生，这种有机复合后新形态，我们称为高校创业教育的“第六种模式”。

三、哈佛大学创业教育运行模式构建的经验与启示

哈佛大学创业教育模式构建取得成功的背后是其坚持了正确的指导思想，做出了理智的工作选择，并且具备了扎实的基础条件。

（一）以“需求导向、分群类教”为旨归

坚持需求导向、分群类教是指高校创业教育要从学生对创业教育的实际需求出发，针对不同群体、不同阶段实施不同的教育。哈佛大学创业教育无论是总体框架格局还是具体组织实施都始终坚持这一原则。首先，在总体框架格局层面，针对哈佛商学院 MBA 这个高比例创业群体实施高强

度创业教育，不仅建立包含两门必修、20 多门选修的课程体系，还成立洛克中心专门对哈佛商学院学生进行实践教育和企业孵化；建成创新实验室为全校各学院有创业意向的学生提供创业知识传授、创业技能训练、创业项目孵化服务；各学院开设专业融合课程满足学生不同行业市场创业学习需求。在具体组织实施层面，哈佛大学创新实验室的基本宗旨是“学生中心、教师助力（Student Centered and Faculty Enabled）——帮助学生把他们的创意发展到可能的最大极限”。意思是指学生是主体，他们有需求我们才服务，他们有不同层次、不同类型的需求，我们提供相应不同的服务，所以创新实验室设计的基础学习、专家资源、体验学习、创业企业孵化四类项目与资源具有明显的层次、类型差异。哈佛大学创业教育的这一成功经验提示我们，尽管现在国家高度重视、大力倡导创业，但是高校创业教育也应该保持清醒头脑，避免“一刀切”、“大跃进”，明确认识创业教育应该面向全体学生，而不是要求全体学生。首先，对全校学生不宜盲目开设创业必修课，全校开设创业必修课对师资队伍要求很高，目前乃至今后较长一段时期内我国都将有很大数量的高校难以达到这一要求，如果轻举妄动可能干扰甚至误导学生的人生发展。学者研究已经证明，“盲目推动学生选择创业生涯不仅可能造成学生本人的巨大损失，也是对社会资源的浪费”①。所以，高校创业教育的首要任务是帮助学生澄清学生创业生涯选择的问题。“创业教育的目的不应该只是获得更多的创业者，而是教育学生对创业有着更加清醒的认识和如何成为更好的创业者（管理者）。”② 其次，对于有创业意向的学生也应该根据其所处不同创业发展阶段开展差异性教育和服务。针对学生创业基础学习（知识学习、技能训练）、创意诊断与完善、创业企业孵化等不同阶段的个性需求，提供创业

① Richard Weber，Evaluating Entrepreneurship Education，*Wiesbaden*：*Springer Gabler*，2012，p. 261.

② Richard Weber，Evaluating Entrepreneurship Education，*Wiesbaden*：*Springer Gabler*，2012，p. 203.

课程、工作坊、实地考察、专家一对一咨询、创业关系网络组建等不同类型的教育项目，确保学生得到最大限度的发展和提高。

（二）以“因地制宜、差异化选择”为原则

哈佛大学发展出一种独特的创业教育新模式，这并非主观上刻意求新、特立独行的结果，而是回应各种客观需求、基于现实条件的理性产物，比如创新实验室的建立。随着形势的发展，开展全校性创业教育的需求和条件都已经具备①：一是哈佛商学院创业教育强大理论与实践体系的建立，哈佛商学院 MBA 一年级必修课程已经有“创业型管理”和“FIELD 3”两门课程关注聚焦创新创业，二年级选修课程中创业课程达到二三十门，这些都为全校性创业教育奠定了创业学专业基础；二是工程与应用科学在哈佛大学各学院的快速发展，比如哈佛工程与应用学院有12%的高年级学生选择致力于生物工程这一应用领域的研究，教师和学生对将研究成果与社会应用进行结合的关注也使全校性创业教育成为需求；三是扎克伯格效应，哈佛学生扎克伯格辍学创业取得的巨大成功也在校园内产生了轰动效应，大量学生表现出对创业的热情追求；四是同类高校的竞争压力，麻省理工学院、斯坦福大学等高校一直是哈佛大学关注的重要竞争对手，这些高校全校性创业教育的兴起给哈佛大学带来巨大压力。正是综合考虑这些现实的需求和条件，依托哈佛大学强大的影响与实力，哈佛大学一举建成“创新实验室”这个理念先进、设施一流、团队强大的全校性创业教育平台，形成与哈佛商学院聚焦性创业教育共存的高校创业教育新模式。当前，我国高校创业教育迎来了难得的发展机遇，但同时各高校首先面临的就是采取什么模式建立学校创业教育总体格局的问题。通过上述对创业教育模式和哈佛大学发展历程的分析发现，不存在任何一种

---

① 参见“Hi” to the Harvard Innovation Lab，Harvard Magazine，2011-11-18，http：//harvardmagazine. com/2011/11/harvard-innovation-lab-opens。

放之四海而皆准的创业教育通用模式，不同专业特色、发展层次、办学历史乃至所处区域环境等是制约高校创业教育模式选择的重要因素，作为国家创业教育主管部门和高校自身都应该坚持理性、务实原则，因地制宜、因时而动，针对创业教育机构的设置、载体途径的选择、资源的筹集与分配、教育影响的覆盖范围、师资队伍的组建等多维要素，实行差异化设计，通过建立切合实际的运行机制确保自身创业教育质量与效率的最大化。

（三）以强大的创业基本理论体系为支撑

哈佛大学创业教育的实践表明，创业教育的实施，大到整所学校创业教育模式的建立，小到一项教育活动的设计与开展，都离不开科学的创业基本理论的支撑。比如，哈佛商学院创业管理系的建立、MBA 项目两门必修和二三十门选修课程的开设，支撑这整个高水平聚焦式创业教育体系的正是其创业学这一学科的强大实力。从 1947 年迈尔斯·梅斯教授开设第一门创业课程至今，在梅斯、史蒂文森、萨尔曼等著名创业学大师的带领下，经过几代人的不断开拓和持续积累，哈佛商学院创业学已经成为全世界首屈一指的学科。再比如，哈佛大学创新实验室明确指出，自身四个维度教育项目的设计以著名化学家、“哈佛教授”席位教授①乔治·怀特赛兹（George M. Whitesides）提出的四部分教学法为基础。可见，高校创业教育的科学设计和有效实施必须具有坚实的理论基础。当前，在党和国家的大力倡导和支持下，我国高校创新创业教育也进入快速发展的黄金时期。但是对于高校创新创业教育的基本理论问题，比如，什么是创业、什么是创新创业、创新创业教育的基本内涵是什么、创新创业教育教什么等等，从国家文件、领导讲话到学术成果几乎都没有进行明确的界定，在

---

① 自 1935 年建立至 2014 年，哈佛大学历史上只授予 24 位教授“哈佛教授”（Harvard University Professorships）席位教职，用以表彰他们的跨学科开创性工作。

这种情况下，重视程度再高、投入资源再多、推进速度再快，都很难取得明显成效。为此，国家应该大力扶持创业基本理论研究，一方面积极引进和改造美国、欧洲等地业已成熟的创业学理论研究成果，以解燃眉之急；另一方面，系统梳理我国既有创业基本理论研究成果，开展本土化创业基本理论体系建设。国家可通过科研立项、研究基地建设、跨国、跨区域研究团队组建等方面的重点扶持和集中攻关，强力推进创业教育基本理论研究，突破创业教育实践的理论瓶颈，确保高校创业教育的顺利实施。

第二节　哈佛大学创业教育的课程建设

高校创业教育的发展首先要解决创业教育课程建设问题。“课程（Curriculum）作为学校教育这个系统中的‘软件’，是最重要、最繁难的教育问题之一。教育实践，就是以课程为轴心展开的。”① 哈佛大学作为世界创业教育课程的发源地和具有强大工商管理教育实力的顶尖高校，经过几十年持续积累，已经发展出一整套成熟的创业教育课程体系，取得了良好的教育效果。

一、哈佛大学创业教育课程建设的历史进程

以多里奥（Georges F. Doriot）教授的《制造业》课程为起点，在过去近 80 年的办学历程中，哈佛大学创业教育课程建设经历了总量不断增大、结构不断优化，总体前进积累、过程不乏曲折的发展过程。课程门数从 1937 年的 1 门增长到 2015 年的 58 门，课程的分布也从商学院发展到

① 钟启泉：《现代课程论》，上海教育出版社 1989 年版，第 3 页。

了几乎全部其他学院。①（见表7-2、图7-1）

表7-2 哈佛大学创业教育课程数量统计表

学年	课程门数	学年	课程门数	学年	课程门数	学年	课程门数
1937—1946	1	1981—1982	4	1993—1994	8	2005—2006	32
1947—1957	2	1982—1983	4	1994—1995	10	2006—2007	29
1958—1963	3	1983—1984	4	1995—1996	9	2007—2008	32
1964—1972	4	1984—1985	7	1996—1997	7	2008—2009	30
1973—1974	5	1985—1986	7	1997—1998	11	2009—2010	31
1974—1975	5	1986—1987	6	1998—1999	11	2010—2011	27
1975—1976	5	1987—1988	6	1999—2000	13	2011—2012	48
1976—1977	5	1988—1989	6	2000—2001	19	2012—2013	56
1977—1978	7	1989—1990	6	2001—2002	22	2013—2014	52
1978—1979	6	1990—1991	8	2002—2003	24	2014—2015	51
1979—1980	4	1991—1992	8	2003—2004	20	2015—2016	58
1980—1981	4	1992—1993	9	2004—2005	25		

统计结果显示，哈佛大学创业教育的课程发展总体呈现增长和上升的趋势，但是根据课程建设所处的状态，这一总的历史进程又大致可以划分为四个不同的具体阶段。

一是初创缓升期（1937—1978年）。第二次世界大战后初期，美国政府通过了退伍军人权利法案，规定政府对退役军人提供教育贷款和赠款，

① 本数据为笔者根据“哈佛大学课程目录”（Harvard University Course Catalog，网址：https：//coursecatalog. harvard. edu/icb/icb. do）、“馆藏哈佛大学课程目录在线查询系统”（Archived Harvard University Online Course Catalogs，简称A-CATS）以及相关学院的课程目录整理而成。

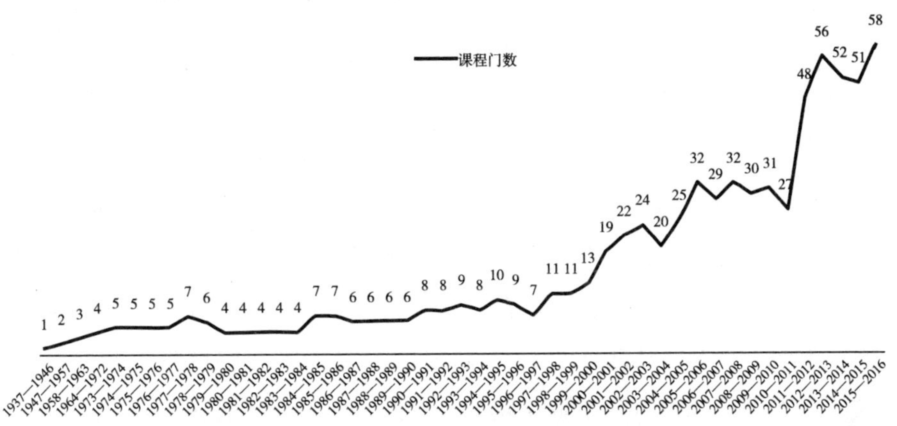

图 7-1 哈佛大学创业教育课程数量变化趋势图

帮助退役军人获得高等教育的资格。退伍军人的申请入学人数达到历史新高。[①] 此时，原任职美国陆军航空队中队的迈尔斯·梅斯（Myles Mace）教授回到哈佛，他动情地向哈佛商学院院长唐纳德·戴维（Donald K. David）诉说着他的所见所闻——在战场上士兵们拿着现金赌博娱乐混日子，战争使他们过早地成熟，同时退役后大部分年轻士兵带回了大笔的钱无处消费，其中很多人渴望把战争中失去的时光弥补回来，甚至创建一个自己的公司。这些人不仅有足够的动力和成熟的头脑，相当一部分人还拥有原始资本。但是，怎么用这些钱去创业他们真的一无所知。梅斯教授通过与哈佛商学院院长沟通后，准备开设一门课程，讲解小企业的创建和发展、资金筹措与配置等创业问题，并主要针对打算自己创业的学生。[②] 经过唐纳德院长的批准，梅斯教授 1947 年 2 月在哈佛商学院开设了 MBA 课

① 参见 Jeffrey L. Cruikshank, Shaping the Waves: A History of Entrepreneurship at Harvard Business School, *Boston*: *Harvard Business School Press*, 2005, p. 62。

② 参见 Jeffrey L. Cruikshank, Shaping the Waves: A History of Entrepreneurship at Harvard Business School, *Boston*: *Harvard Business School Press*, 2005, pp. 43-49。

程“新创企业管理”（Management of New Enterprises）①，这也是目前学界普遍认为的世界高校创业教育课程开设的起点。但事实上，哈佛大学创业教育课程设置的历史需要追溯到 1937 年。哈佛大学贝克图书馆历史收藏部收藏的“哈佛商学院 1937 年课程目录”显示，乔治斯 · 多里奥（Georges F. Doriot）教授 1937 年开始讲授的“制造业”（Manufacturing）课程已经正式展开创业教育——“按照多里奥的看法，课程当中关注的复合性主题——制造业企业运行、领导力与创业、共事于投资者与咨询师、新产品研发，代表了商业领袖和风险资本家面临的核心机遇与挑战。”② 多里奥教授在哈佛商学院开设“制造业”课程近 30 年之久，第二次世界大战结束当梅斯教授绞尽脑汁编写新教材的时候，乔治斯只要把原来的讲义拿来用就行。③ “尽管‘创业’在‘制造业’这门课程上并没有占据最显著的位置，但新产品和新公司却是课程的核心，第二次世界大战以后尤其如此。课程大纲指出‘本课程特别关注新产品、新想法、新开发以及新公司创办的相关问题’。（上过课的学生）拉尔夫 · 巴福德（Ralph Barford）说，‘很显然，他（多里奥）的思想让我们产生了创业的倾向’。”④ 与政府主导的创业教育不同，美国高校创业教育的发展是自上而下的探索，与社会和市场需求紧密结合。第二次世界大战后，高度发达的美国工业与大企业对经济发展起决定性作用，创业教育缺乏社会基础和市场，使得早期创业教育仅仅作为商学院的一门边缘学科缓慢发展。⑤ 直到 20

① Jerome A. Katz, The Chronology and Intellectual Trajectory of American Entrepreneurship Education 1876-1999, *Journal of Business Venturing*, 2003 (18), p. 283.

② 参见哈佛大学贝克图书馆历史收藏部展览图册“乔治斯 · 多里奥”（Georges F. Doriot）专题，第 19 页。网站地址为 http: //www. library. hbs. edu/hc/doriot/education/educating-leaders/，登录时间：2015 年 11 月 2 日。

③ 参见 Jeffrey L. Cruikshank, Shaping the Waves: A History of Entrepreneurship at Harvard Business School, *Boston*: *Harvard Business School Press*, 2005, p. 62。

④ Jeffrey L. Cruikshank, Shaping the Waves: A History of Entrepreneurship at Harvard Business School, *Boston*: *Harvard Business School Press*, 2005, p. 69.

⑤ 参见梅伟惠：《美国高校创业教育》，浙江教育出版社 2010 年版，第 31—33 页。

世纪60年代新总统约翰·肯尼迪（John Kennedy）上任，政府开始重视小企业的发展，社会对创业教育的需求逐渐增加，哈佛商学院的创业课程才开始有一定数量的增长。总体从上看1937年至1978年间，哈佛商学院的创业课程建设是处于稳步、缓慢增长的阶段，经历42年时间数量才从1门增加到7门。

二是短暂低谷期（1979—1983年）。创业学课程在学生中的需求很大，但在学术界却没有地位。哈佛商学院的核心科目一般是市场营销、会计、金融等，这些学科为年轻的学者们铺好了道路。这些学科有相关的学术会议可以参加，有学术期刊可以发表文章，有良师益友可以寻求指导和帮助，有全国的同事可以一起合作。但是，所有的这些，在创业教育领域都没有。创业学对于许多学者来说，范围太大，难以进行系统研究。“如果想学术有成的话，创业学不是合适的领域，因为它还不是主流。”创业学课程核心人物霍华德·史蒂文森（Howard Stevenson）虽因为教授房地产被评为终身教授，在商学院他是第一位获得此殊荣的，当然这几乎也是绝无仅有的。但是，在他收获了大批崇拜他的学生时，他却没有可以合作的同事［只有一位兼职教师威廉·普沃（William Poorvu）同他一起教课］，他开始考虑自己是否还有其他的选择。史蒂文森总是能听到许多让他泄气的话，甚至在评定终身教授后还有老同事建议他“干点重要的事”。学术界对于创业学课程的态度，让史蒂文森大受打击，他认为继续留在哈佛商学院也毫无机会为房地产课程做贡献了。最后他选择去一家造纸厂谋了个董事的职位。1979年到1983年间，由于史蒂文森的离开，房地产课只剩下兼职教师威廉·沃普独自负责，更多有关创业及企业管理课程也都在走下坡路。帕特里克·莱尔斯（Patrick Liles）的新企业创建课程一直在继续，但选课表上教师一栏却总是显示待定。哈佛大学创业教育处于短暂的低谷，课程门数从6门减少到4门。

三是重新振作期（1984—2004年）。由于种种让人遗憾的表现，1979年哈佛大学校长德里克·博克（Derek Bok）公开批评商学院思想保守、墨守成规，他认为商学院不能迅速地在新的研究领域做出成就。对此，有人并不赞同。1979 年 8 月，约翰·麦克阿瑟（John MacArthur）写了一封信给博克校长，表示不同意校长的观点，认为应该肯定商学院迄今取得的成就；但同时他也提出有必要加强商学院的学术研究，大力开发课程，至关重要的一步就是大力加强对新兴创业学的重视。综合多方考虑和考察，1980 年博克校长任命约翰为商学院第七任院长。不久约翰就领导开展了一场变革，开始探索如何支持创业学的研究和教学。约翰变革的第一步就是说服老教授史蒂文森返回哈佛任教。当然，这并不是一件十分容易的事情。在充分体谅史蒂文森离开哈佛时低落的情绪后，约翰决定"对症下药"。他首先恳请商学院毕业的成功人士阿瑟·洛克（Arthur Rock）和法耶兹·沙罗菲（Fayez Sarofim）让史蒂文森担任第一任沙罗菲—洛克捐赠席位教授（Sarofim-Rock Professorship），并明确表示愿意专注于创业学的教师或者学者才有资格获得这个职位。后又约请史蒂文森共进午餐，以第一任沙罗菲—洛克捐赠席位教授的崇高荣耀将史蒂文森重新请回学院主持创业教学，并保证"这一次回去绝对跟以往不一样了，只要史蒂文森回到哈佛商学院不论做什么都全力支持，学院是时候在创业研究方面做点什么了"。随后，以前房地产课的同事威廉拜访了史蒂文森并十分鼓励他回哈佛。最终，史蒂文森手执从未拿到过的终身教职官方聘书于 1981 年秋回到哈佛商学院。返回哈佛商学院后，他发现学生对小企业和自主创业的热情很高，学院的重视态度也使得有分量的学者乐于建构理论框架以开发可行的创业课程来满足学生需求。但是，创业学领域的理论基础十分不牢固，创业学领域缺乏相关界定。于是，他决心建构创业学新的理论基础，并结合自己做行政主管的经验，将真实的创业情况和创业课程知识相联系，把实战经验引入课堂，尝试以新的方式建构一门新的创业学课程。① 在学院的大力支持下，史蒂文森重新组建了教研团队，1995 年更是建立

---

① 参见 Jeffrey L. Cruikshank, *Shaping the Waves: A History of Entrepreneurship at Harvard Business School*, Boston: Harvard Business School Press, 2005, pp. 206-214。

创业管理教研室（The Entrepreneurial Management Unit）负责开展创业理论研究和教育实践指导；他还重新规划了《创业管理》等新课程，使得创业教育课程建设回归到稳定有序的发展轨道中来，1984 年至 1999 年，课程从 7 门增加到 13 门。随后在 2003 年校友阿瑟·洛克捐出 2500 万美元支持哈佛商学院在创业领域的发展，创立阿瑟·洛克创业中心（Arthur Rock Center for Entrepreneurship），该中心拥有 30 余位教员、开设约 20 门课程，并开展大批课程研发和学术研究项目，成为哈佛商学院创业活动的中枢神经。① 自此哈佛大学创业课程建设进入一个快速发展时期，课程数量快速增长到 20 多门。

四是跨越发展期（2005 年至今）。在经济全球化的大背景下，越来越多的国家意识到无论是在开发大学生技能、提升大学竞争力优势方面，还是在促进经济发展方面，创业教育都是至关重要的助推力。美国高校创业教育也在广度和深度上不断延伸，出现“大众化”和“尖端化”发展趋势。创业教育大众化指的是，随着创业教育对人才培养和经济发展重要性的凸显，一些非营利机构和大学试图将创业教育推广到全校范围，而不是仅仅针对商学院学生，即出现了全校性的创业教育项目。创业教育尖端化指的是，随着科技发展和美国各个高校对研发的重视，工程学院的学生也日益成为接受创业教育的主要群体。越来越多的创业项目关注将实验室的创新发明转化为市场产品，使得技术转移呈现高度繁荣之势，基于大学技术成果的大学衍生公司迅速发展并成为创造工作岗位、经济腾飞以及区域经济结构转型的重要推动力。② 哈佛大学顺应社会发展潮流，2005 年除商学院以外，其他学院也都陆续开设创业课程。短短几年间，课程数量猛增到 50 余门。同时，为了给师生们提供一个培养跨学科、跨院校合作平台，支持学生跨越社会和文化、健康和科学、技术以及消费等各领域的创业并

① 参见 Jeffrey L. Cruikshank, *Shaping the Waves: A History of Entrepreneurship at Harvard Business School*, Boston: Harvard Business School Press, 2005, p. 337。

② 参见梅伟惠：《美国高校创业教育》，浙江教育出版社 2010 年版，第 34—35 页。

为其提供资源，2011 年 11 月 18 日由哈佛大学斥资 2000 万美元，历经近一年时间的计划、商讨和整修，正式建成开放哈佛创新实验室（Harvard Innovation Lab）。这是哈佛大学面向全校学生，大力倡导创业和创新而设立的专门机构，它既是哈佛大学开展全校性创业教育和孵化的大本营，也是促进哈佛大学学生、教师、创业者和大波士顿地区社区成员深入交流与合作的桥梁和纽带。自此哈佛大学创业课程再次跃升到新的阶段，从持续 70 年之久的“商学院时代”进入全新的“全校性时代”。

二、哈佛大学创业教育课程发展的走向与特征

分析哈佛大学创业教育课程近 80 年的发展进程，我们不仅要看到课程数量规模的增长，也应该看到课程结构体系的变化，更应该体悟课程体系发展变化的规律。

（一）内容：从单一课程走向完备体系

内容是承载课程育人使命的媒介，课程内容的发展与完善直接推动其教育影响的提升。近 80 年来，哈佛大学创业教育课程在内容维度上得到了显著发展，实现了从“制造业”这样一门单独的课程向包含 50 多门课程的复杂课程体系的转化。这种转化也是一个渐进艰辛的过程。其中有几个重要的节点。在最初多里奥教授开设的“制造业”课程中，创业还只是课程涵盖几个主题之一，主要是讨论与新公司创办密切相关的新产品、新想法和新开发等问题。1947 年，梅斯教授开设“新创企业管理”（Management of New Enterprises）课程，其内容包括“小企业的创建与发展、资金的筹措与配置，以及近年来统称为‘创业’的相关问题”①，这

① Jeffrey L. Cruikshank, Shaping the Waves: A History of Entrepreneurship at Harvard Business School, *Boston*: *Harvard Business School Press*, 2005, p. 49.

门课程第一次对小企业创建和运行中可能遇到的各方面问题进行了系统讲解，是对“制造业”课程中创业相关内容的超越。1958 年，温莎 · 霍斯默（Windsor Hosmer）教授开设了哈佛商学院的第三门创业课程“制造业小企业”（Small Manufacturing Enterprises），这门课程集中关注小型制造企业，对这些公司的所在管理职能都有所涉及，是对哈佛大学原有创业课程的新拓展。1984 年副教授威廉 · 萨尔曼开设的“创业金融学”（Entrepreneurial Finance）是对哈佛大学创业课程建设的重大推动，标志着哈佛商学院创业教育进入专业细分的阶段。2000 年，哈佛商学院的创业课程猛增到 19 门，比上一学年增加了近 50%，课程主题涉及创业金融、创业市场营销、国际创业金融、家族企业管理、技术性企业创建等诸多方面，标志着哈佛大学创业教育课程体系建立的基本建立。进入 21 世纪第一个十年的中期以来，随着创业课程在哈佛大学商学院以外其他学院的广泛开设，哈佛大学创业教育课程体系发展到主题细分、专业融合的阶段。

（二）受众：从局部学院走向贯穿全校

课程的受众群体决定了课程教育影响的范围与深度，拥有更大的受众规模和合理的受众结构是更加充分彰显课程活力与效力的前提。经过近 80 年的发展，哈佛大学创业教育课程的受众发生根本性的变化，实现了从偏居哈佛商学院一隅向贯穿全校的转变。首先，开设创业课程的范围从商学院扩展到全校各学院，课程数量也从最初的 1 门发展到 50 多门，创业课程不仅在商学院从选修发展到必修加选修，所有 MBA 学生都必须学习创业课程，在其他学院的创业课程也基本可以满足全体有创业意愿学生的学习需要。其次，如前所述，由于学校打通各学院间课程注册的壁垒，对于适应不同学院学生需要的创业课程允许交叉互选。比如，在哈佛商学院塔伦 · 卡纳教授开设的“当代发展中国家：社会与经济棘手问题的创业性化解”这门课程，同时有文理学院、法学院、公共卫生学院等六个学院的学生注册选修。

（三）教学：始终坚持实践导向

高质量的教学是确保课程育人目标有效实现的关键。数十年以来，哈佛大学深刻领悟创业教育课程的实践特质，课程教学始终坚持实践导向，切实助推学生的创业行动。首先，担任创业课程教学的教师普遍有着丰富的商业管理实战经验，所有教师都有自己创办企业或在企业与政府部门从事管理与咨询工作的经历。比如开设“制造业”课程的多里奥教授第二次世界大战期间担任美国陆军军需团军事计划长官，“他把在工业管理中受到的训练充分运用到工作中……军事计划处在多里奥的领导下取得了前所未有的成就……多里奥在后勤方面的成功使他在 1945 年赢得了准将的头衔，所以后来人们都称他为‘多里奥将军’”①。其次，哈佛大学创业课程均采用其独具特色的案例教学法（Case Study）。通过案例给学生讲述创业企业所遇到的真实问题，引导学生找出解决问题的办法，从而把创业课程的课堂教学直接联结到实际的创业企业与创业者，通过实务取向、问题解决使学生获得对创业的最真实体验、思考与技能。不仅如此，哈佛大学近年来为更加彻底体现实践导向又推出了新的课程形式“领导力开发实地沉浸体验”（Field Immersion Experiences for Leadership Development，简称 FIELD 课程）。如果说案例教学是要让学生像领袖一样地思考，那么 FIELD 则可以让学生像领袖一样行动，把学习到的知识应用在真实的工商世界，从而为自己创业做更好地准备。

（四）趋势：起落间螺旋上升

从近 80 年来的总体发展历程看，哈佛大学创业教育课程建设无疑取得了巨大成就，无论是课程的数量，还是课程的结构总体上都呈现出持续

---

① Jeffrey L. Cruikshank, *Shaping the Waves: A History of Entrepreneurship at Harvard Business School*, Boston: Harvard Business School Press, 2005, pp. 60-61.

积累和稳步上升的发展态势，但其跨越数十年的发展进程也充满曲折与艰辛。这一点，在 1947 年由梅斯副教授开创的“新创企业管理”课程上体现得淋漓尽致。虽然从 1947 年创立到 1982 年最后一年开设，“新创企业管理”在哈佛商学院持续开设了 36 年之久，但这 36 年间“新创企业管理”经历着不断的起伏波动。任课教师多次变更，有的阶段教师更换十分频繁。课程的创建者梅斯只教了三年就转向“高级管理项目”的教学。“在之后的十几年间，虽然由于学生对小企业和创业领域的兴趣不减帮助这门课程在学院得以保留，但是在梅斯之后教师中谁也无法像梅斯一样激发学生的热情和赢得他们的敬重。直到 1963 年一位年轻教师［弗兰克·塔克（Frank Tucker）］的加入，才使创业在哈佛商学院重新焕发出生机。”① 课程在塔克教授手中稳定发展几年之后，“1969 年塔克的退休对课程无疑是个打击。……（在开设 20 多年之后）由于教师方面的问题，整个创业领域似乎面临被学院放弃的危险。”② 1970 年，帕特里克·莱尔斯将课程更名为“小企业管理：开创新企业”，并且把课程的重心从企业的运行问题转移到如何做好生意上。此后的十几年课程的任课教师又经历了几次变更，直到 1983 年被霍华德·史蒂文森重新规划开设的“创业管理”（Entrepreneurial Management）超越和取代，“新创业企业管理”正式走完了它 36 年的生涯。虽历经坎坷，但始终表现出顽强的生命力，为哈佛大学创业教育课程体系的建设提供了有力支撑。

三、哈佛大学创业教育课程教学的基本模式

哈佛大学的创业教育课程主要面向 MBA 学生。在十大类选修课程中

---

① Jeffrey L. Cruikshank, *Shaping the Waves: A History of Entrepreneurship at Harvard Business School*, Boston: Harvard Business School Press, 2005, p. 56.

② Jeffrey L. Cruikshank, *Shaping the Waves: A History of Entrepreneurship at Harvard Business School*, Boston: Harvard Business School Press, 2005, pp. 157-158.

有一类是创业管理，旨在激发学生的创业兴趣、树立学生的创业思维、巩固学生的创业知识和培养学生的创业精神等。哈佛大学的创业教育课堂主要分为两大板块，分别是案例教学（Case Method）与“做中学”（Learn by Doing）。在授课之前，教师需要对教学目标和课程进展有清晰的把握。从课堂的整体结构到细节之处都要有精心的设计，灵活地应对学生的发言，并组织逻辑、及时总结或板书演示。

（一）案例教学模式

案例教学是指在教师的相应指导下，根据教学目的的需要，大量使用案例，通过对案例的分析与讨论，来提升学生的实际管理能力的教学方法。[①] 案例教学是创业教育课堂的重要组成部分，也是使学生深入了解与思考创业的有效途径，同时也为课程的后续推进奠定了良好基础。案例教学是一个公认的创业教育的有效方法，它能够让学生成为学习的中心，调动学生学习的积极性和自主能动性。[②] 哈佛大学创业教育课堂的案例教学过程分为四个阶段。

第一阶段是教师准备案例（Teachers preparing case）。案例给学生提供了一个自主学习和获得经验的机会，课前准备案例是教师的重要备课任务。首先，教师需要对学生的现有知识结构和理解能力有深入调研，遴选出适于学生把握但又能对学生创业思维有影响、创新能力有提高的案例。并非所有的创业事迹都可作为创业课堂的案例，案例本身的有趣性、能否有效解决商业难题是教师选择案例的重要指标。其次，教师需要根据教学目标、课程计划、案例特征等设计课堂案例探究的环节，包括如何导入案例、提出问题、探究疑难、案例过渡、跟踪疑难和总结案例等。创业教育

---

① 参见刘刚：《哈佛商学院案例教学作用机制及其启示》，《中国高教研究》2008 年第 5 期。

② Heidi M. Neck，Patricia G. Greene，Entrepreneurship Education：Known Worlds and New Frontiers，*Journal of Small Business Management*，2011；49（1），pp. 55-70.

课堂的教师也可能会特邀创业嘉宾进行现场案例教学，为取得较好的效果，教师必须做好充分的课前准备，即特邀嘉宾的确定和相关安排。特邀嘉宾的确定通常要综合考虑两个因素：教学内容和嘉宾资源。要考虑教学内容和嘉宾资源的适配性，找到二者的最佳结合点，现场特邀嘉宾的事迹要具备典型性、代表性和说服力。教师要在课前与特邀嘉宾进行一系列的沟通，以明确案例教学的规则和流程。良好的沟通能确保现场案例教学按照预期计划开展，避免偏离主题。

第二阶段是学生预习（Students reading & guiding questions）。学生课前必须认真阅读指定案例材料，同时根据教师预先留置的题目进行深入的思考，形成自己的观点，找出案例的关键症结所在，并准备出相应的解决方案。这一阶段对学生们的课前阅读量提出了较高的要求，学生平均每堂课前阅读的案例数量为 3—5 个不等，阅读页数为 20—100 页不等。

第三阶段是案例研讨（Case Discussing）。案例研讨是案例教学的主要环节。在此阶段，教师将学生进行分组，每组 3—5 人，通过小组讨论和团队配合，学生碰撞思维火花、深化案例理解并增强逻辑和分析能力。学生对案例的研讨主要集中在案例背景的梳理、人物行为的把握、案例问题的聚焦与可行方案的设计等。教师并没有将案例理论点直接传授给学生、将自己的观点灌输给学生，而是鼓励学生们在平等的商榷中提出建设性的意见，达成可操作性强的共识。教师会在课堂上利用 30—50 分钟的时间讲解案例，并辅以 PPT 和板书来演示。教师并非完全沿袭课前准备的教学框架，而是在层层递进的设疑与追问下开展对话与交流，启发学生由浅入深地思考，及时与学生互动，并注重分析和总结学生的回答，必要时候针对案例给出一定的知识澄清。学生在课堂积极举手发言，可随时向老师提问。每个学生的发言都由助教（每堂课至少有两名）进行详细记录，根据发言情况打分，将其作为平时成绩，占总成绩的 40%。学生在课堂的思考和发言也需要教师的引导和推动，课堂结束之时教师也会布置相关的思考题留待学生进行课下的拓展思考和解决。

第四阶段是理论反思（Theory Reflecting）。面对鲜活的案例学习模式和研讨的问题，教师引领、学生独立思考，并在积极思考和小组讨论中生成解决问题的措施。在此基础上，教师还利用自身具备的理论基础、整合知识和反思性实践经验等引导学生进行案例的理论反思，回扣创业学、创业教育或其他创业相关领域（如法律、金融、政治、医疗等）的基础理论，帮助学生实现对案例的反思和理论的升华。

另外，教师也会邀请相关领域的专家或创业者现身说法。如在理查德·西格里斯特（Richard Siegrist）教授开设的"医疗创新创业"（Innovation and Entrepreneurship in Health Care）课程中，四位公共卫生和医药领域的创业校友被邀请到课堂与学生进行交流。创业者依次介绍自己的创业背景、实践经历、成功经验和创业感受等，随后是提问与互动环节，学生们在与创业者的交流探讨中得到宝贵的第一手的经验传授。

（二）"做中学"模式

哈佛创业教育课堂"做中学"的教学法可以追溯到约翰·杜威（John Dewey）的"从做中学"教学思想。"做中学"教学法的基本要义在于以学生活动来架构课程，以直接经验的获得为核心旨趣，在情境化的教学场域中通过学生的各种"做"——观察、实验、探究、劳作、游戏等来组织实施教学。① 哈佛大学创业教育课堂中的"做中学"以学生实践为核心，将有意向参与创业学生的学习历程与个人和商业发展有机结合起来，实现对实践经验的探索和对创业学习的反思。②

---

① 参见屠锦红、李如密：《"做中学"教学法之百年演进述评》，《课程·教材·教法》2014 年第 4 期。

② 参见 Jason Cope，Gerald Watts，Learning by Doing-An Exploration of Experience，Critical Incidents and Reflection in Entrepreneurial Learning，*International Journal of Entrepreneurial Behaviour & Research*，6.3（2000），pp. 104-124。

1."做中学"模式的基本流程

哈佛创业教育课堂的"做中学"模式大体遵照"走访—研讨—确定项目雏形—规划项目方案"这样的流程来开展。首先，学生走访调研创业者（Visiting entrepreneurs）。学生根据各自选择的创业领域选定两名创业者（以哈佛大学校友居多），了解创业者经历并熟悉其创业背景，根据自我意向创业项目有针对性地设计访谈内容，随后进行访谈和调研。如哈佛商学院学生对哈佛校友、创业者凯文·威廉（Kevin Williams）的深入了解和调研，学生们通过课堂案例熟悉凯文的工作与创业经历，并详细研究了凯文在好莱坞创立娱乐公司的决策制定过程。学生在走访过后还可通过电话、电子邮件等形式与创业者有持续的沟通和交流。其次，对创业者经历的研讨（Talking and Discussing）。学生在走访创业者之后整理调研实录，随后认真阅读和讨论，挖掘创业者经历中对自身创业有益的经验，取其精华，为我所用。再次，团队合作，确定实践项目雏形（Working in Paris on Developing a Project）。学生们依据前期资源和经验的积累，团队不断研讨合作，思考和确定实践项目雏形。在这一过程中，学生们注重的是项目灵感的捕捉和团队成员的有效分工。最后，创业模型的设计规划（Designing Logic Models）。创业项目雏形敲定之后，就需要设计创业逻辑模型，并对其进行系统全面的规划，市场调研、数据分析、运营机制、盈利模式、预期收益、融资渠道等等都需在此环节有明确的实施方案，为创业项目的实际执行和运作奠定基础。

2."做中学"模式中教师的角色

首先，教师通过组织讨论来培养学生的问题意识，全程帮助学生思考从而有效启发全班同学的观点。其次，教师注重将创业学领域的核心概念（Key concepts）进行有机组合，促进学生的理解与应用，并将全班同学的观点进行系统的归纳综合。再次，指导学生们如何设计和规划创业方案，从而使得创业不再"高高在上"，而是成为触手可得的自我体验。除此之外，有的教师如费尔南多教授还重视夯实学生的理论根基，特别是哲学基础理论涵养，甚至要“哲学家帮助我们思考”（the philosopher helping us think it all through）。鼓励实践和理论的衔接融合，争取让学生们在创业过程中寻找更多有效的创业理论支撑，从而使得创业规划更加科学严谨，创业实践更加可持续。最后，教师要全程不断启发全班同学（inspire the class），激发学生的创新创业灵感。

3. “做中学”模式的其他情况

诚然，创业教育的“做中学”课堂改变了传统创业课堂“重知轻行”、“满堂灌”等脱离学生实际与社会实践的教学范式，从而在教学方法上起到一定的变革与创新的作用，值得我们借鉴与推介。依据笔者的课堂体验，对创业教育的“做中学”课堂仍有以下几点值得我们关注。其一，教师会在学生创业项目规划之前，对项目的基本概要做出明确的介绍与说明，这种对学生创业前期的理性引导将会大大降低学生们试错的概率。其二，学生对创业的意向仅是成为合格创业者的必备条件之一，但并非所有想创业的学生都能承担风险，因此教师还应培养学生勇于面对和承担创业风险的意识与能力。其三，“做中学”课堂对学生创造力的提升效果是显著的，创业本身需要不断地创新并创造新的事物、理念或思维方式，“做中学”模式为学生创造力的凝练和发挥提供了优质环境，学生们在最接近创业的情境中发掘机遇和创造性地解决问题，从而实现创业的目标。其四，学生们也许会因为课程难度、思想冲突、灵感枯竭等原因对课程产生不适感，但总体而言，“做中学”的教学模式仍为学生们提供了一个相对安全的探索空间——毕竟，在课程中出错的代价要远远小于实际创业过程中失败的痛苦。其五，虽然学生们在课堂中被激发创业兴趣、启发创业灵感和思维，但部分学生仍然对创业项目的实践和操作颇为胆怯，教师还应注意克服学生对于创业项目的畏惧心理，鼓励学生大胆设想、勇敢实践，提高实操能力，真正迈出创业的第一步。

第三节 哈佛商学院创业大赛的历史与经验

创业竞赛因其鲜明的实践特征和强大的育人功能成为高校创业教育的核心载体之一，也是当前我国政府和高校大力推动和促进大学生创业的重要手段，但是在实践中也暴露出诸多问题与缺陷，比如定位偏差、宣传鼓动的成分过多，过程设计不善、育人功能发挥欠佳等等，亟待进一步加强和完善。哈佛商学院创业大赛以其准确的功能定位和切实有效的赛事组织取得良好的成效，不仅为所有参赛者提供一个综合性的学习体验平台，并且学生们能在比赛的过程中充分利用哈佛商学院和社区提供的独特的资源，为自己的职业生涯获取创业机遇；与此同时，大赛不仅帮助提高学生创造和评价新企业的能力，更让其参与社会责任担当的过程，对学生的创业态度和人生价值观都有着巨大的积极影响。“2005 年，阿瑟·洛克创业中心开展一项专门调查，他们联系了 705 名参加过 1997 年至 2004 年间的哈佛创业大赛的毕业生。结果显示，其中 269 受访者共创立了 254 个企业，近 200 家企业仍然在运行，并且创造了 550 亿美元的销售额和为 6500 人提供了就业机会。其中将近一半的企业是基于最初在哈佛商学院创业大赛时的创业策划方案而来。”①

一、哈佛商学院创业大赛的发展历程

哈佛商学院创业大赛起源于 1996 年风险投资与私募股权投资课上的一

① Business Plan Contest Has Many Winners, https：//www. alumni. hbs. edu/stories/Pages/story-bulletin. aspx？ num = 2510. Sep. 01， 2005.

次课堂作业。当时艾丽森（Alison J. Berkley Wagonfeld）和威廉（William C. Nussey）还只是哈佛商学院二年级的学生，选修了勒纳（Josh Lerner）教授的风险投资与私募股权投资课并需要写一篇论文作为该课程的作业。他们在准备论文题目的时候发现麻省理工学院几年来都在举办面向全体学生的商业计划大赛，并且越来越受大家的关注；至1996年，该比赛的一等奖奖金已经由1万美金增至5万美金并获得了许多媒体的报道，引起不小的反响。艾丽森回忆道：在我们看来，哈佛商学院要落伍了。为什么哈佛商学院不能拥有自己的一场比赛呢？为什么比赛不能由风险投资家们来赞助，同时又让风险投资家们提前了解哈佛商学院二年级学生的奇思妙想，这不就是一举两得吗？勒纳教授同意了这个实地考察项目，艾丽森和威廉立即着手研究其他学院怎样组织商业计划竞赛，另外还引导同学们培养创业意识。他们希望能找到一些专业的投资者（包括学生、教职工和校友）作为比赛评委。同时，他们还研究了各种融资机制，以保证同学们情绪高涨、积极参与。对于艾丽森和威廉来说，这不仅仅是一个课业训练，他们真心希望学院能接受并实施这一想法。但这超出了一个二年级学生的研究领域。如果想让学院把他们的设想变为现实，至少必须得到两个人的同意与支持——学院元老萨尔曼教授和院长克拉克教授（Kim B. Clark）。① 1996年春，艾丽森和威廉把他们的提议交给萨尔曼教授和克拉克院长，像是在等待最后的裁决。萨尔曼教授已经对现实中的创业策划做过多次系统的研究思考，很清楚这些策划的局限性。他觉得策划本身的重要性是第二位的，做策划的人才是最重要的变量。他甚至怀疑在二年级学生中举办这种创业大赛的价值。他认为创业策划和设计者的经验和专业技能有很大的关系；换句话说，不了解实业的人做不了商业策划。学院最大的担心则是这样做有可能会分散二年级学生的精力。克拉克院长也指出不

① Business Plan Contest Has Many Winners，https：//www.alumni.hbs.edu/stories/Pages/story-bulletin.aspx？num=2510. Sep. 01，2005.

能因为学生大喊要举办比赛而“因小失大”，学院教学的使命永远都应该是首位的。况且，如果这个创业大赛以惨败收场，会不会对学院有负面影响？那些被学院误导的投资方会做如何感想？哈佛应该自己给大赛优胜者颁发奖金还是允许第三方介入？① 面对种种疑问，艾丽森和威廉同萨尔曼教授一起用了几个月的时间重新修订了他们的提议，为这些可能出现的问题找到了相应的解决办法并且提前获取了校外十分有信用度的赞助，这才得以顺利赢得学院的支持并通过该比赛项目的提议。② 哈佛商学院创业大赛终于得以在 1996 年秋天宣布开赛。学院鼓励对此竞赛感兴趣的二年级学生自己组队参加 12 月份的正式比赛。③ 随着互联网络迅猛发展，投资者都在寻求新意的大创业策划项目，哈佛商学院创业比赛有 37 个团队报名参加，通过激烈的角逐最终选出冠军一名获得 1 万美元现金奖励和 1 万美元的等价服务奖励，优胜者三名获得 5000 美元现金奖励和 5000 美元的等价服务奖励。第一届创业大赛顺利举办并获得空前的成功，此后每年举办一届大赛。

随着学生们对非盈利性创业策划热情的高涨，2001 年度哈佛商学院创业比赛增设了社会创业项目。由此开始，创业比赛由两部分组成——商业系列和社会创业系列赛。自 2001 年设置了社会创业系列赛后，商业系列赛的奖项和奖金的设置仍保持为 5 万美元的总量不变，仍评选出冠军一名和优胜者三名（各奖项的奖金设置不变）。而社会创业系列赛，则设冠军一名，优胜者一名。冠军将获得 1 万美元现金奖励和 1 万美元的等价服务奖励；优胜者获得 5000 美元现金奖励和 5000 美元的等价服务奖励。④ 这一变化使得此次创业大赛的意义不仅停留在了创业盈利，更延伸到了学

---

① 参见 Christina Pazzanese, Harvard's Alumni Impact, *Harvard Gazette*, Dec. 8, 2015。

② 参见 Julia Hanna, New Ventures New Gains HBS Business Plan Contest Thriving, *HBS Alumni Bulletin*, 2001。

③ 参见 Jeffrey L. Cruikshank, Shaping The Waves-A History of Entrepreneurship at Harvard Business School, Boston, *Massachusetts*: *Harvard Business School Press*, 2005。

④ 参见 Harvard Business School, *2001 Business Plan Contest*, 2001。

校教师培养、社区建设、贫困国家问题治理、薄弱社会医疗项目拓展等各个方面。1996 年至 2008 年间，考虑到新生需要适应新的学习环境和应对大学的课业压力，哈佛商学院创业比赛只接受大二及以上的学生报名参加。① 从 2009 年起由于学生们对创业的热情以及积极学习的态度等，学院决定在不影响学生基本学习任务的前提下，允许大一的学生报名参加此次创业比赛，从此便为大一学生们创造了一次亲身实践学习创业的良好机会。也是自 2009 年起，哈佛商学院创业大赛的奖金大幅度提高；商业系列赛设冠军一名获得 2. 5 万美元现金奖励和 2. 5 万美元的等价服务奖励，优胜者三名获得 1 万美元现金奖励和 1 万美元的等价服务奖励。社会创业系列赛则设冠军一名，获得 2. 5 万美元现金奖励和 2. 5 万美元的等价服务奖励，优胜者一名获得 1 万美元现金奖励和 1 万美元的等价服务奖励。② 2012 年在保持既有奖项奖金设置的同时，又增设校友创业赛（冠军奖励 5 万美元；优胜奖奖励 2. 5 万美元）和校友社会创业赛（冠军奖励 2. 5 万美元）。③ 2013 年哈佛商学院创业大赛再次迎来调整提升，商业系列赛和社会创业系列赛各设冠军一名，分别获得 5 万美元奖励，优胜奖一名分别获得 2. 5 万美元奖励，校友系列赛则维持 2012 年的奖项奖金设置不变。④ 2014 年和 2015 年间，在校生商业系列赛和社会创业系列赛的奖项奖金设置沿用 2013 年的规则不变，校友系列赛仅一个赛系，设三名优胜奖，分别获得 2. 5 万美元奖励。（哈佛商学院创业比赛历年冠军名单，见表 7-3）

---

① 参见 Julia Hanna，Business Plan Contest：15 Years of Building Better Entrepreneurs，*HBS Alumni Bulletin*，2011。

② 参见 Jeffrey L. Cruikshank，Shaping The Waves-A History of Entrepreneurship at Harvard Business School，*Boston*，*Massachusetts*：*Harvard BusinessSchool Press*，2005。

③ 参见 Harvard Business School，*2001 Business Plan Contest*，2001。

④ 参见 Harvard Business School，*2013 Business Plan Contest*，2013。

表 7-3 哈佛商学院创业比赛 1996—2015 年冠军名单①

序号	获奖项目名称	参赛者	时间
1	Rapid SOS(Business)	Michael Martin, Nick Horelik, Kellen Brink, Alex Santana, Kaiying Liao, Joe Dipaolo	2015
2	Focus Foods(Social Enterprise)	Julia Kurnik, Geoff Becker	2015
3	Alfred(Business)	Marcela Sapone, Jess Beck, Saurabh Mahajan	2014
4	Saathi(Social Enterprise)	Amrita Saigal, Kristin Kagetsu	2014
5	Tauros Enginnering(Business)	Adrian Ross, Alison Flatau, David Flatau, Tyler Flatau	2013
6	Bluelight(Social Enterprise)	John Ikeda, HKS; Manoah Koletty, HKS; Mustafa Khalifeh	2013
7	Vaxess Technologies(Business)	Michael A. Schrader, Anura Patil, Livio Valenti, Patrick Ho, Kathryn, Kosuda, Isa Watson	2012
8	eTransitions(Social Enterprise)	Lissy Hu, HBS/HMS; Kira Yugay, HBS; Jessica Hohman, HMS; Jonathan Helm	2012
9	Babay. com. br (Business Co-winner)	Kimball Thomas, Davis Smith	2011
10	BOSS Medical (Business Co-winner)	Romish Badani, Derek Poppinga, Haim Gottfried, Maxim Budyansky, Neil Shah, Peter Truskey, Shoval Deke	2011
11	SANA Care(Social Enterprise)	Sidhant Jena, HBS; Anshuman Sharma; Ikaro Silva	2011
12	Oscomp(Business)	Shantanu Agarwal, Pedro Tomas Santos, Emmanuel Magani	2010
13	Urban Water Partners (Social Enterprise)	Porter Jones, HBS; Jason Young; Justin Iwasaki; Aaron Matto, HBS; Ajay Kori, HBS	2010
14	CloudFlare(Business)	Michelle Zatlyn, Matt Prince	2009

① 参见 Winners & Success Stories Winners, http://www.hbs.edu/newventurecompetition/winners-and-success-stories-winners. Dec. 01, 2015。

续表

序号	获奖项目名称	参赛者	时间
15	EGG-Tech(Social Enterprise)	Emmanuel Cassimatis, HBS; Alla Jezmir, HBS; Benjamin Lambert, HBS; Jukka Valimaki; Blandine Antoine; Jamie Yang	2009
16	EyeView(Business)	Tal Riesenfeld, Yaniv Fain, Oren Harnevo, Yaniv Nitzan, Gal Barnea	2008
17	Diagnostics-for-All (Social Enterprise)	Hayat Sindi; Roozbeh Ghaffari; Carol Waghorne; Gilbert Tang, HBS; Jon Puz. HBS; Krishna Yeshwant, HBS	2008
18	Judicial Intelligence(Business)	Sandra Nudelman, Michele Nudelman	2007
19	Unite for Health! (Social Enterprise)	Onil Bhattachaeyya, HSPH; Lingling Zhang, HSPH; Anna Chodos, HSPH; Maria Fernanda Levis, HKS	2007
20	8baorice(Business)	Tingting Zhong	2006
21	The Yashmere Company (Social Enterprise)	Shawn Tan, HBS; Carol Chyau, HKS; Marie So, HKS; Jose Dias de Barros, HBS; Esther Hsu	2006
22	Uplift(Business)	Karen Grajwer	2005
23	India Info Village (Social Enterprise)	Rita Singh, HBS; Sanjiv Kaura, HKS; Vishal Sehgal, HKS; Shaunak Roy, Gyan Badgaiyan	2005
24	Extend Fertility(Business)	Christy Jones, Yu-jin Kim, Laetitia Pichot, Nadia Campbell, Tatyana Daniels	2004
25	Sun Edison(Social Enterprise)	Brian Robertson, HBS; Claire Broido	2004
26	FBC(Business)	Brain Hoskins, Eric Hiller	2003
27	Gyaana(Social Enterprise)	Raj De Datta, HBS; Arvind Krishnamurthy, HBS	2003
28	FishLogic(Business)	Javier Segovia, Patrick George, Benjamin Vigoda	2002
29	BEST Education Partners (Social Enterprise)	Matthew Fields, HBS; Lucas Klein, HBS; Jason Green	2002

续表

序号	获奖项目名称	参赛者	时间
30	Potentia Pharmaceuticals (Business)	Alec Machiels, Angie You, Scott Sternson, Paul Ashby, Jason Hong, Martin Szummer, David Darst	2001
31	Low Cost Eyeglasses (Social Enterprise)	Neil Houghton, HBS; Ashley Magargee, HBS	2001
32	Bang (Business)	Robert Rosin, Robert Dreyer, Tim Tuttle, Sarah Boatman	2000
33	Local Rewards (Business)	Clinton Anderson, Senthil Nagarajan, Mike de la Cruz	1999
34	Zefer (Business)	Anthony Tjan, Matthew Burkley, Alexandre Scherer	1998

二、哈佛商学院创业大赛的基本规则

自 1997 年至今，在质疑声中开始的哈佛商学院创业大赛，经由 20 年的摸索与成长，比赛机制日臻完善，培养了一代又一代的企业领导者和社会公益人，其比赛制度背后的教育意义更是让学生受益终身。哈佛商学院创业大赛的基本赛制如下。

（一）比赛流程

比赛正式启动于每年秋季学期，持续至第二年的春季学期，整整一年的时间。从秋季学期开始，根据哈佛商学院创业大赛安排学生们开始组队，写创业计划，修学哈佛商学院的各个课程并且跟任课老师交流沟通，根据任课老师提出的问题和建议来完善策划案。同时，学院在不同时间段为创业团队队员们提供学院组织的会议和讲座（HBS Entrepreneurial Learning Program Seminars）；这些市场调查和融资方面讲座的主讲人都是相应的资助学生们的风投资本家和商务专家，参赛者们可以通过这些讲座从风投家和企业高官们的经验分享和专业知识讲授中，不断在具体细节和基本要点上进行完善和落实，使其创业策划案更加符合实际。在此期间，学院还会在特定阶段提供实践的信息和支持，比如在市场调查课上，每个团队都能申请到1000美元的赞助资金来支持实践活动。经过近一年的打磨，到春季学期的4月份，学生的创业策划案已经成型，哈佛商学院创业比赛也正式开始第一轮角逐赛。角逐赛中，选手们将有15分钟的时间来展示自己的创业策划案。展示结束后是15分钟的评委提问时间，评委们会从各个方面向选手提问，比如该创业项目名称由来和含义，该项目的目标消费群体是哪些人，盈利模式是怎么样的，如果遇到什么样的风险或者问题该如何解决，等等。最后，选手们将有15分钟的团队总结时间。比赛当天下午公布进入半决赛的团队名单。在随后的又一轮评选之后，确定进入决赛的团队名单。两周之后的总决赛将评选出创业系列和社会企业系列冠军各一名，创业系列优胜者三名，社会企业系列优胜者一名。不过，在颁奖典礼前，排名都是保密的；直到4月末的颁奖典礼上所有奖项才会被一一揭晓。

（二）评分标准

哈佛商学院创业大赛主要从五个方面对参赛作品进行评判：（1）创业策划的具体内容和项目成功的概率。评委们除了重视正式比赛时选手们的团队合作能力和个人表现能力，他们更注重整个商业策划案的具体内容。对于产品与服务介绍是否清晰准确，商业模式的清晰程度，目标市场分析是否准确，定位是否有效，资金运用是否合理，现金流分析是否能让投资人信服，项目估值是否合乎行业规矩，融资出价是否公允，策划案文字处理精准程度，甚至根据选手们的策划案排版都能作为创业策划者们的认真态度和创意的评判标准。（2）创业商机的吸引力。商机是整个创业策划的基础与核心，也是创业者把握市场和创新创意的重要体现，所以在整个哈佛商学院创业大赛中创业商机把握是极其重要的一个评判标准。

(3) 参赛团队人员的商业素养和个人素质，其中包括良好的职业道德品质、人际交往能力、敏锐的判断力、成熟的心智、强烈的幽默感。这些因素都会影响到创业团队是否有能力简洁明了地向投资者阐述自己的策划并且能在接受质询的时候表现得淡然自若，针对提问做出无懈可击的回答。这也是投资者们判断策划案是否可行的一个重要影响因素。(4) 创业策划案的财务预算情况以及在合理的合同条款下吸引来投资的能力也是评分标准之一。财务预算反映企业未来一定期限内预计的财务状况和经营成果，这是评判创业者们对于自己计划所创造的价值估算的重要标准。财务预算为投资需求提供了参考，创业者和创业策划案吸引投资的能力决定了创业活动是否能顺利发生发展。而且评判吸引投资的能力也有要求，必须是在合理的条款下能为创业活动争取到的最大限度资金的创业团队才能获得高分。(5) 创业策划的风险管理。包括评判参赛者在风险尚未发生之前，是否收集了一手资料、进行了实地调查研究，并且将潜在风险进行系统分类和全面的识别；要为投资人安排合理的退出渠道；项目风险分析详细，风险规避措施合理有效。根据他们掌握的历史资料，是否合理估算了风险发生的概率并根据不同的风险提供不同的方法尝试解决。评判参赛选手要跟踪已识别的风险，监视残余风险和识别新的风险，以此保障项目计划顺利执行，并评估这些项目计划对减低风险的有效性。

(三) 裁判设置

哈佛商学院创业比赛每届总裁判人数都维持在 50 人到 100 人之间，裁判分为两组——商业创业赛组和社会创业赛组，并且该两组的裁判人员组成在半决赛和决赛阶段都会有所不同。裁判队伍由天使投资人、风险投资家、企业高管、社会企业家和来自咨询、法律、会计、生命科学、高科技、慈善事业和学术界各个领域的专家组成；而这些裁判里许多人都是先前参加过该创业比赛的获奖者们。他们大部分毕业于哈佛商学院并且毕业后就职于美国各大公司且身居要职，或者拥有自己的公司并在各自领域内业绩斐然；不管是从商务专业知识还是从投资眼光方面来说，他们都是能手。同时，由于参加过哈佛商学院创业比赛，他们对于该创业比赛有着深厚的感情，他们也都是从比赛中可谓精心打磨出来的优胜者，所以能很好地判断出有潜力有前景的商业策划和参赛选手或合作团队。这些专家裁判们还会在比赛中为选手们做出点评和指导，他们的经历和能力是保障哈佛商学院创业比赛成功举办的强大后盾。有些裁判甚至在赛后负责提供比赛奖金或等价服务支持，他们对于各团队的创业策划有一定了解，从而在随后获胜者们将其策划付诸实践的过程中提供更为切实可行的支持与帮助。

三、哈佛商学院创业大赛的经验与启示

哈佛商学院创业大赛对其参赛者和哈佛商学院甚至是美国社会而言都有着十分重要的意义，自比赛举办以来培养了一批又一批的各行各业商务精英，为社会创造了金钱无法衡量的价值。其成功的背后是哈佛商学院创业大赛准确的功能定位和切实有效的赛事组织，在此我们通过对哈佛商学院创业大赛经验的总结，提供其对我国高校创业大赛组织的启示与借鉴。

（一）“育人为本”的办赛指导思想

确保大赛以澄清创业意向、增长创业知识、提升创业技能为核心是哈佛商学院创业大赛的鲜明特色，也是我国大学生创业大赛亟待学习的宝贵经验。哈佛商学院创业大赛以“育人为本”，体现在三方面。首先，哈佛商学院创业大赛从教育培养学生的角度出发，将比赛的各个流程与整个一学年的课程学习相联系。比赛初期，即 9 月份，起步组建团队时就是通过选修学院相关带学分的课程，在课堂上获得专业知识，为创业策划案的设计夯实基础。当然，这并不是简单的选修一门课获得学分；参赛选手们会在课程期间进入公司走进社会，进行实际的市场数据调查，并且被要求上交阶段性成果，期末还需要上交一份完整的商业策划论文。这样有利于学

生接触更专业、更有经验和能力的老师，在他们的课程上接受例如股票、债券、风险评估等专业知识，让他们的能力得到提升的同时也可以使他们的策划更加完善。而当学生毕业后真正把自己的策划付诸实践时，这些专业性的知识可以作为他们强大的后盾，让他们对问题的分析更加明确透彻，对风险的评估更加彻底有效，解决问题时更顺手。把课程学习和创业比赛相联系，使得学生的时间和精力都能完全集中于一项任务，极大提高了学生的学习效率。其次，哈佛商学院创业大赛设计赛事的过程中十分重视教师的指导作用。在为期一年的比赛中设置了校园导师（faculty advisor）和教练（mentor），在策划案的撰写过程中每个团队都配有一名校园导师（faculty advisor），各自导师将会对其有待提高之处提出相关问题，并指导其完成最终的策划案。对于学生们来说，能够参与整个创业比赛的过程，接触顶尖的校园导师和教练甚至是公司高层，获得他们的亲自指导，对学生的处事态度和方式都有着深远影响。萨尔曼教授在同意发起该比赛的时候就强调，“我们想把它变成既教育老师又教育学生的方式。如果学院老师参与到评判这些商业策划的行列中，他们就会不由自主地提出新观点”①。再次，该创业比赛通过寓教于乐培养学生的创业能力，检验其创业的意向和态度。大赛主办教师罗伯茨教授（Michael J. Roberts）谈到哈佛商学院创业大赛的时候说：“这个比赛让学生们得以走出教室，实际体验创业的艰辛，这是跟传统教育模式完全不同一种尝试。因为传统的课堂教学无法真正全方位的将现实社会的运行模式展示在学生面前。参赛者必须自己收集基础数据材料并在其商业领域进行深度分析。当学生们在做一个项目的时候，他们个人是拥有项目股份的，这就极大提高了学生的参与度和积极性。”哈佛商学院创业大赛原本只有创业系列赛，由于学生们对于公益事业的热衷和创新创业的意向，使得非盈利的社会企业系列

---

① Jeffrey L. Cruikshank, *Shaping The Waves-A History of Entrepreneurship at Harvard Business School*, Boston, Massachusetts: Harvard BusinessSchool Press, 2005.

赛得以诞生，社会企业系列赛的出现正是学生创业热情和回馈社会的态度的体现。一些参赛者们纷纷表示，参赛的经历使他们信心倍增。① 1999 年参赛的克里斯汀·瑞恩（Kristin S. Rhyne）的创业计划是在机场提供休闲健身服务，在实际调查分析之后，她意识到除了提供服务，更应该混合发展一些知名化妆品生意。这样的创业策划在她毕业后得到真正实施，作为当时唯一进入决赛并且与互联网毫无关系的选手，她回顾道："我能够真正做出创业的举动，就是因为哈佛商学院创业大赛给予了我很大的鼓励。当时，有许多聪明的人都赞同我做一些实际可行的事情，让我意识到，这就是我该做的事情，最终我做到了！"这充分体现了创业比赛帮助学生在整个比赛过程中获得能力上的提升和树立良好创业态度的关键作用。

相比之下，我国创业大赛持续时间短，从发布比赛通知到正式比赛一般是一到两个月的时间，如此短暂的时间内很难达到敦促和帮助学生广泛学习创业所需的基本技能和基础知识。加之专业指导教师甚少，许多学生参加创业比赛在遇到问题时很难找到甚至是无法找到专业教师指导，又或者预约教师困难，这样就很难写出一个切实可行并能付诸实践的创业计划，更谈不上达到教育的目的。这就要求我们开设创业相关专业课程，合理匹配经验丰富的老师（我们也可以尝试为每个团队设置专业指导教师一名，类似于论文指导教师，为指导教师提供补助，方便学生在选修课程的时候将教师课堂教学内容与学生创业方案相结合，保证学生的策划案有专业人士把关和指导），让学生的创业比赛与课程学习真正紧密联系起来并给予学生充足的时间去学习专业知识，在课堂中践行创业过程中的各个实际环节，让所学能立即得以所用，逐渐培养其创业兴趣，在受教育的过程中经历挫折克服困难并坚定创业的意向。

---

① 参见 Julia Hanna, New Ventures New Gains HBS Business Plan Contest Thriving, *HBS Alumni Bulletin*, 2001。

（二）强大的办赛支持与援助

哈佛商学院为了确保创业大赛取得良好的效果，广泛获取学生、教师、校友、社会企业等多方面的支持。首先，在活动组织方面，哈佛商学院创业大赛并不是由一个部门负责，它主要是由多个指导老师和创业俱乐部共同组织进行的。罗伯茨教授、乔·拉塞特（Joe Lassiter）、萨尔曼帮助组织比赛，确保大赛能推广开来并与更大的哈佛商学院社团活动结合。哈佛商学院创业俱乐部和社会企业俱乐部、哈佛商学院小型企业创业俱乐部和创业管理学院都曾共同主办过该比赛。系主任、各学科的教师教授们也全力支持并提出过相关建议意见，在活动组织、场地安排和人员调动上提供极大的便利。其次，学校课程、企业家、风投家的指导和教师的反馈为学生创业策划案的撰写与修改提供有力支持。学校开设了多种专业课程供学生选修并获取专业知识，20 到 65 位校园导师和教练专人专项有针对性地配置指导学生，并在学生参赛的过程中全程跟踪，提供修改意见和引导学生找出解决思路，教师的反馈和学生的数据分析都记录在册，以供学生们后续利用。同时，参赛团队赛前都将参加组织会议，如 HELP 项目（HBS Entrepreneurial Learning Program）和市场金融等商业专题会议，获得前辈们的经验指导和投资预算等等方面的知识。尤其是 HELP 项目，它是风险资本家们为参赛者提供的针对每个团队的投资者与他们要投资的参赛团队的一个对话活动，以此让参赛者了解投资者心理，撰写更加吸引投资的创业方案，同时锻炼参赛者们应对投资者种种疑问和要求的解决能力。① 再次，校友的资金支持是该比赛强有力的后盾。以市场调查课为例，每个学生团队都能获得 1000 美元的资金支持，作为交通通讯和办公补助，因此学生们可以放心大胆地开展数据收集等调研工作。② 还有许多

---

① 参见 Julia Hanna，New Ventures New Gains HBS Business Plan Contest Thriving，*HBS Alumni Bulletin*，2001。

② 参见 Harvard Business School，*1999 Business Plan Contest*，1999。

由校友出资创立的助学金奖学金等等，都为哈佛商学院创业大赛提供了资金上的强大支持。比如 2003 年，美国投资家哈佛校友阿瑟·洛克捐赠 2500 万美元支持哈佛商学院的创业研究与教学工作，由此才有哈佛商学院阿瑟·洛克创业中心的成立。

“从总体看，我国创业教育仍旧处于起步阶段，存在着许多迫切需要解决的问题：创业计划大赛的官方色彩过于鲜明，企业参与力度不够。”① 在我国高校，大部分创业比赛都是由学校科技创新这个部门组织，工作人员数量不足，活动宣传和组织不到位的情况时常出现。根据哈佛商学院创业大赛的经验，应尽量平衡争取多个学生组织和社团的合作策划运作比赛，从多方面调动学生参与比赛的积极性，最大程度对比赛进行宣传，扩大比赛的影响力。邀请多位资深教师共同指导赛事，争取更多校友支持，在专业性把握和活动组织的过程中获得更大的成功。学习哈佛商学院利用爱心校友的援助经验，为学生们创造一个可以伸展拳脚的舞台，同时也可促进校友企业宣传，为校友企业输送人才。而且，以创造社会价值为目标，设置社会企业系列比赛，争取获得市场和社会的广泛支持援助，让学生在进行数据调查市场分析的过程中能获得社会的认可与帮助，既可以减小学生社会实践的阻力与难度，又能激发学生进行创业的热情。

（三）突出的行动取向

实践是创业的突出特点。创业学习需要行动，创业教育的结果需要体现为创业行动。哈佛商学院创业大赛将这一点体现得淋漓尽致。第一，比赛前，参赛选手们踏实参加丰富的实践活动，准备的持续时间长。他们通过亲身的市场调查之后进行数据的深度分析，并且将分析结果以文字形式呈现出来作为课程作业。选手们真正参与到前期的调查研究中，就会感觉

① 参见梅伟惠、徐小洲：《中国高校创业教育的发展难题与策略》，《教育研究》2009 年第 4 期。

自己是该项目的主导者，并激发起无限的热情。当然，参赛热情也需要清晰的思路与洞察力与之相辅相成。参赛选手保罗（Paul D. Conforti）说道："教师们有时候像是我们的啦啦队员，有时候又像是一个现实主义者。他们总是提出尖锐的问题，让我们检验自己的策划方案是否实际可行。"① 参赛选手们还要主动与投资者们联系，通过了解投资者的选择和要求来相应做出吸引投资的对策，这些对策他们将在决赛中呈现在评委面前并且接受评委的质询。由于评委大多都是往届的参赛者，他们对于选手们是否做了充足的赛前准备和研究调查有着绝对的话语权和评判力的。这样，参赛者们在教师的指导和自己的努力下不断提炼自己的创业理念，优化其创业方案，精炼其语言表达，以求在决赛中尽展风采。第二，比赛后，绝大多数参赛者都尝试着将自己的策划方案付诸实践并都取得了成功。首先，哈佛商学院的萨尔曼教授表示，只要学生们在参赛的过程中真正地提出问题、思考问题了，这就为他们随后创业实践提供了良好的积淀，这也是工商管理硕士学习阶段中最棒的一部分。其次，许多参赛选手认为，比赛的目标不是输赢，他们真正的收获是从教授、专家和评委处得来的反馈，这让他们在之后的创业过程中更好更快地建立起自己的商业模式。大卫（David P. Perry）是第一届创业比赛的决赛选手，在学校期间写过四个创业策划案，并且将其决赛时的策划案真正实施并获得了不小的市场份额，他本人也因此被称为企业对企业的在线市场之父。② 不过有一点值得注意，许多参赛选手都表示自己最后的商务实体和与当初参赛时提出的创业策划案设想的并不一致，甚至完全不一样。商业发展协会副主席、曾经的参赛者里森费尔德（Tal Riesenfeld）谈到自己当时比赛后顺利创立了"视力"公司，并且取得了第一年收入就超过 100 万美元的良好

---

① Julia Hanna, New Ventures New Gains HBS Business Plan Contest Thriving, *HBS Alumni Bulletin*, 2001.

② 参见 Julia Hanna, New Ventures New Gains HBS Business Plan Contest Thriving, *HBS Alumni Bulletin*, 2001。

业绩。但是，市场和技术在变，没有一个固定的正确商业模式存在，他们只能适应市场进行裁员和调整商业运作模式的改变，最终再次获得成功。① 第三，创业大赛将市场调查和数据分析的详尽及合理程度作为评分标准之一，同样也显示出大赛重视行动的取向。比赛的评分标准中明确提出，参赛者必须提供其团队进行市场调查与分析时搜集的一手数据资料，对目标市场有清楚的分析，对可能遇到的风险用数据进行评估并给出相应合理的风险规避措施。由于参赛选手们起初进行市场调查与数据分析的时候就是在教师课堂的引导和监督下进行的，这就确保了数据的真实可靠性。加之，数据分析也作为比赛评分标准之一出现，督促了参赛选手们脚踏实地地走进市场，真正做到创业过程中的每一个步骤皆落实到实践中。第四，创业大赛的奖励设置体现了重视行动取向的赛制目标，奖励包括现金奖励和等价服务奖励。等价服务意味着，获奖者可以在赛后的创业活动中获得等价的服务，这些服务都是来自一些知名企业和律师事务所等等，而只有在赛后真正进行了创业活动，选手们才有资格使用这等价的服务奖励。这一点从某种程度上向我们暗示着，哈佛商学院创业大赛的组织方支持创业实践行动的良苦用心。

我国高校的创业大赛的主旨和目标更多的是侧重于激发学生的创业热情，并没有像哈佛商学院一样真正让学生在一个低风险的环境下进行体验式创业活动。当代中国的创业比赛大部分只停留在氛围的创造上，很少真正采取行动。学生们大多通过自己的臆想和参考他人的论文研究来撰写自己的创业方案，缺乏市场调查数据分析和实际操作性。我们应该学习哈佛商学院创业大赛的设置，在赛前要求学生以作业的形式将自己的前期准备成果呈现出来，并不断要求学生解决教师针对其商业策划案不足之处提出的相关问题，这对于引导学生踏实进行调查研究并在此过程中获取教师的

① 参见 Julia Hanna，Business Plan Contest：15 Years of Building Better Entrepreneurs，*HBS Alumni Bulletin*，2011。

专业指导，提高其发现问题、解决问题的能力有十分显著的作用。只有帮助学生将其创业意向落实为文稿和具体行为，并且在评判其创业策划案的条件里对其前期的市场调查和数据分析等提出具体要求，他们才能真正将创业比赛当做实战训练，比赛后才能有信心将其创业策划案真正实施起来。加之校友的帮助、奖金和等价服务的驱动，这样才能因为创业大赛这一个锻炼实战能力的过程开出无数企业实体和社会企业的花朵，这也才达到创业大赛的最终目标。

第八章

创业教育助推大学生创业意向行为转化的基本理论

本书所要研究的核心问题包含两方面：一是搞清楚大学生创业意向本身“是什么”的问题（包括维度结构、影响因素与现状特征）；二是研究大学生创业意向的行为转化问题。为此，第五章系统论述了大学生创业意向行为转化的基本原理。研究发现，在高校这个特定的空间内，就大学生这个特定的群体而言，助推其创业意向行为转化最有效、最可为的途径还是创业教育。为了最大限度地实现创业教育对大学生创业意向行为转化的助推作用，需要对高校创业教育进行最优化的规划与设计。尽管创业教育的研究与实践已有近70年的历史，但是其基本理论问题仍未得到很好的解决，为此，本书在第六、第七章论述创业教育助推大学生创业意向行为转化的接受机理与国际经验的基础上，专设此章集中探讨创业教育助推大学生创业意向行为转化的基本理论问题，即试图解决创业教育“是什么”、“教什么”、“怎么教”这三个最基本的问题。

第一节　“是什么”：大学生创业教育本质论

本质是“事物本身所固有的，决定事物性质、面貌和发展的根本属性"①，准确把握事物本质是对其进行利用、设计和改造的前提，创业教育亦是如此。如果想要更好地对创业教育进行规划与设计，从而更好地助推大学生创业意向的行为转化，首先必须全面、深入地了解创业教育的本质与内涵，也即搞清楚创业教育"是什么"的问题。

一、三个不同层面的创业内涵

理解创业教育的本质，首先要弄清创业的基本内涵。但是，"创业"概念比较复杂，因为创业自身包含的学科数量较多，无法与已经建立起来的任何学术科目很好地吻合，因此解释起来有明显的困难。虽然"创业"概念的提出至少有 80 年之久，但是学界关于创业内涵的观点仍然莫衷一是。有学者指出，创业是一个发现机会和捕捉机会并由此创造出新奇的产品和服务，实现其潜在价值的过程；也有学者认为，创业是指通过寻找和把握机遇创造出新颖的产品或服务，并通过市场创建成企业或产业，从而实现企业经济价值和社会价值的过程；还有学者指出，创业是开拓或创立个人、集体、国家的各项事业以及所取得的成就；还有学者指出，创业就是整合资源、识别机会、创造价值的过程；② 等等。这些观点都试图覆盖和说服其他的观点，然而始终未能如愿。笔者认为，在目前这种思维方式下任何一种观点都无法替代其他的观点，因为大家各自的站位和观察思考创业问题的视角都不统一，而且事实上，创业也不是单一向度和一个层面的活动，仅用某一种视角或在某一个层面上看待它，都无法探知其全部本质内涵。为此，基于既往创业内涵界定的研究成果，我们从宏观经济、组织和个人三个层面对"创业"概念进行梳理，希望有助于学界对创业内涵更加全面、深入的理解。

---

① 中国社会科学院语言研究所词典编辑室编：《现代汉语词典》（第 6 版），商务印书馆 2012 年版，第 62 页。

② 参见杨晓慧：《大学生就业创业教育研究》，经济科学出版社 2015 年版，第 21 页。

（一）宏观经济层面的“创业”定义

宏观经济层面的“创业”定义是指从创业对一个社会宏观经济的影响以及二者的关系角度来理解创业的本质与内涵。在这个层面上，创业表现为四种类型。

一是促进经济发展的创业。这种创业也被称为“外生性创业”，指的是发生在现有市场之外，通过引入新的产品和服务建立一个新市场，打破原有的市场平衡，实现经济长远发展的商业活动。这种创业带给市场的是创新性影响和失衡性力量，它不仅通过提供更多更让人渴望的产品与服务、替代消费者对原有商品的需求使得某些商品对市场的供应出现过剩，而且通过引入“从未见过的新生事物”为一定时期某个经济体中的消费者提供了更多的选择。在这种情况下，创业者指的就是创办一家企业，通过引入一项没有竞争对手因而也无须遭遇面对面竞争的新产品或新服务来打破现有的市场稳定的人。这种外生性创业的典型范例就是大学或研究机构的研究的发展与商业化（成果转化）。对这类研究来说，最关键的问题就是拥有核心技术（有人称为“根本性创新”），然后才是技术的完善、新产品原型设计、技术性检验和市场测试，所有这些环节都在新产品和新技术在市场上销售和交易之前就已经发生。换言之，就是使产品和服务得以发展的商业化过程发生在市场之外，并且随时可能让市场中的商人们感受到意外的震惊。①

二是提高生产效能的创业。这种创业也叫“内生性创业”，指的是发生在市场内部，通过使现有的市场更加有效来提高整个经济生产效能的商业活动。这种创业带给市场的是竞争性影响和平衡性力量，即市场中现存的企业为了获取一定的利润得以生存则需要与其他同类公司展开竞争，这促使其降低价格、改进自己的产品与服务，在客观上促进了市场对消费者

① 参见 Allan O'Connor，A Conceptual Framework for Entrepreneurship Education Policy：Meeting Government and Economic Purposes，*Journal of Business Venturing*，28，2013，pp. 546-563。

需求更加高效优质的满足，也即提高了整个经济的生产效能。在这种情况下，创业者就是在已经存在的市场中发现未被满足的市场需求和商机，通过提供比其他新建或业已存在的企业更加便宜或是差异化的产品和服务（有人称之为“增量性创新”）来获得消费者认可、赚取销售利润、赢得竞争胜利和企业生存的人。①

三是推动经济增长的创业。推动经济增长的创业是区别于促进经济长远发展的创业和提高生产效能的创业，但又和二者密切相关的一种创业类型，它指在促进经济发展的创业和提高生产效能的创业中给经济带来扩张效应的那一部分。我们知道，经济增长既可能发生在市场外生性影响导致的经济发展活动之中，也可能发生在引起经济效能提升的原有市场内部变化之中，这个经济增长事实上指的就是由促进经济发展的创业与提高生产效能的创业所导致的新企业与市场的扩张，也就是一定区域内就业岗位和经济财富的增长。前述三种创业的差别与关联可以通过图 8-1 进一步加以了解与感知。②

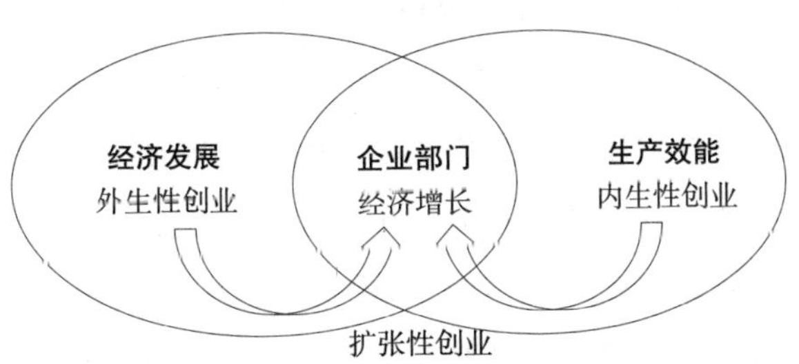

图 8-1　创业的三种经济目标

---

① 参见 Allan O'Connor，A Conceptual Framework for Entrepreneurship Education Policy：Meeting Government and Economic Purposes，*Journal of Business Venturing*，28，2013，pp. 546-563。

② 参见 Allan O'Connor，A Conceptual Framework for Entrepreneurship Education Policy：Meeting Government and Economic Purposes，*Journal of Business Venturing*，28，2013，pp. 546-563。

四是增进社会福利的创业。增进社会福利的创业通常被称为社会创业。近年来，社会创业越来越受到广泛的关注，人们认为社会创业对经济有着重要的影响，尤其是在创造财富、支持地方发展和减少贫困方面做出了巨大贡献。经济学领域的社会福利通常指商品或服务满足用户需求的能力。在社会创业的视角下，社会福利则是指某种提供商品与服务满足社会需求的能力。增进社会福利的创业的基本过程通常是先有解决某种社会问题从而对市场产生的需求，然后在现有的市场活动之外人们开展正式的商业活动，进而创业者建立一家企业，在商业目标变得清晰、可以开展策略性之前，一直以效果性思维尝试各种不同的手段来探索未知世界。①

（二）组织层面的创业定义

组织层面的创业是指根据经济活动所依托的组织形式来区分创业与其他经济活动的差异，进而对创业进行定义。早在 20 世纪 30 年代熊彼特（Joseph Schumpeter）首次提出“创业”概念时就指出，创业者就是对创意、产品和市场进行重新组合的个体，他们的活动被称为“创业”（enterprise）。这种创业不受限于是否具有成形的商业组织形式，高校科研成果的转化就是这种发生在正式的企业实体形成之前的创业的范例。熊彼特式的创业观点认为，直到各种关系、开发资金、合作计划和新产品、新技术已经为市场交易做好准备，（没有成形组织机构形式的）创业才让位于成形的企业实体。熊彼特本人也曾表示他并不十分在意是否创建了新的企业，除非创意、产品和市场的“新组合”由于某种规则不得不依托于新建企业。通常来说，这些新创企业脱胎于旧企业，在它们的旁边诞生。按照熊彼特的观点，作为创新和市场破坏力量源泉的“创业”与作为在原有市场范围内生产实现方式的“商业”（business）是两种不同的经济活

① 参见 Allan O'Connor，A Conceptual Framework for Entrepreneurship Education Policy：Meeting Government and Economic Purposes，*Journal of Business Venturing*，28，2013，pp. 546-563。

动。但是学界对此始终争论不休，长达数十年之久。关于创业者所开展的活动的观点多种多样，有的认为它是成形的商业活动，有的认为它是无成形组织机构的创业活动，还有的认为二者兼而有之。事实上，仅仅通过企业组织形式来区分不同类型的经济活动的确很困难，因为在一家企业的生命周期中，企业所贡献的经济成果远不止一个方面，比如它能够为市场创造新的产品和服务，能够通过把新产品和新服务引入市场并全面推广从而扩大市场的规模，企业也可以通过减少生产消耗以及扩大产品和服务的供应范围来提高市场效率，企业还可以在所有这些市场互动中影响就业的增长与衰退。因此，如果想要区分这些不同活动对经济的不同贡献，我们还是有必要对创业与商业的不同活动进行区分。依据熊彼特的创业定义，我们对创业和商业所包含的经济活动进行了归类。①（见图 8-2）

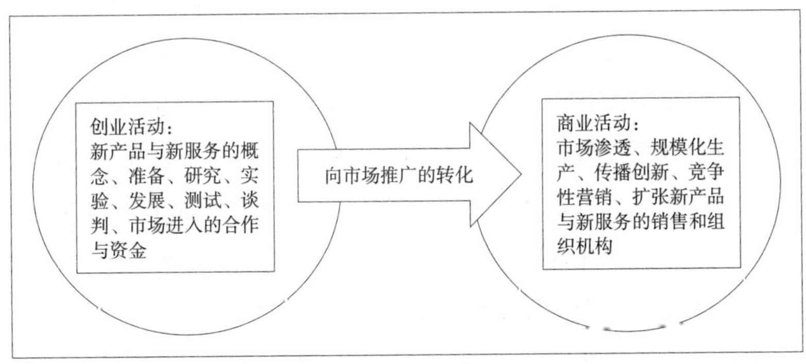

图 8-2　创业和商业在市场中的关系

（三）个体行为层面的创业定义

个体行为层面的创业定义是指从创业者在创业活动中的行为表现这个视角来分析和理解创业的本质与内涵。虽然关于创业者在创业活动中行为

① 参见 Allan O'Connor，A Conceptual Framework for Entrepreneurship Education Policy：Meeting Government and Economic Purposes，*Journal of Business Venturing*，28，2013，pp. 546-563。

表现特点的认识学界尚未取得统一认识，但是已经基本认为创业者在创业活动中主要有“效果性思维”、“因果性思维”以及“创造性因果思维（或战略思维）”这三种基本行为类型。①

效果性思维主导下的创业者（或者团队），将会在经济发展活动中寻找创新，工作环境和工作产出具有不确定性，会用各种不同的方式去工作，他们不太在意现存市场的束缚和行业状况，而通常用战略的眼光去发展商业模式。这种创业关注的重点在于新技术和新方法在解决市场问题中的应用，帮助创新已有的市场解决方案，并且为新企业建立寻找机会。因果性思维引导下的创业团队，他们面临是市场环境具有半未知性，他们将会积极地寻找盈利的机会并且倾向于协调已知的方法去寻找现有的市场目标，通过这种方式来促进生产力的发展。具有因果性思维的创业者将具有强烈的竞争性，他们会通过重新确定市场准入规则、调节套利机会以及提高市场生产力来超过现有的市场竞争者。具有创造性因果思维的创业者是战略家，他们充当的是扩张性经济增长的角色，在已确定的环境中工作去求得生存，并且要发现具有战略性的和可供选择的方法去适应特定的市场目标。战略性的企业家要建立商业模型，会对资源和能力进行重新思考、重新定位、重新设计和重新配置，并且会破坏或者重建现有的市场和工业结构。这种创业类型会迅速地把新的市场准入机制带入现存市场，开发和利用市场机会让经济持续的增长。工作的环境具有半不确定性，因为结果是不确定的，但进入市场的目的和位置是确定的。前述三种创业行为类型的内在关联。（见表 8-1）②

---

① 参见 Allan O’Connor, A Conceptual Framework for Entrepreneurship Education Policy: Meeting Government and Economic Purposes, *Journal of Business Venturing*, 28, 2013, pp. 546-563。

② 参见 Allan O’Connor, A Conceptual Framework for Entrepreneurship Education Policy: Meeting Government and Economic Purposes, *Journal of Business Venturing*; 28, 2013, pp. 546-563。

表 8-1　个体创业行为与经济目标背景的关系

思维方式	个体行为层面不同创业类型的差异		
	效果性思维	创造性因果思维	因果性思维
行为表现	追求创新	寻求生存	追逐利益
目标成果	为进入市场创造机会	巩固市场地位	提升市场绩效
工作环境	不确定性、为未知世界寻找未知方法	准不确定性，管理实现确定结果的未知方法	准确定性，管理实现确定结果的已知方法
经济目标设定	发展	增长	生产效能

在上述分析中我们看到，在每一个不同的分析层面上，创业都可细分成不同的类型，呈现出不同特质与内涵。事实上，在不同层面上细分出来的创业类型彼此间存在内在的关联。（见表 8-2）这个表将四种不同的经济目标与个体的创业行为特征通过思维方式（这些思维方式都潜在服务于不同经济目标的实现）这个项目关联到一起。表格左起第一列显示了宏观经济、组织和个体三个不同层面的分析单元。上起前两行代表基于宏观经济层面的分析，中间三行代表基于组织层面的分析，最后一行是基于个体行为层面的分析。①

表 8-2　不同层次创业中创业行为表现的内在关联

分析单元	行为差异			
经济目标	社会福利	发展	增长	生产效能
市场环境	外生性	外生性	扩张性	内生性
公司目标	追求社会改变	追求创新	寻求生存	追逐利润
组织形式	创业	创业	转化（从创业转向商业）	商业

① 参见 Allan O'Connor，A Conceptual Framework for Entrepreneurship Education Policy：Meeting Government and Economic Purposes，*Journal of Business Venturing*，28，2013，pp. 546-563。

续表

分析单元	行为差异			
团队任务	探索并承受不确定性	探索并承受不确定性	实验与价值创造	争夺与协作
个人思维方式	效果性思维	效果性思维	创造性因果思维	因果性思维

二、四种不同视角的创业教育

像创业一样，尽管创业教育实践已有数十年的历史，但是人们对创业教育内涵的界定却始终无法取得共识。通过既往研究的梳理，我们发现，对创业教育内涵的理解可以从“创业者”、“创业过程”、“创业认知”与“创业方式”四个不同视角来进行。

（一）了解创业者的教育

了解创业者的教育指的是创业教育研究创业者，发现成功创业者所具有的特质，并通过一定的教学方法把这些特质传递给学生，让学生学习如何成为一名合格的创业者。这种视角下的创业教育把创业者视为英雄人物，把学生与理想的创业者做比较，塑造学生的行为，使他们按照创业者这个模板来行事。支持这种类型创业教育的理论前提是，创业者乃是天生的，创业者具备某些特定的素质。因此，经常用自评测试这种方法来遴选学生，通常那些不具备创业者特质和没有符合理想创业者行为标准的学生将会被排除在外。[①] 了解创业者的创业教育主要采取讲授法进行教学，有时也会邀请一些创业者作为授课嘉宾，但选择这些嘉宾的标准乃是按照传统意义上“创业者”标准，并且都是创业成功者。这种创业教育经常介

① 参见 Allan O'Connor, A Conceptual Framework for Entrepreneurship Education Policy: Meeting Government and Economic Purposes, *Journal of Business Venturing*, 28, 2013, pp. 546-563。

绍创业者的传记故事，教学主要是对创业者进行描述。在这一视角下，学生把创业看作一个箱子，并不断思考自己是否适合进入这个箱子，他们的关注点在于他们是否具有一个成功创业者的特质。作为教师，往往通过各种创业成功者的范例为学生树立一个创业者的榜样形象，学生更多的是遵从和效仿这种形象而少有自我反思。目前，了解创业者的教育已经不是创业教育的主流，因为创业特质的研究早已不是创业研究的重点，但是它并未终止，并将长期存续下去。同时，它也由于两方面原因而受到质疑。一是在创业特质研究的过程中，研究对象基本都是来自白人男性，这种取样明显存在偏差。二是创业特质的早期研究中，对“创业成功”的定义过于狭隘（主要是以经济收益为标准），这明显偏离了创业的现实，因为事实上，创业者远不只是对金钱感兴趣。①

（二）认识创业过程的教育

认识创业过程的教育是指通过介绍创业所需经历的阶段步骤帮助学生了解创业的基本流程，为学习者日后“复制”这一过程来开展创业实践做好准备。在这种类型的创业教育中，研究的重点从创业特质转移到了企业，并且教育内容主要包括创业机会的识别、可行性评估、创业计划以及创业金融分析等。此种创业教育的前提假设是创业是一个线性展开并可预测和计划的过程，如果创业者能够正确遵循这个过程的发展方向，创业成功的可能性也将相应增加。所以这种类型的创业教育把创业经历的阶段步骤引入课堂，在导论性课程中先总体介绍创业的基本流程，进一步的选修课程则就某个特定的阶段步骤展开深入学习，比如创业机会、创业营销学、创业金融学等课程。创业计划写作和案例教学法是认识创业过程的创业教育的首选方法。尽管人们有很多理由支持选择创业计划写作作为创业

---

① 参见 Heidi M. Neck and Patricia G. Greene，Entrepreneurship Education：Known Worlds and New Frontiers，*Journal of Small Business Management*，2011 49（1），pp. 55-70。

教育的主要教学方法（其中最常见就是“创业投资人需要”），但是这种教学方法近来也越来越受到质疑，其主要原因就是“创业真的是按照人们计划的过程来展开的吗?”同样，案例研究也被公认是认识创业过程的有效工具，但是研究者也指出，案例教学法对教育者有很高的要求，因为它不仅要求组织案例讨论的教师熟练掌握并融合运用提问、倾听和反馈的技巧，其中任何一种技巧的割裂、孤立运用都将失去教育的效果，而且要求教师的教学具有灵活性，好比一位即兴演奏的艺术家。没有受到充分训练的教师开展的案例教学都将使学生的学习受到连累。①

（三）培养创业认知的教育

培养创业认知的教育是指创业教育的关键在于培养个体具有创业性思维方式，学会如何进行创业性思考。这种创业教育强调创业者、创业团队以及带来创业成功结果的思考与决策制定。这种创业教育的课堂教学也采取了案例教学法和模拟教学法，但是在这里被分析的案例和被模仿的对象不是被作为学生的行为模板，而是希望学生将他们作为一种工具来了解创业者的心理结构和创业精神模型。这种心理结构和精神模型是创业决策的基础，也是让个体成为创业者的方式。在这种创业教育中，学生的学习是为了创业和成为一名创业决策的制定者。② 培养创业认知的创业教育关注的核心问题是：人们如何进行创业性思考，所以处理好“想—做”关系成为引领教学的中心问题。这种创业教育也采取案例教学法和模拟教学法，只是用法与在其他类型创业教育中有所不同。也就是说，在创业者被当做“主角”的时候，教学过程不仅仅重视探索投资创业的过程，也重

① 参见 Heidi M. Neck and Patricia G. Greene，Entrepreneurship Education：Known Worlds and New Frontiers，*Journal of Small Business Management*，2011 49（1），pp. 55-70。

② 参见 Allan O'Connor，A Conceptual Framework for Entrepreneurship Education Policy：Meeting Government and Economic Purposes，*Journal of Business Venturing*，28，2013，pp. 546-563。

视探索决策制定的过程。这种创业教育还可以使用故事与剧本写作的方法帮助学生深化对自身创业相关信息加工过程的理解。①

（四）训练创业方式的教育

训练创业方式的教育是指创业教育要教给学生一种创业性的思维与行动方式。这种创业教育不只是让学生理解、知晓和谈论，而是促使学生应用与行动，要求学生去实践。这种创业教育有四个基本前提和假设：第一，无论学生先前的创业经验多少，创业这种方式对他们都适用，关键是他们需要理解自己怎么看待创业和自己在其中的位置。第二，创业这种方式具有广泛的包容性。在这里创业包含了各个层面的概念和各种类型的组织，创业的成功也可以表现在不同维度与不同层面。第三，创业这种方式的教育需要实践，学生首先需要的是“做”，然后才是“学”，而不是先学后做，因而反思在这个教育的过程中就显得十分重要。第四，训练创业方式的教育是为了应对不可预知的环境。创业方式的教育有点类似于创业者的教育，它把创业者、创业团队和创业公司包含在内，因为它让学生扮演了企业家的角色（通过体验成为创业者来学习）。这种教学包含几种不同的方式：“包括实际创立一个公司，学习为新企业设计准则，参与严肃的活动模拟和鼓励反思性实践。事实上，这种学习是一个组合方法，重点是学生采取行动并且形成属于他们自己的创业特点、风格和方法。”②

1984 年杰米森（Jamieson）根据创业教育的不同目标，将以往关于“创业”概念的界定概括为三种类型：一是“关于创业”的教育，即让学生了解创业和商业的产生，从学术理论的观点去激发学生对创业的兴趣；二是“为了创业”的教育，即帮助创业实践者去创立属于他们自己的公

---

① 参见 Heidi M. Neck and Patricia G. Greene，Entrepreneurship Education：Known Worlds and New Frontiers，*Journal of Small Business Management*，2011 49（1），pp. 55-70。

② Allan O'Connor，A Conceptual Framework for Entrepreneurship Education Policy：Meeting Government and Economic Purposes，*Journal of Business Venturing*，28，2013，pp. 546-563.

司，因而强调实践技巧和方法，例如教会学生如何写创业计划；三是“通过创业”的教育，其教育对象已经成为创业者，教学目标是将管理经验传授给学生，并为他们提供他们所需要的额外的帮助。① 这三种类型的创业教育与此处梳理的四种视角的创业教育有着内在的关联。（见表 8-3）“关于创业的教育”目的是让学生了解创业并激发学生对创业的兴趣，这与了解创业者的教育比较吻合，其分析的焦点是企业家特质，通过描述性的方式，让学生模仿创业的榜样去学习如何成为创业者；“为了创业”的教育包括认识创业过程的教育和培养创业认知的教育，是帮助创业实践者去创立公司，强调课程的实践技巧和课程方法，认识创业过程的教育分析的焦点是公司和新创企业，主要是通过“复制”的方式让学生学习创业的过程；培养创业认知的教育主要是针对创业者和创业团队，让学生学会如何做出一个正确的创业决定；训练创业方式的教育属于“通过创业”的教育，教学目标是将管理经验传授给学生，更多强调实践和实施，鼓励学生采取创业行为。②

表 8-3 创业教育的不同视角

视角	创业者	创业过程	创业认知	创业方法
分析层次	创业者	公司	创业者和团队	创业者、团队和公司
关注点	创业特质，天生还是培育	新企业创建	创业活动相关决策制定	整合技术进行创业实践
教学方式	描述	预测	决策	实践
教育目的	关于创业的学习	为了创业的学习	为了创业的学习	通过创业的学习
学生客观收获	模仿榜样	复制创业过程	决定是否成为创业者	采取创业行为

① 参见 Janice Byrne，Alain Fayolle and Olivier Toutain，Entrepreneurship Education：What Ee Know and What We Need to Know，*Journal of Handbook of Research on Small Business and Entrepreneurship*，1，2014，pp. 261-288。

② 参见 Allan O'Connor，A conceptual Framework for Entrepreneurship Education Policy：Meeting Government and Economic Purposes，*Journal of Business Venturing*，28，2013，pp. 546-563。

三、创业与创业教育的内在关联

如前所述，从宏观经济层面分析，创业有促进经济长远发展、提高经济效能、实现经济扩张和增进社会公共福利这四种类型的经济功效，而这些功效的达成又在根本上受制于创业者的创业技巧与能力。尽管目前学界尚未通过严谨的实验为创业教育促进创业能力提高找到令人信服的证据，但对于创业教育可以通过对创业活动的影响进而促进创业经济目标的实现是有基本共识的，那么创业教育与创业在促进四维经济目标实现中有着怎样的内在关联？对此在前述创业与创业教育内涵的分析中已经有所涉及，为进一步厘清这个问题，我们需要借助图 8-3 来辅助说明。

如图 8-3 所示，创业教育与经济发展、经济效能、经济增长以及社会福利这四个创业可以实现的宏观经济目标之间存在着四种不同的内在关联（图中圆形的尺寸代表了四种不同创业经济类型对社会整体经济发展贡献的大小）。第一，经济长远发展方面需要借助学术部门（大学与其他研究机构）的创新来创造新的市场和产业平台。在这个领域的创业教育需要按照催生采取效果性思维的战略性创业者来设计，其课程教学要突出强调根本性创新、促进创新的创业过程模型、新企业创建以及颠覆性商业模式。第二，经济效能方面借助业已存在公司和市场的创新来提高市场运行效率。在这一种情境下的创业教育其形式要适用于培养具有因果性思维的战略性创业者，要聚焦于竞争性市场定位、战略性定位与增量性创新，从而成为重新定位、重新配置和发展新资源与新技能的手段。已经建立的公司和原有公司的创业者（通常称为“内创业者”）将被作为主要的目标群体，教育的目标优先考虑提高市场效能的策略性变革而非新企业的创建。第三，社会福利方面借助社会部门实现创新进而把社会福利传导至市场驱动模式中。这个领域的创业教育主要借助公益企业与盈利企业的复合模式，精心设计一套服务于社会变革和积极社会效益的任务驱动观念体系。这种创业教育希望在学生中涌现出效果性思维和战略性的创业者，突出强调创建新企业来打破和替代原本由公益机构与政府支持的社会福利项目。第四，在经济增长部分，来自上述三个经济领域的一些非成形创业活动得以成形化并且转化为给各个经济主体带来经济活力的回馈力量（图8-3中指向学术、公司和社会三类机构部门的箭头就代表这种回馈作用，

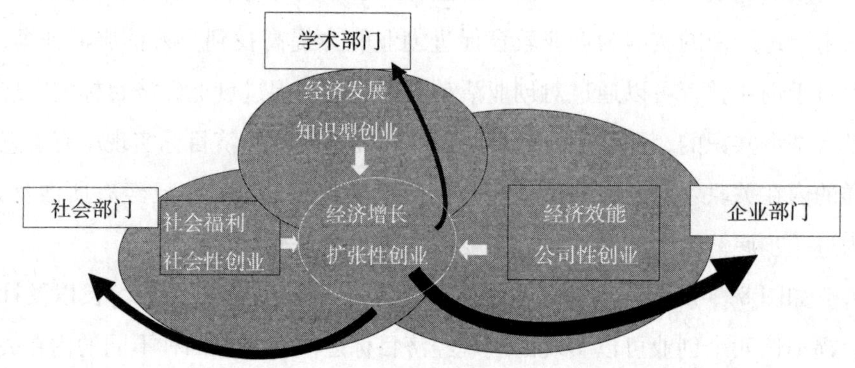

图 8-3　经济目标与部门行业关联图

并且箭头的粗细程度代表了回馈作用的大小）。需要说明的是，尽管经济增长是在其他三类经济活动的基础上出现的，但从人的活动这个角度看，实现经济增长目标的商业活动所需的技能、知识和经验与促进经济发展、提高经济效能和增进社会福利的经济活动所面临的挑战绝然不同。因此，在这个领域的创业教育就应该是完全战略性的，应该集中关注新创企业或重新进行了市场定位的老企业怎样在充满你死我活竞争的市场中得以生存和发展。①

---

① 参见 Allan O'Connor, A conceptual Framework for Entrepreneurship Education Policy: Meeting Government and Economic Purposes, *Journal of Business Venturing*, 28, 2013, pp. 546-563。

第二节　“教什么”：大学生创业教育内容论

教育内容是指“为实现教育目标，经选择而纳入教育活动过程的知识、技能、行为规范、价值观念、世界观等文化总体”①，它是教育活动的实体成分，是实现教育目的的基本保证，是教师教学的基本依据和准绳，是学生学习的基本材料，也是检查教师教育质量和学生学习质量的重要依据。② 脱离教育内容的创业教育只能是“空中楼阁”、“水中花”，研究创业教育基本理论问题，重中之重是要研究创业教育内容问题，也即搞清楚创业教育“教什么”的问题。为此，本书系统梳理现有创业教育内容研究理论成果，对比分析中美两国创业教育实践使用的创业教育内容，并以此为基础，借助理论分析的工具尝试建构我国高校创业教育的内容体系。

一、创业教育内容理论研究综述

在过去几十年里，随着实践领域创业活动的异军突起，创业教育理论研究也获得了突飞猛进的发展。国内外学者们围绕创业教育“教什么”的问题展开了广泛的讨论和研究，认为创业教育应该教授以下几方面内容。

（一）创业活动本身或实务

创业活动包括购置原始材料或设备、登记注册、纳税业务、与供应商之间建立合作关系、新企业的开办、增长策略、融资、准备商业计划、组建创业团队、雇佣培训和激励劳动力、产品和服务的开发、促销、开拓市

① 顾明远：《教育大辞典》（增订合编本），上海教育出版社 1998 年版，第 765 页。

② 参见柳海民：《教育原理》（第 2 版），东北师范大学出版社 2000 年版，第 343 页。

场，等等。例如琳达·埃德尔曼（Linda F. Edelman）认为，创业教育应该包含那些在教科书中没有提到但对于实践中的创业者至关重要的内容。作为教育者，需要考虑在教室里学到的内容与实践的相关性。创业教育要允许学生了解新企业创造、小公司管理、创业能力和增长策略。比较重要的创业活动包括：识别市场机会、客户和竞争对手，融资，准备商业计划，准备财务报表，组织创业团队，开拓市场，申请专利，投资自己的钱，雇佣劳动力，产品和服务的开发，纳税，促销，失业保险，购置原材料和设备等。[①] 莎拉·哈里斯（Sarah Harris）认为，创业教育要教会学习者运用系统的观点去看待创业活动。[②] 唐纳德·塞克斯顿（Donald L. Sexton）等人提出了成长型创业者最需要学习的十大主题，包括“使用现金流业务做财务决策，融资增长，提高附加值，补偿自我和同事，雇佣、培训和激励，在快速变化的世界中取得成功，通过客户购买获得成功销售，销售人员管理，管理继承，增长的问题和缺陷”[③]。麦克马伦和朗（McMullan and Long）进一步指出创业教育应该包括具体的创建知识，其中包括“合同、领导力、创造性思维、新产品开发”。

（二）创业思维

研究者指出，创业教育应该重点培养创业者的创造性、自由的思维、开阔的视野、积极乐观的心态和发散性的思维，鼓励学生以创造性的方式去解决现实问题。例如，霍尼格（Honig）认为“教育者应该帮助学生提

---

① 参见 Linda F. Edelman, Tatiana S. Manolova, Candida G. Brush, Entrepreneurship Education: Correspondence between Practices of Nascent Entrepreneurs and Textbook Prescriptions for Success, *Academy of Management Learning & Education*, 7 (1) 2008, p. 59。

② 参见 Josh Plaskoff, Building the Heart and the Mind: An interview with Leading Social Entrepreneur Sarah Harris, *Academy of Management Learning & Education*, 11, 2012, pp. 432-441。

③ Donald L. Sexton, Nancy B. Upton, Larry E. Wacholtz, Learning Needs of Growth-Oriented Entrepreneurs, *Journal of Business Venturing*, 12, 1997, pp. 1-8.

高发散思维，从而帮助发现替代方案”①。杰奎琳·胡德（Jacqueline N. Hood）和约翰·杨（John E. Young）通过对成功企业高管的调研发现，“创造性、机会主义思维、视野、积极乐观的思维”②，是成功高管应该具备的非常重要的心智。沙拉·哈里斯认为：“创业者需要有回应市场需要、产生创意的能力。这种能力就需要有自由的思维和创造性解决问题的思路。对于创业者来说，开放性思维很关键，创业教育不仅要提供经商的基本技巧，而且要教授学生创业的思维。”③

（三）创业意向、价值观、态度或者创业精神

一些学者认为，创业意向、价值观或者创业精神应该是创业教育的主要内容，应该开设促进学生创业意向和创业态度生成的课程，其中自我激励、自信、敢于冒险、吃苦耐劳、遵守职业道德等都是重要的创业教育内容。例如，乌力齐和科尔（Ulrich and Cole）强调了“学习方式的偏好在增强学习经验和创业意向上的重要性”④；加塞（Gasse）强调了“在中学识别和评估创业意向的重要性，认为创业教育在中学层面就应该被设计为促进学生创业意向和创业态度生成的课程”⑤。杰奎琳·胡德和约翰·杨

---

① Linda F. Edelman, Tatiana S. Manolova, Candida G. Brush, Entrepreneurship Education: Correspondence between Practices of Nascent Entrepreneurs and Textbook Prescriptions for Success, *Academy of Management Learning & Education*, 7 (1), 2008, p. 59.

② Jacqueline N. Hood & John E. Young, Entrepreneurship's Requisite Areas of Development: A Survey of Top Executives in Successful Entrepreneurial Firms, *Journal of Business Venturing*, 8, 1993, pp. 115–135.

③ Josh Plaskoff, Building the Heart and the Mind: An Interview with Leading Social Entrepreneur Sarah Harris, *Academy of Management Learning & Education*, 11, 2012, pp. 432–441.

④ Gary Gorman, Dennis Hanlon and Wayne king, Some Research Perspective on Entrepreneurship Education, Enterprise Education and Education for Small Business Management: A Ten-year Literature Review, *International Small Business Journal* Vol. 15 (9), 1997, pp. 56–77.

⑤ Gary Gorman, Dennis Hanlon and Wayne king, Some Research Perspective on Entrepreneurship Education, Enterprise Education and Education for Small Business Management: A Ten-year Literature Review, *International Small Business Journal* Vol. 15 (9), 1997, pp. 56–77.

在研究中指出，“自我激励、冒险精神、常识、价值观”对于一个成功的创业者来说应该是必备的个人特质。①

（四）创业技能

研究者指出，创业技能是将创业意向转化为创业实践的必备要素，其中识别和利用机会、人际沟通和社交能力、可行性分析能力、管理能力、领导技巧、销售技巧、创业项目选择能力、商务技能和理性的行动能力是必备的创业技能。例如，柯兹纳（Kirzner）、巴伦（Baron）、阿尔瓦雷斯和巴尼（Alvarez & Barney）、沙恩和维卡塔拉曼（Shane & Venkataraman）、唐（Tang）等人都认为“识别新的机会应该被关注”②。詹姆斯·菲特（James O. Fiet）提到创业教育应该教学生“避免陷阱”③的技巧。米勒和威廉姆斯（Toyahl. Miller & Denise E. Williams）等人指出，在实践中从业者认为比较重要的前十种创业技能包括“解决问题的能力，建立有效的团队，财政管理，领导能力，与客户、供应商、利益相关者沟通的能力，人际沟通技巧，销售技巧、战略发展、发展合作关系的能力和测量产出的能力”，后者包括“战略发展、财政管理、衡量产出的能力、创新、机会的识别评估和利用”。④ 王占仁指出：“创业教育的核心在于培养学生理性的行动能力，创业教育的目的就在于引导有创业意向的学生理性地将才华和雄心转化为实际的行动和成果。”⑤

---

① 参见 Jacqueline N. Hood & John E. Young, Entrepreneurship's Requisite Areas of Development: A Survey of Top Executives in Successful Entrepreneurial Firms, *Journal of Business Venturing*, 8, 1993, pp. 115-135。

② Robert Lee &Oswald Jones, Networks, Communication and Learning during Business Start-up, *International Small Business Journal*, 26, 2008, pp. 559-594.

③ James O. Fiet., The Theoretical Side of Teaching entrepreneurship, *Journal of Business Venturing*, 16, 2000, pp. 1-24.

④ Toyahl. Miller & Denise E. Williams etc., Educating the Minds of Caring Hearts: Comparing the Views of Practitioners and Educators on the Importance of Social Entrepreneurship Competencies, *Academy of Management Learning & Education*, 11, 2012, pp. 349-370.

⑤ 王占仁：《“广谱式”创新创业教育导论》，人民出版社 2012 年版，第 315—321 页。

二、中美高校创业教育内容比较

作为世界创业教育的发源地，美国创业教育实践一直走在世界的前列，总结分析美国高校创业教育的内容维度是确立我国高校创业教育内容的有益借鉴。虽然美国高等教育管理体制采取的是非中央集权模式，各地各高校拥有很大的自主权，教育内容也呈现出差异性，但是研究发现，美国高校创业教育内容在丰富多样的背后仍然有着很大共通性。尤其是随着2004年美国创业教育联盟《创业教育国家内容标准》(*The National Content Standards for Entrepreneurship Education*）的发布，美国高校关于创业教育内容选择达成越来越多的共识。虽然并非所有高校都采用了这一内容标准，但这一标准的基本维度代表着美国高校创业教育的核心内容是毋庸置疑的。与此同时，我国政府也先后发布文件政策，就高校创业教育内容进行了规范与界定。教育部在2012年下发了《普通本科学校创业教育教学基本要求（试行)》，并根据基本要求制定了《“创业基础”教学大纲(试行)》。这些实践领域的内容标准理应作为高校创业教育内容体系理论建构的重要基础。

（一）美国创业教育的国家内容标准

美国《创业教育国家内容标准》规定美国创业教育包含四级指标。一级指标包含创业技巧、必备技能和商务功能3个维度。二级指标共15项，其中创业技巧维度包括创业流程、创业特质2项内容；必备技能维度包括商务基础课程、沟通人际技巧、数字技能、经济学、金融知识、职业发展6项内容；商务功能维度包括财政管理、人力资源管理、信息管理、市场管理、运营管理、风险管理和战略管理7项内容。三级指标共51项，其中创业技巧维度8项，必备技能维度19项，商务功能维度24项。四级指标更是多达403项。

美国创业教育的基本理念是：创业者非天生而是靠后天学习培养的，因此其创业教育国家内容标准也采取终生学习模式。（见图 8-4）该模式认为每个人都有机会从开始阶段不断上升从而成为创业者。在此模式下，创业教育分为五大学习阶段。一是基础阶段：习得必备性基础技能，澄清职业选择，理解经济学和自由企业制度。在此基础阶段，高中和初中的学

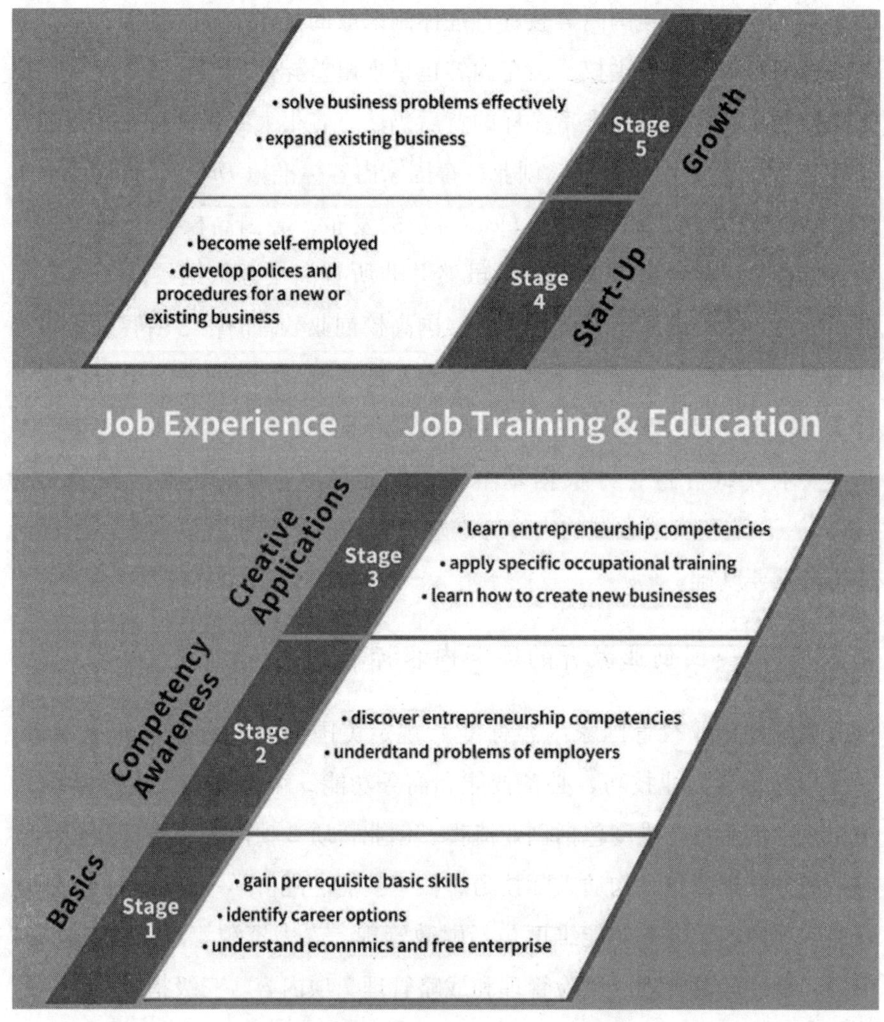

图 8-4　美国创业教育终生学习模型

生都应该体验多样的企业经营，此阶段注重学习经济和职业——机会的基本技能，激励学习和机会意识则是该阶段的特殊结果。二是能力意识阶段：探索创业技能，理解雇主问题。该阶段主要集中在职业和科技教育。这部分的内容主要在创业课和其他学科中习得，例如现金流可能是在数学课上学习。三是创造性应用阶段：学习创业技能、申请特殊职业训练、学习如何开办新企业。该阶段鼓励学生产生独特的创业想法，鼓励学生参与现实的企业操作的整个过程。四是创业阶段：成为个体经营者，为一家新企业或老企业制定规则或工作流程。该阶段强调在学生成年以后他们有更多的时间获得工作经验和进行更深入的学习，社区教育项目则关注开始创办企业。五是成长阶段：有效解决商业问题，扩张现有企业。该阶段强调预见潜在的问题并及时地解决。在这五大阶段中，前三个阶段更多地集中在创业前的工作培训和教育上，而后两个阶段则关注开始创业以及成长发展的过程。

美国创业教育国家内容标准实现了个体创业发展的纵向阶段性与学习内容横向多维性的有机结合（见图 8-5），即就创业教育的内容维度而

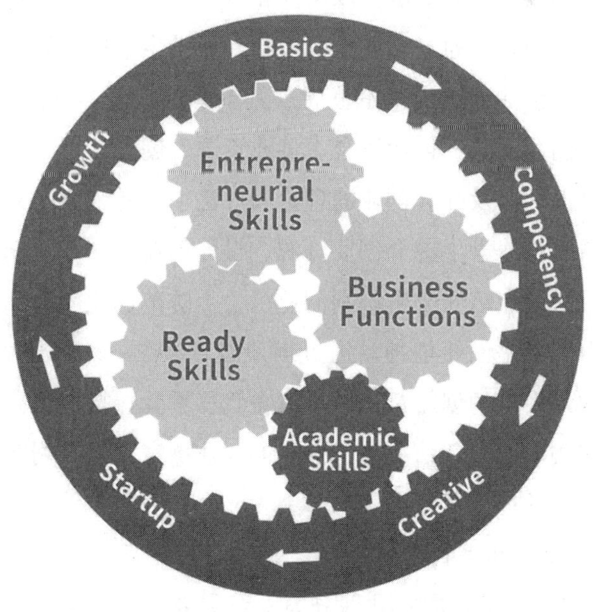

图 8-5　美国创业教育国家内容标准结构体系图

言，每个维度在个体不同学习阶段设计了不同的侧重点，每个内容维度表现出纵向阶段性；同时，就创业教育的学习阶段而言，每个阶段个体学习的内容都会涉及多个不同的维度，每个学习阶段表现出内容多维性。由此，就整体创业教育系统而言，在任何一个既定的时期，不同年龄段的学生都可以找到合适的创业学习内容；而对于某个学生个体而言，在其整个生涯发展历程中，每个时期都可以找到对应的创业学习内容。正因如此，美国创业教育国家内容标准具有广泛而强大的适应性。

（二）中国创业教育的国家内容标准

我国创业教育的国家内容标准主要体现在《普通本科学校创业教育教学基本要求（试行）》（以下称《教学要求》）和《"创业基础"教学大纲（试行）》（以下称《教学大纲》）中。

1. 教学要求中的内容标准

《教学要求》指出普通高等学校创业教育教学内容以教授创业知识为基础，以锻炼创业能力为关键，以培养创业精神为核心。主要包括三方面内容：一是创业知识。通过创业教育教学，使学生掌握开展创业活动所需要的基本知识，包括创业的基本概念、基本原理、基本方法和相关理论，涉及创业者、创业团队、创业机会、创业资源、创业计划、政策法规、新企业开办与管理，以及社会创业的理论和方法。二是创业能力。通过创业教育教学，系统培养学生整合创业资源、设计创业计划以及创办和管理企业的综合素质，重点培养学生识别创业机会、防范创业风险、适时采取行动的创业能力。三是创业精神。通过创业教育教学，培养学生善于思考、敏于发现、敢为人先的创新意识，挑战自我、承受挫折、坚持不懈的意志品质，遵纪守法、诚实守信、善于合作的职业操守，以及创造价值、服务国家、服务人民的社会责任感。

2.《教学大纲》中的内容标准

《教学大纲》中教学内容被划分为六个一级指标。一是创业、创业精神与人生发展。包括 3 个二级指标，其中创业与创业精神包括创业的定义与功能等 4 个三级指标；知识经济发展与创业包括经济转型与创业热潮的关系等 3 个三级指标；创业与职业发展包括广义和狭义的创业概念等 3 个三级指标。二是创业者与创业团队。包括 2 个二级指标，其中创业者包括创业者等 4 个三级指标；创业团队包括创业团队及其对创业的重要性等 6 个三级指标。三是创业机会与创业风险。包括 4 个二级指标，其中创业机会识别包括创意与机会等 7 个三级指标；创业机会评价包括有价值创业机会的特征等 4 个三级指标；创业风险识别包括机会风险的构成与分类等 5 个三级指标；商业模式开发包括商业模式的定义和本质等 5 个三级指标。四是创业资源。包括 3 个二级指标，其中创业资源包括创业资源的内涵与种类等 5 个三级指标；创业融资包括创业融资分析等 4 个三级指标；创业资源管理包括不同类型资源的开发等 3 个三级指标。五是创业计划。包括 4 个二级指标，其中创业计划包括创业计划的作用等 5 个三级指标；撰写与展示创业计划包括研讨创业构想等 3 个三级指标。六是新企业的开办。包括 2 个二级指标，其中，成立新企业包括企业组织形式选择等 6 个三级指标；新企业生存管理包括新企业管理的特殊性等 4 个三级指标。

3.《教学要求》和《教学大纲》中创业教育国家内容标准的关系

由此可见，《教学大纲》中的教育内容是对《教学要求》中内容的细化，创业教育教学内容大纲中的 6 部分内容基本对应了《教学要求》中的 3 大类内容标准。《教学大纲》中的第一大部分创业、创业精神与人生发展是对《教学要求》中第三大部分培养创业精神的具体化。《教学大纲》中的创业者、创业团队、创业机会识别和新企业开办的具体内容是对《教学要求》中教授创业知识的细化。而创业机会的识别评价、创业风险识别、创业融资及管理、撰写与展示创业计划则是对《教学要求》中锻炼创业能力要求的具体细化。

（三）中美两国创业教育国家内容标准的比较

中美两国都根据现实需要设置了符合自己国情的创业教育教学内容，二者既有一致性，也有差异性。

1. 中美两国创业教育国家内容标准的共通之处

对比中美两国的创业教育国家内容标准，二者在宏观上的内容标准上具有同质性，两国的内容标准都涉及创业者本身的特质、创业团队、创业资源、创业机会、创业精神相关方面的内容。具体而言都涉及创业者的素质和能力、创业团队的管理、创业资源的来源和获取、创业机会的识别和利用、市场调查、创意产生。二者都将创业技能作为强调的重点，从创意的产生到计划、资源整合、组建团队、新企业开办管理等创业所需要的实务活动也是中美两国都注重的内容。两国在国家内容标准定位上都寄希望于通过教育及实务操作培育出成功的创业者，从而在实现个人目的、解决社会问题的同时服务于国家经济的发展。

2. 中美两国创业教育国家内容标准的差异

首先，中美两国设置内容的出发点不一样。美国创业教育国家内容标准的核心是提升学生的创业能力，更多的关注“创业过程”，而我国《教学要求》和《教学大纲》核心在于转变学生的思想，培育其创业精神、意识，重点在于教育的过程。我国《教学要求》和《教学大纲》中各部分第一项内容基本都是内涵与重要性介绍，也即我国创业教育国家内容标准更加注重理论的灌输，重点在于用这种概念性的知识去培养学生的创业意识以及创业思想，而美国更多关注如何进行实务操作从而提升学生的创业技能。同时美国的创业教育是一个终生学习的过程，是从学生中学阶段就开始介入的一门学问，而在我国，创业教育目前只出现高等教育层面，是一种应急教育模式。其次，内容体系的完整性和丰富性有差异。美国的创业教育内容标准是一个从个人价值实现到社会影响、从理论到实践的层次递进的较为科学合理、丰富完善的体系，美国创业教育国家内容标准设置了“创业过程”维度，这是一个从发现、构想、资源、现实化到收获的整个过程，而在我国创业教育国家内容标准没有安排包含这一完整过程的内容。美国创业教育国家内容标准中的创业必备技巧和商务功能在我国内容标准中也没有涉及。最后，在具体内容设置上的逻辑和侧重点有所不同。美国的《创业教育国家内容标准》中设置教学内容的逻辑起点是创业是其本身技巧与相关技巧的结合，是理论与实践的结合，是把知识、构想转化为实际生产力的结合，所以美国创业教育内容标准的三大维度始终体现创业活动开展所需要能力的结合，更加侧重于创业活动的实务操作。我国创业教育内容标准强调认识创业本身、培养创业动机、教会创业技能，更多关心“是什么”、“为什么”的问题，“怎么办”的问题相对弱化。

三、高校创业教育内容体系建构

为进一步提高我国高校创业教育的科学化水平，本书尝试结合国内外理论界关于创业教育内容的研究成果和实践中中美两国的创业教育国家内容标准，探讨创业教育内容体系的构建问题。

（一）创业教育内容体系建构的基本原则

创业教育内容体系的建构首先要有基本的指导原则，这样才能确保科学性与全面性。笔者认为我国高校创业教育内容体系的建构应该遵守以下四项基本原则。

1. 理论与实践相结合原则

理论与实践相结合原则，是指建构创业教育内容体系时应该兼顾国内外学界关于创业教育教什么的理论成果和实践中中美两国的实践教育内容，兼顾创业基础理论和知识与创业实务操作。创业教育内容体系的建构应该既包括创业教育理论知识，也包括创业实务的操作以及理论转化为实践的机制。创业活动是将理论和知识付诸实践的一个创新过程，所以创业教育的内容更应该是理论知识的实际操作和演练。在理论上不同类型的创业教育的内容是不一样的。国外学者通过对创业教育概念的研究，认为存在着四种不同价值观框架下的创业教育，即关于创业的教育、为了创业的教育、训练创业方式的教育、创业的生活方式。关于创业的教育即了解创业者的教育，指的是把创业者看成是英雄人物，这一价值观下的创业教育是将学生与创业者做对比，并促进学生向理想型的企业家转化，更多地关注学生学习创业知识。为了创业的教育是指培养创业认知的教育，学生们为了创业而进行学习，并且学习做出创业决定。训练创业方式的教育即训练创业方法的教育，重点在于促进学生采取创业行动。创业的生活方式指创业也和民主、科学一样是人们的一种生活方式。可见，在理论上不同类型的创业教育世界观，其教育内容的侧重点是不一样的。而实践中更存在着不同定位、不同目的的创业教育。因此在建构创业教育内容体系时应注重区分理论和实践中的创业教育类型，将具体的理论与实际需要相结合，从而达到学有所用的目的。

2. 独立性与系统性相结合原则

独立性与系统性相结合原则，是指建构创业教育内容体系应该兼顾理论上每一部分教学内容相对独立的存在和这些独立存在的内容的整体性。独立性是指创业意识、创业精神、创业技能、创业知识都是相对独立存在的教学内容模块，这些相对独立的模块都有自己的体系和具体内容，服务于创业者创业的某一方面。系统性则是指相对独立存在的内容模块之间是相互关联的，不同的模块形成合力服务于创业教育的整体目标。创业教育内容体系的建构不仅要遵循各项创业教育内容独立存在的规律，而且要注意各项创业教育内容之间的关联性。每一项创业教育的内容都是服务于培养出杰出创业者的总体目标。依据系统论基本原理，“任何系统都是一个有机的整体，它不是各个部分的机械组合或简单相加，系统的整体功能是各要素在孤立状态下所没有的性质。同时，系统中各要素不是孤立地存在着，每个要素在系统中都处于一定的位置上，起着特定的作用。要素之间相互关联，构成了一个不可分割的整体”①。创业教育的内容体系就是由创业意识、创业精神、创业技能、创业知识子系统构成的整体，建构内容体系不是把这些系统要素进行简单拼凑起来，也不是罗列各项与创业相关的要素，而应该在个人、组织、社会层面，理论、实践层面，意识、思维、能力、知识层面，新创企业不同发展阶段层面，将这些相互关联的要素以系统的层次性、结构性和动态平衡性呈现出来。

3. 普适性与层次性相结合原则

普适性与层次性相结合的原则，是指建构创业教育内容体系应该兼顾各种不同目的的创业教育教育内容的共同部分和不同部分。普适性具体指适用于不同群体、不同目的的创业教育内容，例如创业技巧、创业基础知识等。层次性具体指不同群体、不同目的的创业教育应该有不同的内容侧重点，例如关于创业者的教育重点是让学生学习什么样的人可以成为创业者以及成为什么样的创业者。具体的创业教育不应该像安全教育一样对于每个人是固定的同样的教育内容，而应该根据学习者所处的阶段和层次设置阶段性和层次性的内容。马斯洛认为人的需要是分层次的，由低到高分别是生理需要、安全需要、社交需要、尊重需要和自我实现的需要。创业教育的教育内容应该结合学生的需要层次因人而异地设置。对于那些具有强烈自我实现要求的学生来说，应该将创业与其个人价值的实现需要结合在一起，促进学生在自我实现上带来社会的效益。同时创业教育的目的不一样，接受群体不一样，具体的创业教育内容也应该不一样。针对初学者和尚未进行创业尝试的接受者，应该注重创业基础知识的学习。而针对已经进行创业实践尝试的群体来说，具体的实务操作则应该是教学的重点。这部分的具体创业教育内容应该包括

① L. Von. Bertalanffy, *General System Theory*: *Foundations*, *Development*, *Applications*, George Braziller Inc, 1968.

初创阶段、成长阶段、转变升级阶段的内容设置。总之，创业教育内容体系的建构应该在注重普适性教育内容的同时，根据不同的教育目的、不同的受教育群体的特征、各个层次的实际需要设置具体的、有针对性的、有层次性的内容。

4. 稳定性与开放性相结合原则

稳定性与开放性相结合原则，是指创业教育内容体系建构应该兼顾内容稳定性与动态发展性。稳定性是指创业教育内容中有随着时代、群体的变化而不改变的一些根本性的东西，开放性则是指创业教育内容随着时代、环境、目的等的改变而变化。创业教育的教学内容有些正如传统文化、主流价值观一样具有时代的延续性、地域的普适性。这些内容不会随着国别的改变和时代的改变而变化。同时创业教育的内容也不总是一成不变的，其也要随着时代发展的情势、需要，理论研究的进展，环境的不同等具体因素的变化而发展。创业教育具体教什么，教学内容的侧重点是要根据实际情况而定的。在一个国家的大学生群体还没有广泛的创业意识时，可能教学的主要内容就是培养创业的意识和意向，但是当一个国家或社会的创业意识和创业意向很强烈、很成熟时，提升大学生的创业能力和实践操作能力则成为该时期创业教育教学内容的侧重点。总之，创业教育内容中的有些精髓和精华不会轻易随着时代和国别的不同而变化，但同时针对不同的环境、不同的创业活动类型，创业教育的内容应该有一个开放的动态调整的空间。

（二）创业教育内容体系构成

根据创业教育内容体系建构的基本原则，结合创业教育内容理论研究成果和中美两国现行国家内容标准的分析借鉴，笔者尝试对我国高校创业教育内容体系模型进行了建构。（见图 8-6）

1. 创业教育内容体系的模块构成

如图 8-6 所示，本书构建的高校创业教育内容体系由三大内容模块

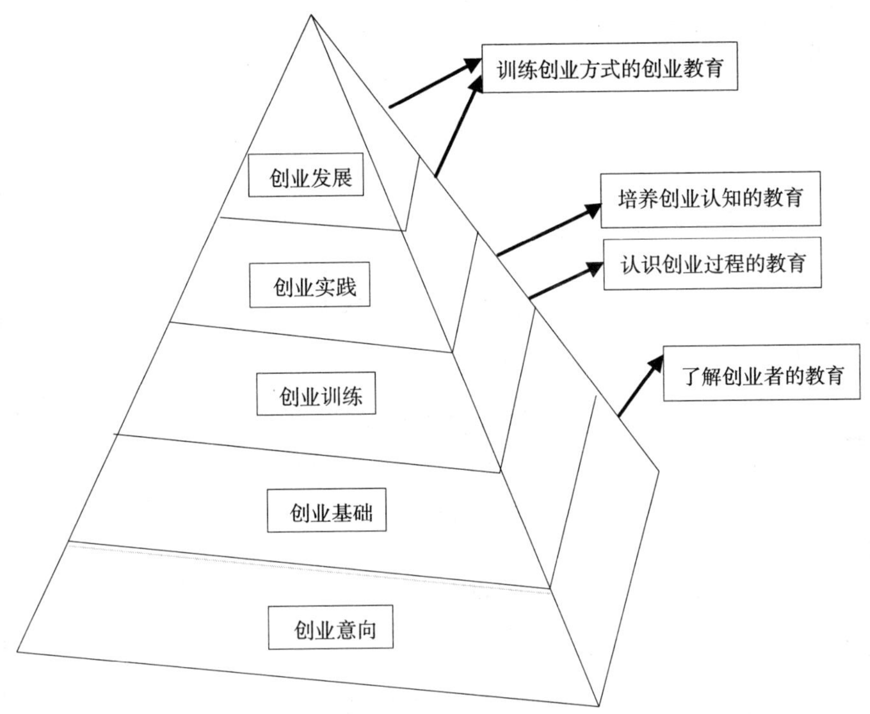

图 8-6　高校创业教育内容体系模型

构成。（见表 8-4）一是创业意向。一个成功的创业者首先必须具备创业意识和创业意向。此模块内容主要包括对创业、创业精神、人生发展以及创业者与创业团队的了解。具体内容有：创业本身的内容，即创业的定义与功能，创业的要素与类型，创业过程与阶段划，创业精神的本质、来源、作用与培育；知识经济发展与创业的内容，包括经济发展对创业的影响创业需求、机会的识别和创意的产生、创业对经济发展的功能；创业与职业发展的内容，包括创业与职业生涯发展的关系、确定初步的职业兴趣、创新型人才的素质要求；创业者的内容，包括创业者本身、创业者的素质和能力、创业动机的含义和分类、产生创业动机的驱动因素；创业团队的内容，包括创业团队及其对创业的重要性、创业团队的优劣分析、组建创业团队的策略及其后续影响、创业团队的管理技巧和策略、领导创业

表 8-4 创业教育内容指标体系

一级	二级	三级	
创业意向	创业与创业精神	创业的定义与功能	创业过程与阶段划分
		创业的要素与类型	创业所需的创造性思维
		创业精神的本质、来源与作用	
	创业与经济发展	经济发展对创业的影响	创业需求、机会的识别和创意的产生
		创业对经济发展的功能	
	创业与职业生涯发展	创业与职业生涯发展的关系	确定初步的职业兴趣
		创新型人才的素质要求	
	创业者	创业者本身	创业者的素质和能力
		创业动机的含义和分类	产生创业动机的驱动因素
	创业团队	创业团队及其对创业的重要性	创业团队的优劣分析
		组建创业团队的策略及其后续影响	创业团队的管理技巧和策略
		领导创业者的角色与行为策略	创业团队的社会责任

续表

一级	二级	三级	
创业基础	人际沟通技巧	员工沟通	处理员工之间的矛盾
		团队合作	处理客户的抱怨
	数字技巧	计算机基础知识	计算机桌面操作
		办公软件的熟练运用	网站建设与维护
		解决硬件软件问题	电子商务的运营
	经济学	成本收益分析	了解经济指标的测量和含义
		了解经济系统	了解国际贸易
	商务基础课程	经营的概念	了解企业的角色和功能
		了解商业类型	开发附加值创造的机会
		市场开发与管理	商业伦理
	金融知识	描述金融机构提供的服务	了解货币常识
		个人储蓄	财务资金管理
		投资分析	企业预算分析
		财务报表的描述和解读	了解金融兑换的方式
	财政管理	了解会计标准	企业纳税申报
		工资发放	选择商业信贷
	人力资源管理	员工招募、培训、考核、激励	制定工作职位说明书
	信息管理	企业信息记录	获得市场信息
	市场管理	产品和服务的开发	产品或服务的定价、销售
	运营管理	采购	日常运营
	风险管理	风险识别和评估	解决风险的办法
	战略管理	SWOT 分析	计划和控制

续表

<table>
<tr><th>一级</th><th>二级</th><th colspan="2">三级</th></tr>
<tr><td rowspan="27">创业实务</td><td rowspan="3">创业计划</td><td>市场调查</td><td>创业计划的调整和执行</td></tr>
<tr><td>创业计划的撰写</td><td>创业资源获取的途径与技能</td></tr>
<tr><td>总结创业计划执行的条件</td><td></td></tr>
<tr><td rowspan="4">领导技巧</td><td>团队领导力</td><td>构建积极的团队合作关系</td></tr>
<tr><td>培养团队精神</td><td>创业团队的日常管理技巧</td></tr>
<tr><td>职员沟通技巧</td><td>创业团队的社会责任</td></tr>
<tr><td>处理团队成员间的矛盾</td><td></td></tr>
<tr><td rowspan="3">创业融资</td><td>不同类型资源的开发</td><td>创业融资分析</td></tr>
<tr><td>有限资源的创造性使用</td><td>创业所需资金的测算</td></tr>
<tr><td>创业资源开发的推进方法</td><td>创业融资渠道的开发和选择</td></tr>
<tr><td rowspan="2">创业机会的识别与分析</td><td>创业机会的来源</td><td>影响创业机会识别的因素</td></tr>
<tr><td>识别创业机会的技巧</td><td>创业机会的评价分析</td></tr>
<tr><td rowspan="3">成立新企业</td><td>企业组织形式选择</td><td>注册企业必须考虑的法律与伦理问题</td></tr>
<tr><td>企业注册流程</td><td>新企业选址策略与技巧</td></tr>
<tr><td>企业注册相关文件的编写</td><td>新企业的社会认同</td></tr>
<tr><td rowspan="2">新企业生存管理</td><td>新企业管理的特殊性</td><td>新企业成长管理的技巧和策略</td></tr>
<tr><td>新企业成长的驱动因素</td><td>新企业的风险控制和化解</td></tr>
<tr><td rowspan="5">新企业日常运营</td><td>选择供应商、合作盟友</td><td>工作人员安排</td></tr>
<tr><td>产品和服务的开发创造</td><td>员工培训</td></tr>
<tr><td>市场调研</td><td>评估员工表现</td></tr>
<tr><td>公关宣传</td><td>员工的奖励、薪酬</td></tr>
<tr><td>员工招募</td><td></td></tr>
</table>

者的角色与行为策略、创业团队的社会责任。二是创业基础。创业基础的主要内容包括创业所需的必备技巧和商务功能，即商务基础课程、沟通人际技巧、数字技能、经济学、金融知识、职业发展6种必备技能，以及财政管理、人力资源管理、信息管理、市场管理、运营管理、风险管理和战略管理7种商务功能。三是创业实务。其主要内容包括金字塔模型的第三层、第四层和第五层，即创业训练、创业实践和创业发展。创业实务模块的具体内容主要包括识别和利用创业机会、创业资源的获得和管理、领导技巧、创业项目的评估和选择能力、创业计划的撰写和实施、新企业开办等。实践出真知，创业实务是创业教育内容体系的核心内容。

2. 创业教育内容体系的内在逻辑

创业教育内容体系是由不同模块不同层次的三级内容指标体系组成的。虽然各个模块、各个层次的内容各成体系，但是模块、层次之间也存在着一定的内在关联。首先，它们具有一定的层次性。如图8-6所示，创业教育内容金字塔体系共分为五层，底层是创业教育的前提——创业意向，第二层是在有了创业意向后创业基础的储备阶段，第三层是有了一定的理论积淀后对具体的创业技能的训练，第四层是在具备理论知识和创业技能后的实践，顶层则是在理论知识、技能和精神都具备后的发展阶段。虽然五个层次各成体系，也是完整的创业教育内容体系的重要部分，但五个层次的内容是一个从理论、实践到发展的不断递进的学习全过程，从意向培养出发到基础奠基，最终将创业教育寓于实践中，即在实践中学，并在实践中成长和发展。三大模块、五个层次的内容体系是一个将理论与实务相结合的完整教学内容体系。其次，图8-4中的五层内容体现了三大维度，即创业意向、创业基础和创业实务。其中创业实践、创业训练和创业发展都属于创业实务维度。在这三大维度中，意向培养是创业教育的前提。一个学生想要成为成功的创业者首先必须具备强烈的创业意向，在教学生如何成为创业者以及如何创业时首先必须增强学生的创业意愿，创业意向犹如成功开启创业大门的钥匙。创业基础是支撑和保障，创业意向是引领学生走向创业之路的前提，但单有意向是不够的，有了意向还得对创业进行深入的了解，只有进一步了解创业才能将创业之路走得更远。创业训练、创业实践和创业实务是创业教育内容体系的本质和核心。创业教育的根本在于教会学生如何创业、如何成为成功的创业者，所以核心不在于理论的说教而在于实实在在的创业活动的尝试和训练。最后，创业教育内容体系的金字塔模型中的五层内容分别体现了创业教育内容的三大模块，而且分别服务于不同目的的创业教育。其中创业意向是了解创业者的教育，主要是关于创业的教育，学习的都是关于创业以及创业者本身的相关知识，目的在于培养学生的创业意向。创业基础是培养创业认知的教育，而创业训练则是认识创业过程的教育，可以看出创业基础和创业训练都是为了创业的教育。创业实务中的创业实践和创业发展则是训练创业方式的教育，即“通过”创业的教育。

总之，创业教育内容的金字塔模型完整地阐述了创业教育内容在创业过程中的位置和作用，也阐明了创业教育内容之间的相互关系。从创业意向培养到创业发展，从了解创业者、培养创业认知到创业成为一种生活方式，它是创业教育内容的不断深化也是创业的不断发展。无论是哪个世界观下的创业教育内容，无论是哪个创业教育内容，它们都是服务于社会的创业，其目的都是促进经济的发展、生产力的提高以及社会福利的增加。

第三节 “怎么教”：创业教育过程论

创业教育过程论实质上就是要解决创业教育“怎么教”的问题，它是创业教育助推大学生创业意向行为转化这一任务的实际承载者，也是确保这一任务得以真正完成的关键。创业教育过程设计是否科学直接影响助推任务完成的质量与效率。创业教育过程论不是创业教育方法、载体等要素的单一论述，而是方法、载体、模式等过程要素的综合考察，目的就是要实现“怎么教”问题的系统解决，真正实现助推任务的高效优质完成。

一、创业教育过程模型

依据系统论基本原理，综合现有创业教育理论研究与实践探索成果，借鉴皮塔威（Luke Pittaway）与科普（Jason Cope）2007 年提出的创业教育系统模型①，经过假设构建与推演论证，笔者对创业教育过程模型进行了尝试构建。（见图 8-7）

如图 8-7 所示，在创业教育过程模型中，主要包括七方面构成要素。一是创业教育环境，指的是创业教育存在与展开的情境与背景，包括宏观层面上社会外部创业教育大环境（比如制度和政策、舆论和文化、资金与平台、市场等）和微观层面的高校内部创业教育环境（比如基础设施、创业文化建设、商业化政策等）。虽然影响方式或显性、或隐性，但是创业教育环境对创业教育的质量与效率的影响是强烈而深远的，既可能有效地促进也可能严重地抑制创业教育的顺利实施。② 二是创业教育主体，是指参与、实施和组织创业教育活动的人的因素，包括教育者、受教育者和管理者。教育者在创业教育活动中，起着控制教育活动方向、形式和进程等的作用，主要负责传授、启迪和培养受教育者的理论知识、创业技能以及创业素质等。受教育者在创业教育过程中，主要任务是发挥主观能动性，与教育者相互配合，了解创业内涵，澄清职业选择，学习创业知识，掌握创业技能，开展创业体验甚至开启创业生涯；创业教育的管理者主要指相关管理机构和部门的工作人员，其在创业教育过程体系中主要通过计划、组织、指导、协调和反馈等，实现创业教育的资源合理配置和创业教

---

① 参见 Luke Pittaway，Jason Cope，Entrepreneurship Education a Systematic Review of the Evidence，*International Small Business Journal*，25，2007，pp. 484-485。

② 参见 Luke Pittaway，Jason Cope，Entrepreneurship Education a Systematic Review of the Evidence，*International Small Business Journal*，25，2007，p. 488。

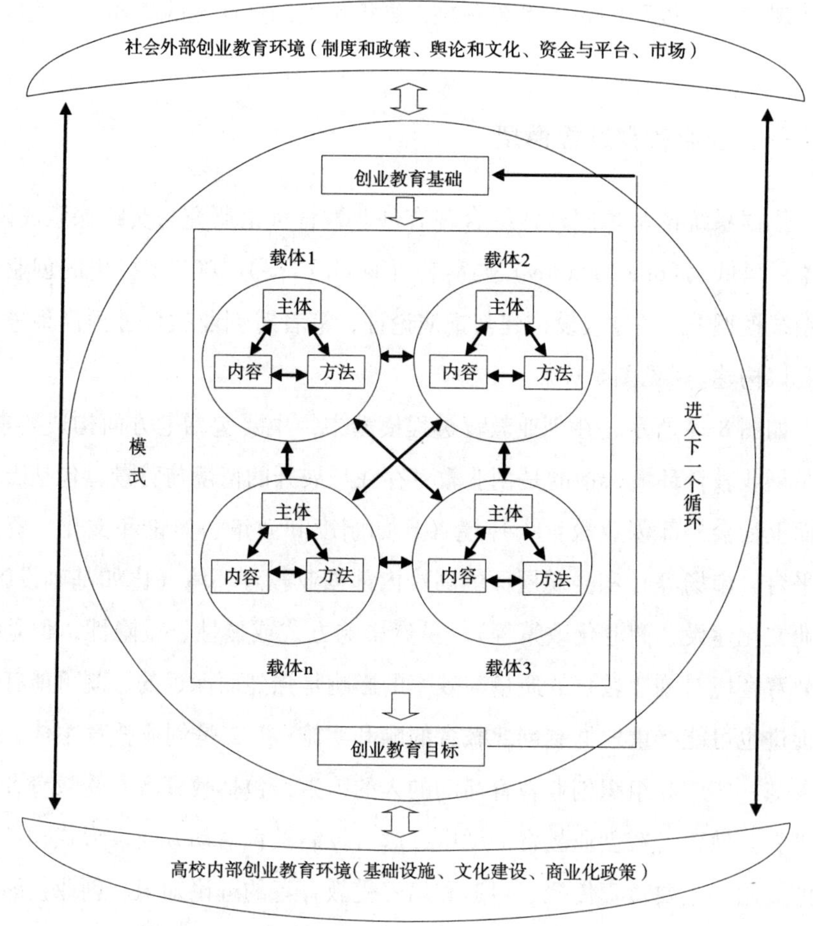

图 8-7　创业教育过程模型

育活动的顺利实施。三是创业教育内容，是指创业教育过程所要传输的内在思想意识要素，也即创业教育所要教的东西，它是创业教育目标的体现与外显。四是创业教育方法，它是教育者为实现创业教育目标所采取的活动方式、程序和手段的总和。五是创业教育载体，它是创业教育主体、方法和内容的综合体，也是创业教育的基础平台和实现创业教育目标的基本媒介。六是创业教育模式，是指创业教育载体间的内在逻辑关联，即创业教育过程的组织运行方式。七是创业教育基础，是每个创业教育过程展开的起点，是创业教育过程启动时受教育者现有的创业意识、知识与能力水平。八是创业教育目标，是指创业教育的培养要求，它是创业教育的指向与出发点，引领整个创业教育过程的设计与展开。

创业教育过程模型不是各要素的孤立存在，而是各要素相互依托、相互关联、相互融通的整体系统。对创业教育过程的认识需要从宏观和微观两个层面来进行。就微观层面而言，创业教育的基本过程指的是在一定的创业教育环境下，以一定的创业教育基础为开端，教育主体通过选择一定的教育内容，运用一定的教育方法，借助一定的教育载体，运用一定的创业教育模式的运行，实现一定的创业教育目标。至此，意味着某一个微观创业教育过程的完成。从宏观上看，创业教育过程是由无数的微观创业教育过程连接而成的整体，即前一个微观创业教育过程完成后，新达成的创业教育目标成为下一个微观创业教育过程的基础和起点，前一创业教育目标的实现既标志着此创业教育过程的结束，也意味着下一个创业教育过程的开始，如此循环递进，构成宏观意义的创业教育过程。在创业教育过程内部，各要素之间有序组织、有机整合，共同推动创业教育目标的实现。各要素之间的逻辑关联具体表现为以下三方面的运行机理。

（一）互动原理

“互动”起初是一个社会学概念，指各种因素之间相互影响、相互促进、互为因果的作用和关系。互动是创业教育过程的灵魂，缺乏互动，创业教育的各要素就难以发挥作用。创业教育各要素间不是孤立的，必然会发生要素间的交流与互动。这种互动不是单向的，而是一种双向互动的关系。创业教育各要素间的互动关系本质上具有普遍性、层次性、多样性、双向性等特性。主体与目标的互动关系体现在，主体要根据创业教育目标进行一定的创业教育，同时主体可以能动地制定和调整教育目标。载体和方法的互动关系体现在，一方面方法要依托特定的载体来运行；另一方面恰当的方法能够更好地发挥载体的功效。内容与方法的互动关系体现在，一方面创业教育内容的侧重不同制约着教育方法的选择，例如侧重于提高创业意向的内容适合案例教学法，侧重于启发创业行动应选择模拟教学法和行动教学法等；另一方面，在不同方法的应用过程中，除了适应决定该种方法选择的内容之需要，同时也会附带推动其他教育内容的实施。主体与方法间的互动关系体现在，一方面教育者可以依据自身特长和喜好，能动地选择适合自己的创业教育方法；另一方面，每个创业教育方法的运用和功效的发挥，都要求创业教育的主体具有一定的基础理论知识、教育技能和素质等，在一定程度上，创业教育方法的有效运用，也间接或直接地提升了教育者的素质和能力。总之，创业教育各要素间是双向互动、相互辅助、相互影响、相互交叉、相互依存，共同发挥良性互动的作用。

（二）联动原理

联动是指“若干个相关联的事物，一个运动或变化时，其他的也会跟着运动或变化”①。创业教育过程是一个整体性系统，各要素间相互影响、相互制约，关系密切。创业教育各要素间的双向互动关系不是相互独立、间断进行的，而是多个双向互动同时进行，且每个互动是相互关联、相互影响、相互交叉的。创业教育各要素间的互动和联动使得创业教育过程形成一个综合复杂的相互关系网。缺乏联动，创业教育各要素间的互动将毫无意义。创业教育过程的联动关系体现在以下几个方面。首先，创业教育载体承载着创业教育过程的各个要素，如教育主体、客体、目标、内容、方法等，是它们之间相互作用的形式，没有创业教育载体各要素间就无法相互联系和发生作用，创业教育过程的运行离不开创业教育载体。其次，创业教育方法要依托特定的载体，并基于与之相对应的模式来运行，且不同的内容和目标往往需要采取不同的方法和载体。创业教育主体间存

---

① 中国社会科学院语言研究所词典编辑室编：《现代汉语词典》（第6版），商务印书馆2012年版，第805页。

在差异性和独特性，也需要因地制宜地采取不同的方法、载体、模式，因材施教，有针对性地选择合适的目标和内容进行创业教育，从而达到理想的创业教育效果。同时，创业教育的侧重点各不相同，各有优劣和针对性，需要创业教育各要素进行不同形式间的特定组合。一定的主体、方法和内容需要依托于特定的载体，而不同的载体间的协作又形成了特定的创业教育模式。总之，创业教育过程要素间的联动关系具有共时性、复杂性、交叉性、多向性等特性，通过创业教育各要素间的相互联系、相互作用、相互制约，实现创业教育 1+1 大于 2 的效果。

（三）旋动原理

旋动即螺旋式运动，是指创业教育的运行遵循能动、连续、渐进的规律，创业教育过程的运行非断点式、平面性，而是一个前后联系、渐进发展、逐步提升的螺旋递进过程。旋动蕴含着上升性、发展性和连续性。创业教育过程运行的旋动机理体现在：在创业教育运行过程中，随着一个教育阶段的完成，将达成一个层次的创业教育短期目标，为创业教育的进一步深入进行奠定坚实的基础。一方面随着创业教育的进行，教育者和受教育者的主体意识能力提升，受教育者的理论知识逐渐累积增长，创业素质和能力也在不断地发展。另一方面，创业教育环境的变化，科学技术的不断革新等，也势必将创业教育过程提升到另一个更高的层面上，进行更有深度的创业教育，达成更高层次的创业教育目标，提升创业教育主体的素质和能力，从而促进创业教育的不断螺旋上升，提高创业教育的实效性。

为了更加深入全面地理解创业教育过程，在总体认识创业教育过程体系的同时，还有必要对其中的关键或核心要素做进一步的探析。分析表明，创业教育方法、载体与模式是创业教育过程诸要素中最具有“过程”意味的要素，为此下文分别对其进行研究与梳理。

二、创业教育方法

方法是人们为了认识世界和改造世界，达到一定目的所采取的活动方式、程序和手段的总和。创业教育方法是教育主体间借助创业教育载体相互联系、相互作用的纽带，是达到创业教育目标的重要手段。创业教育方法的合理选择和运用，是确保创业教育针对性、实效性的内在要求。常用的创业教育方法有案例教学法、问题教学法、经验学习法、情景教学法、模拟教学法、权变教学法、合作式教学、服务性学习法、行动教学法等。按照不同的角度和分类标准可以将创业教育方法进行不同的分类。例如，按照创业教育目标和内容的侧重点，将创业教育方法分为“基于创业者的方法、基于创业过程的方法和基于创业认知的方法”①。依据教学模式是侧重教授创业理论还是启发创业行动，将创业教育分为两大模式：一种是行动教学模式，例如商业模拟教学；另一种是反思性教学模式，例如理论性讲座。② 还可以依据学生是否在自身经历中获得知识经验，将创业教育方法分为两类：一类是间接经验学习，例如讲座和案例研究；另一类是直接体验学习，例如仿真模拟和实习。限于篇幅，这里仅对几种典型的创业教育方法做简要讨论。

（一）案例教学法

案例教学是创业教育的最基本教学方式之一。案例教学法是指教师从实际事物中选取蕴含着本质因素、根本因素、基础因素的典型事例作为教

---

① Heidi M. Neck，Patricia G. Greene，Entrepreneurship Education：Known Worlds and New Frontiers，*Journal of Small Business Management*，49，2011，pp. 55–70.

② 参见 Sascha G. Walter，Dirk Dohse，Why Mode and Regional Context Matter for Entrepreneurship Education，*Entrepreneurship & Regional Development*：*An International Journal*，24，2012，pp. 9–10，807–835。

材内容，使学生通过这种范例（或案例）的学习和研究，从个别到一般，理解和掌握带普遍性、规律性的系统科学知识，提高智力和能力的一种教学方法。① 案例教学法在大学教学中应用始于1870年，哈佛大学法学院的院长蓝德尔（C. C. Langdell）最早提出案例教学法。哈佛商学院创始人盖伊（D. E. Gay）强调教学应该把教室联结到实际企业，使学生接受务实取向、问题解决的教学。案例教学法不以简单灌输创业知识和传授简单的创业技能为目的，而是结合实际情况采取案例研究开展启发式教学。老师向学生介绍大量的成功创业的真实案例，在与学生互动教学过程中，激发学生的创业意向，并使学生对创业流程和企业运营有更深的理解和掌握。教师针对案例中的经验和问题，教会学生各种创业所需的知识和技能。案例给学生提供了一个自主学习和获得经验收获的机会，可以使学生学到企业家的各种选择和决定。案例学习是一个公认的创业教育的有效方法，它能够让学生成为学习的中心，调动学生学习的积极性和自主能动性。② 在案例教学的过程中，学生不仅收获实用性很强的创业知识和创业技能，还能在学习过程中提高创业意识，坚定创业意向。案例教学法可以在课程、讲座、论坛等载体中使用，能够让学生成为教育主体，调动学生的主体能动性。一方面老师可以运用案例来教学，另一方面学生可以通过研究和书写案例来学习。案例教学需要对老师进行合理有效的培训，有一定的能力来适应和掌握案例教学。哈佛大学商学院克里斯坦森教学中心提出了一个有效的案例教学方针。首先，是前提条件：（1）师生间要相互尊重；（2）师生上课前要充分准备；（3）师生要遵守严格的标准；（4）设计和安排好案例、支撑材料、创设问题、教学计划等课程要素。其次，是课堂实施。一方面，老师要把握好教学内容和过程，聆听整个课堂讨论

① 参见林崇德、姜璐、王德胜主编：《中国成人教育百科全书·心理·教育》，南海出版公司1994年版，第258—259页。

② 参见 Heidi M. Neck，Patricia G. Greene，Entrepreneurship Education：Known Worlds and New Frontiers，*Journal of Small Business Management*，49（1），2011，pp. 55-70。

内容，灵活应对学生的评价和问题，鼓励学生参与讨论，合理引导课堂有效进行。另一方面，学生要积极参与案例的学习和讨论，分析个人经历并提出想法，不是简单地呈现案件事实，而要辩论不同的观点。最后，是课堂效果。要确保学生的主体性地位，发挥教师的引导作用，注意做好课堂后续工作，通过课堂间、模块间和课程间的联系，发挥更深远的课堂教学效果。① 克里斯坦森（C. Roland Christensen）教授指出，案例的谈论要求教师主动提出问题、认真聆听和解答疑问。他还认为这些能力是相辅相成、密不可分的，不能单独地发挥作用。另外，需要老师具备灵活性和控制力，据理力争，以及随时处理问题的能力。②

（二）模拟教学法

模拟教学法是一种在教室进行，师生合作，模拟各种创业过程环节，让学生在模拟的创业过程中通过实际操作进行创业学习的一种先进的教学方法。模拟教学是一种更综合性的课堂教学，能够让学生学会在多变的实际环境中做决策、与他人合作，也能够培养学生做有意义的商业决策的能力。仿真模拟教学能够帮助学生认识组织生活的复杂性，学习怎样在混乱、矛盾和充满不确定的情况下处理工作。仿真模拟教学的参与者必须自我管理、选择领导、定位角色，以及建立新企业的组织结构。没有很多的指令和说明，但参与者必须同时参与多种情况不明的组织挑战，包括领导和执行、创新、制定决策、组建团队和制定组织协议。③ 仿真模拟教学的优势体现在：首先它很简单，可以在一个学期的任何时间开展，一个模拟

---

① 参见 C. Roland Christensen Center for Teaching and Learning, Harvard Business School, Characteristics of Effective Case Teaching, Copyright © 2005 by the President and Fellows of Harvard College。

② 参见 Gina Vega, The Undergraduate Case Research Study Model, *Journal of Management Education*, 34, 2010, pp. 574-604。

③ 参见 Kathleen R. Kane', Leslie A. Goldgehn', Beyond "The Total Organization": A Graduate-Level Simulation, *Journal of Management Education*, 35, 2011, pp. 836-858。

的后续也可以作为一个新的课程材料。其次，能够让学生进行没有风险的动态体验学习。另外，通过小组间的协作学习，可以交流彼此的经验和进行比较分析。最后，学生有机会整合、实践和学习怎样领导，以及怎样在变化的目标下形成组织和进行组织重组等，每个老师也能看到模拟过程中涉及的许多其他课程知识。在创业教育课程中运用仿真模拟教学，能够丰富课程体系，让学生没有风险地学习和体验真实的创业过程。模拟教学法的实施包括有五个环节：一是做准备。要有可移动桌椅和大量木板以及大空间的教室，模拟的时间在1—2小时为宜，老师还需要准备幻灯片和确保它们满足教学的需要。在模拟过程中老师尽可能地观察和做笔记。二是介绍模拟。不需要太多解释，大致向学生介绍一般费用、工作任务、回答一些问题，然后宣布模拟开始。三是模拟的实施。包括目标、过程、情况和报告。四是老师的指导。五是模拟的汇报。通过学生的对话来汇报模拟，老师要保证这个对话不受干扰，如果学生不能有效和批判的评估这个模拟，老师可以用一些问题和模拟现象来进行指导。①

（三）行动教学法

行动教学法是指学生通过参与创业活动和在培训中创业等，从而学习和掌握行动调节原则，并参与实际的创业。行动教学法特别关注学生的行动，注重让学生在“做中学”。它主要侧重于学习的自主性和探究性，让学生在真实的情境中体验创业过程。行动是创业的核心，创业需要不断地行动来整合资源和组建可行的企业组织，参与越多的创业活动就越能成功地开始创业并取得收获。而很多创业教育特别关注商业计划的发展，缺乏涉及参与者的行动。行动教学的一个目标是教会学生行动原则，指导学生做什么和怎么去做，这并不是抽象的理论知识学习，而是让学生能够在处

---

① 参见 Kathleen R. Kane', Leslie A. Goldgehn', Beyond “The Total Organization”: A Graduate-Level Simulation, *Journal of Management Education*, 35, 2011, pp. 836-858。

理事务中得到指导和学习。行动教学的另一个目标就是在行动中学，这意味着学生不是被动地学习教学内容，而能够积极地通过行动来学习。① 行动教学在促进创业上有重要作用。首先，通过在行动中学习，将行动原则和具体行为紧密结合，这样就能整合更多的创业行动知识。其次，通过行动中学习，学生能够得到真实的反馈，这能够帮助学生更好地理解创业原则和学会采取创业行动。行动教学法可以在创业孵化基地等载体中运用，通过真实的创业行动，提高学生创业意识和创业实践能力。行动教学法强调创业教育理论和实践的结合，教师为学生提供相关的项目和课程，注重学生的参与，由学生选择自己的工作团队和项目，围绕某一项目通过孵化基地组建一个公司。同时学校邀请有经验的商业人士共同组成董事会，展开创业教育。② 通常，行动教学法由以下四个要素构成：一是问题、项目或挑战；二是多元化的团队，一般由 4—8 位有着多元背景和经历的人员组成；三是反省思考过程，聚焦提出正确的问题而不是寻求正确答案；四是采取行动的能力。③ 行动教学法支持学生积极实践，培养学生的创业行为，鼓励学生积极反思，有利于创业意向的转化。

（四）理论讲授法

理论讲授法亦称口述教学法，是指教师通过口头语言向学生描绘情境、叙述事实、解释概念、论证原理和阐明规律的教学方法，其宗旨是“用正确的方法有效传递确定的知识”。它是教师使用最早的、应用最广的教学方法，可用于传授新知识，也可用于巩固旧知识，而其他教学方法

---

① 参见 Michael M. Gielnik，Michael FRESE，Audrey Kahara-Kawuki，Action and Action-Regulation in Entrepreneurship：Evaluating a Student Training for Promoting Entrepreneurship，*Academy of Management Learning & Education*，14，2015，pp. 69-94。

② 参见 Einar A. Rasmussen，Roger Stroheim，Action-based Entrepreneurship Education，*Technovation*，26，2006，pp. 185-194。

③ 参见杨晓慧：《中国大学生就业创业发展报告 · 2011》，人民出版社 2011 年版，第 257 页。

的运用，几乎都需要同讲授法结合进行。[①] 理论讲授法有四个优点：一是有利于提高创业教育课堂教学的实效性。讲授法具有通俗化和直接性两个特殊的优势。教师的讲授能使深奥、抽象的理论知识变成具体形象、浅显通俗的东西，从而使创业教育知识深入人心，简单易学。理论讲授法直接向学生传递理论知识，避免了许多不必要的曲折和困难，使创业教育简捷和高效。二是能有效地让绝大部分学生在短时间内学到前人积累起来的知识和技能。三是有利于帮助学生全面、深刻、准确地掌握教材，促进学生学习能力的全面发展。四是有利于充分发挥教育者自身的主导作用，使学生收获教材之外的理论知识。随着社会的发展，理论讲授法也由传统的模式向着现代化、多样化的形式发展，在创业教育过程体系中发挥着越来越重要的作用。理论讲授法主要包括三种形式：一是讲述法，指教育者用生动形象的语言，单纯对教育内容系统地叙述和描绘的讲授方式；二是讲解法，指教育者用自己的语言对创业教育的教学内容进行一定的解释、说明和论证的讲授方式；三是讲演法，指教育者用自己的语言对教育内容做较长时间的系统分析、论证，并得出一定结论的讲授方式。[②]

三、创业教育载体

载体“①科学技术上指某些能传递能量或运载其他物质的物质；②泛指承载其他事物的事物”[③]。根据这一定义，创业教育载体就是承载创业教育内容的创业教育活动实体，它是创业教育主体、方法和内容的综合体，也是创业教育的基础平台和实现创业教育目标的基本媒介。创业教育载体是创业教育过程不可或缺的重要组成部分，任何轻视载体的创业教育

① 参见《中国大百科全书·教育》，中国大百科全书出版社 1985 年版，第 142—143 页。

② 参见余文森：《试论讲授法的理论依据、功能及其局限》，《教育科学》1992 年第 2 期。

③ 中国社会科学院语言研究所词典编辑室编：《现代汉语词典》（第 6 版），商务印书馆 2012 年版，第 1620 页。

都是空谈。创业教育载体形式多样。常用的创业教育载体有演讲、讲座、论坛、顾问委员会、传媒、商业计划、创业大赛、创业课程、创业社团和俱乐部、创业项目和创业孵化基地等。不同的方法需要相应的载体承载，按照不同的角度可以对创业教育载体进行不同的分类。例如，按照创业教育载体的运作形态可以分为两大类：一是静态载体，例如演讲、讲座、论坛、课程等；二是动态载体，例如传媒载体、创业大赛、创业项目和孵化基地等。按照创业教育的方式和侧重点将创业教育载体分为三大类：一是理论培训型，例如创业教育课程、讲座和论坛等；二是模拟实训型，例如创业大赛；三是实地实践型，例如创业孵化基地。[①] 下面简单介绍几种典型常见的创业教育载体。

（一）创业教育课程

课程是为实现学校教育目标而选择的教育内容的称谓。因所依据的知识观、学习观及社会、哲学导向不同，课程的定义也不一样。在我国，课程含有学习的范围、进程、计划的程式之义。“课程”（Curriculum）一词源于拉丁文 currcle，即 race course，意为“跑道”或“民族经验”，即将民族先辈的经验，选择后传递给下一代，使其通过学习达到一定的社会要求。[②] 创业教育课程是开展创业教育和提高学生创业能力的重要载体。依据这一定义，创业教育课程就是对为实现创业教育目标课程而选择的创业教育内容的称谓，代表了创业教育中创业学习的范围、进程与计划的程式。创业教育课程是创业教育的主渠道，创业教育载体的最基本形式，创业教育过程的核心要素。创业教育课程内容丰富多样，不同地区、不同学校都各有侧重。美国诺丁汉大学宾克斯教授认为，创业教育课程涵盖了

---

① 参见任泽中、陈文娟：《高校创业实践育人的层级推进式载体建设》，《学校党建与思想教育》2013 年第 10 期。

② 参见顾明远：《教育大辞典》（增订合编本），上海教育出版社 1998 年版，第 892 页。

"从头脑到市场"、"从创造性洞察力到成功创新"的方方面面。[①] 美国基本上所有的高等学校都提供创业课程，培养创业技能、培养创业意向或创业思维，并鼓励学生的创业行动。美国高等学校的创业教育课程包括"创业、小型企业管理、新企业创造、技术创新、风险投资、企业咨询、企业策略、营销、新产品开发、融资、创造性"等。[②] 虽然美国各机构和团体的创业课程差异性很大，但总体上表现为多学科相交叉融合的特征，主要体现在与通识课程、学科训练课程和合作课程的融合。[③] 英国创业教育课程呈现出机会导向型特征，强调学生实践能力和综合能力的提高。麦克翁等将英国的创业教育课程分为四类：创业、创新、创新管理、技术转移管理。[④] 国内有学者将创业教育分为四个层次：一是"通识型"创新创业启蒙教育，面向全体学生，主要培养创业精神和意识；二是与相关专业结合的"嵌入型"教育，引导学生发挥专业特长；三是"专业型"创业管理教育，例如通过"创业先锋班"来开展；四是"职业型"创新创业"继续教育"，主要针对已确定选择创业的群体进行教育。[⑤] 创业教育的课程载体适用于课堂讲授、案例教学、问题教学、讨论法、课堂模拟教学、理论讲授法等多种教育方法。创业教育课程载体的主渠道功能的发挥需要因地制宜、因材施教地综合运用多种创业教育方法。总而言之，开展专门的创业教育课程是实现创业教育目标的最有效途径，创业课程的开发至关重要，要求教育者既能把握社会和产业发展趋势，熟悉企业运作过程，又

---

① 参见 Martin Binks，Entrepreneurship Education and Integrative Learning，*National Council for Graduate Entrepreneurship*，2005，pp. 1-13。

② 参见 George Solomon，An Examination of Entrepreneurship Education in the United States，*Journal of Small Business and Enterprise Development*，14，2007，pp. 168-182。

③ 参见 George Solomon，An Examination of Entrepreneurship Education in the United States，*Journal of Small Business and Enterprise Development*，14，2007，pp. 168-182。

④ 参见 McKeown J.，Millman C.，Sursani S. R.，Smith K.，Martin L.，Graduate Entrepreneurship Education in the United Kingdom，*Education & Training*，48，2006，pp. 597-613。

⑤ 参见王占仁：《"广谱式"创新创业教育的体系架构与理论价值》，《教育研究》2015 年第 5 期。

能掌握和运用认识与教学规律，因地制宜地建立多层次、多类型、高适应性、高实效性的课程体系。

（二）创业大赛

创业大赛是创业教育的有效载体。创业大赛也叫商业计划竞赛，是服务于创业和创业教育的一种大型比赛。其核心理念是帮助具备市场前景的服务项目或技术产品，借助风险投资的运作模式，通过项目评估洽谈最终获得投资，投入实际生产运营，推动现实社会的服务优化或技术革新。① 创业大赛是创业教育的主阵地，是高校课外创业教育的核心途径之一。创业大赛通过创业理论与实践的结合有效提高创业教育的实效性。创业大赛最早在20世纪80年代至90年代从美国兴起。根据考夫曼基金会统计，自1983年德州大学奥斯汀分校首次创办大学生创业大赛开始，到2006年美国大学和学院共有353个创业竞赛，目前又翻了一番。② 莱斯大学商业计划竞赛侧重点是创业企业的孵化，“这个三天的竞赛旨在模拟创业者募资的真实过程。参赛者将面对170多个成熟的风险投资家和成功创业者，他们作为评委以风险投资者的眼光选择最有潜力的商业计划”③。哈佛大学商业计划竞赛旨在“为学生提供完整的学习经历”，主要目的在于教育和启发，重在学生创业意识和创业技能的培养，创业竞赛是创业教育的方式之一，它构成学生独特的学习经历。麻省理工学院MIT 10万美金创业大赛，由三个竞赛单元——秋季电梯演讲竞赛、冬季执行纲要竞赛、春季商业计划大赛组成。电梯演讲竞赛向公众开放，而执行纲要竞赛和商业计划竞赛参赛团队中至少应包含一名MIT学生。各个单元都设置针对性的

---

① 参见袁慧、李习文：《中美高校创业大赛模式比较研究》，《求知导刊》2016年第2期。

② 参见 Farrell M，The biggest small business competitions，http：//www. forbes. com/2010/01/26/small-business-com-petition-entrepreneurs-finance-university. html，2010-03-7。

③ Rice university business plan competition，http：//www. alliance. rice. edu/alliance/About-RBPC1. asp? -SnID = 1113600368，2010-08-01.

研讨会和训练营，邀请创业专家或前竞赛获胜团队传授创业技能与创业经验。在商业计划竞赛单元则安排一对一的导师，帮助学生完善商业计划，培养创业所需技能。[①] MIT创业大赛的支撑体系包括导师项目和赞助、捐赠体系，导师将一直与团队保持联系。两个月的时间内，导师必须与团队至少会面两次，面谈1小时，并通过邮件或电话与团队保持稳定、频繁的联系。导师项目的开设目的是希望通过与有经验的产业专家的交流，使参赛者发挥出最大的潜能，将他们的创意转化为完善的商业计划。[②] 赞助捐赠体系除了针对三个单元的项目资助，还通过类别赞助、实物赞助、媒体执行赞助的渠道广泛吸收社会力量，支持创业大赛的运作，并通过扩大资源扩展创业大赛的影响力。[③] 创业大赛要面向全校、全国乃至全球学生，鼓励跨专业的团队协作，扩大创业教育辐射面，建立积极的创业文化和环境，完善知识理论结构，健全创业教育反馈机制。在创业大赛过程中，要强调研究成果与创业实践的结合，注重培养既有扎实的研究基础，又有创新能力和敏锐的创业洞察力，且具有踏实的创业行动能力的优秀创业人才。创业大赛的设计不仅要注重竞赛的公平、公正、公开，更要关注完善的知识理论支撑，并做好训练营、研讨会和导师团队等保障性工作。要加强创业大赛的包容性和开放性，形成高校间的互动合作平台。

（三）创业孵化基地

创业教育孵化基地是开展创业教育的重要载体，是创业者将其创业意向和计划转化成具体创业行动的实践平台。创业孵化基地一般是指政府为创业者搭建的制度化、智能化的服务平台。表现形式是政府主办的创业

---

① 参见金津、赵文华：《美国研究型大学顶级创业大赛的比较与借鉴》，《清华大学教育研究》2011年第32期。

② 参见 MIT ＄100K Entrepreneurship Competition：Mentor-SHIP，http：//www. mit100k. org/mentorship-program，2010-04-12。

③ 参见金津等：《从麻省理工学院创业大赛看研究型大学创业教育》，《世界教育信息》2010年第9期。

园、大学科技园、留学生创业园、高新技术园、创意产业园等，既有国家级的，又有省、市、县等各地方级的。大学生创业孵化基地则是专门为大学生创业者搭建的制度化、智能化的服务平台。① 大学生创业孵化基地是以实现社会创业为理念，以服务并引导大学生创业、培养大学生创业意识和创业能力为宗旨，以优化创业环境、提高大学生创业成功率为目的，集创业理论研究、创业能力培养、创业实践操作于一体，是政府、社会、高校多方协作的新型组织模式。② 大学创业孵化是大学进行社会服务的一种形式，高校通过孵化基地来推进创业教育和帮助大学生进行创业实践，使高校可以在技术支撑、人才培养和劳动就业等多方面发挥更加重要的作用。③ 孵化基地有以下功能和价值：有利于企业孵化，通过创业孵化基地，使初创企业得到磨炼并发展壮大，实现企业的成功孵化；有利于研发创新，孵化基地鼓励学生将实验室研究成果和创新项目带到基地进一步开发，充分鼓励研发创新；有利于创业教育的实效性提高，通过真实的创业活动进一步开发创业者的潜能；有利于创业人才的培养，创业培训、创业实训是大学生创业孵化基地的主要功能，有利于大学生提高创业意识、完善创业理论知识和适应未来创业实践的技能。大学创业孵化一般包括三个阶段——遴选、支持和孵化，是一个动态的过程。在孵化过程中，学生首先要提交一份商业计划和一份完整的创业意向书，说明自己的创业意向和创业能力，等待专家审核。通过专家审核后，学生会获得一块创业实践场地，使用时间大约为一个学期。每个团队都会有指导教师，来提供必要的指导，并推进企业孵化不断地发展。

---

① 参见代君、张丽芬：《大学生创业孵化基地的建设模式》，《江西社会科学》2014 年第 11 期。

② 参见金碧华：《大学生创业孵化园发展策略研究——基于赛博（杭州）创业工场的思考》，《科技进步与对策》2015 年第 3 期。

③ 参见范晓清、王皓白、钱辉：《大学创业动态孵化模式探析》，《高等工程教育研究》2011 年第 3 期。

（四）创业讲座和论坛

讲座和论坛是创业教育的重要载体，创业教育讲座和论坛主要依靠社会的力量，偏重于对学生创业技能和创业知识的传授。创业教育讲座和论坛是学校通过聘任讲座教授或兼职讲师等形式，或者邀请社会上有经验的创业家、企业家、风险投资家以及相关领域的政府官员到学校开设讲座，开展对话，给学生传授创业经验和技能，并形成一种稳定的在校园里常设创业论坛的机制，以此为依托进行创业教育活动。这种社会参与的创业论坛对于弥补学生社会经验的不足、克服学校创业课堂的局限具有重要的意义，也深受学生的欢迎。在国外的创业教育中，社会尤其是企业界的参与十分广泛。在我国大学里，创业教育讲座和论坛是丰富校园文化的一个重要内容。通过讲座和论坛活动的开展，可以让学生学习创业基础理论知识以及各种成功的创业经验，还可以通过一些失败的案例分析研究，学习如何规避风险，掌握一定的创业知识和技能。讲座和论坛活动有利于扩展学生的商业视野，启发创业灵感。创业教育的讲座和论坛主要通过邀请一些商界精英到学校开展企业家论坛和对话活动的方式来进行，一般可以采取理论讲座法、案例法、灌输式、互动教学法等多种方法。学校可以利用各种社会资源和校友网络，凝聚一批具有丰富创业和经营管理经验的社会人士，使这种讲座和论坛活动成为学校创业教育的有机组成部分。① 例如斯坦福大学的创业系列讲座，讲座者主要是创业创办人、新创公司首席执行官、大学技术转移办公室官员、大学科研人员、风险投资公司主管、天使投资人等，其中部分讲座者需经斯坦福大学师生提名并投票选举。讲座分为欧洲创业精神与创业思维领袖专题研讨会、美国—亚洲技术管理中心等系列。这些讲座和论坛帮助斯坦福大学学生了解国际市场、掌握管理知识、建立更广阔的关系网络。北京师范大学的创业讲座和论坛主要依托

① 参见木志荣：《我国大学生创业教育模式探析》，《高等教育研究》2006 年第 11 期。

MBA 教育，面向全校师生。讲座及论坛的规模在百人以下，以保证学生的参与效果，通过邀请知名企业家到校参与创业相关讲座，创办创业论坛与学生分享成功经验等。

四、创业教育模式

“模式”一词是现代科学技术方面一个术语，通常指介于经验和理论之间的一种知识系统，是在一定思想指导下所建立的某系统比较典型的、稳定的结构及程序。它既体现了一定的理论框架，同时又反映了一种可操作的实践程序。教育模式是在一定教育思想和教育理论体系的指导下，对教育实践进行抽象概括，为达成一定的教育目的和培养目标而形成的教育活动诸要素相对稳定的基本结构、组合方式及其运作程序。它既不同于纯粹的教育理论，也不同于具体的教育方法。从本质上看，它是实施教育的一种方法论体系，是一定的教育思想与教育实践相联系的中介。创业教育模式是创业教育载体间的内在逻辑关联，是创业教育过程的组织运行方式。创业教育模式的设计是否科学直接影响创业教育过程的运行质量与效率，最终决定创业教育的成效。

斯特里特（Deborah H. Streeter）[①] 和卡茨（Jerome A. Katz）[②] 的研究表明，一般来讲，美国高校创业教育的运行模式主要是“三类五型”（见表 8-5），即聚焦模式、全校性模式和协作模式三大类，全校性模式中又包含磁石模式、辐射模式和混合模式。判断一个创业教育项目模型类型的标准首先是看它的目标是不是想超出商学院或工程学院的范围，如果

---

① 参见 Deborah H. Streeter，John. P. Jaquette，and Jr. Kathryn Hovis，University-wide Entrepreneurship Education：Alternative Models and Current Trends，*Working Paper*，*Department of Applied Economics and Management*，Cornell University，Ithaca，NY，2002（3）。

② 参见 Jerome A. Katz，Joseph Roberts，Robert Strom，and Alyse Freilich. Perspectives on the Development of Cross Campus Entrepreneurship Education，*Entrepreneurship Research Journal*，Vol. 4（1），2014，pp. 13-44。

不想，就属于聚焦模式；反之，则属于全校性模式。接下来，在全校性模式下再细分类型要考虑两方面因素，一方面是负责资金等资源管理和工作协调的中心机构的位置和它的资源分配方向，另一方面是课程、教师和学生所在位置。如果中心机构就设在商学院和（或）工程学院，全校各学院的学生也被吸引到这里来接受创业教育，这种类型称为磁石模式；如果中心机构处在各学术单位之外，把资源分配到校园的不同学术单位（不仅仅是商学院或工程学院），协调他们对本单位的学生进行创业教育，这种类型称为辐射模式。此外，处于聚焦模式与全校性模式之间，由来自聚焦模式创业教育项目的两个或多个教师合作开展的创业教育称为协作模式

表 8-5　美国高校创业教育传统模式一览表

<table>
<tr><th colspan="2">模式名称</th><th>模式内涵</th><th>典型高校</th></tr>
<tr><td colspan="2">聚焦模式</td><td>在某一个学院或项目中为一部分特定学生群体开展的创业教育。比如商学院或者工程学院的一个创业专业，它们都单独运行，不涉及其他学院的学生和教师</td><td>哈佛大学、芝加哥大学等</td></tr>
<tr><td rowspan="3">全校性模式</td><td>磁石模式</td><td>在磁石模式下，来自整个校园的学生和教师来到（或是被吸引到）一个共享的创业教育项目中，通常这个项目只在校园的某一个位置开展。比如，商学院有一个为大学所有专业的学生而开设的创业专业</td><td>麻省理工学院、斯坦福大学等</td></tr>
<tr><td>辐射模式</td><td>由一个中心机构提供资金、教育教学等支持，帮助在校园的多个位置开设创业教育项目的模式为建设创业型大学而实施的创业导向培育工作属于典型的辐射模式</td><td>康奈尔大学等</td></tr>
<tr><td>混合模式</td><td>一部分是开放普及性的，为面向全校学生的全校性模式，但另一部分还是集中于商业、工程学等专业的学生，为聚焦性模式。二者的混合体即为混合模式</td><td>南加州大学、加州大学伯克利分校等</td></tr>
</table>

续表

模式名称	模式内涵	典型高校
协作模式	处于聚焦模式与全校性模式之间，由来自聚焦模式创业教育项目的两个或多个教师合作开展的创业教育称为协作模式	圣路易斯大学等

注：此表由笔者根据斯特里特和卡茨分别于2002年和2014年发表的论文整理而成。

（一）聚焦模式

斯特里特等人将在一个学校或者一个项目中针对一些特定学生进行的创业教育模式称为聚焦模式。这包括在一个商学院或一个工程学院，甚至是一个艺术项目中，主修或者选修创业教育。这些项目都是独立的，很少或者根本没有跨院校参与的学生和老师，甚至同一个学校本科生和研究生的创业教育项目也是单独进行的。许多早期的创业教育项目都采取这种教育模式。创业教育在现代大学已有一百多年的发展史，在这期间大多数的创业教育采取聚焦模式来进行，在特定的学科中发展。有很多聚焦模式的创业教育一直持续至今，并且在未来的发展中仍然有着至关重要的作用。学者通过研究创业教育的历史发展进程，发现聚焦模式的创业教育在农业学、商业学、工程学和艺术学中有着重大贡献。① 聚焦模式是传统的创业教育模式，在这种模式下，学生经过严格筛选，课程内容呈现出高度系统化和专业化的特征。哈佛大学商学院是采取聚焦模式创业教育的典型代表。该模式的创业教育也促使创业学作为一门独立的学科在商学院和管理学院获得发展。②

① 参见 Jerome A. Katz，Joseph Roberts，Robert Strom，and Alyse Freilich，Perspectives on the Development of Cross Campus Entrepreneurship Education，*Entrepreneurship Research Journal*，Vol. 4（1），2014，pp. 13–44。

② 参见梅伟惠：《美国高校创业教育模式研究》，《比较教育研究》2008 年第 5 期。

（二）磁石模式

磁石模式是一种全校范围的创业教育模式。在磁石模式的创业教育项目中，来自各院系的学生和老师参与创业教育项目，通常是在一个特定的地方。例如，一个商学院会为全校的所有专业学生设计一个创业教育专业课程。[①] 磁石模式可分为单一型（Single model）和复合型（Multiple model）两种。单一型模式由唯一主体提供创业教育课程，如麻省理工学院的创业教育模式，其创业教育由斯隆管理学院单独进行；复合型的创业教育中心不止一个，可以由有限的几个组成，如斯坦福大学有三个独立的创业教育中心。这两种磁石模式中，较为普遍运用的是单一型模式。[②] 在全校性的创业教育模式中最普遍的就是磁石模式，多数高校采用单一型的磁石模式，如麻省理工学院。也有部分高校采用复合型的磁石模式，如斯坦福大学和杜克大学。磁石模式在保证开放性的同时，也保证了运行的便利。这种创业教育模式整合了有限的资源，吸引新教师的参与，有利于校友募捐和打造优质创业教育项目，同时也增强了各学院间的联系，提升院系间的协作发展。但是磁石模式也面临一些挑战，例如怎样针对不同专业的学生设计创业教育专业课程。

（三）辐射模式

辐射模式也是一种全校范围的创业教育模式，可能有一个中心支持体系（如金融、教育等），目的是帮助学校多个地方的创业教育项目的进行。以创业为导向的学校或致力于提高创业的创业就业工作大多使用辐射

---

① 参见 Jerome A. Katz, Joseph Roberts, Robert Strom, and Alyse Freilich, Perspectives on the Development of Cross Campus Entrepreneurship Education, *Entrepreneurship Research Journal*, Vol. 4 (1), 2014, pp. 13-44。

② 参见刘帆、王立军、魏军：《美国高校创业教育的目标、模式及其趋势》，《中国青年政治学院学报》2008 年第 4 期。

模式。① 辐射模式不仅提倡高校为不同专业的学生提供良好的创业教育，还鼓励不同院系的老师共同参与创业教育过程。辐射模式的实施涉及筹资、师资、管理等各方面，打破了学科边界，实现了全校范围的资源共享，有利于创业教育的有效进行。通过不同院系的相互协作，开设面向本院系学生的创业课程，而不同学院的学生还可以互选创业课程，有利于突破学科边界，从而实现资源的合理优化配置，实现资源共享。康奈尔大学就有九个院系提供创业课程，每个院系都有自己独立的资金、教师等资源。在辐射模式下，除了开设创业课程的各院系之外，还设置有一个创业教育的中心机构，这个机构负责向参与创业教育项目的各院系分配资金并协调创业教育的运行。辐射模式的建立和维护难度较大，因此运用此模式的高校相对数量较少，如仁斯利尔理工大学和康奈尔大学。

（四）混合模式

斯特里特等提出，有学校综合使用各种创业教育模式，这成为创业教育的混合模式。② 混合式模式是在一个学校内进行的，混合模式的创业教育项目一部分是开放性的，即面向全校学生，但另一部分还是集中于商业、工程学等专业的学生。总的来说，混合模式是聚焦模式和全校开放模式的创业教育模式的综合运用。运用混合模式创业教育的大学有弗吉尼亚大学、纽约大学、加州大学伯克利分校、密歇根大学，以及仅面向本科生的南加利福尼亚大学和威斯康星大学。③ 混合模式的创业教育，各高校能

---

① 参见 Jerome A. Katz，Joseph Roberts，Robert Strom，and Alyse Freilich，Perspectives on the Development of Cross Campus Entrepreneurship Education，*Entrepreneurship Research Journal*，Vol. 4（1），2014，pp. 13-44。

② 参见 Jerome A. Katz，Joseph Roberts，Robert Strom，and Alyse Freilich，Perspectives on the Development of Cross Campus Entrepreneurship Education，*Entrepreneurship Research Journal*，Vol. 4（1），2014，pp. 13-44。

③ 参见 Deborah H. Streeter，John P.，Jaquette Jr.，Kathryn Hovis，University-wide Entrepreneurship Education：Alternative Models and Current Trends，*Southern Rural Sociology*，20，2004，pp. 44-71。

够因地制宜、综合权衡各种因素，选择和运用恰当的模式，有利于确保创业教育的针对性和实效性，提高创业教育的实施效果。

（五）协作模式

卡茨指出，在介于聚焦模式和全校开放模式之间，还有一种协作模式的创业教育。在创业教育的发展过程中，有许多学校存在相当多的老师间的相互协作，这就是创业教育的协作模式。总的来说，这些早期的协作大多是非正式的，偶尔有正式的但也是在很少或者根本没有获得校方的官方批准情况下进行的。美国最早一代的创业教育学者，每年仅在会议上见面几次，但却提供了很大程度的相互支持。这些帮助是跨学科的，并长期存在的。协作模式的创业教育，也包括共同关注聚焦式创业项目的两个或更多的学院老师间的相互协作。① 协作模式是介于聚焦模式和全校开放式模式中间的一种创业教育模式，是非正式的早期全校开放性的创业教育模式，这在一定程度上，既有利于每个学院聚焦式创业项目的专项教育，也能够实现各学院、各学科的相互帮助和支持。

---

① 参见 Jerome A. Katz，Joseph Roberts，Robert Strom，and Alyse Freilich，Perspectives on the Development of Cross Campus Entrepreneurship Education，*Entrepreneurship Research Journal*，Vol. 4（1），2014，pp. 13-44。

附录一

大学生创业意向访谈提纲

自我介绍：同学你好，我是东北师范大学的老师，我们在做关于大学生就业的课题。首先谢谢你的配合，我们给你准备了一份小礼物。为了节省记录时间，方便整理访谈记录，需要和你特殊说明我们使用了录音笔，向你保证我们的资料不会对外公开，不会泄露个人的任何信息，不必有什么顾虑。

记录基本信息：姓名、性别、年级、年龄、学校、学院

首先，对所有访谈对象提问：你对自己未来的职业生涯是怎么规划的？（包括短期、中期、长期）

（通过谈话可将学生分为两类，一类创业意向强，另一类创业意向弱，形成两条路线，针对创业意向的三个维度展开进一步访谈。）

路线 1　对于未来有创业打算的同学，提问如下：

维度一："想不想？"（想创业的表现）

1. 刚才你提到想创业，请谈一谈你的具体设想？（对类型、规模、领域、时间、筹划进行追问）

2. 你打算创业的想法是在什么时候明确的？

3. 你的创业计划有没有跟家人、老师、朋友、同学做过讨论？他们

是怎么说的？

4. 你为创业做过什么样的准备？

维度二：“为什么想？”（想创业的原因）

1. 你为什么想创业？

2. 你觉得创业能给你带来什么？

维度三：“行不行？”（创业条件的认知及自身具备程度的感知）

1. 你认为一个人要想创业，应该具备哪些能力素质？

2. 你具备哪些？为什么说具备？请用具体的事例来说明。还需要提高什么？打算怎么提高？

3. 除了上述你说到的这些，你觉得创业还需要具备什么其他的能力素质？

4. 你觉得要想创业除了自身要具备一定的能力素质之外，还要具备什么外部条件呢？

5. 在你说的上述条件中，你觉得具备哪些，请具体说一说。

6. 在你说的上述条件中，哪些条件还不具备？打算怎么弥补？

7. 除了上述你说到的这些，你觉得创业还需要具备什么其他的外部条件？为什么这么说？

8. 你觉得创业的条件中，自身的能力素质和外部条件，哪方面更重要？为什么这么说？

9. 在你刚才说到的几项能力素质中，你觉得哪个最重要？为什么这么认为？哪个最不重要的？为什么这么说？

10. 在你刚才说到的外部条件中，你觉得哪方面最重要，为什么？哪方面最不重要，为什么？

11. 总体上看来，你感觉自己是一个适合创业的人吗？为什么？

路线 2　对于没有提到创业想法的同学，提问如下：

我注意到，刚才你在谈到未来的职业规划时，你没有提到过创业，请说说你是怎么考虑的？

（可能会有三种情况，一是不认可创业；二是想过但觉得不适合创业；三是不知道什么叫创业，所以了没考虑过创业。）

针对第一、二种情况，提问如下：

维度一："想不想？"（想创业的表现）

1. 你从什么时候明确这种想法的？

2. 你的这个想法跟家人、老师、同学、朋友讨论过吗？他们是怎么说的？

3. 你对创业做过什么具体的了解？（对想创业但认为自己不适合的同学追问关于创业的具体设想。）

维度二："为什么想？"（想创业的原因）

1. 你为什么不认可创业？或你为什么觉得自己不适合创业？

维度三："行不行？"（创业条件的认知及自身具备程度的感知）

1. 你认为一个人要想创业，应该具备哪些能力素质？

2. 你具备哪些？为什么说具备？请用具体的事例来说明。还需要提高什么？打算怎么提高？

3. 除了上述你说到的这些，你觉得创业还需要具备什么其他的能力素质？

4. 你觉得要想创业除了自身要具备一定的能力素质之外，还要具备什么外部条件呢？

5. 在你说的上述条件中，你觉得具备哪些，请具体说一说。

6. 在你说的上述条件中，哪些条件还不具备？打算怎么弥补？

7. 除了上述你说到的这些，你觉得创业还需要具备什么其他的外部条件？为什么这么说？

8. 你觉得创业的条件中，自身的能力素质和外部条件，哪方面更重要？为什么这么说？

9. 在你刚才说到的几项能力素质中，你觉得哪个最重要？为什么这么认为？哪个最不重要的？为什么这么说？

10. 在你刚才说到的外部条件中，你觉得哪方面最重要的，为什么？哪方面最不重要，为什么？

11. 总体上看来，你感觉自己是一个适合创业的人吗？为什么？

针对第三种情况，提问如下：

你怎么会一点也不知道创业？

按上述两条路线走完之后，统一补充提问以下问题：

1. 你身边有同学想创业吗？他们怎么想的？他们做什么样的准备？你怎么看？

2. 你身边有已经创业的同学吗？他叫什么名字？他们是怎么创业的（行业、规模、筹备）？你怎么看？

3. 你对大学生创业看？为什么会这么认为？

附 录 二

大学生创业意向调查问卷

同学，您好！

本问卷由国家社科课题组编制，主要用来了解大学生就业创业情况，你的信息将被严格保密！请你放心、如实作答，多谢你对本次调查的支持！

基本信息：

年级：①大一 ②大二 ③大三 ④大四 ⑤大五

学校类型：①985 高校 ②211 高校 ③其他　学校所在城市：______

专业所属学科：①文史哲　②经济　③管理　④法学　⑤教育学　⑥理学　⑦工学　⑧农学　⑨医学、军事

家庭所在地（请写到市或县级）：______　性别：①男　②女

是否独生子女：①是　②否

接受创业教育情况：①从未有过　②很少接触　③参加过一些创业课程、讲座或比赛活动　④接受过丰富的创业教育

本人是否有创业经历：①是　②否　　家人是否有从商经历：①是　②否

以下每题有“完全不符合”等六个选项，分别对应1—6六个数字，请您根据自己的实际情况在相应的数字上划“√”。

题目内容	完全不符合	不太符合	有点符合	比较符合	很符合	完全符合
1. 我喜欢从事能够自由安排时间的工作	①	②	③	④	⑤	⑥
2. 我已经开始着手组建创业团队	①	②	③	④	⑤	⑥
3. 如果我去创业，是因为它能为我提供发挥自身作用的机会	①	②	③	④	⑤	⑥
4. 我对未来的事业有了足够的了解	①	②	③	④	⑤	⑥
5. 我已经具备创业需要的人际交往能力	①	②	③	④	⑤	⑥
6. 当在充满创造激情与活力的环境中工作时，我会觉得精力充沛	①	②	③	④	⑤	⑥
7. 如果我去创业，是因为它能让我感觉活得更有意义	①	②	③	④	⑤	⑥
8. 我已经具备创业需要的自信心	①	②	③	④	⑤	⑥
9. 我很看重工作是否能给我带来丰厚的物质回报	①	②	③	④	⑤	⑥
10. 我已经具备创业需要的组织管理能力	①	②	③	④	⑤	⑥
11. 我已经为创业做了具体规划	①	②	③	④	⑤	⑥
12. 如果我去创业，是因为它可以让我得到更好的锻炼和提高	①	②	③	④	⑤	⑥
13. 我已经具备创业需要的主见	①	②	③	④	⑤	⑥
14. 如果将来的工作不能提供令我满意的薪酬，我会选择离开	①	②	③	④	⑤	⑥
15. 我已经有了合适的创业伙伴	①	②	③	④	⑤	⑥
16. 我喜欢从事富有挑战的工作	①	②	③	④	⑤	⑥
17. 我的人生阅历已经能够满足将来工作的需要	①	②	③	④	⑤	⑥
18. 我现在已经开始着手准备创业	①	②	③	④	⑤	⑥
19. 现在的创业环境已经适合我去创业	①	②	③	④	⑤	⑥

续表

题目内容	完全不符合	不太符合	有点符合	比较符合	很符合	完全符合
20. 在工作中，当我能用不同寻常的办法来解决问题时，我很激动	①	②	③	④	⑤	⑥
21. 我对社会有了深入的了解	①	②	③	④	⑤	⑥
22. 我会把是否挣钱更快作为选择工作的重要标准	①	②	③	④	⑤	⑥
23. 我已经有了合适的创业项目	①	②	③	④	⑤	⑥
24. 我已经将创业的打算与家人或朋友做过交流	①	②	③	④	⑤	⑥
25. 在工作中，当别人对我指手画脚时，我觉得反感	①	②	③	④	⑤	⑥
26. 我已经具备创业需要的团队协作能力	①	②	③	④	⑤	⑥
27. 如果我去创业，是因为可以从事新鲜、富有变化的工作	①	②	③	④	⑤	⑥
28. 我已经在花时间学习创业知识	①	②	③	④	⑤	⑥
29. 我已经具备创业需要的持之以恒的精神	①	②	③	④	⑤	⑥
30. 如果我去创业，是因为不喜欢工作中总是受人约束	①	②	③	④	⑤	⑥
31. 我已经具备了创业需要的资金条件	①	②	③	④	⑤	⑥
32. 我相信，如果想在工作中取得成功，必须不断开拓创新	①	②	③	④	⑤	⑥
33. 我已经具备创业需要的学习能力	①	②	③	④	⑤	⑥

附 录 三

大学生创业意向影响因素访谈提纲

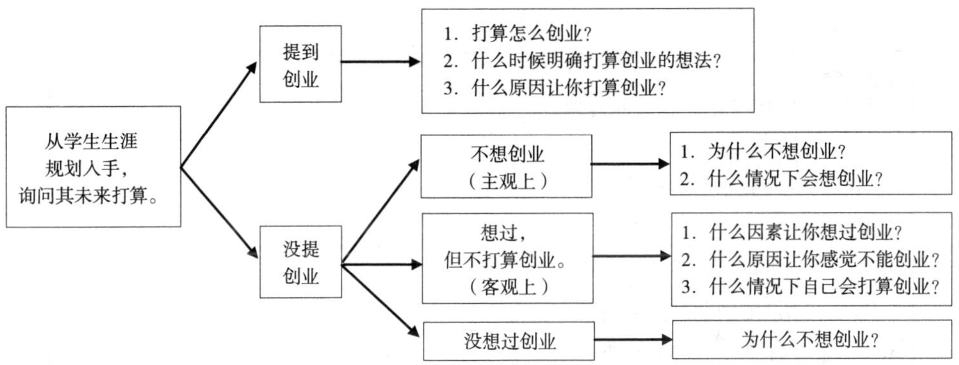

附 录 四

美国创业教育国家标准[①]

创业技能 过程和特征/成功创业相关的表现	
A	创业过程 了解成功创业绩效的概念和过程
发现	
A. 01	解释创业发现的必要性
A. 02	讨论创业发现的过程
A. 03	评估全球趋势和机遇
A. 04	决定创业时机
A. 05	评估创业机遇
A. 06	描述创业设想产生的方法
A. 07	产生创业设想
A. 08	确定创业设想的可行性
概念开发	
A. 09	描述创业计划注意事项
A. 10	解释企业家创业规划使用的工具
A. 11	评估起步标准
A. 12	评估创业风险

① 本表来源于 The National Content Standards for Entrepreneurship Education, by the Consortium for Entrepreneurship Education, 2004。

续表

A. 13	描述概念开发中有用的外部资源
A. 14	评估概念开发中使用外部资源的必要性
A. 15	描述保护知识产权的策略
A. 16	使用创业计划的成分来定义创业设想
资源	
A. 17	区分债务和股权融资
A. 18	描述获得充足创业/启动财务资源的过程
A. 19	选择创业/启动的资金来源
A. 20	解释决定企业人力资源需求时的考虑因素
A. 21	描述选择资金来源时的考虑因素
A. 22	获取创业所需的资金资源
A. 23	成本收益评估
实现	
A. 24	使用外部资源补充创业专业知识
A. 25	解释企业运行的复杂性
A. 26	评估风险机会
A. 27	解释企业体系和程序的必要性
A. 28	描述运作程序的操作
A. 29	解释组织工作流程的方法/程序
A. 30	开发/提供产品或服务
A. 31	在企业活动或决策中发挥创造力
A. 32	解释资源生产率对企业成功的影响
A. 33	创造持续机遇认知程序
A. 34	适应商业环境中的变化
收益	
A. 35	解释继续规划的必要性
A. 36	描述创业收益方法
A. 37	评估持续投入的选择
A. 38	制定退出策略

续表

B	创业特征/表现 理解与成功创业绩效相关的个人特征/表现
领导力	
B. 01	展现出诚实正直
B. 02	展现出责任感
B. 03	展现出主动性
B. 04	展现出合乎道德标准的工作习惯
B. 05	展现出实现目标的激情
B. 06	肯定他人的付出
B. 07	带领他人使用积极的语言
B. 08	发挥团队精神
B. 09	带领大家朝着同一愿景工作
B. 10	适当分权
B. 11	重视多样性
个人评价	
B. 12	描述创业所需的个性特质
B. 13	确定个人偏见和刻板印象
B. 14	确定兴趣
B. 15	评估个人能力
B. 16	进行自我评估确定创业潜力
个人管理能力	
B. 17	保持积极态度
B. 18	展示兴趣和热情
B. 19	做决定
B. 20	开发新的发展方向
B. 21	表现出解决问题的技巧
B. 22	评估风险
B. 23	预测决定中要承担的个人责任
B. 24	采用时间管理原则
B. 25	培养对歧义的忍耐度
B. 26	为个人成长进行反馈

续表

B. 27	展现出创造力
B. 28	设定个人目标
必备技能 基本业务知识和技能是成为一个成功创业者的前提条件或辅助条件	
C	商务基础 理解影响商业决策的基本商业概念
经营概念	
C. 01	阐释企业在社会中的角色扮演
C. 02	描述商务活动的类型
C. 03	阐释商业类型
C. 04	阐释创造附加值的可能性
C. 05	确定经营问题及发展趋向
C. 06	描述优秀的企业文化/连续性质量改进的关键要素
C. 07	描述在实现质量过程中管理的角色
C. 08	阐释管理伦理的本质
C. 09	描述商业伦理道德的需求和影响
商务活动	
C. 10	解释市场管理和它在全球经济中的重要性
C. 11	描述市场功能和相关的活动
C. 12	解释运营管理的本质和范围
C. 13	解释管理的概念
C. 14	解释财政管理的概念
C. 15	解释人力资源管理的概念
C. 16	解释风险管理的概念
C. 17	解释战略管理的概念
D	沟通和人际关系处理能力 理解与他人有效交流所需的概念，策略和体系
沟通基础	
D. 01	解释有效沟通的本质
D. 02	运用有效的倾听技巧
D. 03	使用恰当的语法和词汇
D. 04	通过沟通加强服务意识

续表

D. 05	解释有效语言沟通的本质
D. 06	恰当地称呼他人
D. 07	以公事公办的态度处理电话通讯
D. 08	做口头报告
D. 09	解释书面交流的本质
D. 10	写商务信函
D. 11	编写非正式短信
D. 12	写咨询报告
D. 13	写有说服力的信息
D. 14	准备简单的书面报告
D. 15	准备复杂的书面报告
D. 16	使用通讯科技或系统（例如：电子邮件，传真，语音邮件，电话等）
员工沟通	
D. 17	遵循指示
D. 18	解释员工沟通的本质
D. 19	给出完成工作任务的指示
D. 20	召开员工会议
沟通中的道德	
D. 21	尊重他人隐私
D. 22	解释信息提供时的道德注意事项
团队工作关系	
D. 23	在工作中公平对待他人
D. 24	培养文化敏锐度
D. 25	构建积极的工作关系
D. 26	作为团队的一员参与
处理矛盾冲突	
D. 27	展现自我控制力
D. 28	展现对他人的理解
D. 29	适当地展示果敢自信
D. 30	展现谈判技巧
D. 31	处理难应付的客户/顾客

续表

D. 32	向客户介绍商业政策
D. 33	处理客户投诉
D. 34	解释组织变革的本质
D. 35	描述组织冲突的本质
D. 36	解释压力管理的本质
E	数字技术 了解计算机基本操作所需的概念和程序
计算机基础	
E. 01	使用基本的计算机术语
E. 02	使用操作系统软件的基本指令
E. 03	熟练操作台式计算机
E. 04	确定文件存储形式
E. 05	演示文件管理的系统应用程序
E. 06	压缩或转换文档
E. 07	使用参考资料来获取信息
E. 08	使用菜单系统
E. 09	使用控制面板组件
E. 10	利用多种电脑驱动存取数据
计算机应用	
E. 11	展示网页搜索的基本技巧
E. 12	评估网络资源的信用度
E. 13	展示文档管理技巧
E. 14	网络交流能力
E. 15	解决硬件软件常规问题
E. 16	操作电脑相关的硬件外围设备
E. 17	解释电子商务的性质
E. 18	描述互联网对商业的影响
E. 19	开发基本网站
F	**经济学** 理解创业/小企业所有权的基本经济原则和概念
基本概念	
F. 01	区分经济产品和服务

续表

F. 02	了解生产要素
F. 03	了解稀缺性的概念
F. 04	解释机会成本的概念
F. 05	描述经济学和经济活动的本质
F. 06	确定企业活动创造经济效益的模式
F. 07	解释供需原则
F. 08	描述价格的概念
成本利润关系	
F. 09	解释生产力的概念
F. 10	描述成本/收益分析
F. 11	分析劳动分工对生产力的影响
F. 12	解释劳工组织和商业的概念
F. 13	了解收益递减规律
F. 14	描述经济规模概念
经济指标/趋势	
F. 15	解释分析经济状况的措施
F. 16	解释消费者价格指数的本质
F. 17	解释国内生产总值的概念
F. 18	确定商业周期对商业活动的影响
经济系统	
F. 19	解释经济系统的类型
F. 20	描述政府与企业的关系
F. 21	评估政府行为对企业的影响
F. 22	解释私营企业的概念
F. 23	评估影响企业利润的因素
F. 24	确定影响业务风险的因素
F. 25	解释竞争的概念
F. 26	描述市场结构的类型
F. 27	确定小企业或者创业对市场经济的影响
国际理念	
F. 28	解释国际贸易的性质

续表

F. 29	描述小企业在国际贸易中的机会
F. 30	确定文化和社会环境对世界贸易的影响
F. 31	解释汇率的影响
F. 32	评估国家能力对贸易的影响
G	**财务知识** 理解个人资金管理概念、程序和策略
货币常识	
G. 01	解释金融交易的几种形式（现金、贷记、借记等）
G. 02	描述货币的功能（交换媒介，计量单位，价值储藏）
G. 03	描述收入来源（工资、利息、租金、股息、转移支付等）
G. 04	识别货币的流通方式（纸币、硬币、钞票、政府债券、国库券等）
G. 05	解读工资存根
G. 06	描述货币的时间价值
G. 07	描述信贷成本
G. 08	解释货币使用的法律责任
G. 09	有效使用资金
金融服务	
G. 10	描述金融机构提供的服务
G. 11	解释金融机构的法律责任
G. 12	解释金融服务的成本
G. 13	选择金融机构
G. 14	在金融机构开设账户
个人资金管理	
G. 15	设定财务目标
G. 16	制订储蓄计划
G. 17	制订开支计划
G. 18	从账户里取存款
G. 19	完善金融工具
G. 20	维护财务记录
G. 21	阅读核对财务报表
G. 22	纠正账户错误

续表

G. 23	解释投资类型
G. 24	投资资金
G. 25	制定个人预算
G. 26	建立良好的信用记录
G. 27	提高或修复贷款信誉
H	**职业发展** 理解职业探索、发展和成长所需的概念和策略
职业规划	
H. 01	评估当前/未来经济状况下的职业发展机遇
H. 02	分析当前经济环境下雇主的期望
H. 03	阐释员工的权利
H. 04	选择和使用职业信息的来源
H. 05	确定初步的职业兴趣
H. 06	阐释创业中的就业机会
求职技巧	
H. 07	利用求职策略
H. 08	完成工作申请
H. 09	面试
H. 10	面试之后写一封跟进信
H. 11	写求职信
H. 12	准备简历
H. 13	描述工作经验（志愿者活动、实习等）
H. 14	解释员工培训的需要
H. 15	解释工作可能的推进模式
H. 16	确定促进职业发展所需的技能
H. 17	利用有助于职业发展的资源（经济期刊、专业/行业协会，课程/研讨会，贸易展览和导师等）
H. 18	利用网络技术促进经济发展
业务功能 企业家在经营中所进行的商业活动	
I	财务管理 理解商务决策中的金融概念和工具

续表

会计核算	
I. 01	解释记账标准（公认会计准则）
I. 02	准备预估收益表
I. 03	估算资金周转需要
I. 04	准备预计的资产负债表
I. 05	计算财务比率
I. 06	确定和存储工资税
I. 07	纳税申报
财务金融	
I. 08	解释获得商业信贷的目的和重要性
I. 09	做银行承兑相关的重要决定
I. 10	建立信贷政策
I. 11	确立账单以及收账政策
I. 12	描述信用机构的作用
I. 13	解释运营费用的本质
I. 14	确定创业所需的资金
I. 15	确定商业信贷的风险
I. 16	了解金融援助的来源
I. 17	解释信贷机构的贷款评估标准
I. 18	选择商业贷款的来源
I. 19	与金融机构建立关系
I. 20	完成贷款申请过程
I. 21	确定企业的市值
资金管理	
I. 22	建立财务目标
I. 23	制定和监控预算
I. 24	管理资金流动
I. 25	解释资本投资的本质
I. 26	建立积极的财务信誉
I. 27	执行债务管理程序
I. 28	指导/落实常规的会计程序和财务报告

续表

J	**人力资源管理** 理解获取、激励、培养和解雇员工所需的概念、系统和策略
组织结构	
J. 01	制订个人组织计划
J. 02	制订工作职位说明
J. 03	制定薪酬方案/奖励机制
J. 04	为他人安排工作或者项目
J. 05	下派工作任务
员工配置	
J. 06	确定招聘需求
J. 07	招募新员工
J. 08	浏览简历/工作申请
J. 09	面试工作申请者
J. 10	选择新的雇员
J. 11	与新员工沟通薪酬
J. 12	解雇员工
培训/发展	
J. 13	适应新员工（管理者角色）
J. 14	组织培训课或者培训项目
J. 15	培训新员工
激励	
J. 16	展示领导能力
J. 17	鼓励团队建设
J. 18	肯定或奖励员工
J. 19	处理员工的投诉/申诉
J. 20	确保员工获得公平的机会
J. 21	建立组织文化
评估	
J. 22	评估员工士气
J. 23	对工作进行反馈
J. 24	评估员工的表现

续表

J. 25	对员工采取补救措施
J. 26	进行离职面谈
K	**信息管理** 理解进行商业决策访问、处理、维护、评估和传播信息所需的概念、系统和工具
记录保存	
K. 01	解释业务记录的本质
K. 02	保存日常的财政交易记录
K. 03	记录和公布销售税
K. 04	开发工资记录系统
K. 05	保存员工个人记录
K. 06	保存客户记录
技术	
K. 07	解释技术影响商业的方式
K. 08	使用个人信息管理/高效应用程序
K. 09	展示书写或印刷程序
K. 10	展示演示应用程序
K. 11	展示数据库应用程序
K. 12	展示电子表格应用程序
K. 13	展示群组或合作应用程序
K. 14	确定企业的技术需求
信息获取	
K. 15	选择企业起步信息的来源
K. 16	进行环境调查获得市场信息
K. 17	监督市场内部信息记录
K. 18	确定潜在的消费者需求/不满
L	**市场管理** 理解确定和满足客户需求/期望，达到业务目标并创造新的产品/服务理念所需的概念、流程和系统
产品/服务创新	
L. 01	理解产品或服务创意产生的方法
L. 02	产品或服务创意

续表

L. 03	评估引入进口替代品的可能性
L. 04	确定产品或服务以满足消费者的需求
L. 05	确定产品/服务创意的初步可行性
L. 06	规划产品服务的组合
L. 07	选择产品名称
L. 08	确定独特的卖点
L. 09	确定产品或服务的定位策略
L. 10	树立品牌或形象
L. 11	评估消费者体验
市场信息管理	
L. 12	解释市场及市场定位的概念
L. 13	描述市场策划过程中情境分析的角色
L. 14	确定细分市场
L. 15	选择目标市场
L. 16	进行市场分析
L. 17	解释市场策略的概念
L. 18	描述市场策划的本质
L. 19	设定市场预算
L. 20	制订营销计划
L. 21	监督和评估营销计划的绩效
产品推广	
L. 22	描述促销组合的元素
L. 23	计算广告媒体的成本
L. 24	选择广告媒体
L. 25	准备促销预算
L. 26	制定促销策划
L. 27	写新闻稿
L. 28	宣传
L. 29	选择促销定位
L. 30	写促销函
L. 31	管理在线活动

续表

L. 32	评估广告的有效性
定价	
L. 33	计算损益点
L. 34	解释影响定价的因素
L. 35	确定定价目标
L. 36	选择定价策略
L. 37	设定价格
L. 38	调整价格以获得最大利润
销售	
L. 39	获得有助于销售的产品信息
L. 40	分析产品信息以识别产品特性和效益
L. 41	准备销售报告
L. 42	与客户建立联系
L. 43	确定顾客需求
L. 44	确定消费者的购买动机
L. 45	区分消费者和团体的购买行为
L. 46	推荐具体产品
L. 47	将顾客的担忧转变为卖点
L. 48	完成交易
L. 49	实施建议性推销
L. 50	制定售后服务策略
L. 51	处理销售文档
L. 52	为消费者描述前景
L. 53	制定达到销售配额的策略
L. 54	分析销售报表
L. 55	培训职员以支持销售工作
L. 56	分析销售中的技术
L. 57	管理在线销售流程
M	**运营管理** 了解实施的流程和系统，以便于日常业务操作
业务体系	
M. 01	制定业务布局

续表

M. 02	确定设备需求
M. 03	记录业务系统和程序
M. 04	建立操作程序
M. 05	制订项目计划
M. 06	分析业务流程和程序
M. 07	实施质量改进技术
M. 08	评估资源的生产力
M. 09	管理计算机操作系统
渠道管理	
M. 10	选择业务地址
M. 11	选择分销渠道
M. 12	开发和执行订单流程管理
采购	
M. 13	解释采购程序
M. 14	描述买家信誉和供应商关系的本质
M. 15	制定公司采购政策
M. 16	寻找供应商
M. 17	选择供应商
M. 18	与供应商协商签订合同
M. 19	下订单
M. 20	与供应商进行交易
日常运营	
M. 21	工作人员安排
M. 22	确保产品和供应物的库存
M. 23	组织运输/接收工作
N	**风险管理** 了解企业为减少损失实施和执行的概念、策略和系统
业务风险	
N. 01	描述业务风险的类型
N. 02	确定小企业防止亏损的方式
N. 03	建立预防偷窃或挪用公款的控制系统

续表

N. 04	建立和实施保护消费者或职工的保密机制
N. 05	确立企业负债情况
N. 06	了解风险转化方式
N. 07	购买保险
N. 08	制定保护计算机数据的策略
N. 09	建立保安系统
N. 10	制定安全政策和程序
N. 11	保护债权人的资产
N. 12	建立员工职/权限的参数
N. 13	制订连续性的计划
法律考虑	
N. 14	解释影响企业的法律问题
N. 15	保护知识产权
N. 16	选择企业所有权形式
N. 17	获得企业运营的法律文件
N. 18	描述企业报告要求的本质
N. 19	坚持执行个人规章制度
N. 20	执行工作场所规定（包括职业安全与健康标准，美国残障法案）
N. 21	制定法律/政府要求的相关策略
O	**战略管理** 理解指导整个企业组织所需的流程、策略和系统
计划	
O. 01	执行态势分析法
O. 02	进行竞争力分析
O. 03	评估企业并购选择
O. 04	制定公司目标
O. 05	确立经营使命
O. 06	预测收入或销售
O. 07	进行损益分析
O. 08	制订行动计划
O. 09	制订业务计划

续表

控制	
0. 10	用预算控制运营
0. 11	制作支出控制计划
0. 12	分析现金流模式
0. 13	解读财务报表
0. 14	分析与预算或行业相关的运营成果
0. 15	跟踪计划的实施情况

参考文献

中文类

1.《辞海》，上海辞书出版社1999年版。

2. 陈向明：《质的研究方法与社会科学研究》，教育科学出版社2000年版。

3.《当代汉语词典》（国际华语版），商务印书馆国际有限公司2008年版。

4.［美］丹·塞诺、索尔·辛格：《创业的国度》，王跃红、韩君宜译，中信出版社2010年版。

5. 邓伟志、徐新：《家庭社会学导论》，上海大学出版社2006年版。

6. 冯忠良等：《教育心理学》，人民教育出版社2000年版。

7. 顾明远：《教育大辞典》（增订合编本），上海教育出版社1998年版。

8. 胡木贵、郑雪辉：《接受学导论》，辽宁教育出版社1989年版。

9.［美］库尔特·勒温：《拓扑心理学》，高觉敷译，商务印书馆2003年版。

10.［美］杰弗里·蒂蒙斯、小斯蒂芬·斯皮内里：《创业学》，周伟民、吕长春译，人民邮电出版社2005年版。

11. 教育部办公厅：《普通本科学校创业教育教学基本要求（试行）》，教高厅〔2012〕4号，2012年8月1日。

12.《列宁全集》第55卷，人民出版社1990年版。

13. 柳海民：《教育原理》，东北师范大学出版社2006年版。

14. 柳海民：《教育原理》（第2版），东北师范大学出版社2000年版。

15. 罗石：《社会心理学》，北京大学出版社2007年版。

16. 林崇德等：《心理学大辞典》，上海教育出版社 2003 年版。

17. 林崇德、姜璐、王德胜主编：《中国成人教育百科全书・心理・教育》，南海出版公司 1994 年版。

18. 李其维：《破解"智慧胚胎学"之谜：皮亚杰的发生认识论》，湖北教育出版社 1999 年版。

19. 刘丽琼：《思想政治理论课教学接受论》，人民出版社 2009 年版。

20.《马克思恩格斯选集》第 1 卷，人民出版社 2012 年版。

21.《马克思恩格斯全集》第 1 卷，人民出版社 1995 年版。

22.《毛泽东选集》第一卷，人民出版社 1991 年版。

23. 梅伟惠：《美国高校创业教育》，浙江教育出版社 2010 年版。

24. 邱柏生：《思想教育接受学》，山西人民出版社 1992 年版。

25. 邱伟光、张耀灿：《思想政治教育学原理》，高等教育出版社 1999 年版。

26. 全国 13 所高等院校《社会心理学》编写组：《社会心理学》，南开大学出版社 2008 年版。

27. 沙连香：《社会心理学》，中国人民大学出版社 2011 年版。

28. [荷] 斯维・万宁：《犹太创业家》，杨婵、崔颖等译，机械工业出版社 2014 年版。

29. 唐震：《接受与选择》，中国社会科学出版社 2009 年版。

30. 吴刚：《接受认识引论》，北京大学出版社 1998 年版。

31. 王敏：《思想政治教育接受论》，湖北人民出版社 2002 年版。

32. 王占仁：《"广谱式"创新创业教育导论》，人民出版社 2012 年版。

33.《现代汉语学习词典》，商务印书馆 2010 年版。

34.《心理学大辞典》（上、下），上海教育出版社 2003 年版。

35. [美] 伊凡希雅・莱昂斯、阿德里安・考利：《心理学质性资料的分析》，毕重增译，重庆大学出版社 2010 年版。

36. 杨兆山、姚俊：《教育概论》，辽宁人民出版社 2001 年版。

37. 杨晓慧：《当代大学生成长规律》，人民出版社 2010 年版。

38. 杨晓慧：《大学生就业创业教育研究》，经济科学出版社 2015 年版。

39. 杨晓慧：《中国大学生就业创业发展报告・2011》，人民出版社 2011 年版。

40. [英] 约翰·洛克:《教育漫话》,傅任敢译,人民教育出版社 1985 年版。

41. 俞国良:《社会心理学》,北京师范大学出版社 2006 年版。

42. 郑杭生:《社会学概论》,中国人民大学出版社 2002 年版。

43. 中国社会科学院语言研究所词典编辑室编:《现代汉语词典》(第 6 版),商务印书馆 2012 年版。

44.《中国大百科全书·教育》,中国大百科全书出版社 1985 年版。

45. 张世欣:《思想政治教育接受规律论》,生活·读书·新知三联书店 2005 年版。

46. 张春兴:《教育心理学》,浙江教育出版社 1998 年版。

47. 张琼、马尽举:《道德接受论》,中国社会科学出版社 1995 年版。

48. 陈美君:《主动性人格与大学生创业意向的关系研究》,暨南大学硕士学位论文,2009 年。

49. 陈巍:《创业者个体因素对创业倾向的影响:感知环境宽松性的中介作用》,吉林大学博士学位论文,2010 年。

50. 陈云:《创业政策对大学生创业意向影响关系研究——以杭州市为例》,杭州电子科技大学硕士学位论文,2012 年。

51. 丁明磊:《创业自我效能及其与创业意向关系研究》,河北工业大学博士学位论文,2008 年。

52. 郭鹏:《创业者特质对创业倾向的影响——以吉林省青年创业者为例》,吉林大学硕士学位论文,2011 年。

53. 贺丹:《大学生创业倾向的影响因素分析》,浙江大学硕士学位论文,2006 年。

54. 黄四枚:《高校大学生创业倾向影响因素实证研究——以长沙市为例》,中南大学硕士学位论文,2009 年。

55. 胡宗倩:《大学生创业贷款问题的实证研究——基于对成都市创业大学生的调研》,西南财经大学硕士学位论文,2013 年。

56. 蒋雁:《大学生创业倾向影响因素的结构方程构建与实证研究——以温州在校大学生为例》,浙江工商大学硕士学位论文,2008 年。

57. 金启慧:《高职学生创业倾向影响因素研究——以秦皇岛高职院校为例》,吉林大学硕士学位论文，2010 年。

58. 李海垒：《大学生创业意向及其与社会文化、人格的关系》，山东师范大学博士学位论文，2009 年。

59. 李慧：《大学生前瞻性人格、创业意向与创业学习的关系研究》，河南大学硕士学位论文，2010 年。

60. 吕龙光：《当代大学生创业意识问题研究》，长春理工大学硕士学位论文，2010 年。

61. 刘辰：《创业榜样对大学生创业意向影响研究——以计划行为变量为中介》，山东财经大学硕士学位论文，2014 年。

62. 李静薇：《创业教育对大学生创业意向的作用机制研究》，南开大学博士学位论文，2013 年。

63. 牛志江：《认知视角下创业意向影响机制——以机会识别为中介变量的实证研究》，浙江大学硕士学位论文，2009 年。

64. 钱永红：《女性创业意向与创业行为及其影响因素研究》，浙江大学博士学位论文，2007 年。

65. 冉晓丽：《大学生创业态度和创业意向的关系研究》，河南大学硕士学位论文，2010 年。

66. 汤明：《创业自我效能感与创业意向关系研究》，中南大学硕士学位论文，2009 年。

67. 汪姣：《大学生创业教育与创业意向的关系：创业自我效能感的中介作用》，山东师范大学硕士学位论文，2012 年。

68. 王建红：《海外归国人员创业自我效能及其与创业意向关系研究——基于上海海归的实证》，华东师范大学硕士学位论文，2011 年。

69. 王天力：《吉林省民办高校大学生创业倾向影响因素研究》，吉林大学硕士学位论文，2009 年。

70. 王莹：《大学生社会网络对创业意向的影响研究——基于创业效能感的中介效应》，浙江大学硕士学位论文，2011 年。

71. 王丽荣：《思想政治教育接受心理研究》，吉林大学博士学位论文，2009 年。

72. 杨芹英：《GZ 大学学生网上创业倾向的影响因素分析》，电子科技大学硕士学位论文，2009 年。

73. 叶贤：《大学生创业意向现状及其影响因素研究——基于个体心理视角》，宁波大学硕士学位论文，2010 年。

74. 余瑞玲：《对我国大学生创业教育的实证研究——以厦门大学创业教育实践为例》，厦门大学硕士学位论文，2006 年。

75. 王蕾：《创业教育促进大学生创业的机制研究》，河南科技大学硕士学位论文，2014 年。

76. 张敏：《大学生情绪智力、自我效能感与创业意向的关系研究》，河南大学硕士学位论文，2011 年。

77. 朱蕾蕾：《创业环境对大学生创业意向的影响研究——以创业能力为中介变量》，山东财经大学硕士学位论文，2014 年。

78. 代君、张丽芬：《大学生创业孵化基地的建设模式》，《江西社会科学》2014 年第 11 期。

79. 范巍、王重鸣：《创业倾向影响因素研究》，《心理科学》2004 年第 27 期。

80. 范巍、王重鸣：《创业意向维度结构的验证性因素分析》，《人类工效学》2006 年第 12 期。

81. 范巍、王重鸣：《个体创业倾向与个性特征及背景因素的关系研究》，《人类工效学》2005 年第 11 期。

82. 范晓清、王皓白、钱辉：《大学创业动态孵化模式探析》，《高等工程教育研究》2011 年第 3 期。

83. 葛宝山、王侃：《个人特质与个人网络对创业意向的影响——基于网店创业者的调查》，《管理学报》2010 年第 7 期。

84. 龚丽、谢丽芸：《大学生创业心理特征及对策研究》，《青年探索》2009 年第 3 期。

85. 广东青年干部学院大学生创业研究课题组：《大学生创业能力研究报告》，《广东青年干部学院学报》2006 年第 1 期。

86. 郭必裕：《大学生机会型创业的比较优势》，《黑龙江高教研究》2010 年第 11 期。

87. 韩力争：《大学生创业动机水平调查与思考》，《江苏高教》2005 年第 2 期。

88. 胡萨：《反思：作为一种意识——关于教师反思的现象学解释》，《教育研究》2010 年第 1 期。

89. 简丹丹、段锦云：《创业意向的构思测量、影响因素及理论模型》，《心理科学进展》2010 年第 18 期。

90. 姜海燕、余如英：《地方高校大学生创业倾向影响因素研究》，《教育发展研究》2012 年第 1 期。

91. 姜红玲、王重鸣等：《基于因子分析的创业特质探索研究》，《心理科学》2009 年第 29 期。

92. 晋浩天：《〈2015 年中国大学生就业报告〉出炉》，《光明日报》2015 年 6 月 13 日。

93. 金津、赵文华：《美国研究型大学顶级创业大赛的比较与借鉴》，《清华大学教育研究》2011 年第 32 期。

94. 金津等：《从麻省理工学院创业大赛看研究型大学创业教育》，《世界教育信息》2010 年第 9 期。

95. 金碧华：《大学生创业孵化园发展策略研究——基于赛博（杭州）创业工场的思考》，《科技进步与对策》2015 年第 3 期。

96. 乐国安、张艺等：《当代大学生创业意向影响因素研究》，《心理学探新》2012 年第 32 期。

97. 李爱国、徐刚：《教育制度设计对大学生机会型创业意向的影响——来自重庆的实证研究》，《复旦教育论坛》2012 年第 10 期。

98. 李忠军：《大学生社会主义核心价值体系教育的接受机制探析》，《东北师大学报》2009 年第 5 期。

99. 林嵩：《创业资源的获取与整合——创业过程的一个解读视角》，《经济问题探索》2007 年第 6 期。

100. 刘贵来、崔晓培：《家庭要素对大学生自主创业的影响》，《河北经贸大学学报》（综合版）2013 年第 1 期。

101. 刘志、张向葵、邹云龙：《大学生创业教育的心理接受机制探析》，《新疆师范大学学报》2012 年第 2 期。

102. 刘刚：《哈佛商学院案例教学作用机制及其启示》，《中国高教研究》2008 年第 5 期。

103. 马占杰：《国外创业意向研究前沿探析》，《外国经济与管理》2010 年第 4 期。

104. 梅伟惠：《美国高校创业教育模式研究》，《比较教育研究》2008 年第 5 期。

105. 木志荣：《我国大学生创业教育模式探析》，《高等教育研究》2006 年第 11 期。

106. 彭正霞、陆根书等：《个体和社会环境因素对大学生创业意向的影响》，《高等工程教育研究》2012 年第 4 期。

107. 齐梅、柳海民：《教育学原理学科的科学性质与基本问题》，《教育研究》2006 年第 2 期。

108. 钱永红：《个人特质对男女创业意向影响的比较研究》，《技术经济》2007 年第 26 期。

109. 任泽中、陈文娟：《高校创业实践育人的层级推进式载体建设》，《学校党建与思想教育》2013 年第 10 期。

110. 任国友：《大学生创业素质的调查与研究》，《中国劳动关系学院学报》2006 年第 5 期。

111. 冉晓丽：《创业意向及其与创业知识的关系初探》，《安阳工学院学报》2012 年第 11 期。

112. 宋斌、王磊：《高校创业教育的现状、问题及对策》，《教育发展研究》2011 年第 11 期。

113. 唐烈琼、吴起华：《论大学生创业人格的基本内涵及培养途径》，《中国校外教育》2009 年第 S3 期。

114. 腾讯教育：《全球创业观察（GEM）中国报告发布》，http：//edu. qq. com/a/20160128/044531. htm。

115. 屠锦红、李如密：《“做中学”教学法之百年演进述评》，《课程·教材·教法》2014 年第 4 期。

116. 汪姣：《创业意向及其与创业知识的关系初探》，《科技信息》2010 年第 3 期。

117. 王娇玲、闻雯等：《个人特质与大学生创业倾向关系研究》，《出国与就业》

（就业版）2011 年第 18 期。

118. 王林、时勘、赵杨：《行为执行意向的理论观点及其相关研究》，《心理科学》2014 年第 4 期。

119. 王占仁：《“广谱式”创新创业教育的体系架构与理论价值》，《教育研究》2015 年第 5 期。

120. 吴忠宁、汪保安：《全国大学生创业意识的调查和研究》，《教育与职业》2009 年第 17 期。

121. 吴启运、丁思红、侯文华：《大学生个人特质对创业倾向影响的调查研究》，《科技创新月刊》2008 年第 6 期。

122. 肖红伟等：《地方高校大学生创业能力现状调查及其培养策略》，《宜春学院学报·社会科学》2007 年第 2 期。

123. 严建雯、叶贤：《大学生创业意向的现状调查》，《心理科学》2009 年第 6 期。

124. 叶映华：《大学生创业意向影响因素研究》，《教育研究》2009 年第 4 期。

125. 闫继辰：《大学生创业的难点与应对策略》，《科技创业月刊》2015 年第 17 期。

126. 余文森：《试论讲授法的理论依据、功能及其局限》，《教育科学》1992 年第 2 期。

127. 袁慧、李习文：《中美高校创业大赛模式比较研究》，《求知导刊》2016 年第 2 期。

128. 张聪、赵志军：《新时期的创业教育：起点、问题及图景初探》，《东北师大学报》2012 年第 4 期。

129. 周广亚：《主动性人格和职业价值观对大学生创业意向的影响》，《石家庄学院学报》2012 年第 14 期。

130. 周石、吴映雪：《多方营造大学生创业良好氛围》，《中国教育报》2013 年 1 月 7 日。

131. 周易：《66.6%受访者认为家庭因素对大学生创业意愿影响最大——58.2%受访者认为创业大学生最需要来自家庭的资金支持》，《就业与保障》2014 年第 8 期。

外文类

1. Darren McCabe, and David Knights. Such stuff as dreams are made on: BPR up against the wall of functionalism, hierarchy and spe-cialization. In Darren Knights, and H Willmott (Eds.). *The reengineering revolution? Critical studies of corporate change*. London: Sage Publications, 2000.

2. Dalton, D. R., & Dalton, C. M. Strategic management studies are a special case for meta-analysis. In D. J. Ketchen & D. D. Bergh (Eds.), *Research Methodology instrategy and Management*. Oxford, UK: Elsevier, 2005.

3. Jeffrey L. Cruikshank. Shaping the Waves: *A History of Entrepreneurship at Harvard Business School*. Boston: Harvard Business School Press, 2005.

4. L. Von. Bertalanffy, *General System Theory: Foundations, Development, Applications*, George Braziller Inc, 1968.

5. Paul Kirkbridge. Managing Change. In R Stacey (Ed.). *Strategic Thinking and the Management of Change: International Per-spectives on Organizational Dynamics*. London: Kogan Page Ltd., 1993.

6. Ralph D. Stacey. *The Chaos Frontier: Creative Strategic Control for Business*. Oxford: Butterworth-Heinemann, 1991.

7. Richard Weber. *Evaluating Entrepreneurship Education*. Wiesbaden: Springer Gabler, 2012.

8. Shapero. A., & Sokol, L. *The Social Dimensions of Entrepreneurship. Encyclopedia of Entrepreneurship*. Englewood Cliffs, NJ: Prentice Hall, 1982.

9. Stewart R. Clegg. *Modern Organizations and Organization Studies in the Postmodern World*. London: Sage Publications, 1990.

10. A Smith. New life amid chaos. *Times Higher Education Supplement*, 2000-04-21 (33).

11. Ahl, H. Why research on women entrepreneurs needs new directions. *Entrepreneurship Theory and Practice*, 30, 2006.

12. Ajzen, I. Theory of planned behavior. *Organizational Behavior & Human Decision Processes*, 50, 1991.

13. Auken, H. V., Fry, F., & Stephens, P. The influence of role models on entrepreneurial intentions. *Journal of Developmental Entrepreneurship*, 11, 2006.

14. Autio, E., Keeley, R. H., Klofsten, M., Parker, G. C., & Hay, M. Entrepreneurial intent among students in Scandinavia and in the USA. *Enterprise and Innovation Management Studies*, 2, 2001.

15. Allan O'Connor. A conceptual framework for entrepreneurship education policy: Meeting government and economic purposes, *Journal of Business Venturing*, 28, 2013.

16. Barbara B, Mariann J. The Operation of Entrepreneurial Intentions. *Entrepreneurship Theory & Practise*, 12 (4), 1988.

17. Barbosa, S. D., Gerhardt, M. W., & Kickul, J. R. The role of cognitive style and risk preference on entrepreneurial self-efficacy and entrepreneurial intention. *Journal of Leadership and Organizational Studies*, 13, 2007.

18. Baum, J. R., Locke, E. A., & Smith, K. G. A multidimensional model of venture growth. *Academy of Management Journal*, 44, 2001.

19. Begley T. M., Boyd D. P. Psychological characteristics associated with performence in entrepreneurial firms and smaller businesses. *Journal of Business Venturing*, 2, 1987.

20. Beugelsdijk S., Noorderhaven N. Entrepreneurial attitude and economic growth: A Cross-section of 54 Regions. *The Annals of Regional Science*, 2, 2004.

21. Boyd, N., Gand, G. S., & Vozikis. The influence of self-efficacy on the development of entrepreneurial intentions and actions. *Entrepreneurship Theory and Practice*, 18, 1994.

22. Busenitz, L. W., & Lau, C. M. A cross-cultural cognitive model of new venture creation. *Entrepreneurship Theory and Practice*, 20, 1996.

23. Barbara Bird. Implemeting Entrepreneurial Ideas: The case for intention, *Academy of Management Review*, 13, 1988.

24. Chen, C. C., Greene, P. G., & Crick, A. Does entrepreneurial self-efficacy

distinguish entrepreneurs from managers. *Journal of Business Venturing*, 13, 1998.

25. Ciavarella, M. A., Buchholtz, A. K., Riordan, C. M., Gatewood, R. D., & Stokes, G. S. The big five and venture survival: Is there a linkage. *Journal of Business Venturing*, 19, 2004.

26. Covin, J., & Slevin, D. Stragegic management of small firms in hostile and benign environments. *Strategic Management Journal*, 10, 1989.

27. Crant, J. M. The proactive personality scale as a predictor of entrepreneurial intentions. *Journal of Small Business Management*, 7, 1996.

28. Christian Luthje, Nikolaus franke. Public Education: Its effect on entrepreneurial characteristics. *Journal of small Business and Entrepreneurship*, 6, 2003.

29. Christina Pazzanese. Harvard's Alumni Impact. *Harvard Gazette*, Dec. 08, 2015.

30. Davidsson, P. Continued entrepreneurship: Ability, need and opportunity as determinants of small firm growth. *Journal of Busi-ness Venturing*, 6 (6), 1991.

31. David C Band, and Charles M Tustin. Strategic downsizing. *Management Decision*, 33 (8), 1995.

32. Deborah H. Streeter, John. P. Jaquette, and Jr. Kathryn Hovis. University-wide Entrepreneurship Education: Alternative Models and Current Trends. Working Paper, *Department of Applied Economics and Management*, Cornell University, Ithaca, NY, 2, 2002.

33. Donald L. Sexton, Nancy B Upton, Larry E. Wacholtz. Learning Needs Of Growth-Oriented Entrepreneurs. *Journal of Business Venturing*, 12, 1997.

34. Edmund R. Thompson. Individual Entrepreneurial Intent: Construct Clarification and Development of an Internationally Reliable Metric. *Entrepreneurship Theory and Practice*, 33, 2009.

35. Einar A. Rasmussen, Roger Stroheim. Action-based Entrepreneurship Education. *Technovation*, 26, 2006.

36. Fiet, J. O. The theoretical side of teaching entrepreneurship. *Journal of Business Venturing*, 16, 2000.

37. Forbes, D. P. The effects of strategic decision making on ESE. *Entrepreneurship Theory and Practice*, 9, 2005.

38. Gartner, W. B. "Who is an entrepreneur?" is the wrong question. *Entrepreneurship Theory and Practice*, 13, 1988.

39. Gird, A., & Bagraim, J. J. The theory of planned behaviour as predictor of entrepreneurial intent amongst final-year university students. *South African Journal of Psychology*, 38, 2008.

40. Grath, R. G., Macmillan, I. C., & Scheinberg, S. Elitists, risk takers, and rugged individualists? An exploratory analysis of cultural differences between entrepreneurs and non-entrepreneurs. *Journal of Business Venturing*, 7, 1992.

41. Grundsten, H. Entrepreneurial intentions and the entrepreneurial environment: A study of technology-based new venture creation. *Doctorial dissertation*, Helsinki University of Technology, Helsinki, Finland Retrieved May, 9, 2004, From http://lib. tkk. fi/Diss/2004/isbn9512271311/i ndex. html.

42. Gupta, V. K., & Bhawe, N. M. The influence of proactive personality and stereotype threat on women's entrepreneurial intentions. *Journal of Leadership and Organizational Studies*, 13, 2007.

43. Gupta, V. K., Turban, D. B., & Bhawe, N. M. The effect of gender stereotype activation on entrepreneurial intentions. *Journal of Applied Psychology*, 93, 2008.

44. Gupta, V. K., Turban, D., Wasti, S. A., & Sikdar, A. Entrepreneurship and stereotypes: Are entrepreneurs from Mars or from Venus?. In K. M. Weaver (Ed.), *Academy of Management Best Conference Paper* 2005 ENT. Honolulu, HI: Academy of Management. 2005: C1-C6.

45. Gupta, V. K., Turban, D., Wasti, S. A., & Sikdar, A. The role of gender stereotypes in perceptions of entrepreneurs and intentions to become an entrepreneur. *Entrepreneurship Theory and Practice*, 3, 2009.

46. Gary Gorman, Dennis Hanlon and Wayne king. Some research perspective on entrepreneurship education, enterprise education and education for small business management: A ten-year literature review. *International Small Business Journal* Vol. 15 (9), 1997.

47. Gina Vega. The Undergraduate Case Research Study Model. *Journal of Management Education*, 34, 2010.

48. George Solomon. An Examination of Entrepreneurship Education in the United States, *Journal of Small Business and Enterprise Development*, 14, 2007.

49. Heilman, M. E. Description and prescription: How gender stereotypes prevent women's ascent up the organizational ladder. *Journal of Social Issues*, 57, 2001.

50. Hmieleski, K. M., & Corbett, A. C. Proclivity for improvisation as a predictor of entrepreneurial intentions. *Journal of Small Business Management*, 44, 2006.

51. "Hi" to the Harvard Innovation Lab, *Harvard Magazine*, 2011-11-18.

52. Heidi M. Neck, Patricia G. Greene. Entrepreneurship Education: Known Worlds and New Frontiers. *Journal of Small Business Management*, 49 (1), 2011.

53. Icek Ajzen. The Theory of Planned Behavior. *Organizational Behavior and Human Decision Processes*, 50, 1991.

54. Jacqueline N. Hood & John E. Young, Entrepreneurship's Requisite Areas Of Development: A Survey Of Top Executives In Successful Entrepreneurial Firms. *Journal of Business Venturing*, 8, 1993.

55. Janice Byrne. Alain Fayolle and Olivier Toutain, Entrepreneurship education: what we know and what we need to know. *Journal of Handbook of research on small business and entrepreneurship*, 1, 2014.

56. Jason Cope, Gerald Watts. Learning by doing-An exploration of experience, critical incidents and reflection in entrepreneurial learning. *International Journal of Entrepreneurial Behaviour & Research*6. 3, 2000.

57. James O. Fiet. The Theoretical Side Of Teaching Entrepreneurship. *Journal of Business Venturing*, 16, 2000.

58. Jerome A. Katz, Joseph Roberts, Robert Strom, and Alyse Freilich. Perspectives on the Development of Cross Campus Entrepreneurship Education. *Entrepreneurship Research Journal*, Vol. 4 (1), 2014.

59. Josh Plaskoff. Building the Heart and the Mind: An Interview With Leading Social Entrepreneur Sarah Harris. *Academy of Management learning & Education*, 11, 2012.

60. Julia Hanna. New Ventures New Gains HBS Business Plan Contest Thriving. *HBS Alumni Bulletin*, 2001.

61. Julia Hanna. Business Plan Contest: 15 Years of Building Better Entrepreneurs. *HBS Alumni Bulletin*, 2011.

62. Katz, J., & Gartner, W. B. Properties of emerging organizations. *Academy of Management Review*, 13, 1988.

63. Korunka, C., Frank, H., Lueger, M., & Mugler, J. The entrepreneurial personality in the context of resources, environment, and the startup process-A configurational approach. *Entrepreneurship Theory and Practice*, 28, 2003.

64. Krueger, N. F. The Impact of prior entrepreneurial exposure on perceptions of new Venture feasibility and desirability. *Entrepreneurship Theory and Practice*, 181, 1993.

65. Krueger, N. F. The cognitive infrastructure of opportunity emergence. *Entrepreneurship Theory and Practice*, 2000, Spring.

66. Krueger, N. F. What lies beneath? The experiential essence of entrepreneurial thinking. *Entrepreneurship Theory and Practice*, 31, 2007.

67. Krueger, N. F. & Brazeal, D. V. Entrepreneurial potential and potential entrepreneurs. *Entrepreneurship Theory and Practice*, 18, 1994.

68. Krueger, N. F. Reilly M. D. & Carsrud A. L. Competing models of entrepreneurial intentions. *Journal of Business Venturing*, 15, 2000.

69. Krueger, N. F., & Dickson P. How Believing in Ourselves Increases Risk Taking Self-efficacy and Perceptions of Opportunity and Threat. *Decision Sciences*, 3, 1994.

70. Kathleen R. Kane, Leslie A. Goldgehn, Beyond "The Total Organization": A Graduate-Level Simulation, *Journal of Management Education*, 35, 2011.

71. Lumpkin, G. T. Clarifying the entrepreneurial orientation construct and linking it to performance. *Academy of Management Re-view*, 21 (1), 1996.

72. Lee, S. H., & Wong, P. K. An exploratory study of technopreneurial intentions: A career anchor perspective. *Journal of Business Venturing*, 19, 2004.

73. Lewis, P. The quest for invisibility: Female entrepreneurs and the masculine norm of entrepreneurship. Gender, *Work & Organization*, 13, 2006.

74. Lüthje, C., & Franke, N. The making of an entrepreneur: Testing a model of entrepreneurial intent among engineering students at MIT. *R&D Management*, 33, 2003.

75. Levengurg N. M., Lane P. M., Schwarz TV. Interdisciplinary Dimensions in Entrepreneurship. *Journal Of Education For Business*, 5, 2006.

76. Linda F. Edelman, Tatiana S. Manolova, Candida G. Brush, Entrepreneurship Education: Correspondence Between Practices of Nascent Entrepreneurs and Textbook Prescriptions for Success. *Academy of Management Learning & Education*, 7 (1), 2008.

77. Luke Pittaway, Jason Cope. Entrepreneurship Education A Systematic Review of the Evidence. *International Small Business Journal*, 25, 2007.

78. Michael McCarthy. World's loneliest bird is missing, feared dead. *Environment Correspondent*, 2000-12-27 (5).

79. Matthews, C. H., & Moser, S. B. A longtitudinal investigation of the impact of family background and gender on interest in small firm ownership. *Journal of Small Business Management*, 34, 1996.

80. Morris, M. H., Lewis P S, Sexton D L. Reconceptualizing Entrepreneurship: An Input-Output Perspective. *Advanced Management Journal*, 1, 1994.

81. Mueller, S. L., & Thomas, A. S. Culture and entrepreneurial potential: A nine country study of locus of control and innovativeness. *Journal of Business Venturing*, 16, 2001.

82. Michael M. Gielnik, Michael FRESE. Audrey Kahara-Kawuki, Action and Action-Regulation in Entrepreneurship: Evaluating a Student Training for Promoting Entrepreneurship. *Academy of Management Learning & Education*, 14, 2015.

83. Martin Binks. Entrepreneurship Education and Integrative Learning. *National Council for Graduate Entrepreneurship*, 2005.

84. McKeown J., Millman C., Sursani S. R., Smith K., Martin L. Graduate Entrepreneurship Education in the United Kingdom. *Education & Training*, 48, 2006.

85. Noel, T. Effects of entrepreneurial education on intent to open a business: An exploratory study. *Journal of Entrepreneurship Education*, 5, 1998.

86. Nancy G. Boyd, George S. Vozikis. The Influence of Self-Efficacy on the Development of Entrepreneurial Intentions and Actions. *Entrepreneurship: Theory and Practice*, 18, 1994.

87. Norris F. Krueger, Deborah V. Brazeal. Entrepreneurial Potential and Potential Entrepreneurs. *Entrepreneurship Theory and Praetice*, 1994, Spring.

88. Nomis F. Krueger, Alan L. Carsurd. A Entrepreneurship Intentions: Applying the theory of planned behavior. *Entrepreneurship&Regional Development*, 5, 1993.

89. Peterman, N. E., & Kennedy, J. Enterprise education influencing students' perceptions of entrepreneurship. *Entrepreneurship Theory and Practice*, Winter, 2003.

90. Phillip H. Phan, Poh Kam Wong, Clement K. Wang. Antecedents to Entrepreneurship among University Students in Singapore: Beliefs, Attitudes and Background. *Journal of Entreprising Culture*, 10 (2), 2002.

91. Raab G., Stedham Y. Neuner M. Entrepreneurial Poten-tial: An Exploratory Study of Business Students in the U. S. and Germany. *Journal of Business and Management*, 2, 2005.

92. Rauch A., Frese M. Psychological approaches to entrepreneurial success: A general model and an overview of findings. *International Review of Industrial and Organizational Psychology*, 6, 2000.

93. Ray Holland. Reflexivity. *Human Relations*, 52 (4), 1999.

94. Richard I. Stoner, and Charles R. Hartman. Organizational therapy: Building survivor health and competitiveness. *SAM Advanced Management Journal*, 60 (3), 1997.

95. Rebeca R. Determinants of Entrepreneurial Intentions: Mexican Immigrants in Chicago. *Journal of Socio-Eco-nomics*. 30 (5), 2001.

96. Robert Lee &Oswald Jones. Networks, Communication and Learning during Business Start-up. *International Small Business Journal*, 26, 2008.

97. Santos, F. J., and Guzmán, M. K. The booster function and the entrepreneurial quality: An application to the province of seville. *Entrepreneurship and Regional Development*, 13 (2), 2001.

98. Sagie, A., & Elizur, D. Achievement motive and entrepreneurial orientation: A structural analysis. *Journal of Organizational Behavior*, 20, 1999.

99. Shane, S., & Venkataraman, S. The promise of entrepreneurship as a field of research. *Academy of Management Review*, 25, 2000.

100. Shane, S., & Locke E. A., & Collins, C. J. Entrepreneurial Motivation. *Human Resource Management Review*, 2, 2003.

101. Shapero. A. The Displaced, Uncomfortable Entrepreneur. *Psychology Today*, 1, 1975.

102. Shook, C. L., Priem, R. L., & McGee, J. E. Venture creation and the enterprising individual: A review and synthesis. *Journal of Management*, 29, 2003.

103. Stewart, W. H., & Roth, P. L. Risk propensity differences between entrepreneurs and managers: A meta-analytic review. *Journal of Applied Psychology*, 86, 2001.

104. Stewart, W. H., & Roth, P. L. Data quality affects meta-analytic conclusions: A response to Miner and Raju concerning entrepreneurial risk propensity. *Journal of Applied Psychology*, 89, 2004.

105. Stewart, W. H., & Roth, P. L. A meta-analysis of achievement motivation differences between entrepreneurs and managers. *Journal of Small Business Management*, 45, 2007.

106. Souitaris, V., Zerbinati, S., & Al-Laham, A. Do entrepreneurship programmes raise entrepreneurial intention of science and engineering students? The effect of learning, inspiration and resources. *Journal of Business Venturing*, 22, 2007.

107. Sascha G. Walter, Dirk Dohse. Why mode and regional context matter for entrepreneurship education. *Entrepreneurship & Regional Development*: *An International Journal*, 24, 2012.

108. Thompson, E. R. Individual entrepreneurial intent: Construct clarification and development of an internationally reliable metric. *Entrepreneurship Theory and Practice*, 5, 2009.

109. Toyahl. Miller & Denise E. Williams, Educating the Minds of Caring Hearts: Comparing the Views of Practitioners and Educators on the Importance of Social Entrepreneurship Competencies, *Academy of Management Learning & Education*, 11, 2012.

110. Urban, B. Entrepreneurship in the rainbow nation: Effect of cultural values and ESE on intentions. *Journal of Developmental Entrepreneurship*, 11, 2006.

111. Vincent A Mabert, and Roger W Schmenner. Assessing the roller coaster of downs-

izing. *Business Horizons*, 40 (4), 1997.

112. Vesper, K. H., & Gartner, W. B. Measuring progress in entrepreneurship education. *Journal of Business Venturing*, 12, 1997.

113. Wayne, F Cascio. Downsizing: What do we know? What have we learned? *Academy of Management Executive*, 7 (1), 1993.

114. Wilson, F., Kickul, J., & Marlino, D. Gender, entrepreneurial self-efficacy, and entrepreneurial career intentions: Implications for entrepreneurship education. *Entrepreneurship Theory and Practice*, 5, 2007.

115. Wilson, F., Marlino, D., & Kickul, J. Our entrepreneurial future: Examining the diverse attitudes and motivations of teens across gender and ethnic identity. *Journal of Developmental Entrepreneurship*, 9, 2004.

116. Zhao, H., & Seibert, S. E. The mediating role of self-efficacy in the development of entrepreneurial intentions. *Journal of Applied Psychology*, 90, 2005.

117. Zhao, H., & Seibert, S. E. The big five personality dimensions and entrepreneurial status: A meta-analytical review. *Journal of Applied Psychology*, 91, 2006.

118. Zhao, H., & Seibert, S. E. & Lumpkin, G. T. The relationship of personality to entrepreneurial intentions and performance: A meta-analytic review. *Journal of Management*, 4, 2009.

索　引

D

F

G

K

L

M

X

Y

Z

责任编辑:钟金铃

图书在版编目(CIP)数据

大学生创业意向及其行为转化研究/刘志 著. —北京:人民出版社,2018.9
ISBN 978 - 7 - 01 - 019009 - 9

Ⅰ. ①大… Ⅱ. ①刘… Ⅲ. ①大学生-创业-研究 Ⅳ. ①G647. 38

中国版本图书馆 CIP 数据核字(2018)第 040704 号

大学生创业意向及其行为转化研究

DAXUESHENG CHUANGYE YIXIANG JIQI XINGWEI ZHUANHUA YANJIU

刘 志 著

人民出版社 出版发行
(100706 北京市东城区隆福寺街 99 号)

北京汇林印务有限公司印刷 新华书店经销

2018 年 9 月第 1 版 2018 年 9 月北京第 1 次印刷
开本:710 毫米×1000 毫米 1/16 印张:27. 75
字数:370 千字 印数:0,001-2,000 册

ISBN 978 - 7 - 01 - 019009 - 9 定价:65.00 元

邮购地址 100706 北京市东城区隆福寺街 99 号
人民东方图书销售中心 电话 (010)65250042 65289539